Gausemeier, Glatz, Lindemann
Präventiver Produktschutz

Jürgen Gausemeier
Rainer Glatz
Udo Lindemann

PRÄVENTIVER PRODUKTSCHUTZ

Leitfaden und Anwendungsbeispiele

Unter Mitarbeit von
Wolfgang Bauer, Susan Bremer, Tim Karg, Oliver Köster,
Martin Kokoschka, Birte Lorenzen, Thomas Meiwald, Markus
Petermann, Markus Placzek, Oliver Pritzel, Sebastian Schenkl,
Alexandra Schulz, Oliver Winzenried, Steffen Zimmermann

HANSER

Bibliografische Information der Deutschen Nationalbibliothek

Die Deutsche Nationalbibliothek verzeichnet diese Publikation in der Deutschen Nationalbibliografie; detaillierte bibliografische Daten sind im Internet über <http://dnb.d-nb.de> abrufbar.

© 2012 Carl Hanser Verlag München
http://www.hanser-fachbuch.de

Lektorat: Lisa Hoffmann-Bäuml
Herstellung: Thomas Gerhardy
Satz: Kösel, Krugzell
Umschlaggestaltung: Stephan Rönigk
Druck & Bindung: Kösel, Krugzell
Printed in Germany

ISBN 978-3-446-43043-3
E-Book-ISBN 978-3-446-43423-3

Vorwort

Die Erzeugnisse des deutschen Maschinen- und Anlagenbaus und verwandter Branchen wie der Automobil- und Elektroindustrie sind weltweit erfolgreich. Das weckt Begehrlichkeiten bei Imitatoren. Während in den vergangenen Jahrzehnten vor allem Konsumgüter wie Kleidung imitiert wurden, sind inzwischen auch High-tech-Konsumgüter und komplexe Investitionsgüter wie Maschinen und Anlagen betroffen. Diese Imitationen gefährden den Markterfolg vieler Hersteller von Originalprodukten und bringen sie um die Rendite ihrer Investitionen in Forschung und Entwicklung.

Zum Schutz vor Produktimitationen bedarf es der Entwicklung innovativer, technischer Schutzmaßnahmen und ganzheitlicher Schutzkonzeptionen. Dieser Herausforderung stellte sich das Querschnittsprojekt „ConImit – Contra Imitatio" im Rahmen der Forschungsoffensive „Innovationen gegen Produktpiraterie" des Bundesministeriums für Bildung und Forschung. Ziel von ConImit waren die Verbreitung der in der Forschungsoffensive erarbeiteten Prozesse und Maßnahmen für einen präventiven Produktschutz in der Investitionsgüterindustrie und die Bereitstellung eines praxisgerechten Vorgehens zur Entwicklung von Schutzkonzeptionen.

Auf der Suche nach geeigneten Partnern sind wir schnell fündig geworden. Das waren der Lehrstuhl für Produktentwicklung von Herrn Prof. Dr.-Ing. Udo Lindemann an der Technischen Universität München sowie Herr Dipl.-Inform. Rainer Glatz vom VERBAND DEUTSCHER MASCHINEN- UND ANLAGENBAU E.V. (VDMA). Das ergab ein ausgezeichnetes Projektkonsortium. Zum einen decken die Hochschulinstitute den gesamten Produktentstehungsprozess ab, von der Konzipierung über die Produkt- bis hin zur Produktionssystementwicklung, zum anderen verfügt der VDMA über langjährige Erfahrung zum Thema Produktschutz und detaillierte Kenntnisse über die Produktschutzbedürfnisse seiner über 3.000 Mitglieder. Gemeinsam wurden die Ergebnisse der Forschungsoffensive zahlreichen betroffenen, gefährdeten und interessierten Unternehmen vermittelt und wurde die Bedarfsanalyse Produktschutz entwickelt. Diese Methode hat sich im Einsatz bei sechs Unternehmen bewährt. Zum Projekterfolg haben das Methoden- und Fachwissen zum Thema Produktschutz der drei Partner beigetragen, aber vor allem auch der gute Teamgeist. Dafür danke ich allen Mitgliedern. Ganz besonderer Dank gehört Frau Dipl.-Ing. Ulrike Kirsten, Frau Dipl.-Des. Christiane Peters, Herrn Dipl.-Ing. Edwin Steinebrunner und Herrn Dipl.-Soz. Helmut Mense vom Projektträger Karlsruhe. Sie haben uns stets sehr kompetent und außerordentlich hilfsbereit begleitet.

Nach vierjähriger Laufzeit ist das Projekt nun erfolgreich abgeschlossen. Wie bei jedem öffentlich geförderten Projekt stellt sich die Frage, wie weitere Unternehmen an den Projektergebnissen partizipieren können. Eine wesentliche Voraussetzung ist die praxisgerechte Aufbereitung der Projektergebnisse. Dies erfolgt mit dem vorliegenden Buch. Neben den Autoren gilt mein besonderer Dank Herrn Dipl.-Wirt.-Ing. Martin Kokoschka, der die Entstehung dieses Buches koordiniert hat.

Dieses Buch wird flankiert von weiteren Transfermaßnahmen. Für die effiziente und transparente Verbreitung der Forschungsergebnisse spielt insbesondere das Internetfachportal „ConImit.de" (www.conimit.de) eine Schlüsselrolle. Es bietet eine Übersicht der Ergebnisse der Forschungsoffensive, aktuelle Studien und Ratgeber, Veranstaltungsankündigungen, etwa 100 prägnant beschriebene Schutzmaßnahmen sowie Expertinnen und Experten, die bei der Auswahl, Wirtschaftlichkeitsbetrachtung und Implementierung von Schutzmaßnahmen unterstützen können.

Für das Konsortium
Paderborn, März 2012   *Prof. Dr.-Ing. Jürgen Gausemeier*

Geleitwort

Als Exportmotor und Arbeitgeber für jeden dritten Arbeitsplatz in Deutschland besitzt das verarbeitende Gewerbe eine Schlüsselstellung. Produktpiraten bedrohen insbesondere in der Investitionsgüterindustrie den Umsatz, schädigen die Wettbewerbsfähigkeit unserer Unternehmen und gefährden Arbeitsplätze. Daher bedarf es der Erforschung und Verbreitung wirkungsvoller Mechanismen für den präventiven Schutz vor Produktpiraterie. Als Teil der Hightech-Strategie 2020 der Bundesregierung wurde dazu ein Ideenwettbewerb initiiert. Im Rahmen des BMBF-Programms „Forschung für die Produktion von morgen" stehen die Informations- und Kommunikationsmöglichkeiten der Innovationsplattform „ConImit – Contra Imitatio" und die Ergebnisse aus zehn Verbundprojekten der Forschungsoffensive „Innovationen gegen Produktpiraterie" zur Verfügung. Diese Forschungsoffensive mit einem Gesamtvolumen von 30 Millionen Euro wurde mit insgesamt 68 Partnern aus Industrie und Forschung durchgeführt und durch das BMBF mit 16 Millionen Euro gefördert.

Ziele der Forschungsinitiative waren die Erforschung und Entwicklung sowie die Verbreitung und der Einsatz ganzheitlicher Kopierschutzkonzepte, die technische, organisatorische und rechtliche Schutzmaßnahmen vereinen. So wird eine Nachahmung von Maschinen, Ersatzteilen und Dienstleistungen nahezu unmöglich, und gleichzeitig werden nachhaltige Impulse in der Investitionsgüterindustrie gegen Imitatoren gesetzt.

Um Transparenz, Aufklärung und Vernetzung in der Investitionsgüterindustrie von Anfang an zu unterstützen, wurde die Innovationsplattform www.conimit.de etabliert. Auf ihr werden praxiserprobte Ergebnisse und Erkenntnisse aus den Verbundprojekten vorgestellt. In einer Expertendatenbank können interessierte Unternehmerinnen und Unternehmer fundiertes Beratungswissen abrufen oder ihre Expertise im Themenfeld Produktschutz zur Verfügung stellen. Aktuelle Hinweise auf laufende Aktivitäten stellen sicher, dass die Ergebnisse ganzheitlich und branchenweit kommuniziert und gelebt werden.

Interessierten Leserinnen und Lesern bietet das vorliegende Buch einen anschaulichen Überblick über das Phänomen der Produktpiraterie, deren Ursachen und

Folgen für die Investitionsgüterindustrie sowie einen fundierten Einblick in die entwickelten Schutzmaßnahmen.

Wir danken allen an der Forschungsinitiative „Innovationen gegen Produktpiraterie" Beteiligten, insbesondere dem ConImit-Team und den Herausgebern und Autoren dieses Buches, für die gelungene Arbeit, ihren Einsatz und die stets gute Zusammenarbeit.

Bonn, den 5. April 2012   *Ministerialrat Hermann Riehl*
                                                      Regierungsrat Clemens Zielonka
                                       BUNDESMINISTERIUM FÜR BILDUNG UND FORSCHUNG

Das diesem Buch zugrunde liegende Projekt „ConImit – Contra Imitatio" wurde mit Mitteln des Bundesministeriums für Bildung und Forschung (BMBF) innerhalb des Rahmenkonzeptes „Forschung für die Produktion von morgen" (Förderkennzeichen 02PU1070) gefördert und vom Projektträger Karlsruhe (PTKA) betreut.

Inhaltsverzeichnis

1	**Bedrohung Produktpiraterie**	1
1.1	Imitat, Plagiat, Fälschung – Was ist was und was ist (il)legal?	2
1.2	Erscheinungsformen von Imitaten – Die Rolle von Täuschungsgrad und Qualität	5
1.3	Ziele von Produktpiraten – Warum ist Produktpiraterie lohnenswert? . .	8
1.4	Ursachen der Produktpiraterie – Welche Faktoren begünstigen Produktpiraterie?	11
1.5	Quellen der Produktpiraterie – Wie kommen Produktpiraten an das Know-how?	16
1.6	Folgen der Produktpiraterie – Welche Konsequenzen zieht Produktpiraterie nach sich?	20
1.7	Schäden durch Produktpiraterie im Maschinen- und Anlagenbau	26
1.8	Handlungsbedarf präventiver Produktschutz	31
1.9	Die Forschungsoffensive „Innovationen gegen Produktpiraterie"	33
1.10	Zusammenfassung Kapitel 1	36
	Literatur zu Kapitel 1	38
2	**Schutzmaßnahmen vor Produktpiraterie**	41
2.1	Der Produktlebenszyklus	41
2.2	Kategorisierung von Schutzmaßnahmen	43
2.3	Strategische Schutzmaßnahmen	44
	2.3.1 Produktschutz in der Unternehmensstrategie verankern	46
	2.3.2 Strategische Schutzmaßnahmen in den Substrategien ausgestalten	47
2.4	Schutzmaßnahmen in der Produktentwicklung	52
2.5	Schutzmaßnahmen in der Produktionssystementwicklung	57
	PRAXISBEISPIEL: Direct Manufacturing schützenswerter Produktkomponenten	60
2.6	Produktschutz von der Fertigung bis zur Rücknahme	62
	PRAXISBEISPIEL: Produktschutz für Industrietastaturen	64
	PRAXISBEISPIEL: Schutz der Vertriebskette von Gartenartikeln	66

2.7 Kennzeichnende Schutzmaßnahmen 69

   2.7.1 Sichtbarkeit der Kennzeichnung 69

   2.7.2 Sicherheitsniveau der Maßnahmen 71

   2.7.3 Speicherbarkeit von Informationen 72

   2.7.4 Prüfung und Verifikation 74

   PRAXISBEISPIEL: Fälschungssichere Echtfarben-Hologramme
   für Haarglätteisen 75

2.8 Informationstechnische Schutzmaßnahmen 77

   2.8.1 Schützenswerte IT-Objekte 78

   2.8.2 Mit IT-Standards gegen Know-how-Verlust 83

   PRAXISBEISPIEL: Einsatz des CodeMeter in Stickmaschinen 85

2.9 Rechtliche Schutzmaßnahmen 87

   2.9.1 Die einzelnen Schutzrechte 89

   2.9.2 Verwertung von Schutzrechten 91

   2.9.3 Durchsetzung von Schutzrechten 92

   PRAXISBEISPIEL: Geheimnisse geheim halten 94

   PRAXISBEISPIEL: Piraterieware an EU-Grenzen stoppen 95

2.10 Kommunikative Schutzmaßnahmen 96

   PRAXISBEISPIEL: „Sehen Sie nicht länger schweigend zu" –
   Anwendung kommunikativer Schutzmaßnahmen 98

2.11 Zusammenfassung Kapitel 2 100

Literatur zu Kapitel 2 103

3   Von der Bedrohung zu wirkungsvollen Schutzkonzeptionen ... 109

3.1 Handlungsrahmen zur Entwicklung von Schutzkonzeptionen 109

3.2 Existierende Ansätze zur Entwicklung von Schutzkonzeptionen 113

   3.2.1 Der Anti-Counterfeiting-Prozess nach FUCHS et al. 114

   3.2.2 Methodik zum Schutz gegen Produktimitationen
        nach NEEMANN 116

   3.2.3 Entwicklung von Schutzstrategien nach VON WELSER
        und GONÁLES 119

   3.2.4 Entwicklung einer Anti-Piraterie-Strategie nach JACOBS et al. ... 122

   3.2.5 Beurteilung der vier Ansätze 123

3.3 Bedarfsanalyse Produktschutz 123

   3.3.1 Betrachtungsgegenstand bestimmen 124

   3.3.2 Gefährdungspotential bestimmen 126

   3.3.3 Maßnahmen auswählen 128

   3.3.4 Schutzkonzeption erstellen 128

   3.3.5 Einführungskonzept erarbeiten 130

   3.3.6 Zusammenfassung 130

3.4 Entwicklung einer Schutzkonzeption für eine Verpackungsmaschine . . 131
  3.4.1 Innovative Verpackungstechnologie braucht
        umfassenden Schutz 131
  3.4.2 Durchführung der Bedarfsanalyse 134
  3.4.3 Angriffspunkte für Produktpiraterie identifizieren 135
  3.4.4 Schutzmaßnahmen auswählen 139
  3.4.5 Maßnahmen zu wirkungsvollen Schutzkonzeptionen
        kombinieren 141
  3.4.6 Umsetzung im Unternehmen und Ausblick 143
3.5 Entwicklung einer Schutzkonzeption für ein Antriebssystem 144
  3.5.1 Weltweit erfolgreiche Antriebssysteme motivieren Imitatoren . . 144
  3.5.2 Durchführung der Bedarfsanalyse 145
  3.5.3 Angriffspunkte für Produktpiraterie identifizieren 148
  3.5.4 Schutzmaßnahmen auswählen 153
  3.5.5 Schutzmaßnahmen zu wirkungsvollen Schutzkonzeptionen
        kombinieren 155
  3.5.6 Umsetzung im Unternehmen und Ausblick 158
3.6 Entwicklung einer Schutzkonzeption für Schaltgeräte 158
  3.6.1 Hochwertiger Explosionsschutz und minderwertige Imitate 158
  3.6.2 Durchführung der Bedarfsanalyse 161
  3.6.3 Angriffspunkte für Produktpiraterie 161
  3.6.4 Von der Schutzmaßnahmenauswahl zur konsistenten
        Schutzkonzeption 165
  3.6.5 Umsetzung im Unternehmen und Ausblick 169
3.7 Drei weitere Bedarfsanalysen in unterschiedlichen Branchen 170
3.8 Erfahrungen aus der Anwendung der Bedarfsanalyse Produktschutz . . 174
  3.8.1 Methodische Erfahrungen 174
  3.8.2 Inhaltliche Erfahrungen 175
  3.8.3 Fazit aus den durchgeführten Bedarfsanalysen 179
3.9 Weitere Methoden zur Entwicklung von Schutzkonzeptionen 179
  3.9.1 KoPiKomp – Konzept zum Piraterieschutz für Komponenten
        von Investitionsgütern 180
  3.9.2 ProAuthent – Konzept zum proaktiven Schutz vor
        Produktpiraterie durch Kennzeichnung und Authentifizierung
        von kritischen Bauteilen 183
  3.9.3 KoPira – die Piraterierisiko- und Maßnahmenanalyse 186
  3.9.4 ProOriginal – Darmstädter Modell zur Entwicklung einer
        Piraterie-Abwehrstrategie 188
  3.9.5 Zusammenfassung 190
3.10 Zusammenfassung Kapitel 3 190
Literatur zu Kapitel 3 192

A1   Schutzmaßnahmensteckbriefe   194

A1.1   Strategische Schutzmaßnahmen   196

A1.2   Produktbezogene Schutzmaßnahmen   214

A1.3   Prozessbezogene Schutzmaßnahmen   222

A1.4   Kennzeichnende Schutzmaßnahmen   231

A1.5   Informationstechnische Schutzmaßnahmen   258

A1.6   Rechtliche Schutzmaßnahmen   267

A1.7   Kommunikative Schutzmaßnahmen   276

A2   Kurzdarstellung der Verbundprojekte   281

A2.1   PiratPro – Gestaltung von Piraterierobusten Produkten und Prozessen   282

A2.2   PROTACTIVE – Präventives Schutzkonzept für Investitionsgüter
durch einen ganzheitlichen Ansatz aus Organisation, Technologie
und Wissensmanagement   286

A2.3   Pro-Protect – Produktpiraterie verhindern mit Softwareschutz   289

A2.4   EZ-Pharm – Anwendung elektronischer Echtheitszertifikate an
Verpackungen entlang der Pharmaversorgungskette   293

A2.5   MobilAuthent – Supply-Chain-übergreifende Services für die
fälschungssichere Produktauthentifizierung und -verfolgung   296

A2.6   O-PUR – Originäres Produktsicherungs- und Rückverfolgungskonzept   300

A2.7   KoPiKomp – Konzept zum Piraterieschutz für Komponenten von
Investitionsgütern   303

A2.8   KoPira – Piraterierisiken, Strategien, Maßnahmen   306

A2.9   ProAuthent – Integrierter Produktpiraterieschutz durch
Kennzeichnung und Authentifizierung von kritischen Bauteilen
im Maschinen- und Anlagenbau   309

A2.10 ProOriginal – Produkte ganzheitlich schützen, Originale
weltweit verkaufen   312

A3   Leitfragen zur Bestimmung des Gefährdungspotentials   317

A3.1   Fragen an alle Unternehmensbereiche   317

A3.2   Fragen an Entwicklung und Konstruktion   318

A3.3   Fragen an Fertigung   319

A3.4   Fragen an Produktplanung/Marketing/Controlling/Vertrieb   320

A3.5   Fragen an Logistik   321

A3.6   Fragen an Einkauf   321

A3.7   Fragen an Service   322

A3.8   Fragen an Patentwesen/(gewerblichen) Rechtsschutz   323

Glossar   325
Literatur zum Glossar   328

Über die Autoren   329

Index   335

1 Bedrohung Produktpiraterie

Jürgen Gausemeier, Martin Kokoschka

Produktimitationen bedrohen den Markterfolg vieler Hersteller von Originalprodukten und bringen sie um die Rendite ihrer Investitionen in Forschung und Entwicklung. Während in den vergangenen Jahrzehnten vor allem Konsumgüter wie Kleidung imitiert wurden, sind inzwischen auch Hightech-Konsumgüter und komplexe Investitionsgüter wie Maschinen und Anlagen betroffen.

Die Konsequenzen für Hersteller sind schwerwiegend: Abfluss von wertvollem Know-how, Umsatz- und Gewinneinbußen, Senkung des Preisniveaus für Originalprodukte und Produkthaftungsprozesse für gefälschte Produkte. Käufer von Imitaten müssen mangelnde Qualität und Haltbarkeit sowie Schadensersatzansprüche der Rechteinhaber hinnehmen. Besonders gravierend sind mögliche Personenschäden, die durch den Einsatz minderwertiger Kopien entstehen können. Bisher haben sich Unternehmen überwiegend mit juristischen Maßnahmen vor Produktpiraterie geschützt. Diese Maßnahmen sind reaktiv, d. h., sie greifen erst, wenn der Schaden bereits eingetreten ist.

Vor diesem Hintergrund bedarf es der Entwicklung und Etablierung innovativer, technischer Schutzmaßnahmen und ganzheitlicher Schutzkonzeptionen, um einen präventiven Schutz vor Produktpiraterie zu ermöglichen. Diesen Handlungsbedarf hat das BUNDESMINISTERIUM FÜR BILDUNG UND FORSCHUNG (BMBF) auf Initiative vom VERBAND DEUTSCHER MASCHINEN- UND ANLAGENBAU e. V. (VDMA) aufgegriffen und Anfang 2008 die Forschungsoffensive „Innovationen gegen Produktpiraterie" gestartet. In zehn Projekten wurden im Verbund aus Industrieunternehmen, Dienstleistern und Forschungseinrichtungen schlagkräftige technische und organisatorische Lösungen entwickelt und erprobt, um die Nachahmung von Maschinen, Dienstleistungen und Ersatzteilen erfolgreich zu bekämpfen. Das Querschnittsprojekt ConImit – Contra Imitatio (lat.: gegen Nachahmung) fördert die Verbreitung der erarbeiteten Prozesse und Maßnahmen für einen präventiven Produktschutz in der Investitionsgüterindustrie und erhöht so die Stoßkraft der zehn Verbundprojekte. ConImit hat die „Bedarfsanalyse Produktschutz" entwickelt, mit der auf Basis eines identifizierten Bedrohungspotentials in einem Unternehmen ein geeignetes Bündel an Schutzmaßnahmen bestimmt wird. Dies ist Gegenstand des vorliegenden Buches.

Das Buch ist wie folgt aufgebaut: Kapitel 1 beschreibt detailliert das Phänomen Produktpiraterie, seine Ursachen und Folgen und leitet den Handlungsbedarf ab. Kapitel 2 gibt einen Überblick über strategische, produkt- und prozessbezogene, kennzeichnende, informationstechnische, rechtliche und kommunikative Schutzmaßnahmen vor Produktpiraterie. Kapitel 3 stellt die Bedarfsanalyse Produktschutz vor und zeigt, wie die erarbeitete Methode in drei Unternehmen der Investitionsgüterindustrie eingesetzt wurde und dort Nutzen stiftet. Eine ausführliche Darstellung von Schutzmaßnahmen ist im Anhang enthalten.

■ 1.1 Imitat, Plagiat, Fälschung – Was ist was und was ist (il)legal?

Oliver Köster

Produktpiraterie hat viele Gesichter und mindestens genauso viele Namen: Kopie, Imitat, Plagiat und Fälschung stehen für eine Vielzahl an Begriffen, die in Literatur und öffentlicher Wahrnehmung nicht klar voneinander abgegrenzt werden. Sie werden oftmals synonym verwendet, stehen sie doch für unterschiedliche Sachverhalte. Das Bild 1-1 zeigt die wichtigsten Begriffe, grenzt sie voneinander ab und ordnet zusätzlich die Begriffe Marken- und Produktpiraterie in den Gesamtkontext ein.

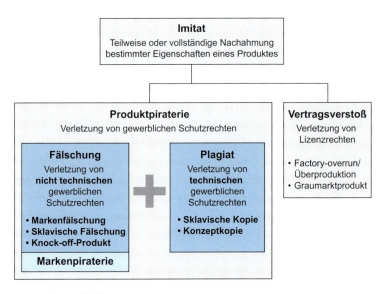

Bild 1-1 Kategorien von Imitaten

Der wichtigste Begriff in diesem Themenfeld ist das **Imitat** (von lat. imitatio = Nachahmung, Nachbau). Das Imitat steht für Produkte, deren Eigenschaften teilweise oder vollständig nachgeahmt werden. Imitate sind durch drei wesentliche Eigenschaften gekennzeichnet: Sie treten zeitlich nach dem Original auf, bieten dem Kunden die gleiche Anwendungsfunktionalität wie das Original und verwenden gleiche oder zumindest sehr ähnliche Technologien wie das Original. Illegale Imitationen basieren auf der unrechtmäßigen Anwendung von fremdem (Technologie-)Knowhow, für die der Originalhersteller gültige Schutzrechte[1] besitzt [nach Nee07].

Der Nachbau von Produkten, für die der Originalhersteller keine gültigen Schutzrechte hat, ist vielleicht nicht legitim, aber legal. Erst das Missachten von Schutzrechten Dritter (gleich ob bewusst oder unbewusst) macht ein Imitat illegal.

Fälschungen unterstellen einem eigenen Produkt unrechtmäßigerweise die Urheberschaft eines anderen. Dadurch werden nicht technische gewerbliche Schutzrechte Dritter verletzt, wie beispielsweise Marken oder Geschmacksmuster [Bro98]. Das äußere Erscheinungsbild wird dabei so detailgetreu nachgebaut, dass ein Imitat vom Original nicht mehr zu unterscheiden ist (Bild 1-2). Es können die Erscheinungsformen *Markenfälschung, sklavische Fälschung* und *Knock-off-Produkt* abgegrenzt werden. Bei der Markenfälschung wird versucht, einen vermeintlichen Originalitätscharakter durch die Verwendung von Markenlogos, Aussehen, Verpackung oder technischen Merkmalen zu erzeugen (Bild 1-2, links: Original und Imitation eines Official Cosmonauts Chronograph der Firma FORTIS). Sklavische Fälschungen versuchen, Gestalt und Verpackung eines Produktes bis ins kleinste Detail nachzuempfinden [Nee07] (Bild 1-2, rechts: Original und Imitation eines Game Boys der Firma NINTENDO OF EUROPE GmbH). Ein Knock-off-Produkt zielt ebenfalls auf die Marke ab, ist jedoch in Aussehen und Qualität für jedermann eindeutig als Nachahmung zu erkennen [Fuc06].

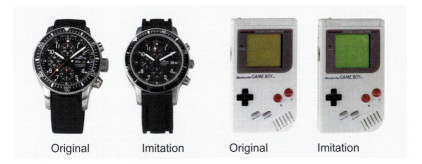

Original   Imitation   Original   Imitation

Bild 1-2 Markenfälschung (links) und sklavische Fälschung (rechts);
Quelle: AKTION PLAGIARIUS e. V.

---

[1] Zu den Schutzrechten zählen sowohl gewerbliche Schutzrechte (Patentschutz, Markenschutz, Geschmacksmusterschutz, Gebrauchsmusterschutz, Halbleiterschutz, Sortenschutz) als auch Urheber- und Wettbewerbsrechte [Gei08].

Plagiate unterstellen fremdem geistigem Eigentum die eigene Urheberschaft und verletzen ausschließlich technische gewerbliche Schutzrechte Dritter, wie Patente oder Gebrauchsmuster [Bro98]. Erscheinungsformen sind *sklavische Kopie* und *Konzeptkopie*. Während eine sklavische Kopie die technische Funktionsweise eines Originalproduktes bis ins kleinste Detail nachahmt (Bild 1-3, links: Original und Imitation einer Motorsäge „MS 380" der Firma ANDREAS STIHL AG & Co. KG), werden bei einer Konzeptkopie nur die wesentlichen technischen Eigenschaften übernommen (Bild 1-3, rechts: Original und Imitation eines Druckregelventils der Firma FESTO AG & Co. KG).

Bei sogenannten Me-too-Produkten wird die Idee eines erfolgreichen Produktes als Inspiration zur Herstellung des eigenen Produktes verwendet. Das Me-too-Produkt weicht jedoch hinreichend vom Originalprodukt ab, sodass keine Schutzrechte verletzt werden. In allen drei Fällen wird das Imitat unter eigener Marke vertrieben [Nee07].

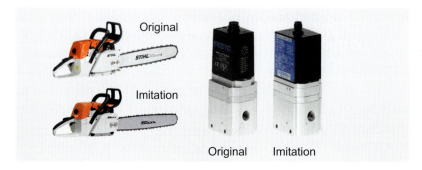

Bild 1-3 Sklavische Kopie (links) und Konzeptkopie (rechts); Quelle: AKTION PLAGIARIUS e. V.

Vertragsverstöße verletzen in der Regel keine gültigen gewerblichen Schutzrechte. Sie setzen sich über Lizenzvereinbarungen hinweg, die mit dem Originalhersteller getroffen wurden. Wesentliche Erscheinungsformen sind *factory-overrun/Überproduktion* und *Graumarktprodukte*. Als factory-overrun wird die unberechtigte Herstellung zusätzlicher Originalware durch die Überschreitung des vom Lizenzgeber genehmigten Produktionsvolumens bezeichnet [Fuc06]. Häufig handelt es sich dabei um Produkte, die aufgrund der Qualitätsanforderungen des Rechteinhabers als Ausschuss deklariert und somit nicht für den Vertrieb freigegeben wurden [Par99]. Graumarktprodukte, oft auch als Parallelimporte bezeichnet, werden durch Lizenznehmer, Auftragsproduzenten oder Originalhersteller legal produziert. Sie werden jedoch unter Verletzung von Import- und Exporterlaubnissen über nicht vorgesehene und zugelassene Vertriebswege in den Verkehr gebracht [Par99].

Ursprünglich wurden alle Formen von Imitaten unter dem Begriff Markenpiraterie zusammengefasst. Dies war für die Zeit korrekt, zu der überwiegend Markenartikel aus der Konsumgüterindustrie imitiert wurden, wie z. B. Bekleidung oder

Uhren. Inzwischen sind auch Hightech-Konsumgüter und komplexe Investitions-güter wie Maschinen und Anlagen betroffen. Des Weiteren lassen sich Imitate nicht immer exakt einer Erscheinungsform zuordnen. Ein nachgebautes Fahrzeug ist beispielsweise zugleich ein Plagiat (Kopie der technischen Funktionen) und eine Fälschung (Design- und Markenverletzung) [Mei10].

Diese Umstände erfordern eine Neuordnung der Oberbegriffe. Gemäß den oben genannten Eigenschaften fokussiert **Markenpiraterie** primär auf Fälschungen. Imitate aus der Investitionsgüterindustrie sind jedoch zumeist eine Kombination aus Plagiat und Fälschung, was als **Produktpiraterie** bezeichnet werden soll (Bild 1-1). Produktpiraten bedienen sich also fremden geistigen Eigentums, unterstellen diesem die eigene geistige Urheberschaft und platzieren diese unter Verwendung geschützter Firmen-, Produktnamen und Logos am Markt [Fuc06], [Nee07].

■ 1.2 Erscheinungsformen von Imitaten – Die Rolle von Täuschungsgrad und Qualität

Oliver Köster

Aus Sicht des Käufers ist Imitat nicht gleich Imitat. Es gibt Imitate, die vom Kunden auf den ersten Blick als solche erkannt werden. Beispiele sind gefälschte Kleidung und Handtaschen. Diese Imitate sind oftmals von minderer Qualität und verwenden vielfach fehlerhafte Markenlogos, was die Kunden aufgrund eines attraktiven Preis-Leistungs-Verhältnisses bewusst akzeptieren. Gefälschte Uhren hingegen sind zu-meist sehr originalgetreu nachgebaut, für den Käufer jedoch ebenfalls aufgrund des niedrigen Preises als Imitate zu erkennen. Auf der anderen Seite gibt es Imitate, die nur schwer als solche zu erkennen sind. Hierbei sind Design und Verpackung dem Original so detailgetreu nachempfunden, dass selbst der Originalhersteller nur mit viel Aufwand bestimmen kann, ob es ein Original oder ein Imitat ist.

Gleich ob Fälschung oder Plagiat, ob gültige Schutzrechte verletzt werden oder nicht: Die oben genannten Beispiele zeigen, dass nicht alle Imitate auf Grundlage des Aussehens und der Funktion als solche erkannt werden können. Aus Käufer-sicht können Plagiate nach den Kriterien Täuschungsgrad und Produktqualität un-terschieden werden. Der Täuschungsgrad legt fest, mit wie viel Aufwand der Kunde ein Produkt als Imitat identifizieren kann. Der Täuschungsgrad korreliert mit der Gefahr für den Originalhersteller, die von dem Imitat ausgeht. Die Produktqualität kann gering oder hoch sein. Sie korreliert negativ mit der Gefahr für den Kunden. Aus der Kombination der Kriterien ergeben sich vier Erscheinungsformen von Imi-taten (Bild 1-4) [HKT03], [Mei10], [Fuc06].

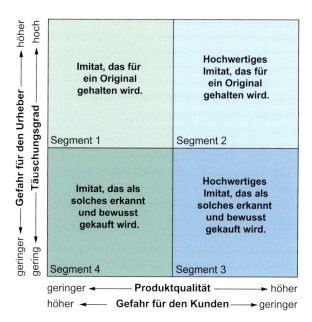

Bild 1-4 Erscheinungsformen von Imitaten nach [Mei10]

Segment 1: Hoher Täuschungsgrad, geringe Produktqualität

Der Kunde erwirbt ein Produkt, das er aufgrund von Design und Verpackung für ein hochwertiges Markenprodukt hält. Die Wahrscheinlichkeit, vom Produkt enttäuscht zu werden, ist hoch, da es qualitativ minderwertig ist. Der Versuch, das Produkt umzutauschen oder Garantieleistungen in Anspruch zu nehmen, führt in der Regel zu Auseinandersetzungen mit dem Originalhersteller. Obwohl dieser nicht verantwortlich ist, wird er mit dem Ärger des Kunden konfrontiert. Die Gefahr für den Kunden ist in der minderwertigen Qualität begründet. Nicht selten führen minderwertige Produkte zu Gesundheits- und/oder Personenschäden. In diesem Fall wird der Markeninhaber ungerechtfertigt mit Schadensersatzforderungen konfrontiert. Hierin liegt für den Originalhersteller ein großes Schadenspotential und somit eine hohe Gefahr. Als Beispiel sind hier Kettensägen der Firma Swool zu nennen, die in Design und Markenauftritt an ein Premiumprodukt der Firma Stihl erinnern.

Segment 2: Hoher Täuschungsgrad, hohe Produktqualität

Der Kunde erwirbt ein Produkt, das er aufgrund von Design und Verpackung für ein hochwertiges Markenprodukt hält. Die Wahrscheinlichkeit, vom Produkt enttäuscht zu werden, und die Gefahr für den Kunden sind gering, da es sich um ein qualitativ hochwertiges Imitat handelt. Diese Erscheinungsform birgt hingegen ein hohes Gefahren- und Schadenspotential für den Urheber, da gute Imitate zu einem großen Umsatzeinbruch führen können. Wenn der Käufer gegenüber dem Originalprodukt ein besseres Preis-Leistungs-Verhältnis erhält, er nicht zwischen

Original und Imitat unterscheiden kann, kann im schlimmsten Fall sogar die Marke komplett vom Imitator übernommen werden. Viele imitierte Kleidungsstücke von hoher Qualität finden heute den Weg in den Einzelhandel.

Segment 3: Geringer Täuschungsgrad, hohe Produktqualität

Der Kunde erwirbt ein Produkt, das er aufgrund des Preises sofort als Imitat identifiziert. Er erwirbt dieses bewusst. Da sich das Imitat in Qualität und Funktionalität nicht signifikant vom Original unterscheidet, hat der Kunde keinen Anreiz, das Original zu einem höheren Preis zu erwerben. Die Gefahr für den Kunden ist somit gering, für den Urheber jedoch vergleichsweise hoch. Der Originalhersteller kann massive Umsatzeinbußen erfahren und unter Umständen sogar Marktanteile an den Imitator verlieren. Als Beispiel sind hier Ersatzteile für Werkzeugmaschinen oder Druckerpatronen zu nennen, die häufig eindeutig vom Original zu unterscheiden sind und für einen Bruchteil des Originalpreises akzeptable Qualität bieten.

Segment 4: Geringer Täuschungsgrad, geringe Produktqualität

Der Kunde erwirbt ein Produkt, das er aufgrund von Qualität und Preis als Imitat erkennt. Aufgrund eines vergleichsweise günstigen Preis-Leistungs-Verhältnisses erwirbt er dieses bewusst. Aufgrund der mangelhaften Qualität geht der Kunde dabei jedoch ein hohes Risiko ein, was mitunter Gesundheitsgefahren einschließt. Die Gefahr für den Urheber besteht in der Überschwemmung des Marktes mit Imitaten. Dadurch geht die Exklusivität des Originalproduktes verloren. Beispielhaft sind hier die massenhaft verkauften Imitate bekannter Modemarken zu nennen, wie sie für sehr wenig Geld in den Urlaubsregionen der Welt an Touristen verkauft werden.

Bedeutung für die Anwendung von Schutzmaßnahmen

Die untere Hälfte der Matrix zeigt zwei Formen, die sich dadurch auszeichnen, dass der Kunde das Imitat bewusst erwirbt. Die Wirksamkeit von Schutzmaßnahmen zur Kennzeichnung von Originalprodukten dieser Kategorie darf als gering eingeschätzt werden, schließlich will der Kunde das Imitat kaufen. Hier müssen Schutzmaßnahmen zum Einsatz kommen, die das Entstehen und den Vertrieb von Imitaten verhindern.

Die obere Hälfte der Matrix zeichnet sich durch einen hohen Täuschungsgrad des Kunden aus. Es ist davon auszugehen, dass der Kunde nicht bemerkt, dass es sich bei dem angebotenen Produkt um ein Imitat handelt. Insbesondere für die Verhinderung dieser Imitate können präventive und kennzeichnende Schutzmaßnahmen ihre volle Wirkung entfalten.

■ 1.3 Ziele von Produktpiraten – Warum ist Produktpiraterie lohnenswert?

Oliver Köster

Ein Imitator verfolgt im Wesentlichen nur ein Motiv: hohe Gewinne durch Herstellung und Vertrieb kopierter Produkte [Mei10]. Die hohen Gewinnaussichten sind in den Kostenvorteilen des Imitators für die Herstellung und den Vertrieb eines Imitates begründet. Durch diesen Kostenvorteil, der bis zu 35 % betragen kann, ist der Imitator in der Lage, das Imitat zu einem niedrigeren Preis anzubieten als der Originalhersteller [Nee07].

Die Kostenpositionen

Der Kostenvorteil eines Imitators kann nicht einzig auf Entwicklungs- und Produktionskosten reduziert werden. Die Kosten für ein Original und ein Imitat unterscheiden sich in den folgenden Positionen: Entwicklung/Adaption, Material, Produktion, Marketing/Vertrieb, Logistik und Bruttogewinn (vgl. Bild 1-5) [Nee07].

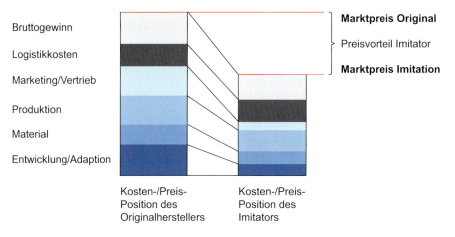

Bild 1-5 Kostenvorteile für Imitatoren [Nee07]

Entwicklungskosten sind personalintensiv. Sie fallen für den Imitator nahezu nicht an. Imitatoren müssen keine Investitionen in Forschung und Entwicklung innovativer Produkte tätigen. Allein der Originalhersteller trägt das Risiko, ob seine Investition zu einer Innovation wird oder nicht. Vergleichbare Aufwendungen des Imitators sind sogenannte Adaptionskosten: Kosten für das Reverse Engineering oder die Beschaffung von Know-how. Adaptionskosten sind in der Regel um bis zu 50 % geringer als die Entwicklungskosten [Nee07].

In Abhängigkeit von der Qualität des Imitats variieren auch die **Materialkosten**. Für ein qualitativ vergleichbares Produkt wird ein Imitator Materialkosten in gleicher Höhe aufbringen müssen. Imitate geringerer Qualität verwenden jedoch üblicherweise auch minderwertiges Material, was in dieser Position ebenfalls zu Kosteneinsparungen in Höhe von bis zu 50 % führen kann [Nee07].

Für **Produktionskosten** gilt, dass Imitate häufig in Niedriglohnländern produziert werden, wodurch der Imitator Kosteneinsparungen bei den Lohnkosten erzielen kann. Des Weiteren werden, in Abhängigkeit von der anvisierten Produktqualität, ebenfalls einfachere Produktionsverfahren sowie ältere Produktionssysteme eingesetzt. Imitatoren können so eine Einsparung bei den Produktionskosten von ca. 25 % erzielen [Nee07].

Bei den **Marketing- und Vertriebskosten** ist das Einsparungspotential am größten. Imitatoren greifen auf den Bekanntheitsgrad einer existierenden Marke zurück und profitieren direkt von den Marketing- und Vertriebsmaßnahmen der Originalhersteller. Die für Marketing und Vertrieb anfallenden Kosten sind für einen Imitator bis zu 75 % geringer als für einen Originalhersteller [Nee07].

Logistikkosten hingegen sind die einzigen Kosten, die für Imitatoren in vergleichbarer Höhe anfallen wie für den Originalhersteller. Nur in wenigen Fällen gelingt es einem Imitator, in die existierende Distributionskette des Originalherstellers einzudringen und den Transport der Imitate gar auf Kosten des Originalherstellers durchführen zu lassen. Meistens müssen Imitate in kleineren Mengen über verschleierte Logistikkanäle transportiert werden, wodurch die Logistikkosten für den Imitator sogar leicht höher ausfallen können [Nee07].

Wie gezeigt wurde, betragen die Kosten für einen Imitator im Vergleich zum Originalhersteller maximal 65 bis 70 %. Wie bereits angedeutet, ist die exakte Höhe der Kosten jedoch davon abhängig, um welchen Typ von Imitat es sich handelt: Knock-off-Produkt, sklavische Kopie, sklavische Fälschung oder factory-overrun (vgl. Bild 1-6).

Wie bereits erörtert, sind die **Logistikkosten** für Originalhersteller und Produktpirat identisch. Anders stellt sich dies für die **Marketing- und Vertriebskosten** dar. Für sklavische Kopien, die fremdes geistiges Eigentum für die Entwicklung eigener Produkte nutzen, fallen vergleichsweise hohe Marketing- und Vertriebskosten an, da das eigene Produkt in der Regel auch unter eigenem Produktnamen am Markt vertrieben werden soll. Eine sklavische Fälschung, die Gestalt und Verpackung eines Produktes bis ins kleinste Detail nachempfindet, nutzt die Marketingaktivitäten des Originalherstellers. Knock-off-Produkte und factory-overruns kommen vollständig ohne eigene Marketing- und Vertriebsaktivitäten aus [Nee07].

Produktions- und Materialkosten korrelieren sehr stark. Factory-overruns nutzen das gleiche Material, die gleichen Produktionsanlagen und das gleiche Personal, weshalb sie sich in diesen Kostenbestandteilen nicht vom Original unterschei-

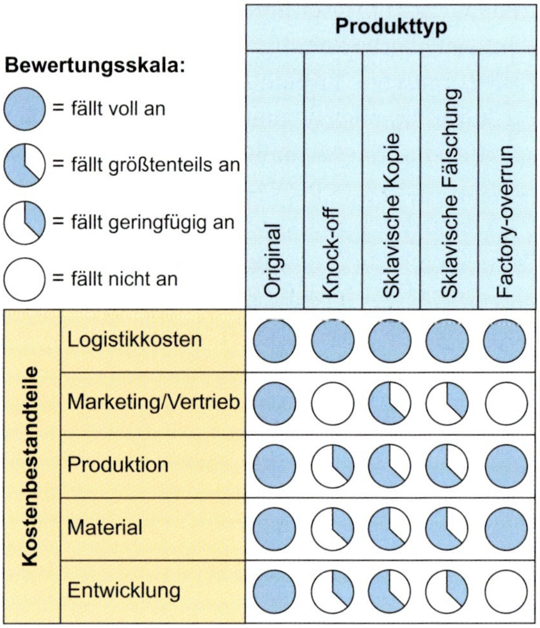

Bewertungsskala:

- ● = fällt voll an
- ◕ = fällt größtenteils an
- ◔ = fällt geringfügig an
- ○ = fällt nicht an

Kostenbestandteile	Produkttyp				
	Original	Knock-off	Sklavische Kopie	Sklavische Fälschung	Factory-overrun
Logistikkosten	●	●	●	●	●
Marketing/Vertrieb	●	○	◕	◕	○
Produktion	●	◔	◕	◕	●
Material	●	◔	◕	◕	●
Entwicklung	●	◕	◕	◔	○

Bild 1-6 Vergleich der Kostenbestandteile je Produkttyp (in Anlehnung an [Nee07])

den. Sowohl sklavische Kopie als auch sklavische Fälschung sind von geringerer Qualität als das Original, was sich in geringeren Produktions- und Materialkosten niederschlägt. Knock-off-Produkte, die in Aussehen und Qualität sofort als Imitat zu erkennen sind, haben im Vergleich nahezu keine Kosten für Produktion und Material [Nee07].

Für sklavische Kopien sind **Entwicklungskosten** mithin am größten, da Produktpiraten einige Teile des Produktes selbst entwickeln bzw. adaptieren müssen. Für Knock-off-Produkte und sklavische Fälschungen fallen nahezu keine Entwicklungskosten an, da diese versuchen, vom Werteversprechen des Originals zu profitieren, ohne dabei die erwartete Leistung des Produktes zu liefern. Für factory-overruns fallen keine Entwicklungskosten an [Nee07].

Die Preisstrategie

Der Preisvorteil des Imitators fällt somit in Abhängigkeit des gewählten Imitats unterschiedlich hoch aus. Zusätzlich ist er von der Marge abhängig, die der Imitator erzielen will. Hier bieten sich ihm im Wesentlichen die Hochpreis- und die Niedrigpreisstrategie an. Bei der **Hochpreisstrategie** bietet der Imitator sein Produkt zum gleichen Preis an wie der Originalhersteller. Er erzielt dabei eine hohe Marge je Imitat bei einer geringen Menge abgesetzter Produkte. Die Täuschung für den Kunden ist aufgrund des gewählten Verkaufspreises hoch, die Gefahr, als Imitator erkannt zu werden, hingegen niedrig. Das verfolgte Ziel des Produktpiraten ist sicherlich die risiko- und aufwandsarme Gewinngenerierung. Bei der **Niedrig-preisstrategie** bietet der Produktpirat das Imitat zu einem Preis am Markt an, welcher weit unter dem Preis des Originalherstellers liegt. Er kann damit zwar nur eine geringe Marge je Imitat, allerdings eine größere Marktdurchdringung erzielen. Aufgrund des niedrigen Preises läuft der Imitator Gefahr, als solcher erkannt zu werden. Aufgrund der geringen Investition in Materialien und Produktionssysteme kann jedoch im Falle der Entdeckung der Standort gewechselt werden, bevor die zuständigen Behörden einen Zugriff durchführen können. Das mit der Niedrigpreisstrategie verfolgte Ziel des Imitators kann dabei die Verdrängung des Originalherstellers sein, um den Markt anschließend selbst mit hochwertigeren Produkten zu bedienen [Nee07].

■ 1.4 Ursachen der Produktpiraterie – Welche Faktoren begünstigen Produktpiraterie?

Oliver Köster

Nach der Diskussion der Motive, die ein Produktpirat verfolgt, werden im Folgenden die Faktoren thematisiert, die Produktpiraterie begünstigen. Vordergründig sind dies die Globalisierung von Fertigung und Handel und im Fall von einigen Konsumgütern ein mangelndes Unrechtsbewusstsein der Käufer. Im Wesentlichen wird Produktpiraterie jedoch durch die **strategische Marktpositionierung** des Originalherstellers und des Nachahmers sowie durch das geringe **Entdeckungs- und Strafverfolgungsrisiko** eines Nachahmers begünstigt. Dem gegenüber stehen **Markteintrittsbarrieren**; Widerstände, die den Markteintritt für einen Nachahmer auch ohne dedizierte Schutzmaßnahmen vermeintlich erschweren.

Strategische Marktpositionierung

Für die strategische Marktpositionierung im Kontext des hier behandelten Themas stehen einem Unternehmen vier grundlegende Optionen zu Verfügung [AS67]: First-to-Market, Follow-the-Leader, Application Engineering und Me-too. Als **First-to-Market** wird die Strategie bezeichnet, als Erster mit einem neuen Produkt am Markt zu sein, als sogenannter Pionier zu agieren. Kern der Strategieoption **Follow-the-Leader** ist es, den Pionier und dessen Produkte genau zu beobachten. Sobald deutlich wird, welches Produkt sich am Markt durchsetzt, wird dieses imitiert und zu deutlich geringeren Preisen am Markt angeboten. Der Imitator kann den geringeren Preis realisieren, da er im Gegensatz zum Pionier weder technisches noch betriebswirtschaftliches Risiko zu tragen hat [AKL11]. **Application Engineering** steht für die Nachahmung von einzelnen Technologien und deren Anwendung für einen speziellen Kundenkreis. Zumeist wird dabei das Originalprodukt derart verändert, dass der Kunde ein optimiertes Preis-Leistungs-Verhältnis erfährt [Mei11]. Bei der Strategieoption **Me-too** werden kostengünstige Imitate zumeist technologisch einfacher Massen- und Markenprodukte am Markt platziert. Dabei wird in der Regel vom positiven Image des Originalherstellers und dessen Markterfolg profitiert.

First-to-Market, Follow-the-Leader und Application Engineering sind Strategieoptionen, die zumeist für komplexe Investitionsgüter in Betracht kommen. Die Option Me-too ist eher dem Konsumgüterbereich zuzuordnen [Mei11]. Originalhersteller verfolgen vielfach die Option First-to-Market. Agieren sie im Bereich Follow-the-Leader oder Application Engineering, tun sie dies unter Wahrung gültiger Schutzrechte und somit wettbewerbsrechtlich legal. Nachahmer hingegen positionieren sich zunächst in den Bereichen Follow-the-Leader, Application Engineering und Me-too unter Missachtung gewerblicher Schutzrechte.

Aktuellen Studien zufolge sind die vier strategischen Optionen als eine Art Reifegradmodell zu verstehen, das Nachahmer auf ihrem Entwicklungsweg durchlaufen können (Bild 1-7). Zunächst starten Imitatoren mit einer Me-too-Strategie, die im weiteren Verlauf zu einem Application Engineering ausgebaut wird. Mit steigendem Produkt- und Fertigungs-Know-how folgt dann die Follow-the-Leader-Strategie. Dabei baut der Nachahmer so viel weiteres Know-how auf, dass er als ebenbürtiger Wettbewerber ohne weitere Rückgriffe auf fremdes Know-how die Option First-to-Market ausüben kann. Diese Erkenntnis zeigt, dass Produktpiraterie die

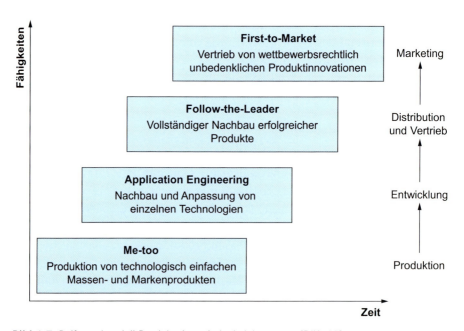

Bild 1-7 Reifegradmodell Produktpiraterie in Anlehnung an [BJK+10]

Gefahr innewohnt, weiteren Wettbewerbern die Tür in den Markt zu öffnen [SV08], [Imp07], [Par99], [WW07].

Entdeckungs- und Strafverfolgungsrisiko

Aktuelle Statistiken der STEUERN UND ZOLLUNION DER EUROPÄISCHEN KOMMISSION zeigen deutlich, dass Produktpiraterie nach wie vor ein großes Geschäft ist. 2010 gab es insgesamt 79.112 Aufgriffe durch Zollbeamte. Das ist die absolut höchste Anzahl an Aufgriffen seit Einführung der Grenzbeschlagnahme. Die hohe Zahl kann mit der steigenden Bedeutung des Internetversandhandels erklärt werden. Im Internet werden zahlreiche Güter zum Kauf angeboten; viele Artikel sind Originale, einige aber auch Imitate. Per Mausklick bestellt, werden die Imitate aus dem Ausland als einzelne Warensendungen direkt bis vor die Wohnungstür geliefert. Bei den 79.112 Aufgriffen wurden etwas mehr als 103 Millionen einzelne Artikel beschlagnahmt, was nur eine kleine Abschwächung im Vergleich zu 2009 bedeutet [EU11-ol]. Bild 1-8 zeigt die Entwicklung der Aufgriffe, Bild 1-9 die Anzahl der beschlagnahmten Artikel.

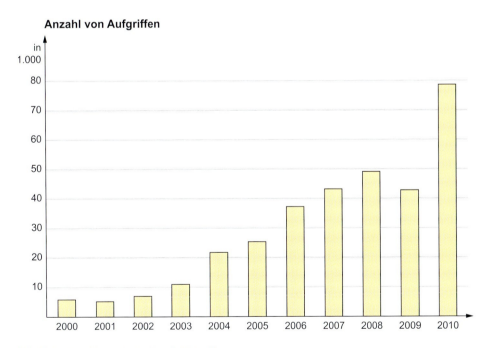

Bild 1-8 Anzahl von Aufgriffen [EU11-ol]

Da die absolute Anzahl versendeter Imitate nicht exakt beziffert werden kann, ist auch keine Aussage darüber möglich, welcher Anteil davon durch die Zollbehörden aufgegriffen wird. Die steigenden Zahlen der Aufgriffe legen aber die Vermutung nahe, dass das Entdeckungsrisiko steigt.

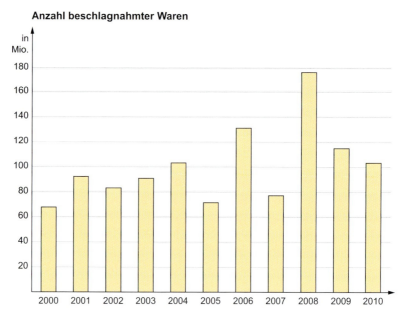

Bild 1-9 Anzahl beschlagnahmter Artikel [EU11-ol]

Im starken Gegensatz zum Entdeckungsrisiko steht das Strafverfolgungsrisiko. Informations- und Kommunikationstechnologien wie Internet und Mobiltelefone ermöglichen es Nachahmern, ihre Produkte aus großer Ferne im europäischen Markt anzubieten und dem Käufer zuzustellen. Eine Strafverfolgung z. B. durch ausländische Behörden findet kaum statt [Hub10]. Bild 1-10 zeigt beispielhaft, mit welchen Konsequenzen ein Nachahmer im Jahre 2007 nach erfolgtem Aufgriff der Produkte durch den Zoll rechnen musste.

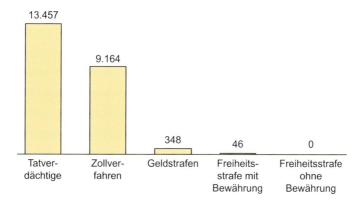

Bild 1-10 Konsequenzen für Imitatoren [Sti09]

Insgesamt wurden 2007 13.457 Tatverdächtige ermittelt. Gegen 68 % (9.164 Personen) wurde ein Zollverfahren eröffnet, welches lediglich in 4 % aller Fälle (394 Personen) zu einem sanktionierenden Abschluss geführt wurde. Eine Freiheitsstrafe ohne Bewährung wurde dabei nicht ausgesprochen [Sti09]. Das absolute Risiko der Nachahmer, für ihre illegalen Aktivitäten belangt zu werden, ist somit als sehr gering einzustufen.

Markteintrittsbarrieren

Entscheidet sich ein Unternehmen zum Aufbau eines neuen Geschäftsbereiches, trifft es nach PORTER dabei auf einige Widerstände: **Skalenerträge**, **Produktdifferenzierung**, **Kapitalerfordernisse**, **Wechselkosten**, **Zugang zu Vertriebskanälen** und **größenunabhängige Kostenvorteile** [Por80].

Diese sind zunächst unabhängig vom Produkt, das am Markt angeboten werden soll. Es ist also unerheblich, ob es sich um ein Originalprodukt oder eine (illegale) Nachahmung handelt. Die Markteintrittsbarrieren muss somit auch ein Imitator überwinden, um die Nachahmung erfolgreich am Markt zu platzieren. Aus diesem Grund sollen die von PORTER benannten Widerstände kurz erläutert werden.

Skalenerträge bezeichnen Kostenvorteile eines Anbieters aufgrund des realisierten Produktionsvolumens. Grundlegende Annahme ist, dass die Kosten pro Output-Einheit mit steigendem Produktionsvolumen sinken [Por80]. Ein Nachahmer, der nicht mit den gleichen Stückzahlen wie der Originalhersteller auf den Markt tritt, wird höhere Produktionskosten je Mengeneinheit haben, was sich negativ auf die Konkurrenzfähigkeit seines Angebotspreises auswirkt. Nachahmer können jedoch unter anderem aufgrund der Anwendung älterer Produktionsverfahren oder Produktionssysteme eine Einsparung bei den Produktionskosten in Höhe von 25 % erzielen (vgl. Kapitel 1.3). Im Vergleich dazu dürften die nicht realisierbaren Skaleneffekte nicht sonderlich ins Gewicht fallen. Des Weiteren kann der Markteintritt neuer Wettbewerber mit ähnlichen Stückkosten dazu führen, dass das gesamte Angebot derart groß wird, das daraus ein Preisverfall bei allen Anbietern resultiert.

Eine **Produktdifferenzierung** liegt dann vor, wenn sich das Angebot in kundenrelevanten Aspekten von denen der Wettbewerber unterscheidet [Por80]. Da ein Nachahmer sich bewusst an den Produktfeatures des Originalherstellers orientiert, um an dessen Markterfolg zu partizipieren, wird dieser keine Differenzierung erzielen wollen.

Hohe **Kapitalerfordernisse** liegen dann vor, wenn für den Markteintritt erhebliche Investitionen zu tätigen sind [Por80]. Da diese Investitionen erbracht werden müssen, bevor Sicherheit über den Markterfolg besteht, ist die Investition mit einem hohen Verlustrisiko verbunden.

Wechselkosten entstehen dem Käufer eines Produktes beim Anbieterwechsel. Sie sind in einer Inkompatibilität der Produkte begründet. Der Käufer muss somit Anpassungen vornehmen, um das Produkt des neuen Anbieters einzusetzen. Sie werden maximal, wenn zur Sicherstellung der Kompatibilität zusätzliche Schnittstellenarbeit erforderlich wird [Por80].

Der **Zugang zu Vertriebskanälen** ist dann eine Barriere, wenn etablierte Anbieter bereits über ein effizientes Distributionssystem verfügen. Dem neuen Anbieter entstehen zum Teil erhebliche Kosten, um ebenfalls über diese Kanäle vertreiben zu können [Por80]. Ein geläufiges Beispiel hierfür sind Regalflächen in Supermärkten, die ein Anbieter bezahlen muss, damit seine Produkte dort ausgelegt werden.

Unter **größenunabhängigen Kostenvorteilen** fasst PORTER eine Vielzahl von weiteren Aspekten zusammen, wie eine proprietäre Produkttechnologie, Zugang zu Rohstoffen, Standortvorteile, Subventionen und Lernkurveneffekte [Por80]. Einige dieser Punkte sind das Ergebnis einer langjährigen Geschäftstätigkeit, auf die ein Nachahmer nicht zurückgreifen kann.

SCHEWE hat die Auswirkungen dieser Barrieren auf das Auftreten von Nachahmungen untersucht. Dabei kam er zu dem Ergebnis, dass einzig die Distributionsbarriere dazu beiträgt, Imitate zu unterbinden. Die Produktdifferenzierungsbarriere hingegen eignet sich nach seinen Untersuchungen am wenigsten als Abwehrmechanismus. In der Kombination von Skalen- und Kompatibilitätsbarriere zeigt sich sogar ein positiver Kausalzusammenhang zur Imitationsentscheidung: Bei der gleichzeitigen Existenz dieser Barrieren erfolgt besonders häufig eine Imitation [Sch92]. SCHEWE hat jedoch nicht den Wirkzusammenhang analysiert, sodass unbeantwortet bleibt, ob er Symptome oder Ursachen ermittelt hat.

Final bleibt jedoch die Erkenntnis, dass Markteintrittsbarrieren für den legalen Wettbewerb gelten – Imitatoren scheinen jedoch die von PORTER formulierten Barrieren überwinden zu können.

■ 1.5 Quellen der Produktpiraterie – Wie kommen Produktpiraten an das Know-how?

Oliver Köster

Know-how ist sowohl personen- als auch dokumentengebunden. Zu den relevanten Dokumenten, in die das Wissen der Mitarbeiter einfließt, gehören Lasten- und Pflichtenhefte, Bau- und Fertigungsunterlagen, Ersatzteillisten und Betriebsanleitungen.

Zu den wesentlichen Stellen, an denen Informationen und Dokumente das Unternehmen verlassen können, gehören Beschaffung, Fertigung, Vertrieb, Fachmessen, Lizenzen, Patente und Kooperationen [Mei11]:

- Im Rahmen der Beschaffung erhalten Produktpiraten Informationen über die Bezugsquellen von Rohstoffen, Werkstoffen oder Vorprodukten, die sie daraufhin ebenfalls dort beziehen können. Ähnlich bedeutend ist die unvorsichtige Weitergabe von detaillierten Produktspezifikationen im Zuge von Lieferantenanfragen.
- In der Fertigung ermöglicht ein unkontrollierter Zugang zu Bauplänen, Materialien oder Maschinentagebüchern deren Diebstahl.
- Im Vertrieb werden zu detaillierte Produktinformationen an unbekannte Neukunden weitergegeben.
- Auf Fachmessen können Produktneuheiten direkt in Augenschein genommen und sensible technische Details durch Gespräche mit den Mitarbeitern in Erfahrung gebracht werden.
- Über Lizenzen und Patente sowie in Kooperationen werden umfassende technische Informationen offengelegt.

Know-how-Abfluss kann aktiv oder passiv erfolgen. Von einem **aktiven Know-how-Abfluss** wird gesprochen, wenn jemand bewusst und gegebenenfalls widerrechtlich auf fremdes geistiges Eigentum zugreift. **Passiver Know-how-Abfluss** hingegen ist dort vorzufinden, wo Informationen durch mangelnde Sensibilität der Mitarbeiter oder mangelhafte Prozesse das Unternehmen auf ungeplanten und vor allem unbekannten Wegen verlassen. Die detaillierte Betrachtung der Wege, über die Informationen abfließen, ist Gegenstand dieses Kapitels.

Aktiver Know-how-Abfluss

Bei aktivem Know-how-Abfluss, also dem gezielten Abgreifen von produktrelevantem Wissen durch unbefugte Dritte, lassen sich im Wesentlichen zwei grundlegende Formen unterscheiden: **Reverse Engineering** und **Spionage**. **Hacking** und **Social Engineering** sind in diesem Zusammenhang als Subformen der Spionage zu verstehen.

Reverse Engineering ist das Zerlegen eines bestehenden Systems in seine einzelnen Bestandteile. Diese werden unter anderem optisch vermessen, dokumentiert und in technische Zeichnungen überführt [Jon06]. Ziel ist es, für den Nachbau erforderliche Informationen über die einzelnen Bauteile, Produktfunktionen, Strukturen, Zustände, Verhaltensweisen, Werkstoffe und Fertigungsprozesse zu gewinnen. Die Originalprodukte werden auf dem freien Markt beschafft. Vereinzelt werden diese den Produktpiraten aber auch über Kunden des Originalherstellers zur Verfügung gestellt mit der Motivation, ein vergleichbares Produkt zu einem günstigeren Preis zu erhalten [Mei11]. Kriminelle Vorgehensweisen wie beispielsweise bewaffnete Raubüberfälle zur Beschaffung von Vorlagen kommen vor, sind aber bei Weitem nicht die Regel [Bra93]. Abzugrenzen ist das Reverse Engineering vom Benchmarking. Hier werden Produkte von Wettbewerbern in ihre Bestandteile zerlegt, um Kenntnis über die Funktionsweise des Konkurrenzproduktes zu erlangen, ohne dabei bestehende Rechte zu verletzen.

Erfolgreiches Reverse Engineering ist immer mit einem Know-how-Transfer vom Originalhersteller zum Produktpiraten verbunden. Durch diesen Wissenszuwachs wird der Nachahmer in die Lage versetzt, Anpassungen vorzunehmen, um so etwaiges Overengineering zu vermeiden, das Produkt für spezielle Kundengruppen zu optimieren und es kostengünstiger am Markt anbieten zu können [WW07]. Voraussetzung für erfolgreiches Reverse Engineering sind grundlegende technische Kenntnisse des Imitators, ohne die die wesentlichen Produktfunktionalitäten nicht erkannt bzw. verstanden werden können [Mei11]. Gegenmaßnahmen zur Verhinderung von Reverse Engineering sind die Konstruktion von nicht zerstörungsfrei zerlegbaren Teilen wie z. B. Black-Box-Bauweise oder die Fertigung mittels schwer nachvollziehbarer Fertigungsprozesse wie additive Fertigungsverfahren. Diese Verfahren beruhen auf einer schichtweisen Erstellung eines Bauteils auf Basis eines elektronischen Datensatzes. Die Datensätze werden dabei in der Regel aus einem 3-D-CAD-Modell abgeleitet.

Am einfachsten wird der Nachbau für einen Produktpiraten, wenn er direkt auf produkt- und produktionsrelevante Informationen bzw. Dokumente zugreifen kann, ohne dabei den zeit- und arbeitsaufwendigen Weg des Reverse Engineering gehen zu müssen. Dies gelingt üblicherweise über **Spionage**. Auftraggeber sind sowohl Wettbewerber als auch Staaten. Durchgeführt wird Spionage sowohl durch die Geheimdienste und Wettbewerber, aber auch durch die Mitarbeiter des eigenen Unternehmens [Sch09]. Zu den wesentlichen Methoden gehören

- fingierte Bewerbungsgespräche oder Scheinbewerber,
- eingeschleuste Praktikanten,
- Einsatz vorgetäuschter Presseinterviews und falsche Identitäten,
- interne Mitarbeiterzeitschriften,
- Messen und Veranstaltungen,
- Weitergabe vertraulicher Angebote durch Kunden und Lieferanten,
- Abfluss bei ausländischen Behörden sowie
- das Nutzen von Geheimdienstressourcen.

Hacking kann wiederum als spezielle Form der Spionage bezeichnet werden. Unter den Hackern gibt es solche, die gezielt nach Informationen suchen, aber auch sogenannte Sammler. Bei der gezielten Informationssuche hat der Hacker einen konkreten Auftrag. Er verschafft sich Zutritt zu Unternehmensnetzwerken, späht diese aus und kopiert oder manipuliert Daten. Sammler hingegen halten sich bevorzugt an Flughäfen oder in Zügen auf, um dort über ungesicherte Netzwerke

Handys oder Laptops von Geschäftsreisenden auszukundschaften und sensible Informationen zu sammeln. Die Sammlung erfolgt zumeist ohne konkreten Auftrag. Meist werden die gesammelten Informationen einer Analyse unterzogen, um zu ermitteln, wem die Daten gewinnbringend angeboten werden können [Sch09].

Social Engineering ist die zwischenmenschliche Beeinflussung mit dem Ziel, unberechtigt an Informationen zu gelangen. Es kommt nicht selten vor, dass Mitarbeiter eines Originalherstellers auf Geschäftsreisen z. B. an der Hotelbar in zunächst unverfängliche Gespräche verwickelt werden, bei denen im Laufe der Unterhaltung sensible Informationen ausgetauscht werden. Sehr beliebt sind auch kleine Geschenke wie USB-Sticks, die mit einem Computervirus, z. B. einem Trojaner, infiziert sind, wovon der Empfänger selbstredend nichts weiß. Setzt der Empfänger diesen USB-Stick am Firmenrechner ein, startet im Hintergrund ein Programm, das auf dem Rechner oder im angebundenen Netzwerk nach Dokumenten sucht und diese über das Internet an den Schenker versendet. Eine Variante davon ist das gezielte „Verlieren" von USB-Sticks auf Fluren, in Lobbys oder in Zugabteilen. In diesem Fall kann die Informationsbeschaffung nicht so genau gesteuert werden wie im obigen Fall, was in Anbetracht der geringen Kosten für USB-Sticks von nebensächlicher Bedeutung sein dürfte.

Passiver Know-how-Abfluss

Nicht immer ist es ein Imitator, der sich Know-how über illegale Aktivitäten besorgt. Häufig trägt der Originalhersteller selbst durch mangelnde **Sensibilität der Mitarbeiter** oder mangelhafte Prozesse dazu bei, dass kritische Informationen über nicht kontrollierte Wege das Unternehmen verlassen. Eine weitere Quelle stellt **Outsourcing** von Prozessen dar, wobei der Zulieferer mit Informationen versorgt werden muss. Abzugrenzen sind **Firmenübernahmen**, die zwar ebenfalls Quellen für passiven Know-how-Abfluss darstellen, jedoch eine legale Aktivität sind, um an Know-how zu gelangen.

Mangelnde **Sensibilität der Mitarbeiter** des Originalherstellers und mangelhafte Prozesse sind eine wesentliche Quelle für ungewollten und somit passiven Know-how-Abfluss. Fokussiert auf eine effektive und effiziente Arbeitsweise wird den Bedürfnissen des Know-how-Schutzes oftmals wenig Raum gegeben. Sofern definierte Prozesse für den Know-how-Schutz existieren, werden diese bewusst oder unbewusst umgangen. Beispiele dafür sind das Versenden von sensiblen Informationen und Dokumenten in unverschlüsselten E-Mails, Ablage von Dokumenten auf nicht gesicherten Servern oder Gespräche zwischen Mitarbeitern an öffentlichen Orten wie in Zugabteilen. Bei der Lieferantenanfrage werden häufig zu detaillierte Produktdokumente weitergegeben, aus denen der angefragte Lieferant mehr Informationen abziehen kann, als er für die Angebotserstellung benötigt. Haben die Informationen das Unternehmen verlassen, ist ein Schutz unmöglich.

Durch **Outsourcing**, der gezielten Auslagerung von Unternehmensaufgaben, -prozessen und -strukturen an Dritte, werden bisher intern erbrachte Leistungen über einen Lieferanten eingekauft. Um Produkte oder Komponenten fertigen zu können, muss der Lieferant mit Know-how versorgt werden. Hierin liegt zum einen die Gefahr, dass der Lieferant mehr Einheiten produziert als vertraglich vereinbart und den Überschuss auf eigene Rechnung am Markt absetzt (vgl. factory-overrun). Zum andern kann der Lieferant auf Grundlage des angeeigneten Know-hows aufbauende Forschung und Entwicklung betreiben [AV06].

Firmenübernahmen sind eine strategische Methode zur Know-how-Akquisition. Hierbei werden Unternehmen aufgekauft, die wichtiges technisches Know-how besitzen. Darüber hinaus erhält das kaufende Unternehmen Zugang zu neuen Käuferschichten [Fuc07]. Diese Methode ist besonders subversiv, da sie nicht illegal ist. Kaufende Unternehmen gelangen ohne Rechtsverletzung in den Besitz des Know-hows, das sie für den Bau der Produkte benötigen. Aus diesem Grund sind Firmenübernahmen nicht als Quelle für die illegale Beschaffung bzw. Anwendung von fremdem Know-how zu betrachten.

■ 1.6 Folgen der Produktpiraterie – Welche Konsequenzen zieht Produktpiraterie nach sich?

Oliver Köster

Die weithin geläufigsten Folgen von Produktpiraterie sind Umsatzeinbußen für **Originalhersteller**. Von Produktpiraterie sind aber auch **private Verbraucher**, **kommerzielle Abnehmer** und die **Volkswirtschaft** betroffen [Mei11].

Nachahmungen sind für **private Verbraucher** immer dann kritisch, wenn sie von mangelnder Qualität sind. Diese zieht zumeist einen finanziellen Schaden nach sich, der unter anderem in der Notwendigkeit der verfrühten Wiederbeschaffung begründet ist. Im Extremfall können von minderwertigen Nachahmungen aber auch Gefahren für die Gesundheit des Käufers ausgehen [Bra93], [HKT03], [Sch04], [Fuc06], [Stö06], [Rup07], [ACH+08].

Auch **kommerzielle Abnehmer** sind in erster Linie finanziellen Gefahren ausgesetzt. Verarbeiten oder vertreiben diese illegale Nachahmungen, gleich ob gezielt oder unbewusst, können sie mit Unterlassungs- oder sogar Vernichtungsansprüchen der Originalhersteller konfrontiert werden. Des Weiteren können sie durch ihre eigenen Kunden in die Haftung genommen werden [Bra93], [HKT03], [Rup07].

Bei den Folgen für die **Volkswirtschaft** ist zwischen Ziel- und Herstellungsländern zu unterscheiden. In den Zielländern führt Produktpiraterie zu Arbeitsplatzverlusten und Ausfällen von Steuern und Sozialabgaben [Bra93], [Fuc06], [ACH+08]. Laut Deutschem Industrie- und Handelskammertag (DIHK) und Bundesverband der Deutschen Industrie e.V. (BDI) vernichtet Produktpiraterie jährlich ca. 70.000 bis 80.000 Arbeitsplätze [Stö06]. Diese Zahlen beruhen auf der Annahme, dass die durch Produktpiraterie entstehenden Umsatzverluste ausreichen würden, um die genannten Arbeitsplätze zu bezahlen – es ist also ein rein hypothetischer Wert. Eine weitere Folge ist, dass Unternehmen Neuinvestitionen nicht tätigen [Wöl03]. Dies führt langfristig zu einer Schwächung der Innovationskraft und Wettbewerbsfähigkeit eines Standortes [ACH+08]. Aus Sicht eines Herstellungslandes verhält sich der Sachverhalt zumindest kurz- bis mittelfristig anders. Hier werden Arbeitsplätze geschaffen, Steuern und Sozialabgaben gezahlt und wird ein Beitrag zur Erhöhung des Bruttoinlandsproduktes (BIP) geleistet. Langfristig können jedoch die negativen Effekte überwiegen, wenn ausländische Investoren (Originalhersteller) sich aus Ländern zurückziehen, die Produktpiraterie unterstützen oder tolerieren [HKT03], [Rup07].

Die Folgen für die **Originalhersteller** sollen im Mittelpunkt der weiteren Betrachtung stehen und detaillierter diskutiert werden. Sie lassen sich in direkte und indirekte Folgen unterteilen. Unter direkten Folgen sind solche zu verstehen, die ein Originalhersteller unmittelbar bemerkt und auch einem Produktpiraterievorfall zuordnen kann. Sie lassen sich zumeist monetär quantifizieren und münden in einem Gewinnrückgang. Indirekte Folgen hingegen treten zeitlich versetzt auf und stehen nicht in einem ohne Weiteres erkennbaren Zusammenhang. Sie resultieren in der Regel im Verlust von heutigen und zukünftigen Märkten. Das Bild 1-11 gibt einen kompakten Überblick über die geläufigen Folgen von Produktpiraterie für Originalhersteller. Die einzelnen Schäden werden im Folgenden detaillierter diskutiert.

Kategorie	Schaden
direkt	**Gewinnrückgang** • Kosten für Produkthaftung, Reklamation und Service • Verlust von Umsatz und Marktanteilen • Kosten für Produktschutzmaßnahmen
indirekt	**Verlust heutiger Märkte** • Preisverfall • Imageverlust **Verlust zukünftiger Märkte** • Know-how-Verlust • Verlust von Absatzmärkten

Bild 1-11 Schadenskategorien von Produktpiraterie

Direkte Folgen

Direkte Folgen treten zumeist kurzzeitig nach dem erfolgreichen Platzieren eines Nachbaus am Markt durch einen Imitator auf. Die entstehenden Schäden sind in der Regel monetär und münden in einem Gewinnrückgang. Zu den wesentlichen Schäden dieser Kategorie gehören **Kosten für Produkthaftung, Reklamationen und Service**, **Verlust von Umsatz und Marktanteilen**, aber auch **Kosten für Produktschutzmaßnahmen**.

Unter **Kosten für Produkthaftung, Reklamationen und Service** fallen Ereignisse, bei denen der Kunde ein Imitat erworben hat, sich im Schadensfall jedoch an den Originalhersteller wendet. Bei der Produkthaftung geht es in der Regel um Gewährleistungs-, Haftungs- und Schadensersatzansprüche infolge eines Produktausfalls. Falls das Imitat versagt und der Kunde sich mit dem defekten Produkt an den Originalhersteller wendet, trägt der Originalhersteller die Beweislast: Entweder er kann nach Produkthaftungsgesetz (ProdHaftG) nachweisen, dass es sich nicht um sein Produkt handelt, oder er ist in der Haftung. Dies ist insbesondere bei Schäden an Investitionsgütern kritisch, da für diese üblicherweise die Haftung für Produktionsausfälle zu übernehmen ist [Bra93], [Lep02], [Stö06], [Fuc06], [Rup07], [Sta07]. Weitere Kosten entstehen für den Originalhersteller dann durch die Abwehr der Klage und die Ermittlungen zur Beweisführung. Ebenfalls folgenreich sind Haftungsklagen infolge von Unfällen mit Personenschäden, da diese meist einen hohen Streitwert haben [Bac07]. Nach einer Studie vom Fachverband Werkzeugindustrie e. V. (FWI) werden jährlich ca. 3.500 gewerbliche Arbeitsunfälle durch die Verwendung von Nachahmungen verursacht [Möl07]. Beispiele für die Schäden, die durch den Einsatz von qualitativ minderwertigen Nachahmungen in Werkzeugmaschinen entstehen können, zeigen Abele und Kuske [AK10].

Im Falle von Reklamationen entstehen dem Originalhersteller Kosten für den Austausch oder die Reparatur des Produktes. Ist das Produkt Gegenstand eines umfassenden Servicevertrages, kommen unter Umständen die Reisekosten der Kundendienstmitarbeiter hinzu. Kritisch wird es besonders dann, wenn zwar ein Originalteil defekt ist, der Schaden aber durch eine andere Komponente ausgelöst wurde, bei der es sich wiederum um eine mangelhafte Nachahmung handelt [AKL11].

Zu den geläufigsten Folgen der Produktpiraterie gehört der **Verlust von Umsatz und Marktanteilen** des Originalherstellers. Dieser tritt bereits ein, sobald sich der erste Kunde dazu entscheidet, eine Nachahmung zu erwerben. Handelt es sich dabei um einen Neukunden, so macht sich dies nicht im Umsatz bemerkbar, wohl aber im Marktanteil. Kritischer sind Bestandskunden, die eine Nachahmung dem Original vorziehen. Dieser Fall ist sofort auch umsatzwirksam. Selbstredend gilt dieser Sachverhalt auch für das Lizenzgeschäft [Bra93], [HKT03], [Fuc06], [WW07], [Nee07], [ACH+08].

Schwierig ist allgemeinhin die Quantifizierung der Höhe von Umsatz- und Marktanteilsverlusten. Generell kann der Rückgang von Umsatz und Marktanteil relativ leicht ermittelt werden. Die Ursachen, die zu einem Rückgang führen, können jedoch mannigfaltig sein. Eine Zuordnung zur Ursache Produktpiraterie ist insbesondere deshalb schwierig, weil es zum einen keine exakten Zahlen über die am Markt angebotenen Imitate gibt. Zum anderen ist das Kundenverhalten sehr schwer antizipierbar. So kann nicht mit Sicherheit beantwortet werden, ob dem eigenen Produkt eine Nachahmung (z. B. aus Preisgründen) oder das Produkt eines Wettbewerbers (z. B. wegen bestimmter Produktmerkmale) vorgezogen wurde [AKL11].

Des Weiteren wird Imitaten zumeist zugestanden, dass sie im vollen Umfang ein Original substituieren können. Dies bedeutet, dass ein im Sinne der Nutzenmaximierung agierender Mensch stets das günstigere Produkt kauft, also das Imitat. Der Umkehrschluss, dass der Mensch auch das teurere Original kaufen würde, wenn es das günstigere Imitat nicht geben würde, ist nicht bewiesen und darf infrage gestellt werden. Ein gängiges Beispiel dafür sind Markenuhren: das Imitat zu 50 Euro und das Original zu 1.000 Euro. Jemand, der die günstigere Uhr kauft, wäre mit Sicherheit kein potentieller Kunde des Originals.

Selbstverständlich gibt es Mittel und Wege, um sich vor illegalen Imitaten und den daraus resultierenden Folgen zu schützen. Es gibt **Produktschutzmaßnahmen** mit reaktivem und präventivem Charakter. Während reaktive erst greifen, wenn Imitate im Markt sind und die oben genannten Schäden bereits aufgetreten sind, erschweren präventive das Entstehen und Inumlaufbringen von Imitaten. Produktschutzmaßnahmen sind ein Schwerpunkt dieses Buches, sie werden in Kapitel 2 umfangreich diskutiert. An dieser Stelle soll jedoch ansatzweise darauf eingegangen werden, um die damit verbundenen Kosten zu verdeutlichen.

Zu den reaktiven Schutzmaßnahmen gehören vornehmlich Schutzrechte. Wenngleich Schutzrechte bereits angemeldet werden müssen, bevor ein Schaden entstanden ist, greifen sie dennoch erst danach, weshalb sie als reaktiv bezeichnet werden können. Im Zusammenhang mit Schutzrechten entstehen Kosten für deren Anmeldung, Überwachung (z. B. durch kontinuierliche Marktüberwachung) und Durchsetzung, so etwa für Prozesskosten bei Klagen gegen Schutzrechtsverletzer [AKL11].

Für das Erlangen und Aufrechterhalten von Schutzrechten sind relativ hohe Kosten zu entrichten. Für eine Patentfamilie in Europa mit einem breiten Länderportfolio und einer Laufzeit von zehn Jahren ist insgesamt mit etwa 25.000 Euro zu rechnen. Die Gesamtkosten für ein internationales Patent (Europa, USA, Japan) mit einer Laufzeit von 21 Jahren summieren sich auf 113.000 Euro [GB07]. Da das Patentwesen in zunehmendem Maße auch als strategischer Erfolgsfaktor genutzt wird, können die Kosten für die Anmeldung und Aufrechterhaltung nur teilweise der Produktpiraterie zugerechnet werden [AKL11].

Im Zusammenhang mit der Überwachung der angemeldeten Schutzrechte entstehen Recherchekosten für die Überwachung des Marktes und die Identifizierung von Imitaten. Insbesondere um gegen Schutzrechtsverletzungen rechtlich vorgehen zu können, ist es erforderlich, eine solide Informationsbasis und belastbare Beweismittel vorliegen zu haben. Es empfiehlt sich daher, systematisch nach illegalen Imitaten zu suchen und entsprechende Beweismittel zu sichern [AKL11]. Praxisbeispiele zeigen, dass insbesondere große Unternehmen und Konzerne ganze Abteilungen mit der Identifizierung von Imitaten und externe Detekteien mit der Sammlung und Sicherung von Beweismitteln beschäftigen [Goo07]. Nicht jede Schutzrechtsverletzung hat ihren Ursprung in einem Produktpiraten, oftmals ist es auch ein unvorsichtiger oder schlecht informierter Wettbewerber. Daher können die Kosten für die Überwachung der Schutzrechte ebenfalls nur teilweise der Produktpiraterie zugeordnet werden.

Die dritte Dimension der Kosten sind Prozesskosten zur Durchsetzung von Schutzrechten. Diese können nicht absolut quantifiziert werden, da sie von Fall zu Fall unterschiedlich sind. Ein Anhaltspunkt kann die durchschnittliche Prozessdauer sein. In China beispielsweise kann die erste Instanz zwischen drei bis sechs, in Einzelfällen sogar bis zu 18 Monaten dauern [MCM04-ol]. Andere Quellen zeigen auf, dass gut vorbereitete Gerichtsverfahren aber auch sehr schnell und somit kostengünstig sein können. So können die Prozesskosten für die erste Instanz günstigstenfalls ca. 6.000 Euro betragen, eigene Personalkosten nicht eingerechnet [Ams09-ol]. Für die USA gibt es Studien, die die Kosten für einen Verletzungsprozess mit durchschnittlich 500.000 US-Dollar beziffern [GB07]. Hierbei gilt, dass jede Partei die Prozesskosten selber trägt, unabhängig davon, ob sie Prozessgewinner oder -verlierer ist. WEBER weist darauf hin, dass die Prozesskosten im Nachgang eingeklagt werden können. Dies passiert aber in der Regel nicht. Die eingeklagten Schadensersatzzahlungen eignen sich hingegen ebenfalls nicht als Indikator für die Kosten zur Schutzrechtsdurchsetzung. Insbesondere in den USA wird oftmals ein Vielfaches der tatsächlichen Schadenshöhe eingeklagt [Web06].

Zu den präventiven Maßnahmen, die die Entstehung von illegalen Imitaten und deren Vertrieb erschweren sollen, zählen unter anderem produkt-, prozessbezogene und kennzeichnende Maßnahmen. Für jede Maßnahme können Kosten für die Entwicklung, die Anpassung, die Einbringung im Produktionsprozess und die Überprüfung entstehen. Die jeweiligen Kosten sind in hohem Maße maßnahmenspezifisch, weshalb über die Höhe keine allgemeingültige Aussage möglich ist. Sie reichen von wenigen Euro-Cent (z. B. für einen RFID-Chip) bis zu mehreren Zehntausend Euro für spezielle Fertigungsverfahren wie der additiven Fertigung.

Indirekte Folgen

Indirekte Folgen treten zumeist zeitlich versetzt nach dem erfolgreichen Platzieren eines Nachbaus am Markt durch einen Imitator auf. Die resultierenden Schäden sind nicht in erster Linie monetär. Sie führen zum Verlust von heutigen und langfristig auch von zukünftigen Märkten. Der Verlust von heutigen Märkten kommt primär durch **Preisverfall** und **Imageverlust** zum Ausdruck, der Verlust zukünftiger Märkte durch **Know-how-Verlust** und **Verlust von Absatzmärkten**. In dessen Konsequenz sind indirekte Folgen aber auch monetär.

Preisverfall tritt dort ein, wo Produktpiraten ihren Nachbau zu günstigeren Preisen am Markt anbieten als der Originalhersteller. Dadurch entsteht ein Preisdruck auf den Originalhersteller, auf den dieser wiederum mit einer Reduzierung des Preises reagiert [HKT03], [ACH+08]. Des Weiteren kann das zusätzliche Angebot des Produktpiraten dazu führen, dass das gesamte Angebot derart groß wird, dass daraus ein Preisverfall bei allen Anbietern resultiert [Por80]. Sollte es dem Originalhersteller dennoch gelingen, die geplante Absatzmenge aufrechtzuerhalten, so erfährt er dennoch einen geringeren Deckungsbeitrag und Gewinnverluste. Der Break-even-Point des imitierten Produktes verschiebt sich nach hinten, durch den Originalhersteller getätigte F&E-Investitionen amortisieren sich später oder gar nicht [HKT03], [ACH+08].

Imitate ziehen einen **Imageverlust** nach sich, wenn ein Imitat durch den Kunden nicht vom Original unterschieden werden kann. Ist das Imitat dazu auch noch von minderwertiger Qualität, fällt dies direkt auf den Originalhersteller und dessen Markenwert zurück. Hierdurch sinken langfristig Umsatz- und Marktanteile [Sta07], [Fuc06], [Bra93].

Zur Erfassung des Imageverlustes eignen sich vier Kriterien: Bekanntheitsgrad einer Marke, durch den Kunden wahrgenommene Produktqualität, Assoziation zur Marke und Kundentreue. Zunächst kann der Bekanntheitsgrad einer Marke durch Imitate erhöht werden. Dies ist in einer gegebenenfalls erhöhten Marktdurchdringung begründet, wenn durch Originalprodukt und Imitat mehr Einheiten am Markt abgesetzt werden. Erreicht werden kann dies aber nur mit qualitativ hochwertigen Imitaten. Ist die vom Kunden wahrgenommene Produktqualität der Imitate gering, kann deren Absatz dem Bekanntheitsgrad der Marke und der Assoziation zur Marke schaden. In dessen Folge wird auch die Kundentreue abnehmen, denn Kunden werden sowohl Original als auch Imitat zukünftig nicht mehr erwerben. Das Image des Originalherstellers ist langfristig geschädigt [Rup07], [HKT03], [Sch04], [WW07], [Fuc06].

Know-how-Verlust ist ein sehr schwerwiegender Faktor. Viele Nachahmer erwerben durch ihre Tätigkeit Know-how des Originalherstellers. Dieser verliert seine Alleinstellungsmerkmale und den damit oftmals zusammenhängenden Preisspielraum. Dies ist insbesondere deshalb kritisch, weil dieser Prozess nicht rückgängig gemacht werden kann. Aus dem Produktpiraten wird langfristig ein ebenbürtiger Wettbewerber [AKL11].

Vertreibt ein Produktpirat seine Nachahmungen in anderen Märkten als der Originalhersteller, so ist dies auf den ersten Blick unproblematisch. Der Originalhersteller verliert keine Umsätze oder Marktanteile. Im Gegenteil: Durch die steigende Anzahl an Produkten im Markt wird der Bekanntheitsgrad der Marke erhöht. Ist der Produktpirat jedoch auf stark wachsenden, durch den Originalhersteller noch nicht erschlossenen Märkten aktiv, kann es zum **Verlust von Absatzmärkten** kommen. Zum einen wird ein potentieller Zukunftsmarkt des Originalherstellers nun mit Imitaten versorgt, was je nach Produktqualität auch zu „verbrannter Erde" und somit zu erheblichen Verlusten des Images führen kann. Zum anderen wird ein erfolgreicher Imitator über kurz oder lang ebenfalls eine Expansionsstrategie verfolgen und spätestens dann den Originalhersteller in seinen etablierten Märkten angreifen [Mei11].

■ 1.7 Schäden durch Produktpiraterie im Maschinen- und Anlagenbau

Rainer Glatz, Steffen Zimmermann

Die volkswirtschaftlichen Schäden von Produktpiraterie sind bereits diskutiert worden. Im folgenden Kapitel werden die Schäden für eine Schlüsselindustrie der deutschen Wirtschaft untersucht: den Maschinen- und Anlagenbau. Der VERBAND DEUTSCHER MASCHINEN- UND ANLAGENBAU e.V. (VDMA) führt bereits seit 2007 Erhebungen zu Schäden durch Imitate sowie zum Einsatz von Schutzmaßnahmen durch. Der Maschinen- und Anlagenbau ist die einzige Branche, die Daten zu Produktpiraterie in diesem Umfang erhebt und veröffentlicht. Die ermittelten Zahlen des VDMA als mitgliedsstärkstem Verband in Europa haben eine hohe Repräsentativität. An der im Folgenden diskutierten Umfrage 2010 haben sich 326 Mitgliedsunternehmen aus allen Fachbereichen des VDMA beteiligt. Von Produktpiraterie betroffen sind 62 % der befragten Unternehmen. Mehr als die Hälfte der Befragten gaben an, dass Bedrohung und Schadensausmaß durch Produkt- und Markenpiraterie weiter zugenommen haben.

Der Umfrage 2010 liegt das wirtschaftlich schwierige Umsatzjahr 2009 zugrunde. Im gesamten Maschinen- und Anlagenbau herrschte Rezession, die Umsätze einzelner Fachbereiche lagen zum Teil um 70 % unter dem Rekordjahr 2008. So ging auch der Gesamtumsatz des deutschen Maschinen- und Anlagenbaus 2010 um ca. 15 % auf 161 Milliarden Euro zurück. Die Umsatzverluste durch Produkt- und Markenpiraterie betrugen im gleichen Zeitraum 6,4 Milliarden Euro (Bild 1-12).

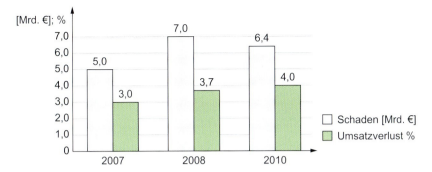

Bild 1-12 Schäden durch Produktpiraterie (absolut und Umsatzanteil)

Der Anlagenbau im Visier von Imitatoren

Bei Betrachtung der Fachverbände des VDMA ist der Anlagenbau am stärksten betroffen (Bild 1-13), gefolgt von Armaturen und Antriebstechnik. Die starke Zunahme im Anlagenbau liegt an vermehrten Know-how-Abflüssen in bereits abgeschlossenen Projekten. Unlautere Partner der Anlagenbauer nutzen die in Projekten gewonnenen Informationen für den Nachbau gesamter Anlagen. Stark zurückgegangen ist der Anteil an Imitaten bei Textil- und Werkzeugmaschinen. Hier war der Weltmarkt durch die Finanz- und Währungskrise komplett eingebrochen.

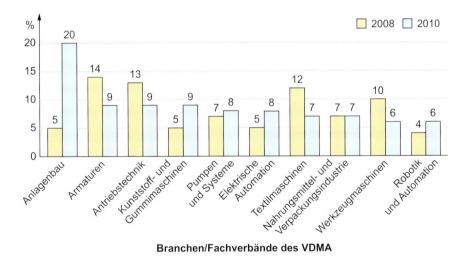

Branchen/Fachverbände des VDMA

Bild 1-13 Die zehn von Produktpiraterie am stärksten betroffenen Branchen/Fachverbände des VDMA (n = 201, Mehrfachnennungen möglich)

Durch den krisenbedingten Umsatzrückgang verlagerten sich die Ziele der Imitatoren. Wurden 2008 ganze Maschinen am häufigsten imitiert, waren 2010 Komponenten und Ersatzteile am stärksten betroffen (Bild 1-14) – 58 % der Umfrageteil-

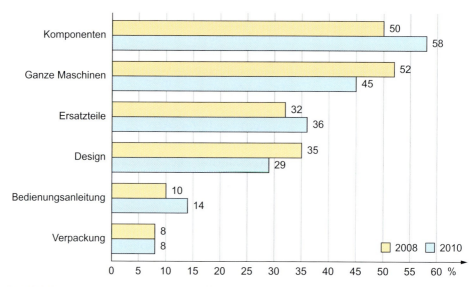

Bild 1-14 Was wurde imitiert (n = 201, Mehrfachnennungen möglich)?

nehmer gaben an, dass ihre Komponenten nachgebaut werden. Bei ganzen Maschinen ist ein leichter Rückgang um 7 % zu verzeichnen. Nachahmer haben sich in der Krise also auf Geschäftsbereiche konzentriert, mit denen noch Geld verdient werden kann: Komponenten und Ersatzteile.

Hersteller und Abnehmer von Imitaten

Dass Imitate vor allem aus Asien stammen, ist allgemein bekannt. Fast 80 % der Umfrageteilnehmer gaben an, dass Imitate aus China stammen (Bild 1-15), bereits

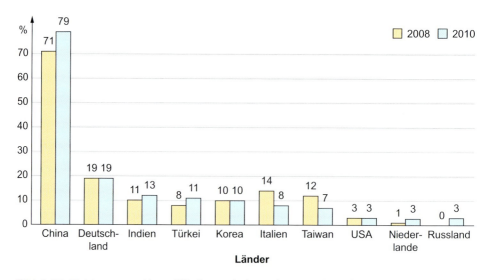

Bild 1-15 Meistgenannte Herstellländer von Imitaten (n = 201, Mehrfachnennungen möglich)

auf Platz zwei der Herstellländer von Imitaten liegt aber Deutschland. Dass man nicht erst nach Fernost schauen muss, um Imitate von Produkten und Marken zu finden, ist nicht neu. So werden schon seit Jahrzehnten ohne entsprechendes Unrechtsempfinden Betriebsanleitungen, Produktfotos, Farbgebungen und Individualdesigns von deutschen Wettbewerbern kopiert und als Grundlage zur Herstellung von Imitaten verwendet. Die fehlende Sprachbarriere macht es den Unternehmen einfach. Neu ist, dass Imitataufträge für den Nachbau von Komponenten, Teilen und Maschinen an asiatische Spezialfirmen gegeben werden. Von diesen Unternehmen, die sich in einer rechtlichen Grauzone bewegen, werden dem Auftraggeber nach Erstellung des Imitats exakte CAD-Modelle, Schaltpläne oder Materialzusammensetzungen übergeben.

China ist nicht nur Haupthersteller von Imitaten, auch als Absatzmarkt gefälschter Maschinenbauprodukte steht die Volksrepublik auf dem ersten Platz (Bild 1-16). Der größte Teil der Imitate wird für den lokalen chinesischen Markt produziert und gelangt nicht auf den Weltmarkt. Die Entwicklung im indischen Markt ist besorgniserregend. Wir gehen davon aus, dass Indien in den nächsten Jahren – sowohl als Herstell- als auch als Absatzland für Imitate – den zweiten Platz hinter China einnehmen wird.

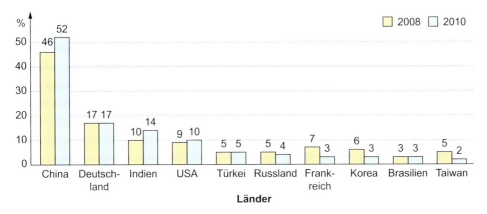

Bild 1-16 Meistgenannte Länder, in denen Imitate vertrieben werden (n = 201, Mehrfachnennungen möglich)

Dass Imitate immer schwieriger auf den ersten Blick als solche zu erkennen sind, zeigt sich insbesondere an der Zunahme von Reklamationen und Sicherheitsmängeln, durch deren Anzeige erst ein Imitatfall erkannt wird (Bild 1-17). Zu Unrecht in Regress genommene Originalhersteller hatten innerhalb weniger Jahre eine Verdreifachung der Entdeckungen von Imitaten durch Reklamationen zu verzeichnen. Der Imageverlust durch minderwertige Nachahmungen ist enorm, ganze Vertriebswege können den betroffenen Herstellern dadurch verschlossen werden.

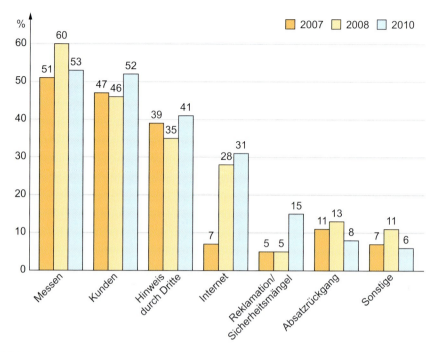

Bild 1-17 Wie und wo Imitate entdeckt werden (n = 201, Mehrfachnennungen möglich)

Die befragten Unternehmen setzen technische Schutzmaßnahmen erst zu einem geringen Teil ein (Bild 1-18). Rechtliche Schutzmaßnahmen stehen weiterhin an erster Stelle, unterstützt durch Geheimhaltungsvereinbarungen („Non-Disclosure

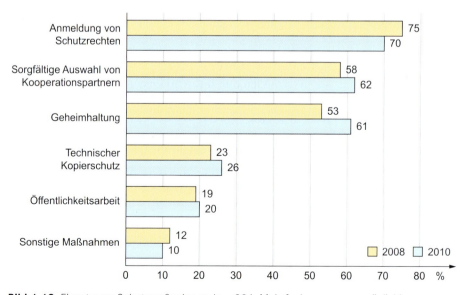

Bild 1-18 Einsatz von Schutzmaßnahmen (n = 326, Mehrfachnennungen möglich)

Agreements") und sorgfältige Auswahl von Geschäftspartnern. Auch in Zukunft werden rechtliche Maßnahmen im Vordergrund stehen, denn ein Imitat ist wie in Kapitel 1.1 dargestellt nur illegal, wenn Schutzrechte verletzt werden. Wie bereits erwähnt, greift juristischer Schutz jedoch erst, wenn der Schaden bereits eingetreten ist. Daher ist es notwendig, dass Produkte und Leistungen nicht nur juristisch, sondern auch technologisch besser geschützt werden.

Aktivitäten forcieren

Die Erhebungen des VDMA zu Schäden durch Imitate sowie zum Einsatz von Schutzmaßnahmen und Abwehrstrategien zeigen, dass die Unternehmen auf die Bedrohung reagieren. Sie haben erkannt, dass Unternehmen, die sich nicht aktiv gegen Imitationen wehren, die Rendite ihrer Investitionen in Forschung und Entwicklung gefährden und zukünftig Marktanteile einbüßen werden. Defensives Handeln wird Produktpiraterie nicht aufhalten können, dies hat die Vergangenheit gezeigt. Ziel muss es sein, Innovationen präventiv zu schützen. Know-how muss genauso geschützt werden wie Komponenten, Produkte und Produktionsprozesse. Es ist daher immanent wichtig, sich mit präventiven und technischen Maßnahmen auseinanderzusetzen. Dieser Handlungsbedarf wird im folgenden Kapitel dargestellt.

■ 1.8 Handlungsbedarf präventiver Produktschutz

Martin Kokoschka

Viele Unternehmen erkennen die Tatsache, dass ihr Know-how nicht ausreichend geschützt ist, erst, wenn bereits Schäden durch Imitationen eingetreten sind. Trotz massiver Bedrohungen durch Piraterieprodukte setzen bislang nur wenige Unternehmen Schutzmaßnahmen systematisch ein. Rechtliche Aktivitäten wie die Anmeldung von Marken und Patenten stehen dabei im Vordergrund. Für den Schutz des geistigen Eigentums durch diese gesetzlichen Schutzinstrumente setzt sich der AKTIONSKREIS GEGEN PRODUKT- UND MARKENPIRATERIE e. V. (APM) bereits seit 1997 ein. Die INTERNATIONALE HANDELSKAMMER (ICC) bekämpft das Problem der Produkt- und Markenpiraterie durch die Initiative „Business Action to Stop Counterfeiting and Piracy" – kurz: BASCAP. BASCAP sensibilisiert die Öffentlichkeit für die Gefahren gefälschter Produkte und fördert die internationale Zusammenarbeit von Regierungen im Kampf gegen Produktpiraterie. Die AKTION PLAGIARIUS stellt durch den Plagiarius-Wettbewerb dreiste Imitatoren in der Öffentlichkeit zur Schau. Branchenverbände wie der BUNDESVERBAND INFORMATIONSWIRTSCHAFT,

TELEKOMMUNIKATION UND NEUE MEDIEN e. V. (BITKOM) und der ZENTRALVERBAND ELEKTROTECHNIK- UND ELEKTRONIKINDUSTRIE e. V. (ZVEI) unterstützen ihre Mitglieder im Kampf gegen Produktpiraterie durch rechtlichen Beistand. Eine Initiative, die sich für die Etablierung technischer Schutzmaßnahmen in der Investitionsgüterindustrie starkmacht, gab es bis zur Forschungsoffensive „Innovationen gegen Produktpiraterie" des BUNDESMINISTERIUMS FÜR BILDUNG UND FORSCHUNG (BMBF) nicht.

Technische Schutzmaßnahmen zur pirateriesicheren Gestaltung von Produkten und Produktentstehungs- und Vertriebsprozessen werden kaum eingesetzt. Gründe dafür sind unter anderem mangelndes Wissen um die Potentiale dieser Schutzmaßnahmen in den Unternehmen. Es fehlt aber auch an Systematiken zur Identifikation Know-how-intensiver Produktkomponenten und Fertigungsschritte, die entsprechend zu schützen wären. Neben den offensichtlich betroffenen Entwicklungs- und Produktionsprozessen sind unter anderem auch Einkaufs-, Vertriebs- und Serviceprozesse pirateriesicher zu gestalten. Ferner muss aufgezeigt werden, wie alle relevanten Mitarbeiter in einem Unternehmen für das Thema Produktschutz sensibilisiert werden können [WAB+07, S. 180].

Schutzmaßnahmen zur Produktkennzeichnung werden auch in der Investitionsgüterindustrie zunehmend eingesetzt. Sie können den illegalen Nachbau eines Produktes zwar nicht verhindern, sie ermöglichen jedoch die Beweisführung im Schadensfall und geben dem Kunden Orientierung im Kaufprozess. Um den Unternehmen aus der Investitionsgüterindustrie fallspezifisch die Wahl der am besten geeigneten Kennzeichnungstechnologien zu ermöglichen, müssen Auswahlmethodiken bereitgestellt und in der Industrie verankert werden. Kennzeichnungstechnologien, die hohes Anwendungspotential aufweisen wie beispielsweise RFID (radio-frequency identification), müssen gemäß den Anforderungen der Investitionsgüterindustrie weiterentwickelt und kostengünstig bereitgestellt werden. Beispiele für Anforderungen an die RFID-Technologie sind eine verbesserte Montagefähigkeit sowie ein erhöhter Schutz der in den RFID-Tags gespeicherten Informationen [WAB+07, S. 180].

Für einen wirkungsvollen Produktschutz ist ein Bündel von aufeinander abgestimmten Schutzmaßnahmen, eine sogenannte Schutzkonzeption, erforderlich. Bestehende Ansätze für die Erstellung einer Schutzkonzeption erlauben jedoch keine ganzheitliche Entwicklung und Bewertung unternehmensspezifischer Schutzkonzeptionen. Besonders in den folgenden Bereichen besteht Forschungsbedarf:

1) Der Produktschutz muss bereits in den frühen Phasen der Produktentstehung ansetzen. So ist die Integration des Produktschutzes bei der Konzeption eines Produktes und des dazugehörigen Produktionssystems zu erforschen.

2) Laut WILDEMANN et al. muss erforscht werden, *„wie sich die Bedrohungspotentiale der Produktpiraterie für Originalhersteller monetär quantifizieren oder zumindest abschätzen lassen"* [WAB+07, S. 170].

3) Der Einsatz von Schutzmaßnahmen zur Abwehr der identifizierten Bedrohungen ist mit Kosten verbunden. Daher ist es wichtig, nur solche Maßnahmen zu ergreifen, die der spezifischen Bedrohungssituation gerecht werden. Derzeit fehlen den Unternehmen Werkzeuge zur pragmatischen Wirtschaftlichkeitsbewertung von Schutzmaßnahmen. Besonders der Nutzen des Produktschutzes ist zu quantifizieren, um so eine Aussage zum Kosten-Nutzen-Verhältnis von Schutzmaßnahmen zu treffen [WAB+07, S. 170ff.].

Es bedarf folglich der Entwicklung und Etablierung innovativer, technischer Schutzmaßnahmen und ganzheitlicher Schutzkonzeptionen, um einen effektiven Schutz vor Produktpiraterie zu ermöglichen. Ferner ist die Etablierung technischer Schutzmaßnahmen in der Investitionsgüterindustrie voranzutreiben.

■ 1.9 Die Forschungsoffensive „Innovationen gegen Produktpiraterie"

Martin Kokoschka

Den dargestellten Handlungsbedarf hat das BUNDESMINISTERIUM FÜR BILDUNG UND FORSCHUNG (BMBF) auf Initiative vom VERBAND DEUTSCHER MASCHINEN- UND ANLAGENBAU e.V. (VDMA) aufgegriffen und Anfang 2008 die Forschungsoffensive „Innovationen gegen Produktpiraterie" als Teil der Hightech-Strategie der Bundesregierung gestartet. In zehn Projekten wurden im Verbund aus Industrieunternehmen, Dienstleistern und Forschungseinrichtungen schlagkräftige technische und organisatorische Lösungen entwickelt und erprobt, um die Nachahmung von Maschinen, Dienstleistungen und Ersatzteilen erfolgreich zu bekämpfen (Tabelle 1-1). Das BUNDESMINISTERIUM FÜR BILDUNG UND FORSCHUNG (BMBF) förderte die Projekte mit 16 Millionen Euro, die Industriepartner beteiligten sich mit der gleichen Summe. Hundertprozentigen Schutz vor Produktpiraterie wird es zwar nicht geben, die Nachahmungsbarrieren für Imitationen lassen sich jedoch sehr hoch legen und die erzielbaren Gewinnmargen für Imitatoren somit erheblich verringern.

Drei Ansätze zum präventiven Produktschutz

1) **Pirateriesichere Gestaltung von Produkten sowie von Produktentstehungs- und Vertriebsprozessen:** Die Projekte **PiratPro**, **PROTACTIVE** und **Pro-Protect** haben Lösungen entwickelt, um die Produkt- und Prozessgestaltung zu einer geschützten Einheit zusammenzufassen, den Know-how-Abfluss im Unternehmen zu minimieren und Maschinen durch Softwareschutz zu sichern. Das Projekt PiratPro hat z.B. durch den Einsatz von De-Standardisierung und destruktiver Elemente aufgezeigt, wie ein Produkt durch geeignete Gestaltung vor

Tabelle 1-1 Projekte der Forschungsoffensive „Innovationen gegen Produktpiraterie"

Schwerpunkt: Piraterieschere Gestaltung von Produkten sowie von Produktentstehungs- und Vertriebsprozessen	
PiratPro 01/08 - 12/10 Gestaltung von Piraterierobusten Produkten und Prozessen	**PROTACTIVE** 01/08 - 12/10 Präventives Schutzkonzept für Investitionsgüter durch einen ganzheitlichen Ansatz aus Organisation, Technologie und Wissensmanagement
Pro-Protect 01/08 - 12/10 Produktpiraterie verhindern mit Softwareschutz	

Schwerpunkt: Kennzeichnung von Produkten und Systemen zur Überwachung und Verfolgung	
EZ-Pharm 01/08 - 12/10 Anwendung elektronischer Echtheitszertifikate an Verpackungen entlang der Pharmaversorgungskette	**MobilAuthent** 07/08 - 12/11 Supply-Chain-übergreifende Services für die fälschungssichere Produktauthentifizierung und -verfolgung
O-PUR 01/08 - 12/10 Originäres Produktsicherungs- und Rückverfolgungskonzept	

Schwerpunkt: Entwicklung von Schutzkonzepten gegen Produktpiraterie	
KoPiKomp 01/08 - 06/10 Konzept zum Pirateriesschutz für Komponenten von Investitionsgütern	**KoPira** 01/08 - 06/10 Pirateriesrisiken, Strategien, Maßnahmen
	ProOriginal 01/08 - 02/11 Produkte ganzheitlich schützen, Originale weltweit verkaufen
ProAuthent 01/08 - 01/11 Integrierter Produktpiraterieschutz durch Kennzeichnung und Authentifizierung von kritischen Bauteilen im Maschinen- und Anlagenbau	

Produktpiraterie geschützt werden kann. Durch den Einsatz von Schutzmaßnahmen für Wertschöpfungs- und Dienstleistungsprozesse wurden Produkt und Dienstleistung zu einem sehr schwer kopierbaren Gesamtsystem kombiniert. Im Projekt PROTACTIVE wurden organisatorische und technologische Schutzmöglichkeiten erarbeitet sowie ein Verfahren entwickelt, mit dem ungewollter Know-how-Abfluss verhindert werden kann. Das Projekt Pro-Protect entwickelte einen durchgängigen Softwareschutz für Maschinen und Komponenten. Damit wird das unerlaubte Auslesen von Produktionsdaten oder Kopieren von Maschinensteuerungsprogrammen unterbunden [KKL10, S. 14 ff.].

2) **Kennzeichnung von Produkten und Systemen zur Überwachung und Verfolgung:** Die Projekte **EZ-Pharm**, **MobilAuthent** und O-PUR entwickelten Verfahren, mit denen Produkte und Systeme durch fälschungssichere Kennzeichnung über den gesamten Produktlebenszyklus überwacht werden können. Das Verfolgen der Produkte und Systeme entlang der Wertschöpfungskette ist damit ebenso möglich. Das Projekt EZ-Pharm hat eine kostengünstige, elektronisch gesicherte Faltschachtel für die Pharmaindustrie auf Basis von RFID-Transpondern entwickelt. Die RFID-Technologie liegt auch dem System zur Kennzeichnung, Verfolgung und Authentifizierung von Originalprodukten des Projektes MobilAuthent zugrunde. Hier lag der Schwerpunkt auf der Entwicklung univer-

seller und ortsunabhängiger Mobilfunk-Prüfgeräte. Das Produktsicherungs- und Rückverfolgungskonzept des Projektes O-PUR basiert auf individuellen, gedruckten Matrixcodes. Die Matrixcodes sind sehr fälschungssicher und dabei kostengünstig [AOW10, S. 7].

3) **Entwicklung von Schutzkonzepten gegen Produktpiraterie:** In diesem Schwerpunkt entwickelten die Projekte **KoPiKomp**, **KoPira**, **ProAuthent** und **ProOriginal** Methoden und Werkzeuge, mit denen auf Basis einer unternehmensspezifischen Schwachstellen- und Risikoanalyse Strategien zum durchgängigen Produktschutz für Unternehmen entwickelt werden können [AAA+10]. Die erarbeiteten Methoden werden im Kapitel 3.9 dieses Buches vorgestellt.

Weitere Informationen zu den Verbundprojekten sind im Anhang sowie in der Informationsbroschüre „Innovationen gegen Produktpiraterie – Produktschutz kompakt" [Gau10] zu finden.

Mehr Stoßkraft durch das Querschnittsprojekt ConImit

Das Querschnittsprojekt ConImit – Contra Imitatio (lat.: gegen Nachahmung) fördert die Verbreitung der erarbeiteten Prozesse und Maßnahmen für einen präventiven Produktschutz in der Investitionsgüterindustrie und erhöht so die Stoßkraft der zehn Verbundprojekte. Das Internetportal www.conimit.de (Bild 1-19) ist die zentrale Plattform für Unternehmen, die Informationen und Partner suchen. In der

Bild 1-19 Startseite des Online-Portals ConImit.de

Expertendatenbank des Portals finden Unternehmen kompetente Partner, die bei der Auswahl, Wirtschaftlichkeitsbetrachtung und Implementierung von Schutzmaßnahmen unterstützen können. Fast 100 prägnant beschriebene Schutzmaßnahmen und aktuelle Ratgeber zeigen, was für einen präventiven Produktschutz getan werden kann. Die Ergebnisse der zehn Projekte werden auf ConImit.de dargestellt. Ferner bietet das Portal einen Kalender von Veranstaltungen zum Thema Produktschutz.

ConImit hat die „Bedarfsanalyse Produktschutz" entwickelt, mit der auf Basis eines identifizierten Bedrohungspotentials in einem Unternehmen ein geeignetes Bündel an Schutzmaßnahmen bestimmt wird. Diese Lösung hat sich im Einsatz bei sechs Industriepartnern bewährt und weist ein hohes Anwendungspotential in der Investitionsgüterindustrie auf. Die Methodik und ihre Praxistauglichkeit werden in Kapitel 3 dieses Buches vorgestellt.

Auch nach Beendigung der Forschungsoffensive setzt ConImit seine Arbeit fort und leistet somit einen Beitrag zur Nachhaltigkeit der Förderung.

■ 1.10 Zusammenfassung Kapitel 1

Martin Kokoschka

Produktimitationen bedrohen den Markterfolg vieler Hersteller von Originalprodukten und bringen sie um die Rendite ihrer Investitionen in Forschung und Entwicklung. Der Maschinen- und Anlagenbau als eine Schlüsselindustrie der deutschen Wirtschaft hat in besonderem Maße mit Produktimitationen zu kämpfen.

Imitate sind Produkte, bei denen die Eigenschaften von Originalprodukten teilweise oder vollständig nachgeahmt werden. Imitate treten zeitlich nach dem Original auf, bieten dem Kunden die gleiche Anwendungsfunktionalität wie das Original und verwenden gleiche oder zumindest sehr ähnliche Technologien wie das Original [Nee07]. Einige Imitate können vom Kunden auf den ersten Blick als solche identifiziert werden. Diese Imitate sind oftmals von minderer Qualität und verwenden fehlerhafte Markenlogos. Beispiele sind gefälschte Kleidung und Handtaschen. Auf der anderen Seite steigt der Anteil an Imitaten, die in Design und Verpackung dem Original so detailgetreu nachempfunden sind, dass sie selbst vom Originalhersteller nur mit viel Aufwand als Imitate erkannt werden können.

Imitate basieren auf zu Unrecht erworbenem Know-how eines Originalherstellers. Zu den wesentlichen Stellen, an denen schützenswertes Know-how das Unternehmen verlassen kann, gehören Beschaffung, Fertigung, Vertrieb, Fachmessen, Lizenzen, Patente und Kooperationen [Mei11]. Know-how-Abfluss kann aktiv oder passiv erfolgen. Aktiver Know-how-Abfluss findet statt, wenn bewusst und gegebenenfalls widerrechtlich auf fremdes geistiges Eigentum zugegriffen wird. Dies geschieht vor allem durch Reverse Engineering und Spionage. Passiver Know-how-Abfluss hingegen ist dort vorzufinden, wo Informationen durch mangelnde Sensibilität oder mangelhafte Prozesse das Unternehmen auf ungeplanten und vor allen Dingen unbekannten Wegen verlassen.

Das Hauptmotiv für Imitatoren sind hohe Gewinnaussichten durch Herstellung und Vertrieb kopierter Produkte [Mei10]. Ein Imitator kann beträchtliche Kosteneinsparungen bei Forschung und Entwicklung, bei Material- und Produktionskosten sowie im Marketing und Vertrieb realisieren, die es ihm erlauben, das Imitat zu einem niedrigeren Preis anzubieten als der Originalhersteller. Begünstigt wird Produktpiraterie auch dadurch, dass Nachahmer für ihre illegalen Aktivitäten derzeit kaum belangt werden: Nur 4 % aller Fälle, bei denen Imitate durch den Zoll aufgegriffen wurden, führten zu einem sanktionierenden Abschluss [Sti09].

Laut einer Umfrage des VERBANDES DEUTSCHER MASCHINEN- UND ANLAGENBAU e. V. (VDMA) von 2010 sind mittlerweile 62 % der befragten Originalhersteller im Maschinen- und Anlagenbau von Produktpiraterie betroffen und müssen Umsatzverluste in Höhe von insgesamt 6,4 Milliarden Euro jährlich hinnehmen. Derzeit werden vor allem Komponenten und Ersatzteile imitiert, dicht gefolgt vom illegalen Nachbau gesamter Anlagen. Neben direkten Folgen wie Umsatzverlusten haben die Originalhersteller mit Preisverfall für Originalprodukte, Image- und Know-how-Verlust und dem Verlust zukünftiger Absatzmärkte zu kämpfen.

Zum Schutz vor Produktpiraterie setzen derzeit 70 % der Maschinen- und Anlagenbauer rechtliche Schutzmaßnahmen ein. Diese sind jedoch reaktiv, sie greifen also erst, wenn der Schaden bereits eingetreten ist. Präventive technische Schutzmaßnahmen werden dagegen nur von etwa einem Viertel der Befragten eingesetzt. Gründe dafür sind unter anderem mangelndes Wissen um die Potentiale dieser Schutzmaßnahmen in den Unternehmen sowie die mangelnde Praxistauglichkeit vorhandener Schutzmaßnahmen.

Für einen wirkungsvollen Produktschutz sind einzelne Maßnahmen nicht ausreichend. Es ist ein Bündel von aufeinander abgestimmten Schutzmaßnahmen, eine sogenannte Schutzkonzeption, notwendig. Hier setzt die 2008 gestartete Forschungsoffensive „Innovationen gegen Produktpiraterie" des BUNDESMINISTERIUMS FÜR BILDUNG UND FORSCHUNG (BMBF) an. In zehn Projekten wurden schlagkräftige technische und organisatorische Lösungen zum Schutz vor Produktpiraterie in folgenden Bereichen erarbeitet: 1) Pirateriesichere Gestaltung von Produkten sowie von Produktentstehungs- und Vertriebsprozessen, 2) Kennzeichnung von Produkten und Systemen zur Überwachung und Verfolgung und 3) Entwicklung von Schutzkonzepten gegen Produktpiraterie. Das Querschnittsprojekt ConImit – Contra Imitatio fördert die Verbreitung der erarbeiteten Prozesse und Maßnahmen in der Investitionsgüterindustrie und erhöht so die Stoßkraft der Projekte.

■ Literatur zu Kapitel 1

[AAA+10] ABELE, E.; ALBERS, A.; AURICH, J. C.; GÜNTHNER, W. A. (Hrsg.): Wirksamer Schutz gegen Produktpiraterie im Unternehmen – Piraterierisiken erkennen und Schutzmaßnahmen umsetzen. Band 3 der Reihe „Innovationen gegen Produktpiraterie", VDMA Verlag, Frankfurt am Main, 2010

[ACH+08] AVERY, P.; CERRI, F.; HAIE-FAYLE, L.; OLSEN, K. B.; SCORPECCI, D.; TRYAZOWSKI, P. (Hrsg.): The Economic Impact of Counterfeiting and Piracy. OECD, Paris, 2008

[AK10] ABELE, E.; KUSKE, P.: Werkzeugmaschinen: Mit Originalen auf der sicheren Seite. Die BG, Ausgabe 4/2011, Erich Schmidt Verlag, S. 174 – 179

[AKL11] ABELE, E.; KUSKE, P.; LANG H.: Schutz vor Produktpiraterie – Ein Handbuch für den Maschinen- und Anlagenbau. Springer-Verlag, Berlin, Heidelberg, 2011

[Ams09-ol] AMSBERG, Y. G. V.: Bekämpfung von Produktpiraterie in China. Unter: http://www.ulm.ihk24.de/produktmarken/recht_und_fair_play/wirtscwirt_und_recht/Gewerblicher_Rechtsschutz/Markenrecht/BekaempfuBe_von_Produktpiraterie_in_China.jsp, 3. Dezember 2011

[AOW10] ABRAMOVICI, M.; OVERMEYER, L.; WIRNITZER, B. (Hrsg.): Kennzeichnungstechnologien zum wirksamen Schutz gegen Produktpiraterie. Band 2 der Reihe „Innovationen gegen Produktpiraterie", VDMA Verlag, Frankfurt am Main, 2010

[AS67] ANSOFF, H. I.; STEWARD, J. M.: Strategies for a technology-based business. Harvard Business Review 45/6 1967, Harvard Business School Publishing, Boston, 1967

[AV06] ARRUNADA, B.; VÁZQUEZ, X. H.: When your contract manufacturer becomes your competitor. Harvard Business Review September 2006, Harvard Business School Publishing, Boston, 2006

[Bac07] BACHMANN, M.: Produktpiraterie als unternehmerische Herausforderung. Eine Untersuchung des deutschen Maschinen- und Anlagenbaus in Asien. VDM Verlag Dr. Müller, Saarbrücken, 2007

[BJK+10] BRAUN, S.; JENNE, F.; KÜHN, H.; SCHMIDT-ROMÁN, H.: Piraterieschutz für Ersatzteile von Bau- und Landmaschinen. In: Abele, E.; Albers, A.; Aurich, J. C.; Günthner, W. A. (Hrsg.): Wirksamer Schutz gegen Produktpiraterie im Unternehmen – Piraterierisiken erkennen und Schutzmaßnahmen umsetzen. Band 3 der Reihe „Innovationen gegen Produktpiraterie", VDMA Verlag, Frankfurt am Main, 2010

[Bra93] BRAUN, E.: Produktpiraterie – Rechtsschutz durch Zivil-, Straf- und Verwaltungsrecht sowie ausgewählte Probleme der Rechtsverletzung. Carl Heymann Verlag, Köln, 1993

[Bro98] F. A. BROCKHAUS VERLAG (Hrsg.): Fälschung. Brockhaus Enzyklopädie in 24 Bänden, Mannheim, 19. Auflage, 1998

[EU11-ol] EUROPÄISCHE KOMMISSION – STEUERN UND ZOLLUNION (Hrsg.): Report on EU customs enforcement of intellectual property rights – Results at the EU border 2010. Unter: http://ec.europa.eu/taxation_customs/resources/documents/customs/customs_controls/counterfeit_piracy/statistics/statistics_2010.pdf., 29. November 2011

[Fuc06]   FUCHS, H. J. (Hrsg.): Piraten, Fälscher und Kopierer – Strategien und Instrumente zum Schutz geistigen Eigentums in der Volksrepublik China. Betriebswirtschaftlicher Verlag Dr. Th. Gabler, Wiesbaden, 2006

[Fuc07]   FUCHS, H. J.: Die China AG – Zielmärkte und Strategien chinesischer Markenunternehmen in Deutschland und Europa. FinanzBuch Verlag, München, 1. Auflage, 2007

[Gau10]   GAUSEMEIER, J. (Hrsg.): Innovationen gegen Produktpiraterie – Produktschutz kompakt. Hans Gieselmann Druck und Medienhaus, Paderborn, 2010

[GB07]   GASSMANN, O.; BADER, M. A.: Patentmanagement. Innovationen erfolgreich nutzen und schützen. 2. Auflage, Springer-Verlag, Berlin, Heidelberg, 2007

[Gei08]   GEIGER, R.: Piraterierisiken – State-of-the-Art und eine Systematik zur Identifizierung. International Performance Research Institute, IPRI Research Paper Nr. 18, Stuttgart, 2008

[Goo07]   GOOS, H.: Die Spur der Säge. Spiegel, Ausgabe 2/2007, Spiegel-Verlag, Hamburg, S. 46 – 51

[HKT03]   HOPKINS, D.; KONTNIK, L. T.; TURNAGE, M.: Counterfeiting Exposed – Protecting your Brand and Customers. Wiley & Sons, Hoboken, New Jersey, 2003

[Hub10]   HUBER, A.: Informationsschutz im Mittelstand – Wie sicher sind Ihre Geschäftsgeheimnisse? VBKI Spiegel Nr. 218 II. Quartal 2010, Berlin, S. 22 – 23

[Imp07]   IMPULS-STIFTUNG (Hrsg.): China's strategies to become an innovative juggernaut. Schriftenreihe, Stiftung für den Maschinenbau, den Anlagenbau und die Informationstechnik, Frankfurt am Main, 2007

[Jon06]   JONHANSSON, J. K.: Global Marketing – Foreign Entry, Local Marketing & Global Management. 4. Auflage, McGraw-Hill/Irwin, New York, 2006

[KKL10]   KLEINE, O.; KREIMEIER, D.; LIEBERKNECHT, N. (Hrsg.): Piraterierobuste Gestaltung von Produkten und Prozessen. Band 1 der Reihe „Innovationen gegen Produktpiraterie", VDMA Verlag, Frankfurt am Main, 2010

[Lep02]   LEPARC, M.: Protecting Medicines & Pharmaceuticals – A Manual of Anti-Counterfeiting Solutions. Reconnaissance International, Egham, 2002

[MCM04-ol] MALLOY, T. J.; CARANI, C.; MA, Y.: What every U.S. Corporation Should Know About China's Patent Protection & Enforcement. Unter: http://www.mhmlaw.com/article/china_patent_protection.pdf, 3. Dezember 2011

[Mei10]   MEIMANN, V.: Ein Beitrag zum ganzheitlichen Know-how-Schutz von virtuellen Produktmodellen in Produktentwicklungsnetzwerken. Dissertation, Ruhr-Universität Bochum, Shaker Verlag, Aachen, 2010

[Mei11]   MEIWALD, T.: Konzepte zum Schutz vor Produktpiraterie und unerwünschtem Know-how-Abfluss. Dissertation, Fakultät für Maschinenwesen, Technische Universität München, München, 2011

[Möl07]   Möller, W.: Plagiate – Technologien gegen Markenfälschung – Schach den Produktpiraten. Industrieanzeiger Heft 34, Konradin Verlag R. Kohlhammer, Leinfelden-Echterdingen, S. 22

[Nee07]   Neemann, C. W.: Methodik zum Schutz gegen Produktimitationen. Dissertation, Rheinisch-Westfälische Technische Hochschule Aachen, Shaker Verlag, Aachen, 2007

[Par99]   Paradise, P. R.: Trademark Counterfeiting, Product Piracy, and the Billion Dollar Threat to the U.S. Economy. Quorum, Westport, 1999

[Por80]   Porter, M. E.: Competitive Strategy – Techniques for Analyzing Industries and Competitors. 46. Auflage, The Free Press, New York, 1980

[Rup07]   Ruppel, N.: Deutsche Unternehmen in China – Chancen und Risiken unter Berücksichtigung der Produkt- und Markenpiraterie. Diplomica Verlag, Hamburg, 2007

[Sch92]   Schewe, G.: Imitationsmanagement – Nachahmung als Option des Technologiemanagements. Schäffer-Poeschel Verlag, Stuttgart, 1992

[Sch04]   Schwiek, F.: Die Strafbarkeit der Markenpiraterie. Peter Lang Verlagsgruppe, Frankfurt am Main, 2004

[Sch09]   Schaaf, C.: Industriespionage – Der große Angriff auf den Mittelstand. Richard Boorberg Verlag, Stuttgart, 2009

[Sta07]   Staake, R.: Counterfeit Trade – Economics and Countermeasures. Difo-Druck, Bamberg, 2007

[Sti09]   Stiehl, R.: Produkt- und Markenpiraterie – das Krebsgeschwür der Globalisierung. Vortrag auf einer Veranstaltung vom Institut für Produktionsmanagement, Technologie und Werkzeugmaschinen (PTW), Darmstadt, 8. Oktober 2009

[Stö06]   Stöckel, M.: Handbuch Marken- und Designrecht. 2. Auflage, Erich Schmidt Verlag, Berlin, 2006

[SV08]   Seidenschwarz, W.; Veit, D.: China is awakened – and some companies are disillusioned. BusinessForumChina Ausgabe 2/2008, Freepier Limited, Hongkong, S. 4

[WAB+07] Wildemann, H.; Ann, C.; Broy, M.; Günthner, W. A.; Lindemann, U.: Plagiatschutz – Handlungsspielräume der produzierenden Industrie gegen Produktpiraterie. Forschungsbericht, TCW, München, 2007

[Web06]   Weber, B.: Kampf gegen Produktpiraterie: Wettbewerbsvorteil oder Existenzsicherung? In: Sokianos, N. (Hrsg.): Produkt- und Konzeptpiraterie. Betriebswirtschaftlicher Verlag Gabler, Wiesbaden, 2006, S. 257 – 271

[Wöl03]   Wölfel, T.: Marken- und Produktpiraterie – Eine Studie zu Erscheinungsformen und Bekämpfungsmöglichkeiten. ibidem-Verlag, Stuttgart, 2003

[WW07]   Winkler, I.; Wang, X.: Made in China – Marken und Produktpiraterie – Strategien der Fälscher & Abwehrstrategien für Unternehmen. IKO – Verlag für interkulturelle Kommunikation, Frankfurt am Main, 2007

2 Schutzmaßnahmen vor Produktpiraterie

Schutzmaßnahmen sind die Bausteine einer unternehmensspezifischen Schutzkonzeption, die ausgehend von der im Projekt ConImit entwickelten Bedarfsanalyse erstellt wird. Kapitel 2.1 zeigt die Notwendigkeit, Produktschutz im gesamten Produktlebenszyklus zu betrachten. Kapitel 2.2 gliedert die Fülle von Schutzmaßnahmen in sieben Kategorien. Dieser Kategorisierung folgend zeigen die Kapitel 2.3 bis 2.6, dass Schutzmaßnahmen bereits in der Produktentstehung (Strategische Produktplanung, Produktentwicklung und Produktionssystementwicklung) geplant und durchgängig bis zur Entsorgung des Produktes berücksichtigt werden müssen. Anschließend werden in den Kapiteln 2.7 bis 2.10 kennzeichnende, informationstechnische, rechtliche und kommunikative Schutzmaßnahmen vorgestellt. Praxisbeispiele aus der Investitionsgüter- und Konsumgüterindustrie verdeutlichen das hohe Anwendungspotential der vorgestellten Schutzmaßnahmen.

2.1 Der Produktlebenszyklus

Jürgen Gausemeier, Martin Kokoschka

Der Produktlebenszyklus erstreckt sich von der ersten Geschäftsidee bis zur Rücknahme oder Entsorgung des Produktes. Der Begriff Produkt kann neben Sachleistungen auch Dienstleistungen im Sinne von hybriden Leistungsbündeln einschließen.

Der Produktlebenszyklus beginnt mit der Produktentstehung, die sich über die drei Aufgabenbereiche Strategische Produktplanung, Produktentwicklung und Produktionssystementwicklung (Fertigungsplanung und Planung der Produktionslogistik bzw. Materialflussplanung) erstreckt. Der Produktentstehungsprozess ist jedoch nicht als eine Abfolge von Phasen und Meilensteinen zu sehen – es ist vielmehr ein Wechselspiel von Aufgaben. Wesentlich ist, dass Produkt und Produktionssystem im Wechselspiel konkretisiert werden [GPW09, S. 39].

Der Aufgabenbereich der **Strategischen Produktplanung** charakterisiert das Vorgehen vom Finden der Erfolgspotentiale der Zukunft bis zur Erfolg versprechenden Produktkonzeption. In diesem Bereich ist die Potentialfindung, Produktfindung und Geschäftsplanung angesiedelt. Der Aufgabenbereich der **Produktentwicklung** umfasst die Produktkonzipierung, den domänenspezifischen Entwurf und die entsprechende Ausarbeitung und die Integration der Ergebnisse der einzelnen Domänen zu einer Gesamtlösung. Den Ausgangspunkt für die **Produktionssystementwicklung** bildet die Konzipierung des Produktionssystems. Dabei sind die vier Aspekte Arbeitsablaufplanung, Arbeitsmittelplanung, Arbeitsstättenplanung und Produktionslogistik integrativ zu betrachten [GPW09, S. 40 ff.].

Wurde ein Produkt bis zum Serienanlauf entwickelt, erfolgt seine Fertigung und Distribution zum Kunden. Die Nutzungsphase des Produktes beinhaltet Produktergänzungen und Serviceleistungen am Produkt. Nach der Nutzung des Produktes wird dieses entweder durch den Hersteller zurückgenommen oder durch den Kunden entsorgt. Der Produktlebenszyklus ist in Bild 2-1 dargestellt.

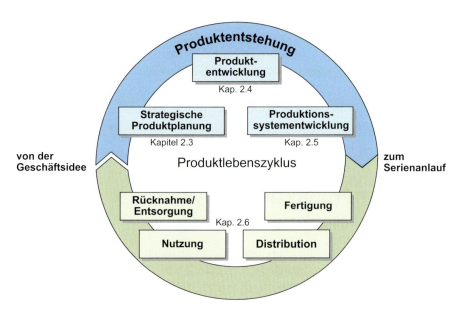

Bild 2-1 Der Produktlebenszyklus von der ersten Geschäftsidee bis zur Rücknahme/
Entsorgung nach [GLR+00]

Um präventiven Produktschutz zu etablieren, müssen Produktschutzmaßnahmen bereits in der ersten Phase der Produktentstehung – der Strategischen Produktplanung – ansetzen und im gesamten Produktentstehungsprozess konsequent verwirklicht werden. Nur so können die entstehenden Wechselwirkungen zwischen Produkt und Produktionssystem beim Einbringen von Produktschutzmaßnahmen frühzeitig berücksichtigt und ein nachträgliches, kostspieliges Einbringen von

Schutzmaßnahmen vermieden werden. Der Produktschutz muss selbstredend auch in den späteren Phasen des Produktlebenszyklus berücksichtigt werden, denn hier erfolgt oft die Umsetzung der zuvor definierten Schutzmaßnahmen. In diesem Kapitel wird daher dargestellt, wie Produktschutz im Produktlebenszyklus berücksichtigt werden kann.

■ 2.2 Kategorisierung von Schutzmaßnahmen

Martin Kokoschka

Die Anzahl von Schutzmaßnahmen vor Produktpiraterie ist mit derzeit fast 100 Maßnahmen relativ hoch; neue Maßnahmen kommen kontinuierlich hinzu. Dennoch sind vielen Unternehmen die Fülle von Schutzmaßnahmen und deren Anwendungspotentiale nicht bekannt. Dieses Kapitel soll hier Abhilfe schaffen und stellt vorhandene Schutzmaßnahmen vor. Diese gliedern sich nach Bild 2-2 in sieben Kategorien: strategische, produkt- und prozessbezogene, kennzeichnende, informationstechnische, rechtliche und kommunikative Maßnahmen.

Strategische Schutzmaßnahmen sind langfristig orientiert, setzen in einer frühen Phase der Produktentstehung an und bilden den Rahmen für die Produkt- und Produktionssystementwicklung unter Gesichtspunkten des Produktschutzes. Beispiele sind das Anbieten von hybriden Leistungsbündeln und Betreibermodellen sowie das Anstreben einer hohen Fertigungstiefe. Maßnahmen am Produkt wie der Einbau selbstzerstörender Elemente erschweren das Reverse Engineering. Durch den Einsatz additiver Fertigungsverfahren im Produktionsprozess können schwer kopierbare Bauteilgeometrien und -eigenschaften hergestellt werden. Informationstechnische Maßnahmen verhindern z. B. den unberechtigten Zugriff auf Daten. Kennzeichnende Maßnahmen ermöglichen die Beweisführung im Schadensfall und geben Orientierung im Kaufprozess. Schutzrechte können als Patente, Gebrauchsmuster, Geschmacksmuster und Kennzeichenrechte angemeldet werden. Kommunikative Maßnahmen definieren den Umgang mit Informationen zum Thema Produktpiraterie im Unternehmen und in der Kommunikation mit der Öffentlichkeit.

Diese Kategorien sind jedoch nicht voneinander unabhängig. Deren Zusammenwirken lässt sich, wie Bild 2-2 zeigt, als Matrix darstellen. Zum Beispiel wirken sich kennzeichnende Maßnahmen sowohl auf das zu kennzeichnende Produkt als auch auf den dazugehörigen Produktionsprozess aus. Gleiches gilt für informationstechnische Maßnahmen. Schutzrechte wie Patente können sowohl auf Produkte bzw. deren Komponenten als auch auf die dazugehörigen Produktionsprozesse angewendet werden.

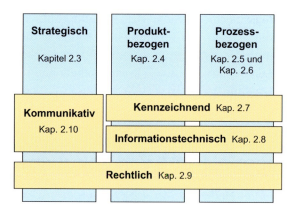

Bild 2-2 Kategorien von Schutzmaßnahmen

Im Folgenden werden strategische, produkt- und prozessbezogene Schutzmaßnahmen in die frühen Phasen des Produktlebenszyklus, die Produktentstehung, eingeordnet. Die vier weiteren, übergreifenden Kategorien werden flankierend dazu beschrieben und durch Beispiele verdeutlicht. Eine vollständige Darstellung der Schutzmaßnahmen befindet sich im Anhang.

■ 2.3 Strategische Schutzmaßnahmen

Martin Kokoschka

Um Produktschutzmaßnahmen erfolgreich im Unternehmen zu verankern, muss der präventive Produktschutz bereits in der **Strategie eines Unternehmens** berücksichtigt werden. Die Strategie bestimmt den Kurs des Unternehmens. Neben dieser Kursbestimmung in Form eines Leitbildes beinhaltet sie unter anderem Schlüsselfähigkeiten, konkrete Marktleistungs- und Geschäftsziele sowie Konsequenzen und Maßnahmen für die einzelnen Handlungsbereiche. Aus der vielfältigen Strukturierung von Unternehmen resultiert die Notwendigkeit, Strategien auf mehreren Ebenen zu betrachten.

Wir unterscheiden nach Bild 2-3 **Unternehmensstrategie** (Corporate Strategy), **Geschäftsstrategien** (Business Strategies) und **Substrategien** (Functional Strategies). Die volle Ausprägung dieser drei Strategiearten gilt nur für größere Unternehmen, die mehrere Geschäftsfelder haben. Beispiele für Geschäftsfelder sind „Handhabungstechnik für die Automobilindustrie" und „Verpackungsanlagen für die pharmazeutische Industrie". Beispiele für Substrategien sind Personalentwicklungsstrategie, Fertigungsstrategie, Vertriebsstrategie und Produktstrategie. Auf den ersten Blick wirkt das wie ein Top-down-Ansatz; in der Realität handelt es sich aber um einen Kreislauf.

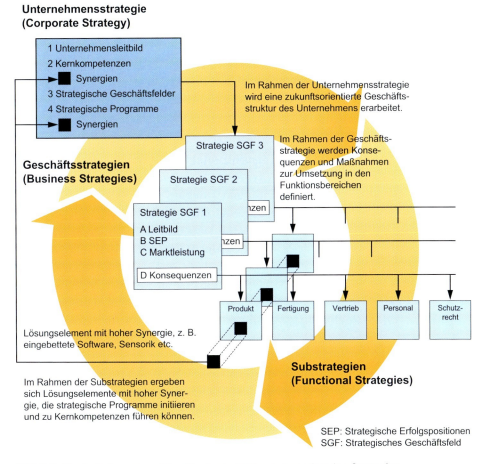

Unternehmensstrategie (Corporate Strategy)

1 Unternehmensleitbild
2 Kernkompetenzen
  ■ Synergien
3 Strategische Geschäftsfelder
4 Strategische Programme
  ■ Synergien

Im Rahmen der Unternehmensstrategie wird eine zukunftsorientierte Geschäftsstruktur des Unternehmens erarbeitet.

Geschäftsstrategien (Business Strategies)

Strategie SGF 3

Strategie SGF 2

Strategie SGF 1
A Leitbild
B SEP
C Marktleistung

D Konsequenzen

Im Rahmen der Geschäftsstrategie werden Konsequenzen und Maßnahmen zur Umsetzung in den Funktionsbereichen definiert.

Produkt   Fertigung   Vertrieb   Personal   Schutzrecht

Lösungselement mit hoher Synergie, z. B. eingebettete Software, Sensorik etc.

Im Rahmen der Substrategien ergeben sich Lösungselemente mit hoher Synergie, die strategische Programme initiieren und zu Kernkompetenzen führen können.

Substrategien (Functional Strategies)

SEP: Strategische Erfolgspositionen
SGF: Strategisches Geschäftsfeld

Bild 2-3 Strategieebenen und das Wechselspiel der entsprechenden Strategien [GPW09, S. 135]

▪ Im Rahmen der **Unternehmensstrategie** wird eine zukunftsorientierte Geschäftsstruktur des Unternehmens erarbeitet – d. h., es wird im Grundsatz festgelegt, mit welchen Marktleistungen welche Märkte bedient werden. Auf dieser Ebene werden auch die **Kernkompetenzen** eines Unternehmens definiert. Kernkompetenzen sind unternehmensweit zu pflegende Bündel von Fähigkeiten und Technologien und stellen die Grundlage für zukünftige Produkt-Markt-Aktivitäten dar.

▪ Im Rahmen der **Geschäftsstrategien** werden diese strategischen Ausrichtungen konkretisiert. Die Konsequenzen in einer Geschäftsstrategie drücken aus, was in welchen Handlungsbereichen bzw. Funktionsbereichen grundsätzlich geschehen muss, um die im Leitbild enthaltene Zielsetzung zu erreichen, die strategischen Erfolgspositionen aufzubauen sowie die Marktleistung zu erbringen und zu vermarkten. Strategische Erfolgspositionen sind Fähigkeiten, die für den nachhaltigen Erfolg eines Unternehmens von entscheidender Bedeutung sind.

■ Im Rahmen der **Substrategien** wird festgelegt, wie in den einzelnen Handlungs- und Funktionsbereichen eines strategischen Geschäftsfeldes (SGF) vorzugehen ist, um die gesteckten Ziele zu erreichen [GPW09, S. 134 ff.].

Im Folgenden werden die genannten Strategieebenen unter Gesichtspunkten des Produktschutzes diskutiert und es wird aufgezeigt, welche strategischen Schutzmaßnahmen auf welcher Strategieebene ergriffen werden können.

2.3.1 Produktschutz in der Unternehmensstrategie verankern

Produktschutz muss in der **Unternehmensstrategie** verankert werden. Entscheidungen auf Unternehmensstrategieebene betreffen das gesamte Unternehmen – d. h., sie haben Auswirkungen auf alle seine Marktleistungen. Bei der Definition des Leitbildes kann als eines der **Ziele des Unternehmens** definiert werden, seine Kunden nur mit hochwertigen Produkten zu beliefern. Als Konsequenz daraus würden auf Ebene der Fertigungsstrategie Maßnahmen eingeleitet, um zu verhindern, dass Plagiate in die eigene Wertschöpfungskette des Unternehmens eingeschleust werden. Im Rahmen der Definition der **Kernkompetenzen** sind grundsätzliche Aussagen zu treffen, welche Technologien oder Fähigkeiten schützenswertes Know-how des Unternehmens darstellen. Diese Kernkompetenzen sind in der Regel losgelöst von einem bestimmten Produkt.

Auf dieser Ebene kann prinzipiell auch die Entscheidung gefällt werden, keine Produkte des Unternehmens auf bestimmten Märkten aus Gründen des Produktschutzes anzubieten. Weiterhin kann als Teil der Unternehmensstrategie die strategische Stoßrichtung im Kampf gegen Produktpiraterie festgelegt werden. Nach Fuchs et al. reichen diese Stoßrichtungen vom Tolerieren von Produktpiraterie ohne Gegenmaßnahmen bis zur sogenannten Angriffsstrategie, bei der Imitatoren mit allen Mitteln bekämpft werden [Fuc06, S. 160]. Ausgehend von der Annahme, dass ein Unternehmen mehrere Marktleistungen auf mehreren Märkten anbietet, sollten Entscheidungen über zu bedienende Märkte und zur strategischen Stoßrichtung im Kampf gegen Produktpiraterie jedoch nicht auf Unternehmensstrategieebene erfolgen. Diese Entscheidungen sollten Teil der Geschäftsstrategie und der Substrategien sein, da in der Regel das Risiko der Produktpiraterie nicht in allen Geschäftsfeldern gleich ausgeprägt sein wird. Folglich werden je Geschäftsfeld oder sogar je Produkt unterschiedliche Maßnahmen für den Produktschutz zu ergreifen sein.

2.3.2 Strategische Schutzmaßnahmen in den Substrategien ausgestalten

Wie eingangs erwähnt, kann der Produktentstehungsprozess nicht als eine Abfolge von Phasen und Meilensteinen aufgefasst werden. Das Wechselspiel zu bearbeitender Aufgaben lässt sich wie im Bild 2-4 dargestellt allenfalls in drei Zyklen gliedern. Die in Bild 2-4 dargestellten Zyklen sind eine Detaillierung der drei Aufgabenbereiche der Produktentstehung aus Bild 2-1. Im Folgenden wird der erste Zyklus, die Strategische Produktplanung, betrachtet.

Im Rahmen der Strategischen Produktplanung wird in der **Geschäftsplanung** die Geschäftsstrategie entwickelt, d. h. die Frage beantwortet, welche Marktsegmente wann und wie bearbeitet werden sollen. Im Rahmen der Geschäftsstrategie erfolgt auch die **Definition der Absatzregionen**. Dabei muss analysiert werden, ob in einer Region eine hohe Gefahr besteht, Opfer von Produktpiraterie zu werden. Wird eine hohe Pirateriegefährdung erkannt, werden jedoch die allerwenigsten Unternehmen aus diesem Grund auf den Absatz ihrer Produkte verzichten. Wie eine Studie zeigt, schützt auch ein Fernbleiben aus pirateriegefährdeten Regionen die Originalhersteller nicht [DIHK10]. Eine hohe Pirateriegefährdung in einer Absatzregion oder einem Land wie z. B. China kann ein Unternehmen jedoch dazu veranlassen, zusätzliche Produktschutzmaßnahmen zu ergreifen.

Auf Grundlage der Geschäftsstrategie erfolgt die Erarbeitung der Substrategien wie Produkt-, Fertigungs-, Vertriebs- und Personalentwicklungsstrategie. Aus diesen Substrategien werden strategische Produktschutzmaßnahmen abgeleitet.

Produktschutz in der Produktstrategie

Die **Produktstrategie** enthält unter anderem Aussagen zur Gestaltung des Produktprogramms, zur wirtschaftlichen Bewältigung der vom Markt geforderten Variantenvielfalt und zu eingesetzten Technologien. Bei der Gestaltung des Produktprogramms unter Einbeziehung des Produktschutzes können Marktleistungen als Kombinationen aus Sach- und Dienstleistungen – sogenannte **hybride Leistungsbündel** – angeboten werden. Ein hybrides Leistungsbündel ermöglicht durch eine integrierte Planung, Entwicklung, Erbringung und Nutzung von Sach- und Dienstleistungen die optimale Gestaltung der Marktleistung. Durch eine variable Gestaltung der Grenzen zwischen Sach- und Dienstleistung können hybride Leistungsbündel in besonderem Maße die Kundenanforderungen erfüllen. So reicht die Bandbreite der Leistung von der reinen Sachleistung, bei der der Kunde alle nach dem Kauf auftretenden Aufgaben (Werterhaltung, Mitarbeiterschulung, Prozessoptimierung etc.) selbst durchführt, bis zu komplexen **Betreibermodellen**, in deren Rahmen der Kunde lediglich für den erzielten Nutzen (z. B. eine lackierte Karosserie) zahlt [GPW09, S. 181]. Hybride Leistungsbündel erlauben dem Originalhersteller eine Differenzierung zu Imitatoren, die in der Regel unerkannt blei-

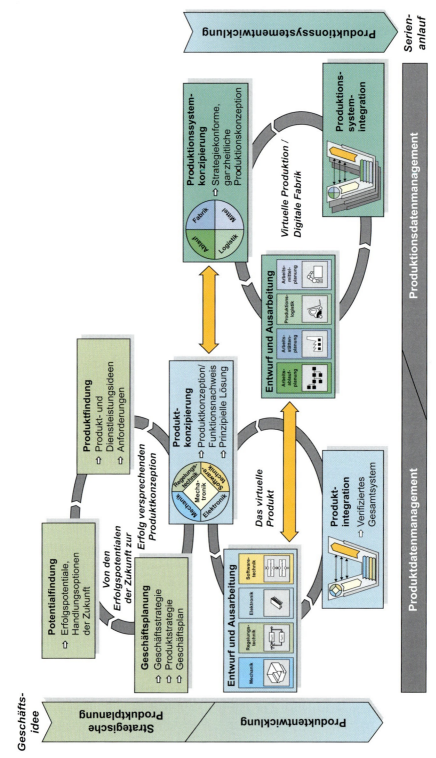

Bild 2-4 Das Drei-Zyklen-Modell der Produktentstehung [GPW09, S. 39]

ben möchten und daher kein Interesse haben, über den Verkauf des Produktes hinaus Serviceleistungen anzubieten.

Produktschutz in der Fertigungsstrategie

Die **Fertigungsstrategie** trifft Aussagen zu Fertigungstiefe, Fertigungsorganisation, im Unternehmen einzusetzenden Fertigungstechnologien etc. [Wil97, S. 9]. Die Fertigungstiefe kann von Fremdfertigung (keine eigene Fertigung) bis zu einer vollständigen Eigenfertigung ausgeprägt sein. Untersuchungen von BRAUN et al. bestätigen unsere Erfahrungen, dass mit einer **zunehmenden Fertigungstiefe** das Risiko sinkt, Opfer von Produktpiraterie zu werden [AAA+10, S. 158]. In den seltensten Fällen wird ein Unternehmen jedoch eine vollständige Eigenfertigung betreiben können; in der Regel erfolgt die Fertigung in einem Wertschöpfungsnetzwerk mit Lieferanten. Hierbei ist eine **langfristige** und vertrauensvolle **Zusammenarbeit** anzustreben. Bei der Lieferantenauswahl muss neben den gängigen Aspekten wie Lieferzuverlässigkeit, Fehlerquote, Flexibilität [Pel04] deren Vertrauenswürdigkeit berücksichtigt werden – d. h. abgeschätzt werden, ob eine Gefahr der Weitergabe vertraulicher Informationen an Dritte besteht. Auch bei vertrauensvoller Zusammenarbeit mit Lieferanten müssen **Verträge** geschlossen werden, die den Umgang mit schützenswertem Know-how klar definieren.

Zum Schutz vor Produktpiraterie kann ein Unternehmen Produktkomponenten oder gesamte Produkte, die schützenswertes Know-how z. B. in Form von innovativen Schlüsseltechnologien beinhalten, nur an **„sicheren" Standorten fertigen**. An diesen Standorten ist die Gefahr, dass Mitarbeiter relevantes Wissen an Imitatoren weitergeben oder Halbzeuge aus der Produktion entwendet werden, verhältnismäßig gering. Deutsche Unternehmen wie die SARTORIUS AG, die diese Maßnahme anwenden, fertigen schützenswerte Produktkomponenten in vielen Fällen in Deutschland [KKL10, S. 117]. Für die Fertigung von Produktkomponenten oder Produkten, die kein schützenswertes Know-how des Unternehmens beinhalten, da sie etwa auf allgemein verfügbaren Basistechnologien beruhen, können hingegen die Kostenvorteile an „unsicheren" Standorten genutzt werden.

Produktschutz in der Vertriebsstrategie

Im Rahmen der **Vertriebsstrategie** erfolgt unter anderem die Bestimmung der Kunden, der Vertriebswege, der Preispolitik sowie der Beziehungen zu Kunden und Vertriebspartnern [HSS06]. Als vertriebsstrategische Schutzmaßnahme können neben dem Verkauf von Produkten auch **Betreibermodelle** wie das Leasing oder die Vermietung von Produkten angeboten werden. Im Vergleich zum Verkauf ermöglicht die Vermietung dem Originalhersteller eine erhöhte Kontrolle der Nutzung des Produktes. So kann vertraglich festgelegt werden, dass Reparaturen und Wartungsarbeiten am Produkt nur vom Vermieter durchgeführt werden dürfen. Dies sichert dem Originalhersteller langfristige Umsätze aus dem Ersatzteilgeschäft und führt durch den engen Kontakt mit dem Kunden zu einer **Vertiefung der Kundenbeziehung**. Die Wartung eines Produktes durch Mitarbeiter des Originalherstellers senkt weiterhin die Gefahr des Reverse Engineering, da der Kunde keine Veränderungen am Produkt durchführt und so über weniger Wissen über seine Funktionsweise verfügt.

Zur Erhöhung der Transparenz der Vertriebswege können **selektive Vertriebssysteme** eingesetzt werden. Bei selektiven Vertriebssystemen beliefert der Originalhersteller nur ausgewählte Vertriebspartner. Produkte, die nicht von diesen Vertriebspartnern stammen, stellen potentiell Imitate dar. Diese Maßnahme hat ihren Ursprung im Vertrieb hochpreisiger Produkte wie Kraftfahrzeuge. Dabei möchte der Hersteller sicherstellen, dass das Image der Marke nicht durch Verkauf an Orten beschädigt wird, die nicht zum Markenimage passen [Wil07, S. 123]. Diese Maßnahme hängt eng mit der **attraktiven Gestaltung von Verkaufsräumen** und Webseiten zusammen. So kann die Wahrnehmung von Qualität, Zuverlässigkeit oder Exklusivität zugunsten des Originalherstellers beeinflusst werden. Produktpiraten sind hingegen oft gezwungen, ihre Produkte über unauffällige Kanäle wie den Straßenverkauf anzubieten. Weitere vertriebsstrategische Schutzmaßnahmen sind eine Produktpreisdifferenzierung auf verschiedenen Märkten und die Quersubventionierung von leicht imitierbaren Produkten durch höhere Margen schwer zu imitierender Produkte.

Produktschutz in der Personalentwicklungsstrategie

Die **Personalentwicklungsstrategie** definiert die Leitlinie für die Ausgestaltung der Personalentwicklung in einer Organisation. Aus ihr gehen unter anderem Maßnahmen zur Personalbindung und -ausbildung hervor. Zur **Personalbindung** werden Erfolgsbeteiligungen, Zielgespräche und klar definierte Aufstiegschancen angewandt. Diese Maßnahmen senken die Personalfluktuation und erhöhen die Motivation der Mitarbeiter; sie dienen auch dem Schutz vor Weitergabe von schützenswertem Wissen an Wettbewerber und Nachahmer. Im Rahmen der **Aus- und Fortbildung** sind Mitarbeiter aus Unternehmensbereichen wie Entwicklung/Konstruktion, Fertigung, Einkauf, Vertrieb und Service für **Produktpiraterie und Know-how-Abfluss zu sensibilisieren**. Ein Weg zur unerlaubten Erlangung von schützenswertem Know-how ist das sogenannte Social Engineering. Dabei versuchen Social Engineers sowohl in beruflichen als auch in privaten Situationen am Telefon oder bei Gesprächen in Gaststätten, bei Veranstaltungen oder beim Sport vertrauliches Know-how von Mitarbeitern zu erlangen (siehe Kapitel 1.5). Als Gegenmaßnahme bieten Beratungsunternehmen und auch der Verfassungsschutz Sensibilisierungsvorträge und Workshops an [Bun08], [Bun11-ol].

Schutzrechtsstrategie

Die **Schutzrechtsstrategie** regelt den Umgang mit Schutzrechtsanmeldungen und -verwertungen im Unternehmen. Sie trifft Aussagen zur Geheimhaltung von Erfindungen vs. die Anmeldung von Schutzrechten, die geografische Reichweite des Schutzes, den Umfang der Anmeldungen sowie die Lizenzpolitik. Auf Schutzrechte wird in Kapitel 2.9 eingegangen.

Know-how-Schutzstrategie

In den letzten Jahren hat in Unternehmen der Einsatz von softwarebasierten Wissens- und Innovationsmanagementsystemen zur Handhabung der Vielzahl von Informationen im Produktentwicklungs- und Produktionsprozess zugenommen. Bei der Nutzung der Systeme muss sichergestellt werden, dass schützenswertes Know-how nur einer begrenzten Benutzergruppe im Unternehmen zur Verfügung gestellt wird (Bild 2-5 auf S. 52). Dazu muss in einer Know-how-Schutzstrategie zunächst definiert werden, welche Informationen schützenswertes Know-how des Unternehmens darstellen. Zum Know-how-Schutz werden vor allem prozessbezogene und informationstechnische Maßnahmen wie Zugangsbeschränkungen zu bestimmten Unternehmensbereichen, die Vergabe von Lese- und Schreibrechten für Datenbanken und Dokumente oder die Vereinfachung von CAD-Modellen bei deren Weitergabe genutzt. Diese Maßnahmen sind Gegenstand des Kapitels 2.8.

Bei Auffassung des Produktschutzes als strategische Aufgabe können zahlreiche Produktschutzmaßnahmen in einem frühen Stadium der Produktentstehung abgeleitet werden. Neben strategischen Maßnahmen stehen Unternehmen auch eine Fülle von Schutzmöglichkeiten aus dem Bereich der Produkt- und Prozessgestaltung zur Verfügung. Diese Maßnahmen sind Gegenstand der nächsten beiden Kapitel.

Beschränkung von schützenswertem Know-how auf ausgewählte Personen

Kurzbeschreibung

Mit der zunehmenden Streuung von schützenswertem Know-how eines Unternehmens an seine Mitarbeiter steigt auch die Gefahr, dass dieses Know-how unberechtigt weitergegeben wird. Durch die Beschränkung dieses Know-hows auf ausgewählte Personen kann dieser Gefahr begegnet werden.

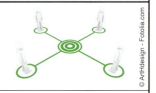

© ArtHdesign - Fotolia.com

Anwendungen / Vorgehen

Für eine Beschränkung von kritischem Know-how auf ausgewählte Personen muss zunächst definiert werden, welches das schützenswerte Know-how des Unternehmens ist. Mitarbeiter, die über dieses Know-how verfügen, sollten langfristig mit Fortbildungsprogrammen, monetären Anreizen etc. an das Unternehmen gebunden werden.

Zwischen Unternehmen und Mitarbeitern können Geheimhaltungsverträge geschlossen werden, die beinhalten, dass die Mitarbeiter ihr Wissen nicht ungestraft aus dem Unternehmen nach außen tragen dürfen [IHK11-ol]. Zusätzlich können die Verträge Klauseln enthalten, die Mitarbeiter nach dem Verlassen des Unternehmens daran hindern, direkt zu Wettbewerbern zu wechseln oder ein eigenes Konkurrenzunternehmen zu eröffnen [Foc10-ol].

Der Einsatz von neuen Mitarbeitern und insbesondere Aushilfen und Praktikanten in know-how-intensiven Betriebsbereichen wie der Forschung und Entwicklung ist kritisch zu prüfen, da dieser Personenkreis nach dem Ausscheiden aus dem Unternehmen das erworbene Know-how weitergeben könnte.

Anwendungsbeispiel

Wenn Prototypen oder Testgeräte den Apple-Konzern verlassen, um externen Entwicklern zur Verfügung gestellt zu werden, weiß dies nur ein ausgewählter Personenkreis. Teilweise wird in solchen Fällen nicht einmal der CEO der externen Firma eingeweiht [Spi11-ol].

© fotodesign-jegg.de - Fotolia.com

Vorteile	**Nachteile**
• Individuelle Zuordnungsmöglichkeit der Kompetenzen • Persönliche Verantwortlichkeit der Wissensträger • Geheimhaltungsverpflichtungen bieten eine rechtliche Grundlage, falls es zu einem Rechtsstreit kommt [AKL11]	• Kompetenzverlust bei Personalwechsel • Verringerung der Flexibilität beim Einsatz der Mitarbeiter für bestimmte Projekte

Bild 2-5 Steckbrief der Schutzmaßnahme „Beschränkung von schützenswertem Know-how auf ausgewählte Personen"

■ 2.4 Schutzmaßnahmen in der Produktentwicklung

Martin Kokoschka

In der Produktentwicklung werden primär produktbezogene Schutzmaßnahmen berücksichtigt. Die Produktentwicklung stellt den zweiten Zyklus der Produktentstehung dar und umfasst die Produktkonzipierung, den domänenspezifischen Entwurf und die entsprechende Ausarbeitung sowie die Integration der Ergebnisse der einzelnen Domänen zu einer Gesamtlösung (Bild 2-6).

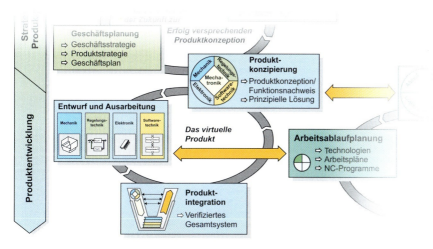

Bild 2-6 Aufgaben der Produktentwicklung [GPW09, S. 39]

In der Produktentwicklung unter Gesichtspunkten des Produktschutzes geht es im Wesentlichen um die Erstellung einer imitationsrobusten Produktkonzeption. Eine imitationsrobuste Produktkonzeption beinhaltet Maßnahmen zum Schutz des **gesamten Produktes** oder **einzelner Produktkomponenten** wie Ersatzteile. Hierbei kommen insbesondere konstruktive Schutzmaßnahmen am Produkt zum Einsatz. Bei der Produktkonzipierung sind vor allem solche Produktkomponenten imitationsrobust zu gestalten, deren Herstellung schützenswertes Know-how des Unternehmens darstellt.

Gesamte Produkte schützen

Wie zuvor erläutert, bieten **hybride Leistungsbündel** (Bild 2-7) einen Schutz vor Produktpiraterie. Die in der Produktstrategie festgelegten Produktergänzungen und Services können Auswirkungen haben auf die Produktgestalt und die Produktfunktionalität. Im Rahmen der Produktentwicklung werden die Produktergänzungen konkretisiert und alternative, konsistente Leistungsbündel definiert [Sto10, S. 83 ff.].

Eine Möglichkeit zur Senkung der Nachahmungsattraktivität eines Produktes ist die **Funktionsintegration**. Durch Funktionsintegration werden zusätzliche Funktionalitäten durch ein Produkt realisiert. Dadurch wird zwar der Kundennutzen des Produktes erhöht, für den Hersteller allerdings führt die Funktionsintegration zu einer erhöhten Produktkomplexität, die es zu beherrschen gilt. Gleichzeitig macht die erhöhte Komplexität den Nachbau des Produktes für einen Imitator aufwendiger und somit weniger lukrativ. Befragte Mitglieder des BAYERISCHEN UNTERNEHMENSVERBANDS METALL UND ELEKTRO e. V. (bayme), gaben in einer Befragung an, dass sie von Produktpiraterie wenig betroffen seien, da ihre Produkte aufgrund der steigenden Komplexität nicht in gleicher Qualität kopiert werden können [Bay11].

After-Sales-Management / Hybride Leistungsbündel

Kurzbeschreibung

Das After-Sales-Management umfasst sowohl Produktergänzungen als auch dem Produktverkauf nachgelagerte Leistungen und Services. Werden Produktergänzungen und Services bereits bei der Produktentstehung berücksichtigt, spricht man von hybriden Leistungsbündeln. Der Einstieg in das After-Sales-Geschäft ist wegen der meist hohen Kosten und des zusätzlichen Know-how-Bedarfs für Imitatoren unrentabel. Gleichzeitig verhindert die starke Kundenbindung den Kauf von Imitaten.

Anwendungen / Vorgehen

Um Kundennutzen und -bindung zu erhöhen, werden Produkte um ergänzende Dienstleistungen wie Ersatzteil- und Austauschservice oder Produktsupport erweitert. Bei hybriden Leistungsbündeln werden die Serviceleistungen bereits im Produktentstehungsprozess eingeplant. Originalhersteller können z. B. Betreibermodelle wie Leasing oder Vermietung ihrer Produkte anbieten. Im Vergleich zum Verkauf behält ein OEM so umfangreiche Rechte an seinem Produkt. Dies senkt die Gefahr des Reengineerings der Originale. Dem Kunden wird eine Problemlösung geboten, die über den reinen Verkauf des Produktes hinausgeht. Auch eine intensive Beratung des Kunden und eine gemeinsame Planung von Problemlösungen können den Originalhersteller vom Imitator absetzen. Solche Systemlösungen sind integrierte und individualisierte Leistungen, die auf spezifische Kundenanforderungen ausgerichtet sind. Dabei werden z. B. statt einzelner Maschinen ganzheitliche Lösungen für ein Kundenproblem geschaffen. Diese Angebote können vom Imitator nur schwer realisiert werden, da sie mit hohem Aufwand, Kosten und spezifischem Know-how verbunden sind. Sie verschaffen dem OEM eine nicht kopierbare Stellung am Markt.

Anwendungsbeispiele

Die Firma GE Inspection Technologies, ein Hersteller für Messgeräte, bietet neben dem Verkauf der Produkte auch die Möglichkeit, diese zu mieten. Die Mietprodukte können in einer der Filialen abgeholt oder bestellt werden. Die Messgeräte werden innerhalb von 24 Stunden geliefert und stehen dem Kunden für einen vorher abgestimmten Zeitraum zur Verfügung. Das Unternehmen schätzt dies als eine wirksame Maßnahme gegen Produktpiraterie ein [Gei11-ol].

© Virste - Fotolia.com

Der Landwirtschaftsmaschinenproduzent CLAAS bietet seinen Kunden einen Wintercheck an. Dieser beinhaltet die Wartung der Maschinen von CLAAS-Technikern vor Saisonbeginn und eine Ersatzteilempfehlung [Pro09-ol].

© iStockphoto.com

Vorteile

- Alleinstellungsmerkmale durch erweiterte Marktleistung
- Steigerung von Kundennutzen und -bindung
- Nachahmung wird unrentabler

Nachteile

- Hoher Aufwand für Vertrieb und Service
- Höheres unternehmerisches Risiko [Mei11]
- Für Massenprodukte nur bedingt realisierbar
- Unter Umständen neue Geschäftsmodelle bzw. -strategien notwendig [Mei11]

Bild 2-7 Steckbrief der Schutzmaßnahme „Aftersales-Management / Hybride Leistungsbündel"

Eine weitere Nachahmungsbarriere durch eine hohe Produktkomplexität wird auch durch das Anbieten von **Produktvarianten** erreicht. Produktvarianten unterscheiden sich in ihren Produktmerkmalen von dem am Markt erhältlichen Ausgangsprodukt [Wir11-ol]. Sie können aus standardisierten Einzelbauteilen auf einer Modulplattform zusammengesetzt werden. Die jeweiligen Varianten werden in der Regel in geringerer Stückzahl produziert, als dies bei einem Standardprodukt ohne Varianten der Fall wäre. Durch das Anbieten von Produktvarianten spricht ein Originalhersteller einen breiteren Kundenkreis an und erhöht die Kundenbindung, da ein Kunde aus einer Vielzahl von unterschiedlichen Varianten ein Produkt wählen kann, das seinen individuellen Wünschen nahekommt. Die hohe Anzahl der Produktkonfigurationsmöglichkeiten erschwert es dem Nachahmer, die Bau- und Funktionsweise des Produktes in Gänze zu verstehen; die verhältnismäßig geringeren Stückzahlen senken die Nachahmungsattraktivität zusätzlich [Wil07].

Komponenten schützen

Auf **Bauteil- oder Komponentenebene** kann der Produktschutz z. B. erfolgen durch:

1) De-Standardisierung,

2) Black-Box-Bauweise,

3) Selbstzerstörungsmechanismen,

4) Vorsehen einer gegenseitigen Authentifizierung von Komponenten und

5) Qualitätsdifferenzierung.

Bei der **De-Standardisierung** (Bild 2-8) verwendet der Originalhersteller Komponenten, die nicht frei am Markt verfügbar sind. Der Originalhersteller kann so Alleinstellungsmerkmale erreichen. Der Nachahmer hingegen wird nicht auf diese

---

De-Standardisierung

Kurzbeschreibung

Bei der De-Standardisierung werden für wichtige Elemente eines Produkts Komponenten eingesetzt, die nicht als Standardelemente am Markt erhältlich sind.

Anwendungen / Vorgehen

Durch die Verwendung nicht-standardisierter Elemente sowohl bei Bauteilen (Material, Software, Elektronik) als auch bei Prozessen (Prozessablauf und -technologie) wird deren Nachahmung erschwert, da die Nachahmung de-standardisierter Komponenten mit hohem Aufwand verbunden ist. Um die Vorteile von standardisierten Komponenten wie niedrige Beschaffungskosten kompensieren zu können, muss die de-standardisierte Komponente die Produktfunktionalität deutlich steigern. Wird hingegen im Plagiat eine standardisierte Komponente verwendet, kann keine vergleichbare Produktqualität oder Funktionalität erzielt werden.

Anwendungsbeispiele

Ein Textilmaschinenhersteller nutzt ein spezielles Fett für die Schmierung von Lagern. Kopierer, die ein Standardfett verwenden, erreichen aufgrund des hohen Wartungsaufwands nicht die gleiche Senkung der Lebenszykluskosten wie der Originalhersteller [AKL11].

© Panthermedia.net

Die Hydac GmbH verwendet bei Hydraulikfiltern ein Rundgewinde zur Aufnahme des Filterelements statt des branchenüblichen Elementaufnahmestutzens. Fremde Filter können nicht eingesetzt werden [AAA+10].

© iphoto - Fotolia.com

Vorteile	**Nachteile**
• Verschafft ein Alleinstellungsmerkmal am Markt • Komponenten nicht frei verfügbar am Markt	• De-standartisierte Komponente muss die Leistungsfähigkeit deutlich erhöhen • Akzeptanz der Gebraucher muss hergestellt werden

Bild 2-8 Steckbrief der Schutzmaßnahme „De-Standardisierung"

Komponenten zurückgreifen können. Beispiele sind de-standardisierte Aufnahmestutzen für Filter [AAA+10, S. 176] und die Verwendung spezieller Schmierstoffe [AKL11, S. 50].

Bei der **Black-Box-Bauweise** (Bild 2-9) werden schützenswerte Komponenten eines Produktes so gefertigt, dass ihre Bau- und Funktionsweise nach außen hin verborgen ist. Die Black-Box-Bauweise kann wirkungsvoll mit Selbstzerstörungsmechanismen kombiniert werden. Komponenten, die mit **Selbstzerstörungsmechanismen** versehen sind, werden beim unberechtigten Öffnen oder Zerlegen zerstört. Ihre Funktionalität ist nach der Zerstörung nicht mehr nachvollziehbar. Diese Maßnahme wird derzeit vor allem in elektronischen Produkten wie mobilen Computern verwendet. Durch ein elektronisches Signal kann eine chemische Substanz über die Computerfestplatte ausgegossen und die Festplatte damit unbrauchbar gemacht werden [Hei06-ol]. Ein anderes Beispiel sind DVDs, die nur 48 Stun-

---

Black-Box-Bauweise anwenden

Kurzbeschreibung

Bei der sogenannten Black-Box-Bauweise werden schützenswerte Komponenten eines Produktes so gefertigt, dass ihre Bau- und Funktionsweise nach außen hin verborgen ist.

© Boris Roz - Fotolia.com

Anwendungen / Vorgehen

Die Black-Box-Bauweise zeichnet sich dadurch aus, dass die Funktion eines Produktes oder einer Produktkomponente nicht eingesehen werden kann, ohne das Produkt/die Komponente dabei zu zerstören. Sie wird insbesondere bei elektrischen und mechanischen Bauteilen angewendet.

Die Black-Box setzt eine modulare Funktionsstruktur voraus, die zusammen ein „unauflösbares" Funktionssystem ergibt. Die Einzelfunktionen des Bauteils bleiben dadurch verborgen.

Durch die Entfernung der Bezeichnung des Bauteils wird die Black-Box zusätzlich geschützt. Schützenswerte Komponenten, die nicht gekennzeichnet sind, sind dadurch für Personen ohne Fachkenntnisse schwieriger einzuordnen.

Anwendungsbeispiele

Der Einsatz von CPLDs (Complex Programmable Logic Devices) oder FPGAs (Field Programmable Gate Array) ist eine Möglichkeit für eine funktionale Black-Box-Bauweise bei der Verarbeitung analoger Signale [Fra08b-ol].

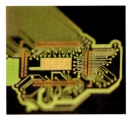

© luxpainter - Fotolia.com

Das Eingießen von Funktionselementen in Kunstharzeinheiten ist eine Möglichkeit, mechanische Funktionalitäten in Black-Box-Bauweise zu gestalten [Fra08b-ol].

© Andrey Gribov - Fotolia.com

Vorteile	**Nachteile**
• Keine Zuordenbarkeit des Bauteils für Imitatoren möglich	• Innerbetrieblicher Verfolgungsweg des Produktes wird erschwert • Senkung der Servicefreundlichkeit des Produktes [MSS+08] • Aufwand und Kosten für Entwicklung und Ausführung einer eventuellen Zerstörung meist unverhältnismäßig teuer [Mei11]

Bild 2-9 Steckbrief der Schutzmaßnahme „Black-Box-Bauweise anwenden"

den genutzt werden können. Nach deren Entnahme aus der versiegelten Verpackung beginnt durch die chemische Reaktion mit der Luft ein Zerfallsprozess der Datenschicht, der die DVD unbrauchbar macht [Mac08-ol].

Die **gegenseitige Authentifizierung** von Komponenten zielt insbesondere auf den Einsatz von originalen Ersatz- und Verschleißteilen ab. Diese werden so gestaltet, dass sie sich gegenüber der Maschine authentifizieren müssen, in der sie eingesetzt werden sollen. Erweist sich bei der Authentifizierung ein Ersatzteil als Fälschung, erhält der Benutzer eine Meldung darüber, die quittiert werden muss. Weitere Maßnahmen zur Überprüfung der Originalität von Ersatz- und Verschleißteilen werden in Kapitel 2.7 vorgestellt.

Ersatz- und Verschleißteile können zudem in **mehreren Qualitätsstufen** angeboten werden. Mit Ersatzteilen niedrigerer Qualitätsstufen werden preissensible Kunden bedient, und es wird so versucht, zu verhindern, dass diese Kunden auf günstige Imitate zurückgreifen. Ersatz- und Verschleißteile hoher Qualitätsstufen wiederum sprechen qualitätsbewusste Kunden an.

Eine weitere Schutzmaßnahme in der Produktentwicklung ist, **Entwicklungsteams möglichst klein** zu halten, da mit der zunehmenden Größe des Teams offensichtlich auch die Gefahr der unerlaubten Know-how-Weitergabe steigt. Diese Maßnahme gilt selbstredend auch bei der im Folgenden beschriebenen Produktionssystementwicklung.

■ 2.5 Schutzmaßnahmen in der Produktionssystementwicklung

Wolfgang Bauer, Martin Kokoschka

Bei der Produktionssystementwicklung müssen vor allem (produktions)prozessbezogene Schutzmaßnahmen geplant werden. Die Produktionssystementwicklung bildet den dritten Zyklus der in Bild 2-4 dargestellten Produktentstehung. Prozessbezogene Maßnahmen umfassen auch Aktivitäten in den späteren Phasen des Produktlebenszyklus, insbesondere in der Distribution von Produkten sowie bei deren Nutzung und Entsorgung. Auf diese Maßnahmen wird in Kapitel 2.6 eingegangen.

Als Produktionssystem wird die Summe aller Produktionseinrichtungen beschrieben, *„die mehrere sich ergänzende Funktionen aus den Bereichen Einzelteilfertigung, Montage, Handhabung und Materialfluss weitestgehend selbstständig durchführen"* [Mic06, S. 39], [REF87, S. 15]. Den Ausgangspunkt für die **Produktionssystementwicklung** bildet die Konzipierung des Produktionssystems (Bild 2-10). Dabei sind die vier Aspekte Arbeitsablaufplanung, Arbeitsmittelplanung, Arbeitsstättenplanung und Produktionslogistik (insbesondere Materialflussplanung) integrativ

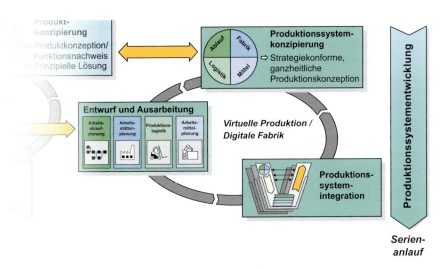

Bild 2-10 Aufgaben der Produktionssystementwicklung nach [GPW09, S. 39]

zu betrachten. Die Integration der einzelnen Aspekte erfolgt im Rahmen der Produktionssystemintegration.

Die **Arbeitsablaufplanung** definiert den Fertigungsablauf (Arbeitsvorgangsfolge) und die Betriebsmittel. Ferner zählen wir zur Arbeitsablaufplanung auch die CNC- und Roboterprogrammierung. Bei der Arbeitsablaufplanung muss identifiziert werden, welche Schritte im Fertigungsprozess schützenswertes Know-how des Unternehmens darstellen und an welchen Stellen **Angriffspunkte für Produktpiraterie** bestehen. Die Schutzmaßnahmen werden dann in den weiteren Phasen der Arbeitsmittelplanung, Arbeitsstättenplanung und Produktionslogistik geplant.

Die **Arbeitsmittelplanung** befasst sich mit der Planung der Fertigungsmittel (Maschinen, Vorrichtungen, Werkzeuge), die für die Durchführung der Arbeitsvorgänge in einem Fertigungsbetrieb erforderlich sind. Eine Möglichkeit zur Berücksichtigung des Produktschutzes in der Arbeitsmittelplanung ist die Auswahl von Maschinen, die mit einem **Schutz der Steuerungssoftware**, der aufgespielten Produktionsdaten und Serviceunterlagen gegen Auslesen und Manipulation ausgestattet sind (siehe Kapitel 2.8). Weiterhin können im Hinblick auf den Produktschutz **innovative Fertigungsverfahren** eingesetzt werden, die Nachahmer nicht beherrschen (Bild 2-11).

Ein Beispiel für die Nutzung innovativer Fertigungsverfahren ist das Direct Manufacturing von Produktkomponenten. Direct Manufacturing ist das Herstellen von Bauteilen in Kleinserie mit additiven Fertigungsverfahren. Bei additiven Fertigungsverfahren erfolgt die Herstellung eines Bauteils schichtweise auf Basis eines elektronischen Datensatzes. Dies ermöglicht die Herstellung von Bauteilen, die mit konventionellen Fertigungsverfahren nicht ohne Weiteres herzustellen wären. Direct Manufacturing zeichnet sich dadurch aus, dass die Bauteile die geforderten

---

Innovative Fertigungsverfahren

Kurzbeschreibung

Innovative Fertigungsverfahren erfordern oftmals hohe Investitionen der Originalhersteller in die Produktionsausrüstung, ermöglichen aber gleichzeitig die Herstellung von Bauteilen mit speziellen Eigenschaften oder Gestalten.

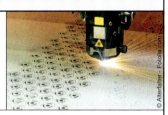

Anwendungen / Vorgehen

Der Einsatz innovativer und fixkostenintensiver Fertigungsverfahren bietet sich an, wenn mittels dieser Verfahren Produkteigenschaften oder -gestalten hergestellt werden können, die mit günstigen Massenfertigungsverfahren nicht ohne Weiteres hergestellt werden können. Wenn die Herstellung eines Produktes mit hohen Fixkosten verbunden ist, schreckt die notwendige hohe Investition potentielle Nachahmer ab. Produktpiraten müssen befürchten, dass ihr illegales Geschäft aus juristischen Gründen eingestellt wird, bevor sich die erbrachten Investitionen amortisiert haben. Weiterhin sinkt durch hohe Fertigungskosten die mögliche Gewinnmarge für Nachahmer.
Die Maßnahme wirkt jedoch nur, wenn Nachahmer gezwungen sind, die gleiche Fertigungstechnologie einzusetzen, um vergleichbare Produkteigenschaften hervorzubringen wie die des Originalprodukts.

Anwendungsbeispiel

Der Schreibgeräteanbieter Parker setzt für die Herstellung der Clips an seinen Kugelschreibern ein fixkostenintensives Sinterverfahren ein. Die hochwertig wirkende, matt schimmernde Oberfläche kann mit anderen Fertigungsverfahren (z.B. Guss) nicht gleichwertig hergestellt werden [Fra08-ol].

© ezzystock - Fotolia.com

Vorteile	Nachteile
• Senkung der Attraktivität des Produkts für Plagiateure • Erschwerte Nachahmung durch Zugangsbarrieren (Know-how, Zugänglichkeit, Kosten) bei bestimmten Fertigungstechnologien [Mei11]	• Erhöhtes Kostenrisiko für den Anwender wegen hoher Amortisationsdauer • Oft Umgehungslösungen mit besserem Preis-Leistungs-Verhältnis möglich [Mei11] • Keine Hilfe bei „Hochtechnologie-Piraten" [Mei11]

Bild 2-11 Steckbrief der Schutzmaßnahme „Innovative Fertigungsverfahren"

Eigenschaften aufweisen und direkt verbaut werden können. Ein Beispiel für Direct Manufacturing ist die in Bild 2-12 dargestellte Kraftstoffeinspritzdüse mit komplexer Bauteilgeometrie.

Bild 2-12 Durch Direct Manufacturing hergestellte Kraftstoffeinspritzdüse „Swirler", Material: Material EOS Cobalt-Chrome MP1, (Quelle: MORRIS TECHNOLOGIES, INC.)

Im Rahmen der **Arbeitsstättenplanung** ist die bauliche Struktur des Fertigungsbetriebes auf das Fertigungssystem und den damit verbundenen Materialfluss abzustimmen. Hierbei wird insbesondere den Fertigungsmitteln und den Komponenten des Materialflusssystems ein Standort in den Gebäuden zugeordnet [Dan99]. Bei der Arbeitsstättenplanung sind **Zugangsbeschränkungen** zu sensiblen Produktionsbereichen vorzusehen.

Die **Produktionslogistik** umfasst die Planung des gesamten Materialflusses in einem Fertigungsbetrieb vom Wareneingang bis zum Versand sowie der damit verbundenen Ausrüstung inklusive der Erstellung der Steuerungssoftware [GPW09, S. 42 ff.]. Bei dieser Planung sind vor allem Maßnahmen zur vollständigen **Überwachung des Produktionsprozesses** vorzusehen. Dazu werden Komponenten oder **Produkte gekennzeichnet** und die darin enthaltenen Informationen im Produktionsprozess erfasst, gespeichert und an definierten Prüfpunkten überprüft. Kennzeichnungen werden ausführlich in Kapitel 2.7 behandelt.

Die Überwachung des Produktionsprozesses beginnt mit der Kontrolle der eingehenden Zulieferteile und Verbrauchsmittel – so wird verhindert, dass Imitate in die eigene Wertschöpfungskette eingeschleust werden. Weiterhin können durch die Überwachung ein unrechtmäßiges Entfernen von Halberzeugnissen aus dem Produktionsprozess und eine unrechtmäßige Mehrproduktion detektiert werden. Die Überwachung muss softwareunterstützt erfolgen. Hierbei ist sicherzustellen, dass diese Software vor unberechtigtem Zugang und Manipulation geschützt ist.

 PRAXISBEISPIEL: Direct Manufacturing schützenswerter Produktkomponenten

Oliver Pritzel

Ausgangslage und Handlungsbedarf

Das mittelständische Unternehmen ATI Aquaristik ist Spezialist für Aquarienbeleuchtungen, Hochleistungsabschäumer und Wasserpflege in der Meerwasseraquaristik. In den Abschäumern wird mittels Pumpen ein Luft-Wasser-Gemisch hergestellt.

In der Vergangenheit wurden in den Pumpen sogenannte Nadelräder verbaut. Auf diese Nadelräder hatte das Unternehmen keine Schutzrechte angemeldet. Ein Lieferant der Firma ATI hat diese Schutzlücke ausgenutzt und die Produktdaten an ein Unternehmen in den USA weitergegeben, das auf dieser Basis Nachbauten der Pumpe erstellte. Diese Imitate wurden etwa zur Hälfte des Preises der Originalpumpe vor allem in den USA und in Asien vertrieben. Die Firma ATI ist durch eigene Internetrecherchen und den Hinweis eines Vertriebspartners auf die Imitate aufmerksam geworden.

Die Lösung

Aus dieser Erfahrung hat das Unternehmen Schlüsse gezogen: Die Gestaltung innovativer Produkte und der dazugehörigen Produktionsprozesse erfolgt nun unter Berücksichtigung des Produktschutzes. Wesentlicher Baustein des Produktschutzes für den neuartigen Abschäumer PowerCone ist das Direct Manufacturing des schützenswerten Gitterrades der Pumpe. Direct Manufacturing ist das Herstellen von Bauteilen in Kleinserie mit additiven Fertigungsverfahren. Diese neuartigen Verfahren werden derzeit nur von wenigen Unternehmen beherrscht. Die Herstellung eines Bauteils erfolgt hier schichtweise auf Basis eines elektronischen Datensatzes. Diese Eigenschaft wurde bei dem Gitterrad genutzt (Bild 1). Vorteil des Gitterrades gegenüber dem sonst verwendeten Nadelrad ist sein geringes Gewicht bei gleichzeitig sehr hoher Stabilität. Die vernetzten, räumlichen Strukturen erhöhen die Oberfläche bei gleichbleibenden Abmessungen und führen zur Leistungssteigerung der Pumpe.

Bild 1 Gitterrad vor Veredelung (links) und Abschäumer PowerCone mit eingesetztem Gitterrad (rechts), Quelle: ATI Aquaristik

Um das Gitterrad reproduzierbar im Lasersinterverfahren herstellen zu können, wurde das Bauteil Direct-Manufacturing-gerecht konstruiert. Diese Art der Konstruktion ist know-how-intensiv. Hierbei spielten die Abstände zwischen den einzelnen Gittern, die Wanddicke, Hinterschneidungen und die Entfernbarkeit von Stützmaterial eine wichtige Rolle. Die Fertigung der derzeit etwa 6.000 Gitterräder jährlich erfolgt in Zusammenarbeit mit der Firma BLUE PRODUCTION – einem deutschen Spezialisten für Direct Manufacturing. Nach der Herstellung wird das Gitterrad mit Epoxidharz veredelt.

Das Gitterrad wird rechtlich durch ein Gebrauchsmuster geschützt. Das Unternehmen beabsichtigt für diese Innovation zudem die Anmeldung von Patenten in den relevanten Zielmärkten.

Der Nutzen

Die Imitation des Gitterrades wurde sowohl durch die komplexe Produktgestalt als auch durch die Verwendung des Direct Manufacturing wesentlich erschwert, da derzeit nur wenige Unternehmen diese innovativen Herstellverfahren beherrschen.

Gleichzeitig wurde durch Direct Manufacturing die Leistung des Produktes und damit der Kundennutzen erhöht: Die Ausbringungsmenge des Luft-Wasser-Gemisches konnte von 800 Litern pro Stunde mit Nadelrädern auf nun 3.000 Liter pro Stunde mit dem Gitterrad gesteigert werden. Der PowerCone hat sich am Markt etabliert. ATI strebt eine Produktion von 10.000 Stück pro Jahr an.

■ 2.6 Produktschutz von der Fertigung bis zur Rücknahme

Wolfgang Bauer, Martin Kokoschka

In den vorangegangenen Kapiteln wurde aufgezeigt, dass zahlreiche Produktschutzmaßnahmen bereits in der Strategischen Produktplanung sowie der Produkt- und Produktionssystementwicklung berücksichtigt werden müssen. Die im Folgenden dargestellten Maßnahmen fokussieren die späten Phasen des Produktlebenszyklus von der Fertigung bis zur Rücknahme.

Fertigung

Ein Unternehmen wird in den seltensten Fällen ein Produkt vollständig in Eigenfertigung herstellen. In der Regel erfolgt die Erstellung der Marktleistung gemeinsam mit Lieferanten. Eine Möglichkeit der Zusammenarbeit ist das **Aufteilen von Aufträgen** auf mehrere Partner. So wird auch relevantes Know-how verteilt, wobei jedoch kein Lieferant über Wissen des gesamten Fertigungsprozesses oder des gesamten Produktes verfügt. Wie die Zusammenarbeit mit Zulieferern auch gestaltet ist, müssen Mitarbeiter bei der mündlichen und schriftlichen **Weitergabe von Informationen abwägen**, ob es sich dabei um vertrauliche Daten handelt und ob der Partner diese Informationen auch wirklich benötigt.

Distribution

Produktschutzmaßnahmen in der Distribution fokussieren den Warenfluss außerhalb des Unternehmens, d. h. vom Versand bis zum Eintreffen beim Kunden (Bild 2-13). Durch **permanentes „Tracking & Tracing"** ist die Rückverfolgung des Sen-

---

Schutz der Distributionslogistik

Kurzbeschreibung

Durch den Schutz der Distributionslogistik soll verhindert werden, dass Imitate in die Lieferkette zum Kunden eingeschleust werden. Hier wird das Augenmerk auf Logistikprozesse außerhalb des Unternehmens gelegt.

Anwendungen / Vorgehen

Durch permanentes „Tracking & Tracing" wird der Warenfluss dauerhaft von der Produktion bis zum Kunden überwacht. Vor allem durch Tracing ist eine Rückverfolgung eines Sendungsverlaufs möglich. Sind die Fahrtrouten z.B. von Lkws im Vorfeld festgelegt, kann beim Tracing der Fahrzeuge mittels GPS ein Alarm ausgegeben werden, wenn die Fahrtroute nicht eingehalten wird oder Ereignisse eintreten, die zuvor nicht im System gespeichert waren [IBE11]. So kann auch festgestellt werden, an welcher Stelle der Distributionskette Imitate eingeschleust wurden [Fuc06]. Auch die Entsorgungslogistik muss überwacht werden, da hier Wissen über das Produkt zu den Produktpiraten dringen kann.

Als technische Mittel werden Produktkennzeichnungen wie Hologramme, Farbpigmentcodes und einmalige Identifikationsnummern genutzt, die sowohl dem Kunden als auch dem Hersteller die Möglichkeit bieten, das Original von einer Fälschung zu unterscheiden.

Anwendungsbeispiele

Bei der Verfolgung von Frachtgütern im Transportwesen mithilfe der GPS-Methode wird der Standort bzw. Wegverlauf des Frachtguts mit einer Genauigkeit zwischen fünf und 20 Metern bestimmt [Wal04].

© Binkski - Fotolia.com

In der Ersatzteillogistik der Lufthansa Technik Logistik GmbH werden Kunden, Zulieferer und das Luftfahrtunternehmen in ein globales System integriert, um einen zuverlässigen Versorgungskreislauf sicherzustellen [Eur11-ol].

© yang yu - Fotolia.com

Vorteile

• Verfolgung einzelner Verpackungen möglich

Nachteile

• Gesamte Distribution muss überwachbar sein, um durchgängigen Schutz zu erreichen

Bild 2-13 Steckbrief der Schutzmaßnahme „Schutz der Distributionslogistik"

---

dungsverlaufs möglich. Dies erlaubt auch die Feststellung, an welcher Stelle der Distributionskette Imitate eingeschleust wurden [Fuc06]. Analog zur Produktionslogistik werden als Identifikationsmerkmale Produktkennzeichnungen verwendet. Hierbei bieten sich insbesondere Kennzeichnungen an, anhand derer auch der Kunde die Originalität der Ware überprüfen kann. Die Transportverfolgung kann anhand unterschiedlich großer Verpackungseinheiten erfolgen: Sie reicht von der Verfolgung von Einzelverpackungen auf Basis von RFID [AOW10, S. 93] bis zur Verfolgung von Containern oder Lastwagen auf Basis des Global Positioning System (GPS) [Ibe11]. Weitere Kennzeichnungstechnologien werden in Kapitel 2.7 beschrieben.

Nutzung

In der Nutzungsphase des Produktes kann sich ein Originalhersteller vor allem über **Produktergänzungen und Dienstleistungen** von Nachahmern differenzieren. Hier werden die in der Produktstrategie definierten Maßnahmen der Produktprogramm- und Variantenplanung umgesetzt [Bri10, S. 156]. Produktbegleitende Dienstleistungen können Ersatzteil- und Austauschservice, Produkt- oder Businesssupport sein. Dem Kunden wird so eine Problemlösung geboten, die über den bloßen Verkauf des Produktes hinausgeht. Eine weitere Maßnahme zum Schutz eines Produktes in der Nutzungsphase ist die **Eingabe eines Aktivierungscodes**, der die Nutzung des Produktes erst ermöglicht.

Rücknahme/Entsorgung

Bei der Entsorgung des Produktes müssen Aspekte des Produktschutzes betrachtet werden, um zu verhindern, dass Nachahmer etwa ausgediente Anlagen und Maschinen oder Teile davon als Vorlage für das Reverse Engineering dieser nutzen. Möglichkeiten sind hierbei die **Rücknahme und Entsorgung von Produkten** durch den Originalhersteller. Weiterhin kann auf Austauschkomponenten ein Pfand erhoben werden. So wird der Anreiz für den Kunden erhöht, diese Austauschkomponente zurück an den Originalhersteller zu geben, um das Pfand zurückzuerhalten.

PRAXISBEISPIEL: Produktschutz für Industrietastaturen

Susan Bremer

Ausgangslage und Handlungsbedarf

Das mittelständische Unternehmen GETT GERÄTETECHNIK GmbH ist einer der weltweit führenden Hersteller von Industrietastaturen. Zu den umsatzstärksten Produkten gehören die Kurzhubtastaturen TKS. Die Tastaturen sind bereits seit über zehn Jahren am Markt und werden in zahlreichen Varianten angeboten, um individuelle Kundenanforderungen zu erfüllen. Der Kostendruck am Markt erforderte eine Überarbeitung der TKS-Tastaturenserie – die KUPFER.ROT GbR hat den Überarbeitungsprozess begleitet.

Bei der Produktanalyse wurde unter anderem deutlich, dass das Tastaturensortiment von Wettbewerbern sich an dem optischen Design der GETT-Produkte anlehnte. Eine Anmeldung des Tastaturdesigns zum Geschmacksmuster war bisher nicht möglich, da das Design nicht eindeutig beschrieben werden kann. Eine eindeutige Beschreibbarkeit des Designs ist jedoch für eine Geschmacksmusteranmeldung beim DEUTSCHEN PATENT- UND MARKENAMT (DPMA) zwingend notwendig.

Die Entwicklung der Tastaturen findet nahezu ausschließlich unternehmensintern statt. Die Fertigung erfolgt jedoch zu großen Teilen bei externen Zulieferern. Bisher wurden für die Herstellung der Tastaturgehäuse Fertigungstechnologien wie das Fräsen, Biegen und Verkleben genutzt. Eine Markierung der Produkte wurde nur sehr eingeschränkt und zudem mit zusätzlichem Aufwand realisiert.

Im Unternehmen bestehen bereits Regeln für die interne Kommunikation vertraulicher Informationen. Für die externe Kommunikation mangelt es jedoch an Regeln, Informationen empfängerspezifisch und rückverfolgbar zu verteilen.

Die Lösung

Zunächst wurde die Organisationsstruktur für die Datenübertragung, Kommunikation und Dokumentation festgelegt. Die leitenden Mitarbeiter wurden bereits in einer frühen Projektphase auf mögliche Gefahren von Know-how-Abfluss und Produktpiraterie sensibilisiert und Ad-hoc-Maßnahmen für die Prävention von Know-how-Abfluss umgesetzt.

Für die überarbeitete Tastaturenserie wurde ein eineindeutig beschreibbares Design entwickelt, das eine Anmeldung zum Geschmacksmuster erlaubt (Bild 1). Zudem kann das neue Produktdesign auf das gesamte Produktportfolio der Firma GETT sowie auf das grafische Design adaptiert werden. Damit wurden die Voraussetzungen für ein durchgängiges Corporate Design geschaffen.

Bild 1 Industrietastatur, Quelle: GETT GERÄTETECHNIK GmbH

Die Fertigung der Teile erfolgt jetzt unternehmensintern im Spritzguss. Zum einen steigert die nötige Investition in eine Reproduktion der Spritzgussteile und in den Werkzeugbau den Aufwand für Produktpiraten. Zudem schafft die Verwendung eigener Werkzeuge Gestaltungsfreiräume für die Markierung von Produkten. Die Zulieferung von Formteilen und Fertigungsmitteln erfolgt ausschließlich aus Deutschland; so unterliegen die Vertragsinhalte alle dem deutschen Rechtssystem. Die Firma GETT strebt zudem eine langfristige und vertrauensvolle Zusammenarbeit mit Zulieferern und Fertigungsmittelherstellern an. Dazu dienen regelmäßige persönliche Gespräche.

Die kundenspezifische Anpassung der Industrietastaturen wird durch eine modulare Produktarchitektur realisiert, deren Bauteile konstruktiv so gestaltet wurden, dass nur Originalbauteile der Firma GETT formschlüssig miteinander verbaut werden können. Durch die konstruktiven Änderungen konnte zudem die Dichtigkeit der Industrietastaturen entsprechend der IP-Schutzklasse erhöht werden. Die Erhöhung der Komplexität der Tastaturenserie durch die Modularisierung der Einzelbauteile bietet eine weitere Hürde gegen Produktpiraterie.

Für die Überarbeitung wurde ein stetiger Austausch von Daten und Informationen mit externen Lieferanten benötigt. Für die Erstanfragen zu den einzelnen Bauteilen bei Lohnfertigern und Lieferanten wurden die Daten so aufbereitet, dass sie für den potentiellen Auftragnehmer weder der Firma GETT noch einer bestimmten Tastaturenserie zugeordnet werden konnten. So war es möglich, eine Vorauswahl unter den potentiellen Lieferanten zu treffen, ohne dabei Informationen über ein laufendes Entwicklungsprojekt preisgeben zu müssen.

Der Nutzen

Das Bündel der eingesetzten strategischen, produkt- und prozessbezogenen sowie rechtlichen Maßnahmen bietet einen hohen Nachahmungsschutz der überarbeiteten Tastaturenserie TKS. Um die Tastaturen zu wettbewerbsfähigen Preisen anbieten zu können, erfolgte die Entwicklung unter Einsatz des Target Costing. So konnte eine wesentliche Senkung der Produktentstehungskosten gegenüber der bisherigen Tastaturenserie erreicht werden.

PRAXISBEISPIEL: Schutz der Vertriebskette von Gartenartikeln

Alexandra Schulz

Die LUST BLECHWAREN GmbH ist ein bekannter Hersteller für Gartenartikel. Ihre Produkte sind Auszeichnungssysteme und Schneckenzäune.

Die Schneckenzäune bestehen aus Blechen in einer speziell gebogenen Kontur und Winkeln zum Verbinden der Bleche (Bild 1). Für Schnecken ist es nicht möglich, diese Zäune zu überwinden. Neben 90°-Winkeln werden auch weitere Winkel angeboten, sodass z. B. sechs- oder achteckige Konturen erzeugt werden können. Weiterhin können unterschiedliche Zaunlängen gebildet werden, indem die Bleche ineinandergeschoben werden.

Ausgangslage und Handlungsbedarf

In den letzten Jahren trat unerwartet ein starker Rückgang des Umsatzes mit Schneckenzäunen ein. Eine Recherche der LUST BLECHWAREN GmbH ergab, dass einer der Vertriebspartner einen dritten Hersteller aufgefordert hatte, die Schneckenzäune für ihn herzustellen. Nachgeahmt wurde die umsatzstärkste Produktvariante – bestehend aus Blechen und 90°-Winkeln. Das gesamte Produktportfolio wurde nicht imitiert.

Bild 1 Original-Schneckenzaun der LUST BLECHWAREN GmbH,
Quelle: LUST BLECHWAREN GmbH

Unsere Analyse orientierte sich an der Wertschöpfungskette der Schneckenzäune. Sie zeigte folgende Risiken auf:

- Schneckenzäune können mit gängigen Technologien produziert werden; einzige Ausnahme bildet das Herstellen der Winkel. Schneckenbleche und Winkel können zudem über verschiedene Händler bezogen werden und eignen sich recht gut für den Einsatz des Reverse Engineering.

- Die Produkte werden nicht gekennzeichnet; ein Identifizieren seitens der Händler und Endanwender als Original ist nicht möglich. Die von LUST hergestellten Schneckenzäune sind qualitativ deutlich hochwertiger – diese Eigenschaft wird den Kunden jedoch nicht auf den ersten Blick aufgezeigt.

- Das Unternehmen hat in einigen Ländern, in denen die Produkte verkauft werden, keine Schutzrechte angemeldet. Der Vertrieb erfolgt in der Regel über einen oder mehrere Zwischenhändler. Teilweise treten Überschneidungen in den Distributionswegen auf. Diese Vertriebsarchitektur ermöglicht einzelnen Zwischenhändlern, sensible Informationen über Kunden abzugreifen.

Die Lösung

Die Vorgehensweise zur Erarbeitung einer Lösung orientierte sich an den Risiken in der Wertschöpfungskette der Schneckenzäune. Dabei wurden die Produktion, das Marketing und der Vertrieb fokussiert. Die erarbeitete Lösung sieht vor, die Original-Schneckenzäune als Marke zu etablieren und gleichzeitig Strukturen zu schaffen, die einen weiteren Eintritt von Imitatoren in die Vertriebskette erschweren.

Eine getroffene Schutzmaßnahme ist die Verdeutlichung des Mehrwerts der Original-Schneckenzäune hinsichtlich Qualität, Flexibilität und Service sowohl gegenüber dem Handel als auch gegenüber den Endanwendern. Dazu dient unter anderem eine ansprechend gestaltete, informative Verpackung. Weiterhin werden nun alle Teile mit einer Kennzeichnung versehen. Zudem wurden die Vertriebswege durch den Wegfall von Zwischenhändlern und das Einführen von exklusiven Vertriebssystemen gestrafft.

Der Nutzen

Für die Lust Blechwaren GmbH haben sich die Maßnahmen mit einem Stabilisieren der Umsätze im Bereich Schneckenzäune rentiert. Die Kennzeichnung der Schneckenzäune ermöglicht den Kunden, diese auch nach Jahren als Lust-Schneckenzäune erkennen zu können, entsprechend also auch nachbestellen und zudem die Qualität nachvollziehen zu können. Dies erschließt langfristigen Umsatz. Da die Fertigungstechnologie für die Schneckenzäune allerdings allgemein verfügbar ist, kann das Risiko der Imitation nicht völlig eliminiert werden.

Auch in anderen Produktbereichen wie Auszeichnungssystemen zeigen sich erste Erfolge. Hier wurden die Schutzmaßnahmen ebenfalls umgesetzt. Für neue Produkte werden nun direkt Schutzmaßnahmen eingeleitet, um Imitationen zu erschweren.

■ 2.7 Kennzeichnende Schutzmaßnahmen

Oliver Köster

Durch kennzeichnende Maßnahmen werden Originalprodukte oder Verpackungen mit einer Markierung versehen. Diese soll es befugten Personen entlang des gesamten Produktlebenszyklus ermöglichen, Originale und Imitate sicher zu erkennen [Fuc06, S. 262]. Ziel kennzeichnender Maßnahmen ist die Gewährleistung einer zweifelsfreien und eindeutigen Identifikation eines Originals. Dadurch sollen sie Hersteller und Kunden vor der unwissentlichen Verwendung von Imitaten schützen und letztlich den Originalhersteller im Falle eines Rechtsstreits bei der Beweisführung unterstützen [MS05, S. 34], [Gün10, S. 8].

Dass so Imitate verhindert werden können, ist ein weitverbreiteter Irrglaube. Kennzeichnende Maßnahmen können jedoch den Aufwand für die Erstellung eines Imitats erhöhen und dadurch das Produktpiraterierisiko reduzieren. Die Bedeutung von kennzeichnenden Maßnahmen hat in jüngster Vergangenheit stark zugenommen: Sie sind ausgereift, zumeist relativ kostengünstig und bieten eine erste Hürde, die so mancher Imitator scheut. Am Markt hat sich eine Vielzahl von Anbietern etabliert, die professionelle Lösungen anbieten.

Kennzeichnende Maßnahmen können unter verschiedenen Gesichtspunkten geordnet werden. Eine einheitliche Kategorisierung gibt es bis dato nicht. Unsere Kategorisierung orientiert sich an den Aspekten:

- Sichtbarkeit der Kennzeichnung,
- Sicherheitsniveau der Maßnahmen,
- Speicherbarkeit von Informationen sowie
- Prüfung und Verifikation,

auf die wir im Folgenden näher eingehen.

2.7.1 Sichtbarkeit der Kennzeichnung

Kennzeichnende Maßnahmen können **sichtbar** und **unsichtbar** sein. Eine Kombination sichtbarer und unsichtbarer Maßnahmen an einem Produkt oder einer Verpackung ist möglich und sinnvoll. Besonders schützenswerte Objekte wie Banknoten verfügen oftmals über 20 verschiedene Kennzeichnungen, von denen aber nur knapp die Hälfte der Öffentlichkeit bekannt ist [MS05, S. 43].

Eine offen **sichtbare** Kennzeichnung ist direkt auf einem Produkt oder einer Verpackung aufgebracht (Bild 2-14). Sie ist mit dem menschlichen Auge unter normalen Tageslichtbedingungen und ohne weitere Hilfsmittel erkenn- und verifizierbar.

Hologramm

Kurzbeschreibung

Hologramme sind nicht reproduzierbare, mittels Lasertechnik hergestellte fotografische Aufnahmen, die ein dreidimensionales Abbild des Ursprungsgegenstandes wiedergeben.

Anwendungen / Vorgehen

Hologramme sind fotografische Aufnahmen, die sichtbare Merkmale beinhalten. Durch den Einsatz von Mikroskopie oder Beleuchtung mit farblich gleichartigem Licht kann das Merkmal entschlüsselt und so die Originalität des Produktes nachgewiesen werden. Je nach Lichteinfall kann sich die Erscheinung des Bildes für den Betrachter ändern. Aufgrund individueller Nanostrukturen in Sicherheitshologrammen ist deren exaktes Reproduzieren nahezu ausgeschlossen. Dennoch ist eine genaue Prüfung wichtig, da Fälscher täuschend ähnliche Kopien der Hologramme erzeugen können, die ein Kunde kaum von den Originalen unterscheiden kann.

Bei der Kunststoffverarbeitung besteht die Möglichkeit, das Hologrammnegativ in die verwendete Kunststoffspritzgussform einzufügen und dadurch das Hologramm ins Bauteil zu integrieren [AKL11]. Dem Fraunhofer-Institut für Chemische Technologie gelingt es mittels einer Sprengprägung, Hologramme direkt auf Stahl aufzubringen. Bei der richtigen Dosierung reproduziert der Sprengstoff die Hologrammvorlage genauer als jedes herkömmliche Verfahren [Wel09-ol].

Anwendungsbeispiele

Die Firma Bosch nutzt zum Schutz von Ersatz- und Zubehörteilen ein Sicherheitsetikett mit KeySecure-Code der Firma Schreiner ProSecure. Das Sicherheitsetikett enthält unter anderem einen fälschungssicheren Hologrammstreifen und eine 15-stellige Buchstaben-Zahlen-Kombination, die eine internetbasierte Überprüfung der Originalität ermöglicht [Sch12-ol].

© Schreiner ProSecure

Seit 2004 versieht Nokia seine Mobiltelefonakkus mit einem Hologramm. Zudem können die Kunden die Echtheit der Akkus anhand einer Seriennummer auf dem Hologramm im Internet selbst verifizieren [Nok11-ol].

© Igor Tarasov - Fotolia.com

Vorteile

* Werden vom Kunden als Gütesiegel interpretiert [WG07]
* Für viele Produkte anwendbar

Nachteile

* Eventuell mechanisch zerstörbar
* Nicht für sehr günstige Produkte rentabel [WG07]

Bild 2-14 Steckbrief der Schutzmaßnahme „Hologramm"

Hierzu gehören unter anderem Hologramme, Etiketten, Siegel und Folien [MS05, S. 29], [Fuc06, S. 261].

Unsichtbare oder auch versteckte Kennzeichnungen werden erst durch die Zuhilfenahme von speziellen Geräten oder durch die Einleitung spezieller Maßnahmen sichtbar. Wichtige Vertreter dieser Ausprägung sind z. B. im Produkt verbaute RFID-Chips, erst unter UV-Licht sichtbar werdende Spezialtinten oder dem Werkstoff beigemischte Farbelemente (Bild 2-15) [MS05, S. 29], [Fuc06, S. 261].

Bereits durch die Wahl einer der beiden Ausprägungen legt ein Hersteller fest, ob er seine Kunden offen über die Originalität eines vorliegenden Produktes informieren und mögliche Imitatoren abschrecken möchte, oder ob er insbesondere Imitatoren über die Anwendung von kennzeichnenden Maßnahmen im Unklaren lassen möchte. Eine offen angebrachte Maßnahme kann oftmals ohne großen Aufwand

---

Farbcode

Kurzbeschreibung

Der Farbcode wird durch das Sandwichverfahren (Übereinanderlegen verschiedener Farbschichten) erstellt. Die unterschiedlichen Kombinationen der Schichten ermöglichen die Darstellung von mehr als 4,35 Milliarden Basisfarbcodes. Jeder Farbcode wird dabei nur einem einzigen Anwender zugeordnet.

Anwendungen / Vorgehen

8 bis 90 µm kleine, äußerst widerstandsfähige Partikel aus Melamin-Alkyd-Polymeren bilden die Basis des unsichtbaren Mikrofarbcode-Systems. Die von der 3S Simons Security Systems GmbH entwickelten Mikrofarbcodes für den rechtssicheren Plagiatschutz werden direkt auf das Produkt, auf Primär- und Sekundärverpackungen, Etiketten und Verschlussmarken aufgebracht. Die Codes können mit handelsüblichen Mikroskopen identifiziert werden. Dadurch kann ein Nachweis über die Identität des Produktes erbracht werden. Die Mikrofarbcodes sind international vor Gericht als Beweismittel anerkannt. So können unter anderem ungerechtfertigte Produkthaftungsforderungen oder Schadensersatzansprüche abgewiesen werden

Anwendungsbeispiele

Die INGUN Prüfmittelbau GmbH kennzeichnet die Kunststoffschachteln zur Verpackung ihrer gefederten Kontaktstifte mit speziell von 3S hergestellten und mit SECUTAG® versehenen Sicherheitsetiketten. Zusätzlich schützen die spezielle Form und das besondere Material der Verschlussmarken vor unerlaubtem Nachdruck und Manipulation [3S11-ol].

© 3S Simons Security Systems

Die European Pallet Association (EPAL) verwendet ein Sicherheitssystem für ihre Gitterboxen. Das EPAL-Prüfsiegel besteht aus einem Spezialetikett und enthält einen SECUTAG®-Microcode zum Schutz vor Fälschungen [3S11-ol].

© 3S Simons Security Systems

Vorteile

- Hohe Kopiersicherheit bei gleichzeitig geringen Kosten [Dor09]
- Sehr widerstandsfähig
- Für viele Produkte und Materialien nutzbar

Bild 2-15 Steckbrief der Schutzmaßnahme „Farbcode"

kopiert werden. Weiß ein Imitator hingegen nicht, dass ein Produkt auch über eine unsichtbare Maßnahme verfügt, so wird er diese mit hoher Wahrscheinlichkeit auch nicht erkennen und somit beim Kopieren des Produktes unberücksichtigt lassen.

2.7.2 Sicherheitsniveau der Maßnahmen

Das Sicherheitsniveau gibt Aufschluss darüber, wie gut eine Maßnahme davor geschützt ist, kopiert oder manipuliert zu werden. Bei der Einschätzung des Sicherheitsniveaus wird eine Maßnahme unter verschiedenen sicherheitsrelevanten Aspekten bewertet. Hierzu gehören z. B. das Angriffspotential, also die Möglichkeit der Fälschung oder Nachahmung einer Maßnahme, die Verfügbarkeit der Maßnahme hinsichtlich Anzahl von Anbietern sowie die Einstiegsbarrieren für die industrielle Nutzung der Maßnahme [MS05, S. 30].

Grundsätzlich lassen sich nach MALIK und SCHINDLER kennzeichnende Maßnahmen **fünf Sicherheitsniveaus** zuordnen. Dem Sicherheitsniveau 1 sind Schutzmaßnahmen zugeordnet, die frei am Markt verfügbar sind und keinerlei Zugangsbeschränkungen unterliegen (z. B. standardisierte Hologramme). Der Zugang zu Maßnahmen des Sicherheitsniveaus 2 ist bereits reglementiert. Bei dem Sicherheitsniveau 3 handelt es sich um Maßnahmen, die für Sicherheitsanwendungen vorgesehen sind und deren Anwendung definierte Einstiegsbarrieren zugrunde liegen (z. B. Isotope). Sie bieten eine mittlere Sicherheit. Maßnahmen des Sicherheitsniveaus 4 unterliegen strengen Kontrollen. Unter Sicherheitsniveau 5 werden Maßnahmen subsumiert, die für sogenannte High-Security-Anwendungen wie Banknoten eingesetzt werden und nicht auf dem freien Markt erworben werden können [MS05, S. 30].

2.7.3 Speicherbarkeit von Informationen

Durch die Kennzeichnung eines Produktes oder einer Verpackung werden Informationen über deren Originalität hinterlegt. Grundsätzlich werden drei Kennzeichnungsarten unterschieden: **Identitätskennzeichen**, **Originalitätskennzeichen** und **Individualitätskennzeichen**.

Identitätskennzeichen wie z. B. Seriennummern ermöglichen die Individualisierung von Produkten und Verpackungen, enthalten jedoch keinerlei fälschungssichere Merkmale [Gün10, S. 16].

Originalitätskennzeichen sind Merkmale, durch die ein Gegenstand als Original erkannt oder als Fälschung entlarvt werden kann. Beispiele für Originalitätskennzeichen sind Clusterfolien, Farbcodes oder (elektro)magnetische Merkmale [Gün10, S. 16].

Für die Abwehr einer Produkthaftungsklage ist die Aussage, ob es sich bei dem betrachteten Produkt um ein Original oder ein Imitat handelt, nicht ausreichend. Hierfür sind differenziertere Aussagen erforderlich, wie sie nur durch eine **Individualitätskennzeichnung** geliefert werden können. Hierbei wird einem Gegenstand eine eindeutige Nummer oder ein alphanumerischer Code zugewiesen. Darüber hinaus besteht meist die Möglichkeit, weitere produktspezifische Daten zu hinterlegen, wie z. B. Produktionsdatum, -ort oder Reparatur- und Wartungsparameter. Typische Vertreter dieser Ausprägung sind der EpiCode (Bild 2-16), 2-D-Barcodes, RFID-Chips oder die Oberflächenauthentifizierung [Gün10, S. 16].

EpiCode

Kurzbeschreibung

Der EpiCode ist der „Fingerabdruck" eines als Identifikationsmarke verwendeten Matrixcodes (2-D-Code), z. B. DataMatrix oder DataGrid. Dabei wird die Tatsache genutzt, dass die eingesetzte Markierungstechnik (Digitaldruck, Lasergravur) und die Oberflächenrauigkeit des Materials (Papier, Kunststoff, Metall) individuelle Muster hervorbringen.

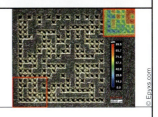

Anwendungen / Vorgehen

Die stochastischen Muster entstehen bei der Herstellung von Matrixcodes mit allen üblichen Druck-, Gravier- und Prägeverfahren. Der daraus extrahierte EpiCode ist nicht reproduzierbar, da dieser durch natürliche Markierungsartefakte wie z. B. Prozessstörungen oder Farbannahmestörungen entsteht. Die Authentifizierung des markierten Produkts erfolgt mit kommerziellen Handlesegeräten, ist aber auch mit einem handelsüblichen Scanner möglich. Das Prüfergebnis (Original/Fälschung) entsteht nach Abgleich mit dem in einer Datenbank hinterlegten EpiCode.
Der EpiCode ist robust gegenüber Bildaufnahmestörungen oder Umwelteinflüssen wie Verschmutzung und Abnutzung, weil betroffene Bereiche des 2-D-Codes bei der Decodierung erkannt und aus der Prüfung herausgenommen werden können [Epy11-ol], [Opu11-ol].
Der EpiCode ist besonders für Produktmarkierungen mit kleinen Abmessungen geeignet, die in der DIN-Norm 66401 „UIM – Unverwechselbare Identifikationsmarke" beschrieben sind.

Anwendungsbeispiele

Ein führendes Pharmaunternehmen prüft mit einer Variante des EpiCodes die Loszugehörigkeit von Medikamentenverpackungen. So kann sichergestellt werden, dass die Verpackung zu dem bestellten Los der Vertragsdruckerei gehört [Epy11-ol].

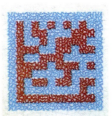

© Epyxs.com

Ein führender Offsetdruckmaschinenhersteller verwendet EpiCode in einer Produktionsanlage zur Herstellung von hochsicheren Etiketten und Verpackungen [Epy11-ol].

© iStockphoto.com

Vorteile	**Nachteile**
• Sehr hohe Sicherheit, da nicht reproduzierbar [Epy11-ol], [Opu11-ol]	• Spezielle Software zur Prüfung notwendig
• Robust gegenüber Umwelteinflüssen	

Bild 2-16 Steckbrief der Schutzmaßnahme „EpiCode"

Die Art der speicherbaren Informationen reicht von Ziffern und Zeichen (2-D-Barcode) bis hin zu umfassenden Daten wie Fließtext (RFID). Dabei bieten einige Kennzeichnungsmaßnahmen bis zu mehrere Hundert Kilobyte Speicherkapazität. Der Großteil der Maßnahmen kann nur einmalig mit Informationen oder Daten beschrieben werden; RFID-Chips hingegen sind wiederbeschreibbar, sodass über die gesamte Wertschöpfungskette hinweg Daten ergänzt oder verändert werden können, was ein ununterbrochenes Tracking & Tracing der Gegenstände ermöglicht. Die zusätzlich erhobenen Daten können sowohl dezentral auf der Markierung selbst, aber auch mithilfe geeigneter Übertragungsmechanismen in einer zentralen Datenbank abgelegt werden [Gün10, S. 16].

2.7.4 Prüfung und Verifikation

Methoden der Prüfung und Verifikation lassen sich in drei Prüfniveaus einordnen: **optische**, **hilfsmittelbasierte** und **forensische** Prüfung [MS05, S. 35]. Bei der **optischen Prüfung** kommen ausschließlich das menschliche Auge und Tageslicht zum Einsatz. Sie liefert als Ergebnis eine Ja/Nein-Aussage. Rein visuell prüfbare Kennzeichnungen unterliegen jedoch einer subjektiven Wahrnehmung und sind somit nicht eindeutig [MS05, S. 35 ff.].

Viele Kennzeichnungsmaßnahmen können nur unter Anwendung von **Hilfsmitteln** geprüft werden. Je nach Anwendungsfall können drei Arten von Hilfsmitteln zum Einsatz kommen: **einfache**, **tragbare** und **stationäre** Hilfsmittel.

Unter **einfachen Hilfsmitteln** werden solche subsumiert, die unabhängig von Ort und Stromquellen sind, auch von Laien bedient werden können sowie klein und handlich in der Anwendung sind. Kennzeichnende Maßnahmen, die mit einfachen Hilfsmitteln geprüft werden können, sind bevorzugt dann einzusetzen, wenn ein Prüfvorgang schnell oder unauffällig erfolgen muss. Ein weiterer Aspekt ist die Forderung einer eindeutigen und weltweit durchführbaren Prüfung. Beispiele für einfache Hilfsmittel sind Lupen für die Untersuchung von Drucktechnologien oder Mikroschriften sowie Prüfstifte zur Überprüfung von leichten chemischen Reaktionen bei Farben oder Stoffen [MS05, S. 36 f.].

Tragbare Hilfsmittel sind ebenfalls einfach in der Handhabung, erfordern jedoch meist eine einweisende Schulung. Aufgrund von Batterie- oder Akkubetrieb sind sie weitgehend ortsunabhängig. Mit ihnen können Daten und Informationen (z. B. Nummerierungen, Codierungen) abgeglichen und gespeichert werden. Eine Schnittstelle ermöglicht oftmals den drahtlosen Datentransfer zu einer Datenbank. Die erzielbare Aussagekraft reicht von Ja/Nein bis zur eindeutigen Identifikation. Für die Anwendung dieser Hilfsmittel sind weitgehend konstante Umgebungsverhältnisse erforderlich. Beispiele für tragbare Hilfsmittel sind UV-Lampen zur Überprüfung von fluoreszierenden Sicherheitsmerkmalen oder Scanner zum Auslesen von Codierungen [MS05, S. 37 f.].

Für die Bedienung von **stationären Hilfsmitteln** ist spezifisches Know-how erforderlich. Sie benötigen geschützte und konstante Rahmenbedingungen und sind daher ortsgebunden. Die erzielbare Aussage ist eine zweifelsfreie Identifikation mit erweitertem Informationsgehalt, wie z. B. Produktionsdaten. Stationäre Hilfsmittel sind zwar per Definition immobil, können mit gegebener Infrastruktur jedoch weltweit eingesetzt werden. Prüfergebnisse sind relativ schnell ermittelbar. Bevorzugter Einsatzort sind zentrale Umschlags- und Handelsplätze. Stationäre Hilfsmittel kommen unter anderem bei Spektralmessungen oder der Ermittlung von magnetischen Strukturen zum Einsatz [MS05, S. 41].

Mittels **Forensik** lassen sich eindeutige und gerichtsverwertbare Aussagen im Labor ermitteln. Der Grundgedanke forensischer Prüfungen ist es, in einem Produkt eine verdeckte kennzeichnende Maßnahme einzubringen, die außer dem Rechteinhaber niemand kennt. Denn nur was bekannt ist, kann auch kopiert werden. Für die forensische Prüfung eignen sich z. B. die Röntgenfluoreszenz zur Messung definierter Frequenzbereiche und die Untersuchung DNA-codierter Stoffe [MS05, S. 41].

Die Häufigkeit der Prüfung reicht von mehrmals bis hin zu unbegrenzt. Eingesetzt werden können ortsgebundene, aber auch tragbare Prüfmittel. Optische Prüfverfahren benötigen zwingend eine Sichtverbindung. Bei elektromagnetischen Merkmalen kann sich das Prüfgerät zumeist in der Nähe des Kennzeichens befinden [Gün10, S. 17].

 PRAXISBEISPIEL: Fälschungssichere Echtfarben-Hologramme für Haarglätteisen

Thomas Meiwald

Ausgangslage und Handlungsbedarf

Die JEMELLA GROUP vertreibt Haarglätteisen der Marke ghd (Bild 1) und setzt damit jedes Jahr dreistellige Millionenbeträge um. Diese Markenprodukte sind technisch aufwendig hergestellt, ihr Erscheinungsbild ist jedoch leicht zu imitieren. Durch Produktpiraterie entstanden für den Markeninhaber große Umsatzeinbußen und zudem auch hohe Aufwände im Kundenservice, da regelmäßig defekte Imitate eingesendet wurden.

Die Anforderungen an ein individuelles Fälschungsschutzsystem waren daher vielfältig und sollten den Originalitätsschutz, die Verhinderung von Manipulation an Verpackungen und die Überprüfung der legitimen Distribution/Rückverfolgbarkeit ebenso berücksichtigen wie den schnellen Hinweis auf Fälschungen.

Die Lösung

Gemeinsam mit JEMELLA wurde ein Sicherheitskonzept ausgearbeitet, das über mehrere Jahre stufenweise umgesetzt worden ist. Es basiert auf einem fälschungssicheren Echtfarben-Hologramm, das dem Kunden eine schnelle und einfache Echtheitsprüfung des Originalproduktes ermöglicht. Beim Versuch, das Label zu entfernen und auf ein anderes Produkt zu übertragen, wird das Hologramm zerstört.

In einem weiteren Schritt wurde ein Verpackungssiegel eingeführt. Damit wird das unbemerkte Öffnen und Manipulieren der Verkaufsverpackung der Originalprodukte verhindert. In der Vergangenheit konnten vor allem Zubehörteile entwendet werden.

Um die legitime Distribution überprüfen zu können und so z. B. den Graumarkthandel aufzudecken, wurde das bereits verwendete Echtfarben-Hologramm in der nächsten Ausbaustufe des Sicherheitskonzepts mit einem KeySecure-Aufdruck ausgestattet. Dieser einmalige, 15-stellige alphanumerische Sicherheitscode kann vom Kunden abgelesen und entweder mithilfe einer Internetseite oder einer Telefon-Hotline überprüft werden.

Mit dem Ziel, schnell Hinweise auf Fälschungen zu erhalten, wurde im Verlauf der Zusammenarbeit die Möglichkeit von Ad-hoc-Alerts durch tägliche Logfile-Analysen implementiert. Hier wird etwa festgehalten, ob ein und derselbe Code mehrfach abgefragt wird. Erfolgt dies öfter als zehnmal, wird eine entsprechende Nachricht generiert und per E-Mail an den Markeninhaber übermittelt. Darüber hinaus besteht die Möglichkeit, zu überprüfen, ob in bestimmten Ländern Produktcodes abgefragt werden, die für eine andere Region bestimmt sind. In diesen Fällen wird der Markeninhaber ebenfalls informiert.

Bild 1 Hochwertiges Original-Haarglätteisen der Marke ghd,
Quelle: SCHREINER GROUP GmbH & Co. KG

Der Nutzen

Mit dieser Lösung stellt JEMELLA sicher, dass loyale Kunden nur qualitativ hochwertige und sichere Originalprodukte erwerben. Selbst die Unversehrtheit der Verpackungen kann der Endkunde zuverlässig erkennen. Durch die Verknüpfung der KeySecure-Sicherheitskennzeichnung und der Versanddaten erhält JEMELLA die Möglichkeit, Sicherheitslücken in der eigenen Vertriebskette zu identifizieren und etwaigen Graumarkthandel aufzudecken. Die detaillierte Logfile-Analyse gibt darüber hinaus Aufschluss über die Bedrohungslage in den verschiedenen Absatzmärkten.

Die Online-Interaktion mit dem Kunden ermöglicht zudem eine Vielzahl an Kundenbindungsmaßnahmen. So kann der Originalhersteller auch Werbe- und Marketingaktionen oder Kundenzufriedenheitsuntersuchungen effizient mit der Echtheitsprüfung und Fälschungsbekämpfung verbinden.

■ 2.8 Informationstechnische Schutz- maßnahmen

Markus Placzek, Steffen Zimmermann

Die Erzeugnisse des Maschinenbaus und verwandter Branchen wie der Automobilindustrie beruhen zunehmend auf dem engen Zusammenwirken von Mechanik, Elektronik, Regelungstechnik und Softwaretechnik. Der Begriff Mechatronik bringt dies zum Ausdruck. Der Softwareanteil in maschinenbaulichen Produkten nimmt dabei stetig zu. Es wird davon ausgegangen, dass heutzutage 90 % der Neuerungen in der Automobilindustrie von Elektronik und Software getrieben sind und der softwarebasierte Wertschöpfungsanteil in dieser Industrie in den nächsten Jahren auf 40 % steigen wird [Win10]. Moderne Maschinen und Anlagen enthalten eine Vielzahl an Steuerungs-, Mess- und Regelungskomponenten. Deren Mikroprozessoren steuern Abläufe, automatisieren Prozesse und ermöglichen die Überwachung von kritischen Systemzuständen in Echtzeit.

Die steigende Bedeutung der Informationstechnik (IT) geht mit einem vermehrten Einsatz von IT zum Schutz von Produkten und Systemen einher. Die Nutzung bereits praxiserprobter Hard- und Software bietet im Kampf gegen Imitate viele neue Möglichkeiten. IT-Schutzmaßnahmen sorgen z. B. dafür, dass auf schützenswerte Informationen nicht zugegriffen werden kann oder diese nicht ungewollt verändert werden können.

Für ein besseres Verständnis der Einsatzmöglichkeiten von IT-Schutzmaßnahmen im Maschinen- und Anlagenbau ist deren Kategorisierung sinnvoll. Diese kann auf zwei Wegen erfolgen: entlang des Produktlebenszyklus oder anhand der zu schützenden Informationen und Objekte. Aufgrund der großen Bandbreite an Objekten, die geschützt werden können, erfolgt im Folgenden die Kategorisierung nach den zu schützenden Objekten: Infrastruktur, Daten, Anwendungen und Systeme [For12-ol] (Bild 2-17).

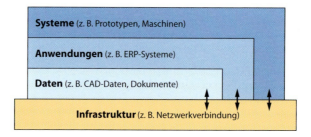

Bild 2-17 Zu schützende Informationen und Objekte

2.8.1 Schützenswerte IT-Objekte

Die **Infrastruktur** stellt die Verbindung zwischen einzelnen IT-Schutzobjekten zur Verfügung. Aufgrund der zunehmenden Vernetzung von IT-Schutzobjekten sowohl innerhalb eines Unternehmens als auch nach außen gewinnt der Schutz der IT-Infrastruktur an Bedeutung. **Daten** liegen heute meist digital vor. Diese Daten können unter anderem das Unternehmens-Know-how in Form von Konstruktions- und Produktionsdaten beinhalten und in einer Datenbank oder auf einem Netzlaufwerk abgelegt sein. Unternehmensspezifische Anwendungen können für Unternehmen Wettbewerbsvorteile darstellen. **Anwendungen** können z. B. schützenswerte Prozessabläufe abbilden. Beim Ausführen dieser Anwendungen gilt es, die genutzten Algorithmen zu schützen. Ferner müssen **Systeme**, wie Maschinen und Anlagen, geschützt werden. Der Schutz kann dabei für das gesamte System oder Teile des Systems erfolgen.

IT-Schutzmaßnahmen innerhalb eines Unternehmens müssen alle genannten Objekte umfassen. Diese Schutzmaßnahmen sind jedoch nicht direkt einem Objekt zuordenbar; sie können für verschiedene Objekte eingesetzt werden. Ein Beispiel ist die biometrische Zugangskontrolle. Mithilfe dieser IT-Schutzmaßnahme können einzelne Dateien verschlüsselt, Anwendungen gestartet oder sogar ganze Systeme geschützt werden. Ebenfalls ist der Schutz der IT-Infrastruktur mit einer biometrischen Zugangskontrolle denkbar.

Infrastruktur

Ein wesentliches zu schützendes IT-Objekt stellt die IT-Infrastruktur dar. Diese beinhaltet die Kommunikationswege innerhalb eines Unternehmens sowie die Kommunikation nach außen. Die zunehmende Vernetzung der Systeme unter anderem mit dem Internet bietet Imitatoren die Möglichkeit, auf Daten, Anwendungen oder Systeme von außerhalb zuzugreifen. Es ist somit wesentlich, die Schnittstellen zu den unternehmenseigenen Ressourcen zu schützen.

Durch den Einsatz von Schutzmaßnahmen für die Infrastruktur werden die Kommunikationswege gegen Eindringen gesichert. Dabei soll verhindert werden, dass über diese Wege Informationen entwendet werden. Eine mögliche Schutzmaßnahme ist das Einrichten von **sicheren Kommunikationsverbindungen**. Darunter fallen unter anderem die Verschlüsselung des E-Mail-Verkehrs mittels kryptografischer Verfahren sowie die Steganografie, bei der Informationen versteckt übermittelt werden.

Bei einem Angriff auf die Infrastruktur eines Unternehmens muss der Angreifer nicht zwingend vor Ort sein. Deshalb stellt diese Form des Angriffs ein großes Risiko dar. Neben Schutzmaßnahmen für die Infrastruktur müssen in Unternehmen auch Schutzvorkehrungen für die anderen drei Objekte getroffen werden.

Daten

Daten, wie CAD- und Konstruktionsdaten, müssen als existenzielles Know-how des Unternehmens besonders geschützt werden, denn an diesen Daten haben nicht nur fremde Geheimdienste, sondern auch Wettbewerber Interesse. Werden CAD- und Konstruktionsdaten entwendet, kann ein Imitator eine Eins-zu-eins-Kopie eines Produktes oder Produktionssystems erstellen.

Wettbewerber und Imitatoren interessieren sich unter anderem auch für Preisgestaltungs- und Kalkulationsdaten. Denn der Zugriff auf diese Daten erleichtert Imitatoren den Verkauf ihrer Waren. Wird Dritten die Kostenkalkulation eines Produktes bekannt, kann dies den Originalhersteller bei Ausschreibungen den Zuschlag kosten. So erhob die Siemens AG im Jahr 1993 den Vorwurf, dass durch das Abhören der Telefon- und Faxkommunikation der Niederlassung in Seoul vertrauliche Daten ausspioniert wurden. Siemens hatte sich in einem Konsortium um den Verkauf von Hochgeschwindigkeitszügen beworben. Was das Unternehmen nicht wusste: Die gesamte Kommunikation wurde vom französischen Auslandsnachrichtendienst DGSE überwacht. Die ausspionierte Kostenkalkulation gelangte in die Hände des französischen Mitbewerbers GEC Alsthom, der durch dieses Wissen und das daraus resultierende niedrigere Angebot den Auftrag im Wert von über vier Milliarden DM erhielt [Ber96].

Einer unbefugten Nutzung von Daten kann unter anderem durch **Verschlüsselung** und **Datenreduktion** begegnet werden. Auch eine zeitliche Einschränkung der Datennutzung ist möglich. Bei der Verschlüsselung von Dokumenten (Bild 2-18) werden diese mit einem Passwort geschützt. Dabei kann der Autor des Dokuments personengebundene Zugriffsberechtigungen erteilten. Aktuelle Büroanwendungen wie Microsoft Word enthalten solche Verschlüsselungsmechanismen [Mic12-ol].

Dokumente verschlüsseln

Kurzbeschreibung

Einige Dokumente, die ein Unternehmen verlassen, beinhalten wertvolle Informationen. Eine Verschlüsselung dieser Dokumente verhindert die Einsicht unbefugter Personen.

Anwendungen / Vorgehen

Der Autor eines Dokuments oder ein zentraler Administrator entscheidet, ob ein Dokument geschützt werden soll und wer Zugriffsberechtigungen zu dem Dokument erhält. Dabei kann auch unterschieden werden, in welchem Umfang verschiedene Personen das Dokument nutzen können. Zum Beispiel können definierte Nutzer die Dokumente nicht drucken, kopieren oder weiterleiten [Kic07]. Für diese Nutzungsbeschränkung ist jedoch zusätzliche Software notwendig. Einfache Passwortverschlüsselungen sind auch schon mit den üblichen Büroprogrammen z. B. von Microsoft möglich. Eine Passwortverschlüsselung schränkt die Flexibilität in der personenübergreifenden Bearbeitung der geschützten Dokumente jedoch ein.

Anwendungsbeispiele

Adobe bietet mit dem Live-Cycle Policy Server die Option, Interaktionsmöglichkeiten (speichern, drucken, löschen etc.) und Zugriffsmöglichkeiten für Dokumente auf einzelne Personen oder Personengruppen einzuschränken [Kic07].

© iStockphoto.de

Microsoft-Word-Dokumente können aufwandsarm mit einem Passwort verschlüsselt werden.

© Slavyana Georgieva - Fotolia.com
© Rauer - Fotolia.com

Vorteile

- Kein Zugang zu den verschlüsselten Dateien bei Verlust oder Diebstahl von Datenträgern
- Geringer Aufwand zur Einrichtung der Verschlüsselung

Nachteile

- Aufwand bei gewollter Weitergabe von Dokumenten an Dritte
- Akzeptanz bei den Mitarbeitern muss meist erst erzeugt werden, sonst keine konsequente Nutzung [Mei11]
- „Richtige" Auswahl von Verschlüsselungsalgorithmen

Bild 2-18 Steckbrief der Schutzmaßnahme „Dokumente verschlüsseln"

Anwendungen

Anwendungen sind **Softwareprogramme**, die Unternehmen bei der Produktentstehung und Produktion unterstützen. Neben dem Einsatz von Standardsoftware können unternehmensspezifische Anwendungen zum Einsatz kommen. Insbesondere diese spezifischen Softwareprogramme enthalten in der Regel Informationen zum Prozessablauf in einem Unternehmen.

Anwendungen können z. B. durch **biometrische Zugangskontrollen, Produktaktivierungen** und die **Auslagerung von sicherheitsrelevanten Rechenoperationen** (Server Based Computing) geschützt werden. Insbesondere Letzteres kann durch die stetig steigenden Serverleistungen und Leistungssteigerungen bei der

Übertragung von Daten in Zukunft eine größere Rolle spielen. Beim Server Based Computing wird die Software in einer geschützten Umgebung ausgeführt (Bild 2-19). Die Anwendung sowie die Daten liegen somit geschützt auf einem vertrauenswürdigen Server; die Mitarbeiter arbeiten an sogenannten Thin Clients und liefern die Eingabeparameter [Bit10-ol]. Sämtliche Rechenoperationen werden vom Server ausgeführt. Die Leistungssteigerung in der technologischen Entwicklung von Thin Clients und Servertechnologien erlaubte im Jahr 2008 die Entwicklung einer CAD-Anwendung basierend auf dieser Architektur.

Auslagerung von sicherheitsrelevanten Rechenoperationen

Kurzbeschreibung

Bei der Auslagerung von sicherheitsrelevanten Rechenoperationen wird die Software nur in einer geschützten Umgebung ausgeführt. Auf diese Weise wird verhindert, dass Softwarepiraten Zugang zu der Software und den entsprechenden Daten erhalten.

Anwendungen / Vorgehen

Die Software wird so gestaltet, dass sie isoliert und unabhängig von anderer Software arbeitet. Sie wird auf einem System ausgeführt, das vertrauenswürdig ist. Der Kunde ist mit seinem Teil der Software nur in der Lage, die Eingangsinformationen zu erzeugen. Die Berechnungen werden auf einem geschützten Server des Herstellers ausgeführt und die Ergebnisse wiederum an den Kunden zurückgesendet. Ein Beispiel ist das Server Based Computing (SBC). Hier führt der Server die Berechnungen in einer sicheren Umgebung aus. Der Zugriff findet mittels Thin Clients statt [Bit10-ol].

Aktuell in der Diskussion ist, Rechenoperationen und Daten in eine Cloud-Lösung auszulagern. Voraussetzung hierfür sind sichere Kommunikationswege sowie die Klärung rechtlicher Fragen in Deutschland, da bei dieser Lösung nicht gewährleistet wird, an welchem Standort die Daten gespeichert werden.

Anwendungsbeispiel

Das Institut für Hochbau und Bauphysik der TU Graz hat mithilfe von IGEL Thin Clients eine AutoCAD-Umgebung als Server-Based-Computing Variante entwickelt. Das konnte durch stetige Verbesserung der Grafikleistung sowie durch verbesserte Server-Leistung erreicht werden. Dabei sind sowohl die Daten als auch die Berechnungen auf den Server ausgelagert [Ige08-ol].

© Sashkin - Fotolia.com

Vorteile	Nachteile
• Bieten häufig einen kostengünstigen Schutz [Itp11-ol]. • Verminderung von redundanten Daten • Wartungsaufwand wird reduziert [Ige08-ol]	• Die Lösungen sind bisher nur für PC-Plattformen verfügbar [Itp11-ol]. • Sichere und schnelle Kommunikationsinfrastruktur muss vorhanden sein • Bestimmte Anwendungen erfordern hohe Rechenleistung des Servers

Bild 2-19 Steckbrief der Schutzmaßnahme „Auslagerung von sicherheitsrelevanten Rechenoperationen"

Systeme

Systeme können z. B. Maschinen oder Anlagen sein. Beim Nachbau von Maschinen und Anlagen wird auch die Steuerungssoftware der Maschine kopiert. Dies ist möglich, da der Code in der Regel unverschlüsselt ist und nicht speziell geschützt wird. Software- und hardwarebasierte kryptografische Lösungen bieten Schutz davor.

Bei automatisierten Fertigungsprozessen spielt eine auf definierten Zeitzuständen basierende Roboterbewegung eine zentrale Rolle. Werden Verschlüsselungsmechanismen eingesetzt, so müssen die Zeitvorgaben bei der Befehlsfolge eingehalten werden. Der Einsatz softwarebasierter Lösungen zur verschlüsselten Datenverarbeitung ist bei Echtzeitanwendungen derzeit problematisch, da die softwarebasierten Verfahren notwendige Echtzeitanforderungen derzeit nicht erfüllen. Für den Schutz des Steuerungscodes wird, wenn diese speziellen Anforderungen zur Echtzeitverarbeitung bestehen, daher eine Ver- und Entschlüsselung durch spezielle **Kryptografie-Hardware** empfohlen. Zwar ist diese hardwarebasierte Lösung kostenintensiver, stellt jedoch sicher, dass im Steuerungscode hinterlegte Befehle im vorgegebenen Zeitrahmen abgearbeitet werden.

Sind die allgemeinen Nutzungsvoraussetzungen für Steuerungscode-Verschlüsselung erfüllt, bieten sowohl software- als auch hardwarebasierte Lösungen neue Handlungsspielräume für den Schutz vor unerwünschtem Auslesen und Kopieren des Programmcodes. So kann die eingebettete Software mithilfe der Verschlüsselung an eine bestimmte Maschine gebunden werden. Ein Imitator kann die originale Steuerungssoftware nicht entschlüsseln und in nachgebauten Maschinen verwenden. Ein entscheidender Vorteil, der nur wenig Änderungsaufwand für den Originalhersteller bedarf.

Eine weitere Schutzmaßnahme ist die **gegenseitige Authentifizierung von Komponenten** (Bild 2-20). Bei dieser Schutzmaßnahme wird eine Austauschkomponente von einer Steuerungseinheit eines Systems auf ihre Originalität überprüft. Dabei gilt es zu beachten, dass eine Einschränkung der Funktionsfähigkeit einer Maschine durch den Einsatz von Baugruppen, Komponenten oder Ersatzteilen von Drittherstellern mit deutschem Wettbewerbsrecht nicht vereinbar ist. Möglich ist jedoch, beim Einsatz von Fremdteilen vorher vereinbarte zusätzliche Leistungen wie Wartung, Service und Garantien mit Verweis auf die Vertragsbedingungen zu verweigern.

Gegenseitige Authentifizierung von Komponenten

Kurzbeschreibung

Bei der gegenseitigen Authentifizierung wird eine Austauschkomponente von einer Steuerungseinheit einer Anlage/Maschine auf ihre Originalität überprüft.

© Paul Fleet - Fotolia.com

Anwendungen / Vorgehen

Beim Einbau eines Ersatzteils in eine Anlage/Maschine wird das Bauteil durch die Maschinensteuerung authentifiziert, indem sie von der Austauschkomponente zuvor definierte Daten abfragt (z. B. über RFID-Chips). Nur wenn die Komponente über die geforderten Daten verfügt, wird sie von der Anlage für ihre Funktion zugelassen. Damit wird seitens des Originalherstellers angestrebt, dass durch den Kunden Originalteile verwendet werden. Bei Verwendung von Originalteilen werden dem Kunden beispielsweise verlängerte Garantiezeiträume oder bestimmte Verfügbarkeiten der Maschine zugesichert. Erweist sich bei der Authentifizierung ein Ersatzteil als Fälschung, erhält der Benutzer eine Meldung darüber, die quittiert werden muss. Somit entsteht eine Absicherung gegen Schadensansprüche durch Versagen von Anlagen aufgrund gefälschter Ersatzteile. Eine Abschaltung der Maschine bei Verwendung von Nichtoriginalteilen ist nach deutschem Recht nicht zulässig. Die gegenseitige Authentifizierung von Komponenten erfolgt entweder durch in der Komponente eingebettete Steuerungssoftware oder durch Sensoren, die Austauschkomponenten ohne eigene Steuerungs- oder Produktsoftware erkennen.

Anwendungsbeispiel

Im Projekt ProOriginal wurde ein Fräsbearbeitungszentrum vom Typ DMC 65 H duoBLOCK® der Firma Deckel Maho Gildemeister (DMG) mit Komponenten von Festo ausgestattet. Die Authentifizierung der Komponenten läuft nach deren Einbau automatisiert ab. Dabei erkennt die Steuerungseinheit der Werkzeugmaschine die zuvor digital gekennzeichneten Komponenten und prüft diese auf Echtheit. Mit einem Feldbus werden bestimmte Produktdaten an die Steuerungseinheit der Maschine übertragen und die Komponenten authentisiert. Das Ergebnis dieser Authentizitätsprüfung wird am Ausgabebildschirm angezeigt. Wird eine Komponente als Nichtoriginal erkannt, gibt die Maschine eine Warnung auf dem Bildschirm aus [AKL11].

© DECKEL MAHO Pfronten GmbH

Vorteile	**Nachteile**
• Gefälschte Ersatzteile werden erkannt	• Evtl. zusätzliche Schnittstelle erforderlich [AAA+10]
• Absicherung vor Schadensfällen durch gefälschte Ersatzteile [Mei11]	• Wahlfreiheit bei Ersatzteilwahl beim Kunden wird eingeschränkt [Mei11]
	• Bei lizenzierten Bauteilen schwer einzusetzen [Mei11]
	• Nur mit sehr hohem Aufwand nachträglich einzusetzen [Mei11]

Bild 2-20 Steckbrief der Schutzmaßnahme „Gegenseitige Authentifizierung von Komponenten"

2.8.2 Mit IT-Standards gegen Know-how-Verlust

Die aus der Informationssicherheit bekannten Sicherheitsrichtlinien geben Hinweise zur Auswahl geeigneter IT-Schutzmaßnahmen. In Deutschland werden überwiegend die **IT-Grundschutz-Kataloge** des BUNDESAMTES FÜR SICHERHEIT IN DER INFORMATIONSTECHNIK (BSI) verwendet [BSI12a-ol]. Für kleine und mittelständische Unternehmen, die größtenteils in Deutschland produzieren, ermöglichen die IT-Grundschutz-Kataloge eine einfache Betrachtung der Sicherheitsrisiken, ohne selbst eine Risikoanalyse durchführen zu müssen. Auf mehr als 4000 Seiten werden Gefährdungen und Gegenmaßnahmen aufgezeigt. Wie eine Umfrage unter 386 VDMA-Mitgliedern zeigt (Bild 2-21), ist der BSI-IT-Grundschutz-Katalog der mit Abstand meistgenutzte IT-Sicherheitsstandard im Maschinen- und Anlagenbau [VDMA12-ol].

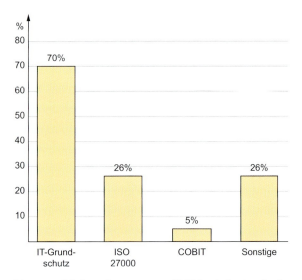

Bild 2-21 Im Maschinen- und Anlagenbau genutzte IT-Sicherheitsstandards (n = 386, Mehrfachnennung möglich, Quelle: VDMA, 2011)

Für das Beispiel des „sicheren Austausches vertraulicher Daten zwischen Unternehmen und Lieferant" existiert im BSI-IT-Grundschutz-Katalog die Risikobeschreibung G 5.29 „Unberechtigtes Kopieren der Datenträger". Damit werden Gefahren bei Austausch und Transport von kritischen Informationen adressiert [BSI12b-ol]. Aus den beschriebenen Gefährdungen, wie dem unberechtigten Kopieren der Daten durch Dienstleister, werden Maßnahmen abgeleitet, um die Risiken des Informationsabflusses zu minimieren oder im Idealfall gänzlich zu beseitigen. Zur Minimierung der Gefährdung nach G 5.29 existieren unter anderem folgende Maßnahmen:

- M 4.4: geeigneter Umgang mit Laufwerken für Wechselmedien und externen Datenspeichern,
- M 4.34: Einsatz von Verschlüsselung, Checksummen oder digitalen Signaturen,
- M 4.35: Verifizieren der zu übertragenden Daten vor Versand,
- M 4.64: Verifizieren der zu übertragenden Daten vor Weitergabe/Beseitigung von Restinformationen,
- M 4.99: Schutz gegen nachträgliche Veränderungen von Informationen,
- M 5.23: Auswahl einer geeigneten Versandart für Datenträger,
- M 5.88: Vereinbarung über Datenaustausch mit Dritten und
- M 5.108: kryptografische Absicherung von E-Mails.

Diese bereits reduzierte Auswahl an möglichen Maßnahmen zeugt von der Komplexität, die allein durch den Austausch von vertraulichen Informationen mit Dritten entstehen. Spezialisierte Beratungsunternehmen unterstützen bei der unternehmensspezifischen Umsetzung der Maßnahmen; Softwarelösungen deutscher Hersteller bieten Funktionalitäten zur Selbsthilfe bei der Einführung und Umsetzung von Maßnahmen im Rahmen der BSI-IT-Grundschutz-Kataloge.

Einen anderen Ansatz für die Auswahl geeigneter Maßnahmen bietet die international anerkannte Normenreihe der ISO/IEC 27000. Die ISO-Normenreihe sieht für den Schutz von Know-how einen Managementansatz zur Implementierung eines unternehmensspezifischen **Informationssicherheits-Managementsystems** (ISMS) nach dem Plan-Do-Check-Act-Prinzip (PDCA) vor [ISO27000]. Dieser Ansatz wirkt im Vergleich zu den IT-Grundschutz-Katalogen auf den ersten Blick komplex, bietet Unternehmen jedoch einige Vorteile gegenüber den IT-Grundschutz-Katalogen. So kann das Unternehmen den Anwendungsbereich selbst festlegen: im Fall des Piraterieschutzes z. B. das Know-how (CAD-Daten, Produktionsdaten etc.). Ein weiterer Vorteil ist die internationale Anerkennung der Norm, sodass weltweit tätige Unternehmen den Nachweis des Know-how-Schutzes vor Kunden und Partnern problemlos erbringen können. Die Umfrage des VDMA zeigt, dass besonders Unternehmen mit mehr als 1.000 Mitarbeitern die ISO-Norm nutzen. Die gesamte Normenreihe befindet sich im Literaturverzeichnis dieses Kapitels.

 PRAXISBEISPIEL: Einsatz des CodeMeter in Stickmaschinen

Oliver Winzenried

Ausgangslage und Handlungsbedarf

Die ZSK Stickmaschinen GmbH war in Vergangenheit Ziel von Angriffen durch Design- und Softwarepiraten und musste Schäden durch den Nachbau von Komponenten und gesamten Maschinen hinnehmen. Die Algorithmen in der Steuerungssoftware und die Stickmusterdaten stellen für ZSK jedoch wettbewerbsrelevantes und daher besonders schützenswertes Know-how dar. Der Piraterie von Komponenten und Ersatzteilen lagen unrechtmäßig beschaffte, Know-how-intensive Serviceunterlagen zugrunde.

Die Lösung

Zum Schutz der Maschinen und insbesondere der darin verwendeten Software vor Design- und Softwarepiraterie wurde im Projekt Pro-Protect die Softwareschutzlösung „CodeMeter" der WIBU-SYSTEMS AG weiterentwickelt (Bild 1). CodeMeter schützt nun die Stickmuster- und Produktionsdaten von der Erstellung im CAD-System bis zur Maschine gegen unerlaubtes Kopieren. Der Schutz der Steuerungssoftware der Maschinen durch Codeverschlüsselung erschwert auch den Nachbau der Maschine selbst – da die Steuerungssoftware nicht auf eine andere Steuerung kopiert werden kann bzw. diese dort nicht funktioniert.

Weiterhin unterbindet CodeMeter die verbotene Mehrproduktion auf den Maschinen durch Verschlüsselung und Zählen. Serviceunterlagen wie PDF-Dokumente werden ebenfalls durch Verschlüsselung geschützt. Nur wenn ein CodeMeter-Dongle mit der passenden Lizenz vorhanden ist, kann ein Dokument geöffnet werden.

Eine ausgefeilte Erkennung von Angriffen mit Sperren der Schutzhardware verhindert unbegrenzte Angriffsversuche. Die Integrität der Software wird durch Codesignatur sichergestellt, um Angriffe etwa durch die Einschleusung eines Virus, ähnlich wie bei Stuxnet, zu verhindern.

Als Schutzhardware nutzt ZSK den USB-CodeMeterStick sowie die Code-MeterCard-Varianten als CF-, SD- oder MicroSD-Karte. Sie wurden mit minimalem Aufwand in bestehende PCs und Maschinen nachgerüstet. Die Hardware ist robust im Fabrikalltag, resistent gegen kondensierende Feuchtigkeit und für einen erweiterten Temperaturbereich erhältlich. Das Ausrollen der Lizenzen für Dokumente, Software und Stickmusterdaten wurde mit der CodeMeter License Central in den Vertriebsprozess und das ERP-System (SAP und MS Dynamics) des Originalherstellers integriert.

Bild 1 CodeMeter-Produkte im Einsatz in Stickmaschinen,
         Quelle: ZSK STICKMASCHINEN GmbH, WIBU-SYSTEMS AG

Der Nutzen

Sensible Daten und die Steuerungssoftware der ZSK-Maschinen werden zuverlässig geschützt. Der Einsatz des CodeMeter erlaubt ZSK darüber hinaus neue Geschäftsmodelle wie das Pay-per-Use und das Feature-on-Demand.

Pay-per-Use ermöglicht das nutzungsabhängige Bezahlen der Maschine und damit neue Leasing- und Mietmodelle. Feature-on-Demand ist das nachträgliche Freischalten weiterer Maschinenfunktionen durch den Maschinenhersteller. Diese Zusatzfunktionen sind durch CodeMeter individuell geschützt und benötigen eine eigene Lizenz, die ein Kunde mit dem Erwerb der Funktion erhält. Nun können diese Funktionen auch nachträglich verkauft werden, indem die Lizenz zusätzlich in den CodeMeter-Dongle der Maschine übertragen wird. ∎

∎ 2.9 Rechtliche Schutzmaßnahmen

Birte Lorenzen

Das Recht bietet national wie international zahlreiche Möglichkeiten, Neuentwicklungen vor Nachahmungen zu schützen. Strategisch ist dabei als Erstes die Frage zu beantworten, ob eine Neuentwicklung oder auch Teile davon besser durch Geheimhaltung oder durch die Anmeldung von Schutzrechten geschützt werden können. Hier ist eine Grundsatzentscheidung zu treffen, denn mit einem Schutzrecht ist (von einigen wenigen Ausnahmen abgesehen) zwingend auch eine Veröffentlichung des Schutzgegenstands verbunden. Gerade wenn mehrere Unternehmen oder Forschungseinrichtungen an der Entwicklung eines Produktes beteiligt sind, sollte im Vorfeld über Verträge geklärt werden, wer bzw. nach welchen Mechanismen/Mehrheiten die entsprechenden Entscheidungen getroffen werden sollen, wer gegebenenfalls Schutzrechteinhaber werden soll und wie die Beteiligten an der Aus- und Verwertung partizipieren.

Bei den gewerblichen Schutzrechten werden solche unterschieden, die sich auf die Technik beziehen (vor allem Patent und Gebrauchsmuster) oder die auf die ästhetische Gestaltung bzw. schöpferische Leistung zielen (Geschmacksmuster und Urheberrecht), und solche, die die Kennzeichnung betreffen (vor allem Marken) (Tabelle 2-1). Für verschiedene Aspekte einer Neuentwicklung können mehrere Rechte kombiniert werden.

Schutzrechte gelten immer nur in dem jeweiligen, das Recht gewährenden Staat (Territorialitätsprinzip). So hilft z. B. ein deutsches Patent nicht, wenn die Erfindung im Ausland nachgeahmt wird, dort aber kein Schutz beantragt und erlangt wurde. In diesem Fall greift das deutsche Patent erst, wenn das rechtsverletzende Produkt nach Deutschland importiert und hier vermarktet wird. Es kann also durchaus sinnvoll sein, eine Erfindung auch in anderen Ländern zum Schutz anzumelden. Da die Erlangung der verschiedenen Schutzrechte mit zum Teil erheblichen Kosten verbunden ist, bedarf es einer sorgfältigen Analyse, mit welcher geografischen Reichweite der Schutz tatsächlich erforderlich ist.

Tabelle 2-1 Übersicht von Schutzrechten

Schutzrecht	Schutzgegenstand	Schutzdauer	Registrierung möglich/ erforderlich
Patent	Technische Erfindung	Max. 20 Jahre ab Anmeldung	✓
Gebrauchsmuster	Technische Erfindung, jedoch keine Verfahren	Max. 10 Jahre ab Anmeldung	✓
Geschmacksmuster	Ästhetische Gestaltung (Design)	Registriert (D/EU): Max. 25 Jahre ab Anmeldung	✓
		Nicht registriert (EU): 3 Jahre ab Erstveröffentlichung	✗
Kennzeichenschutz	Unterscheidungskräftige Zeichen (Marken, Domains, Werktitel, Firma)	Marke (D/EU): zunächst 10 Jahre ab Anmeldung, unbegrenzt verlängerbar um je 10 Jahre	✓
		Andere Kennzeichen: Dauer der Benutzung	✗
Urheberrecht	Werke der Literatur, Wissenschaft und Kunst	70 Jahre post mortem auctoris	✗
Halbleiterschutz	Struktur eines Halbleiter- erzeugnisses	10 Jahre ab Anmeldung	✓
Sortenschutz	Neue Pflanzensorten	D/EU: je nach Art 25/30 Jahre ab Erteilung	✓
Wettbewerbsrecht	Lauterer Wettbewerb, Know-how		✗

Viele Schutzrechte setzen voraus, dass sie das Kriterium der Neuheit ihres Gegenstands erfüllen. Es sollte also die unternehmerische Entscheidung getroffen werden, ob, wo und welche Schutzrechte angemeldet werden, bevor eine Erfindung, neue Gestaltung oder Ähnliches Dritten oder gar der Öffentlichkeit gezeigt wird. Bei einer Kooperation zur Forschung und Entwicklung ist darauf zu achten, dass alle Beteiligten sich hieran halten; auch dies sollte vertraglich festgelegt sein.

Handelt es sich um besonders sensibles Know-how, das von Dritten schwer nachzuahmen ist, kann es unter Umständen sinnvoller sein, kein Schutzrecht anzumelden, sondern sich sorgfältig um dessen Geheimhaltung zu bemühen. Entscheidend hierfür sind eine klare innerbetriebliche Organisation, entsprechende vertragliche Gestaltungen mit Mitarbeitern und Externen, die an der Entwicklung beteiligt sind, und die sorgfältige Umsetzung der Geheimhaltungsvorgaben. Die Verletzung von Betriebs- und Geschäftsgeheimnissen sowie die unbefugte Verwertung von Vorlagen stellen Tatbestände unlauteren Wettbewerbs und sogar Straftaten dar (§§ 17, 18 UWG). Bei einem solchen Verstoß kann der Verletzer also sowohl strafrechtlich als auch zivilrechtlich auf Unterlassung in Anspruch genommen werden.

2.9.1 Die einzelnen Schutzrechte

Vor Anmeldung von Schutzrechten ist zunächst eine Schutzrechtsstrategie zu entwickeln, in der die Themen Geheimhaltung vs. Anmeldung, geografische Reichweite des Schutzes, Umfang der Anmeldungen, Weiterentwicklung der Neuentwicklung sowie Lizenzpolitik adressiert sind. Die Strategie ist am Zweck des Schutzrechtsportfolios zu orientieren. Dieser kann die bloße Abschreckung Dritter sein. Er kann aber auch in der Erzwingung eines möglichst großen Abstands von Wettbewerbsprodukten oder der geschickten Ausnutzung von Laufzeiten über Anschlussrechte liegen und bis zum Aufbau von „Verhandlungsmasse" für einen Lizenztausch reichen. Die Details zu Anmeldung, Schutzvoraussetzungen und Schutzdauer sind in den Maßnahmensteckbriefen im Anhang dargestellt.

Patente und Gebrauchsmuster (technische Schutzrechte): Technische Erfindungen können über Patente und Gebrauchsmuster geschützt werden. Wirkung eines solchen Rechts ist, dass allein dessen Inhaber befugt ist, die Erfindung zu benutzen; Dritten ist dies verboten (§ 9 PatG).

Der wesentliche Unterschied zwischen Patenten und Gebrauchsmustern besteht darin, dass das Deutsche Patent- und Markenamt (DPMA) bei der Anmeldung eines Gebrauchsmusters nicht prüft, ob die materiellen Schutzvoraussetzungen erfüllt sind. Damit ist ein Gebrauchsmuster schneller und kostengünstiger zu erreichen als ein Patent. Es kann sinnvoll sein, beides für dieselbe Erfindung zu beantragen, um zunächst schnellen Schutz zu erhalten, dann aber im Anschluss auch das geprüfte Recht, das in der Regel eine höhere Abschreckungswirkung entfaltet. Allerdings ist zu beachten, dass Verfahren (technisch, chemisch, biologisch) nicht als Gebrauchsmuster, wohl aber als Patent geschützt werden können. Schließlich unterscheidet sich die Schutzdauer beider Rechte mit maximal zehn Jahren für ein Gebrauchsmuster bzw. bis zu 20 Jahren für ein Patent.

Wird Schutz auch außerhalb Deutschlands angestrebt, müssen hierfür nicht unbedingt einzelne Anmeldungen in jedem Land eingereicht werden. Es kann z. B. der Weg eines Europäischen Patents nach dem Europäischen Patentübereinkommen (EPÜ) gewählt werden. Derzeit hat das EPÜ 38 Vertragsstaaten. Die Schutzvoraussetzungen sind identisch mit denen für ein deutsches Patent. Das Erteilungsverfahren wird einheitlich vom Europäischen Patentamt (EPA) geführt, danach besteht aber kein einheitliches Recht, sondern ein Bündel von nationalen Rechten in den jeweiligen Vertragsstaaten. Ein anderer Weg für einen Schutz auch in anderen Staaten ist der nach dem Patent Corporation Treaty (PCT), das 144 Vertragsstaaten hat. Hier sind nur erste Schritte im Anmeldeverfahren einheitlich. Die Anmeldung wird aber in jedem Land, das der Anmelder benennt und weiterverfolgt, geprüft, und dort wird eine Entscheidung über die Eintragung getroffen. Auch hier entsteht ein Bündel nationaler Rechte.

Geschmacksmuster: Ein Geschmacksmuster bezweckt den Schutz der äußeren Formgebung, des Designs, eines zwei- oder dreidimensionalen Erzeugnisses. Das Geschmacksmuster gibt seinem Inhaber das Recht, Dritten dessen Benutzung zu verbieten, insbesondere die Herstellung und den Vertrieb von Erzeugnissen, die keinen anderen Gesamteindruck erwecken (§ 38 Abs. 2 GeschmMG).

Ein Geschmacksmuster kann national über eine Anmeldung beim DPMA erlangt werden. Es kann aber auch ein einheitliches Schutzrecht für alle Mitgliedsstaaten der EU über das Gemeinschaftsgeschmacksmuster auf Grundlage der Verordnung (EG) Nr. 6/2002 durch Antrag beim HARMONISIERUNGSAMT FÜR DEN BINNENMARKT (Marken, Muster und Modelle – HABM) erlangt werden. Die Ämter prüfen nicht das Vorliegen der materiellen Schutzvoraussetzungen. Sowohl das nationale als auch das registrierte Gemeinschaftsgeschmacksmuster gewähren seinem Inhaber ein absolutes Recht, und es kann jedem – egal ob Kenntnis von diesem Recht bzw. dieser Gestaltung besteht – die Nutzung untersagt werden.

Aber selbst ohne Anmeldung besteht für drei Jahre (Art. 11 GGVO) Schutz über ein nicht registriertes Gemeinschaftsgeschmacksmuster gegen Nachahmungen (Art. 19 Abs. 2 GGVO), wenn die Erstveröffentlichung in der EU erfolgte. Eine Rechtsverletzung setzt in diesem Fall aber voraus, dass der Verletzer die Gestaltung des Rechteinhabers kennt, andernfalls kann keine Nachahmung vorliegen.

Kennzeichenrechte: Kennzeichenrechte bestehen für Marken, Namen, Unternehmensbezeichnungen, geografische Herkunftsbezeichnungen sowie Werktitel und können z. B. auch über eine Domainnutzung entstehen. Am wichtigsten sind Marken, die auf die Herkunft von Waren bzw. Dienstleistungen aus einem Unternehmen hinweisen. Ein Markenrecht entsteht in erster Linie durch Anmeldung eines bestimmten Zeichens für bestimmte, in der Anmeldung aufgezählte und klassifizierte Waren und Dienstleistungen. Inhalt eines Markenrechts ist, dass es Dritten untersagt werden kann, identische oder bei Verwechslungsgefahr ähnliche Zeichen für identische bzw. ähnliche Waren und Dienstleistungen zu benutzen.

Eine nationale Marke ist beim DPMA, eine Gemeinschaftsmarke auf Grundlage der Verordnung (EG) 207/2009 beim HABM anzumelden. Weiter besteht die Möglichkeit, eine solche Marke zur Basis einer internationalen Markenregistrierung („IR-Marke") nach dem Madrider Markenabkommen (MMA) bzw. dem dazugehörigen Protokoll zu machen (PMMA) und über das Internationale Büro der WELTORGANISATION FÜR GEISTIGES EIGENTUM (WIPO) auf eine oder mehrere der 84 Vertragsparteien zu erstrecken. Während bei der Gemeinschaftsmarke ein einziges Recht für alle EU-Mitgliedsstaaten entsteht, ist bei einer IR-Marke zwar das Verfahren über die WIPO vereinfacht, es handelt sich sonst aber um ein Bündel nationaler Rechte.

Urheberrechte: Urheberrechte entstehen unmittelbar mit der Schöpfung eines Werkes, ohne dass es einer Anmeldung und Registrierung bedarf. Der Grund liegt darin, dass das Urheberrecht weniger die staatliche Gewährung eines Monopols, sondern vielmehr Ausfluss der Anerkennung eines Menschenrechts darstellt. Daher kann nur eine natürliche Person, nicht etwa ein Unternehmen, Inhaber eines Urheberrechts sein. Und daher kann ein Urheberrecht auch außer im Erbfall nicht übertragen werden, an ihm können nur Nutzungsrechte eingeräumt werden. Weiterer Ausfluss dieses Prinzips ist, dass der Urheber grundsätzlich ein Recht hat, namentlich in Verbindung mit seinem Werk genannt zu werden.

Dritte dürfen ohne Zustimmung des Urhebers dessen Werk nicht nutzen. Zu den zustimmungsbedürftigen Nutzungsakten zählen unter anderem die Veröffentlichung, Vervielfältigung, Verbreitung, Ausstellung, der Vortrag, aber auch die Bearbeitung und Umgestaltung.

2.9.2 Verwertung von Schutzrechten

Neuentwicklungen können nicht nur selbst geschaffen und verwertet werden, sondern auch in Zusammenarbeit mit Dritten. Bei der gemeinsamen Schaffung mit anderen ist daher über Forschungs- und Entwicklungsverträge zu regeln, welche Beiträge die einzelnen Parteien zu leisten haben und wie mit geschaffenen Neuentwicklungen gemeinschaftlich umgegangen werden soll, so z. B. auf wen gegebenenfalls gewerbliche Schutzrechte angemeldet werden sollen und wie die Parteien an ihrer Nutzung (finanziell) zu beteiligen sind. Ferner ist festzulegen, wann über sie etwa im Rahmen wissenschaftlicher Vorträge und Veröffentlichungen berichtet werden darf, ohne zu riskieren, dass etwa ein Patent wegen mangelnder Neuheit nicht mehr erteilt werden kann.

Wichtiges Instrument für die Verwertung von Schutzrechten sind **Lizenzverträge**. Hierüber wird Dritten ein Recht eingeräumt, den unter das Schutzrecht fallenden Gegenstand zu nutzen, also etwa ein Produkt herzustellen und/oder zu vertreiben, eine Marke für bestimmte Waren oder Dienstleistungen zu nutzen etc. Gründe und damit Ausgestaltungsmöglichkeiten für solche Verträge sind vielfältig: Sei es, dass der Schutzrechteinhaber das unter das Recht fallende Produkt arbeitsteilig von Dritten herstellen lassen will oder muss, sei es, dass es ihm an eigenen Vertriebskapazitäten mangelt. Das Spektrum reicht damit von sehr eng gefassten Rechten, wenn Dritte quasi als verlängerte Werkbank fungieren, bis zu sehr weiten Kompetenzübertragungen, wenn ihnen bestimmte Gebiete exklusiv und für die gesamte Verwertung zugewiesen werden. Bei der Ausgestaltung sollte also nicht schematisch vorgegangen werden, sondern die Lizenz auf den Einzelfall je nach wirtschaftlichem Interesse zeitlich, räumlich und inhaltlich zugeschnitten werden.

Mit Erteilung von Lizenzen ist stets ein gewisser Kontrollverlust verbunden, und wertvolle Informationen gehen an Dritte. Leider sind es manchmal Lizenzpartner, die in Umgehung des Vertrages zu Rechtsverletzern werden oder auch durch mangelhafte Qualität der hergestellten Produkte dem eigenen Ruf schaden. Daher sollte besonderes Augenmerk auf die sorgfältige Auswahl der Lizenzpartner sowie auf den Umfang des Know-hows gelegt werden, das den Partnern zur Verfügung gestellt wird. Es kann sich anbieten, Lizenzen für verschiedene Produktionsstufen aufzuteilen und besonders kritische Module als Rechteinhaber selbst herzustellen. Auch sollte unbedingt an Kontroll- und Sanktionsmöglichkeiten im Lizenzvertrag gedacht werden.

2.9.3 Durchsetzung von Schutzrechten

Neuentwicklungen über die Anmeldung von Schutzrechten oder deren Geheimhaltung zu schützen ist nur der erste Schritt. Dieser ist wenig wert, wenn dem nicht eine konsequente Durchsetzung folgt. Weitgehend einheitlich stehen dem Inhaber eines Patents, Gebrauchsmusters, Geschmacksmusters, Kennzeichen- oder Urheberrechts gegen Verletzer im Wesentlichen Ansprüche auf **Unterlassung**, **Beseitigung**, **Auskunft** und **Schadensersatz** zu. In den letzten Jahren sind aufgrund europäischer Vorgaben durch die sogenannte Enforcement-Richtlinie (2004/48/EG) die Standards zur Durchsetzung der verschiedenen Schutzrechte europaweit vereinheitlicht und verbessert worden. Zur Durchsetzung von Schutzrechten dienen vor allem die Grenzbeschlagnahme, außergerichtliche und gerichtliche Durchsetzungsmöglichkeiten sowie strafrechtliche Sanktionen.

Grenzbeschlagnahme

Die Grenzbeschlagnahme ist ein äußerst wirksames Verfahren, um mithilfe des Zolls zu verhindern, dass rechtsverletzende Ware in die EU bzw. nach Deutschland eingeführt wird. Grundlage für **Anträge nach Gemeinschaftsrecht** ist die Verordnung (EG) 1383/2003. Diese ist jedoch nicht anwendbar, wenn z. B. eigene Lizenznehmer gegen ihren Lizenzvertrag verstoßen bzw. es um die Verfolgung von Parallelimporten oder Graumarktware geht. In Deutschland besteht anders als in vielen anderen EU-Ländern allerdings die Möglichkeit, über **nationale Anträge** vorzugehen. Inhaber von Schutzrechten können beim Zoll einen Antrag auf Grenzbeschlagnahme stellen (in Deutschland über ZGR-online).

Auf Basis eines Antrags kann der Zoll Ware anhalten, die im Verdacht steht, eines oder mehrere vom Antrag umfasste Schutzrechte zu verletzen. Damit die Zollbehörden auch in der Lage sind, echte und gefälschte Ware zu unterscheiden, sollten dem Antrag möglichst aussagekräftige Informationen über Original- und Piraterieware inklusive deren Vertriebswege beigefügt sein.

Greift der Zoll verdächtige Ware auf, beschlagnahmt er sie und informiert den Rechteinhaber und den sich aus den Papieren ergebenden Verfügungsberechtigten (z. B. den Importeur). Die Parteien haben dann eine gewisse Frist (die nach der Art der Ware bzw. des Verfahrens variiert), entweder die Ware freizugeben, weil sie keine Schutzrechte verletzt, der Vernichtung zuzustimmen oder im Streitfall eine gerichtliche Entscheidung vorzulegen, die die Verwahrung der beschlagnahmten Waren oder eine Verfügungsbeschränkung anordnet. Diese vorläufige Regelung muss schließlich einer endgültigen außergerichtlichen Einigung oder gerichtlichen Entscheidung im Hauptsacheverfahren zugeführt werden. Daraufhin werden die Waren – je nach Entscheidung – entweder freigegeben oder vernichtet.

Außergerichtliche Durchsetzung

In vielen Fällen – zumindest wenn nicht die Sorge überwiegt, der Verletzer werde gewarnt und Beweise etc. zur Seite schaffen – kann bereits eine außergerichtliche **Abmahnung** die Rechtsverletzung abstellen und gegebenenfalls auch die weiteren Ansprüche klären. Schon aus Kostengründen bietet sich eine Abmahnung häufig an. Zum Teil sind nämlich in der Wertschöpfungskette Unternehmen beteiligt, die es nicht auf eine Rechtsverletzung anlegen, von ihr gar nicht positiv wissen und/oder kein Interesse an einer weiteren Auseinandersetzung haben. Ansprüche bestehen aber unabhängig vom Wissen um eine Rechtsverletzung, und zwar gegen jeden Beteiligten innerhalb der Vertriebskette und zum Teil auch darüber hinaus (z. B. unter bestimmten Bedingungen gegen Intermediäre wie Auktionsplattformen).

Auch bei unklarer Situation bezüglich des eigenen Schutzrechts ist im ersten Schritt ein außergerichtliches Vorgehen ratsam, insbesondere, wenn der Rechteinhaber sich auf ein durch die Ämter nicht materiell geprüftes Schutzrecht stützt (Gebrauchs- oder Geschmacksmuster). Um sich hier nicht durch Ausspruch einer Abmahnung oder Klage selbst Schadensersatzansprüchen auszusetzen, bietet sich vor Ergreifen solcher Maßnahmen eine **Berechtigungsanfrage** an.

Gerichtliche Durchsetzung

Sollte eine außergerichtliche Lösung nicht in Betracht kommen oder scheitern, kann der Rechteinhaber in Deutschland gerichtlich im Wege des Eilverfahrens über einstweilige Verfügungen oder durch Zivilklage gegen einen Verletzer vorgehen.

Eine **einstweilige Verfügung** kann zumeist binnen weniger Tage erlangt werden. So können Rechtsverletzungen sehr schnell unterbunden werden. Voraussetzung ist jedoch, dass auch der Rechteinhaber schnell handelt, denn der Verfügungsgrund entfällt, wenn man sich mit Abmahnung und Anrufung der Gerichte zu viel Zeit lässt und damit durch eigenes Handeln zu erkennen gibt, dass die Angelegenheit nicht dringlich ist. Da über eine einstweilige Verfügung die Hauptsache nicht vorweggenommen werden darf, steht dieses Instrument für die Durchsetzung von Schadensersatzansprüchen nicht zur Verfügung. Allerdings sind über die Enforcement-Richtlinie die Rechte der Schutzrechteinhaber insofern gestärkt worden, dass z. B. auch Beweismittel wie Handels-, Geschäfts- und Bankunterlagen beim Gegner im Wege der einstweiligen Verfügung gesichert werden können.

Da eine einstweilige Verfügung nur eine vorläufige Regelung trifft, muss anschließend die Angelegenheit außergerichtlich oder in einem gerichtlichen Hauptsacheverfahren einer endgültigen Regelung zugeführt werden. Ein wesentliches Risiko, das mit diesem Verfahren verbunden ist, ist, dass der Antragsteller sich Regressansprüchen ausgesetzt sehen kann, wenn die einstweilige Verfügung zu Unrecht ergangen ist – etwa weil das Schutzrecht nicht rechtsbeständig ist oder tatsächlich keine Verletzung vorliegt.

Will man dieses Risiko vermeiden, kann direkt eine Klage in der Hauptsache eingereicht werden. Hiermit können alle genannten Ansprüche inklusive der Schadensersatzansprüche verfolgt werden. Allerdings ist ein erstinstanzliches Urteil erst nach Monaten, eine rechtskräftige Entscheidung nach etwaigen weiteren Instanzen zum Teil erst nach Jahren zu erlangen.

Strafrechtliche Sanktionen

Oft wird übersehen, dass Verletzungen von Schutzrechten Straftatbestände darstellen. Sowohl zur Abschreckung der Verletzer, aber auch um weitere Aufklärung zu erhalten, kann daher bei Verdacht einer solchen Straftat Strafanzeige gestellt werden, sodass die Staatsanwaltschaften die Ermittlungen aufnehmen. Der Erfolg eines solchen Vorgehens wird mit davon abhängen, wie aussagekräftig die Informationen sind, die den Staatsanwaltschaften zur Begründung der Strafanzeige geliefert werden.

 PRAXISBEISPIEL: Geheimnisse geheim halten

Birte Lorenzen

Ausgangslage und Handlungsbedarf

Ein Unternehmen, das Nutzfahrzeuge herstellt, hat ein besonderes Antriebssystem für diese Fahrzeuge entwickelt. Dieses stellt wesentliches Know-how des Unternehmens und eines seiner Geschäftsgeheimnisse dar. Die Pläne hierfür sind nur einem eng definierten Mitarbeiterkreis zugängig. Sie liegen auf einem speziellen Server und sind passwortgeschützt. Die Mitarbeiter sind arbeitsvertraglich besonders zur Geheimhaltung verpflichtet worden. Das Unternehmen musste feststellen, dass nach dem Wechsel mehrerer seiner Mitarbeiter zu einem Wettbewerber einer dieser Pläne im Internetauftritt des Wettbewerbers öffentlich gezeigt wurde.

Die Lösung

Alle Mitarbeiter wurden zeitgleich wegen Verletzung ihrer Verträge und des Urheber- (§ 97 UrhG) sowie Wettbewerbsrechts (§§ 17, 18 UWG) anwaltlich abgemahnt, ebenso wurde das Wettbewerbsunternehmen wegen Verstoßes gegen das Gesetz gegen unlauteren Wettbewerb (UWG) und das Urheberrecht abgemahnt. Alle Beteiligten wurden unter knapper Fristsetzung aufgefordert:

- den Verstoß sofort zu unterlassen,
- eine umfängliche Beseitigung der Pläne aus dem Internet zu gewährleisten,
- die Vorlage nicht weiter zu nutzen,
- alle noch bei ihnen vorhandenen Unterlagen herauszugeben,
- elektronische Kopien zu vernichten,
- Auskunft über den Umfang der Nutzung zu erteilen
- sowie Schadensersatz für den erlittenen Schaden zu versprechen.

Von der Gegenseite wurde zunächst zur Verteidigung und zum Versuch, die Ansprüche abzuwehren, vorgebracht, es handele sich nicht um Pläne des Unternehmens. Vielmehr hätten die Mitarbeiter aus dem bei ihnen im Kopf vorhandenen Wissen für ihren neuen Arbeitgeber ein ähnliches Antriebssystem entwickelt. Die Pläne sähen sich nur deshalb so ähnlich, weil von beiden Unternehmen die gleiche Software verwendet werde, die zu ähnlichen Darstellungen führe. Als der Originalhersteller hingegen auf identische Rechtschreibfehler in den Plänen verweisen konnte und ankündigte, die Staatsanwaltschaft einschalten zu müssen, sollte keine Klärung zu erzielen sein, gaben sowohl das Wettbewerbsunternehmen als auch die ehemaligen Mitarbeiter strafbewehrte Unterlassungsverpflichtungserklärungen ab, und auch die übrigen Forderungen wurden erfüllt.

Der Nutzen

Die ursprüngliche Rechtsverletzung konnte im beschriebenen Fall zwar nicht verhindert, wohl aber binnen weniger Tage abgestellt werden. Sollte eine neuerliche Verletzung durch einen oder mehrere der ursprünglich Beteiligten bekannt werden, werden hohe Vertragsstrafen fällig. Das Wettbewerbsunternehmen darf die Vorlage nicht mehr nutzen.

PRAXISBEISPIEL: Piraterieware an EU-Grenzen stoppen

Birte Lorenzen

Ausgangslage und Handlungsbedarf

Ein polnisches Unternehmen, das Bauelemente herstellt, ist Inhaber von Gemeinschaftsgeschmacksmustern für Teile seiner Produkte. Es lässt diese Produkte durch ein chinesisches Unternehmen produzieren. Dieser chinesische Produzent hat eine Lizenz ausschließlich zur Produktion für diesen einen Bauelementehersteller; es ist ihm nicht gestattet, die Produkte an Dritte zu liefern. Der Originalhersteller hat ein gutes Kontakt- und Informationssystem in China aufgebaut und erlangte so Kenntnis davon, dass der chinesische Produzent entgegen der vertraglichen Absprache entsprechende Produkte an einen Kunden in Litauen verkauft hatte. Zu dem Zeitpunkt, in dem der Originalhersteller hiervon Kenntnis erhielt, befand sich die Ware bereits auf dem Seeweg nach Europa, eine Woche vor Ankunft in Hamburg, wo sie umgeladen und dann weiter nach Litauen verschifft werden sollte.

Die Lösung

Um zu verhindern, dass diese Ware auf den europäischen Markt gelangte, wurden vor allem Grenzbeschlagnahmen in Deutschland und Litauen erwogen. Essenziell war, dass der Originalhersteller konkrete Informationen zu den Transportwegen und -daten der Ware hatte. Hierüber wurde ein zielgerichtetes Vorgehen ermöglicht. Die polnischen, lettischen und deutschen Anwälte konnten so in enger Abstimmung mit den jeweiligen Zollbehörden in Deutschland und Litauen prüfen, wo ein Vorgehen am aussichtsreichsten ist. So war trotz der knappen zur Verfügung stehenden Zeit ein effektives Vorgehen gegen die Einfuhr der rechtsverletzenden Ware möglich.

Obwohl in Deutschland Grenzbeschlagnahmen für mehr Fallkonstellationen als in anderen europäischen Ländern möglich sind, nämlich auch bei Parallel- und Grauimporten, und ein besonders effizientes Verfahren des einstweiligen Rechtsschutzes besteht, wurde hier von einem Vorgehen in Deutschland dennoch abgesehen. Grund war, dass zu dem Zeitpunkt rechtlich unsicher war, ob die Zollbehörden in der hier gegebenen speziellen Situation des Transits berechtigt zugreifen konnten und eine Zuständigkeit auch der deutschen Gerichte für ein etwaig erforderliches Verfahren hätte begründet werden können. Daher wurde im Bestimmungsland Litauen eine Grenzbeschlagnahme durchgeführt. Daraufhin wurde eine außergerichtliche, endgültige Lösung mit dem Importeur der Ware in Litauen getroffen und so die Rechtsverletzung abgestellt und verhindert, dass die Ware in den europäischen Markt gelangte.

Der Nutzen

Obwohl nur wenige Tage Zeit waren, bis die Ware in Europa ankommen sollte, konnte verhindert werden, dass sie auf den europäischen Markt gelangte.

■ 2.10 Kommunikative Schutzmaßnahmen

Wolfgang Bauer, Martin Kokoschka

Kommunikative Schutzmaßnahmen regeln den **unternehmensinternen** und **-externen** Umgang mit schützenswerten Informationen über Produkte und Prozesse. Sie treffen weiterhin Aussagen zum Umgang mit Imitationen der eigenen Produkte in der Öffentlichkeit.

Kommunikative Schutzmaßnahmen im Unternehmen

Eine wesentliche unternehmensinterne kommunikative Schutzmaßnahme ist das Aufstellen von **Kommunikationsregeln**. Diese legen fest, wie restriktiv mit schützenswerten Informationen im Unternehmen umgegangen wird. Eine Ausprägung ist, festzulegen, dass z. B. Mitarbeiter aus der Forschung und Entwicklung auch gegenüber Kollegen aus anderen Abteilungen nicht über Neuentwicklungen sprechen und Entwicklungsunterlagen nicht weitergeben dürfen. Eine gezielte Zurückhaltung und Weitergabe wird durch die in Kapitel 2.8 vorgestellten informationstechnischen Schutzmaßnahmen unterstützt.

Kommunikative Schutzmaßnahmen in der Öffentlichkeit

Kommunikative Schutzmaßnahmen in der Öffentlichkeit adressieren vor allem zwei Aspekte: 1) Umgang mit schützenswerten Informationen in der Kommunikation mit Geschäftspartnern wie Zulieferern und Kunden sowie 2) öffentliche Haltung des Unternehmens zur Produktpiraterie.

Ein Unternehmen gibt Informationen über sich und zu vermarktende Produkte in der Öffentlichkeit preis, um Kunden auf sich aufmerksam zu machen und Anreize für den Kauf des Produktes zu schaffen. Hierbei muss ein **Abwägen** erfolgen zwischen der Veröffentlichung von Informationen zum Wecken von Kaufinteresse und der steigenden Gefahr des Abflusses von schützenswertem Know-how durch detaillierte Produktinformationen. Speziell im Maschinen- und Anlagenbau, wo Produkte vielfach kundenspezifische Entwicklungen sind, muss bei einer Erstanfrage von potentiellen Kunden bei der **Angebotserstellung** sichergestellt werden, dass keine schützenswerten Informationen weitergegeben werden. Ist der potentielle Kunde in Wirklichkeit ein Imitator, könnte dieser die erlangten Informationen zur Erstellung von Imitaten verwenden.

Als Teil der Kommunikationsstrategie muss festgelegt werden, wie das Unternehmen mit der Pirateriegefährdung der eigenen Produkte umgeht und wie es reagiert, wenn bekannt wird, dass illegale Imitate seiner Produkte am Markt aufgetreten sind. Eine Option sind präventive **Aufklärungskampagnen**, die zum Ziel haben, Kunden für das Thema Produktpiraterie zu sensibilisieren und für den Kauf von Originalen zu motivieren. Dabei werden Kunden die Vorzüge von Originalprodukten aufgezeigt und die minderwertige Qualität von Imitaten und mit deren Nutzung einhergehenden Gefahren dargestellt. Ein Erfolgsfaktor dieser Kampagnen ist, dass die Informationen zu Produktpiraterie und ergriffenen Schutzmaßnahmen zielgruppenspezifisch verteilt werden. KARG und PETERSEN führen als Beispiel für zielgruppenspezifische Informationsbereitstellung an, Kunden über die Vorteile einer Produktregistrierung im Vorfeld zu informieren und so einem Kaufboykott vorzubeugen [Kar10], [SF08]. Ein bekanntes Beispiel für die Nutzung von Aufklärungskampagnen ist die Firma STIHL [STL11-ol]. Das Unternehmen verdeutlicht auf seiner Internetpräsenz unter anderem mit Videos die Gefahr, die von Imitaten ausgeht, und stellt dem die lange Lebensdauer und hohe Qualität der Originalprodukte sowie den kompetenten Produktservice gegenüber.

Andere Unternehmen wiederum gehen mit Informationen über Imitationen eigener Produkte sehr restriktiv um. Der Grund dafür ist, dass das Image des Unternehmens leiden kann, wenn Kunden auf Imitate der eigenen Produkte aufmerksam gemacht werden. Wildemann et al. berichten von einem Hersteller technischer Produkte, der nach dem Hinweis auf Imitate der eigenen Produkte zahlreiche Anrufe besorgter Kunden erhielt [Wil07]. Durch eine falsche Kommunikation kann ungewollt offengelegt werden, dass die Originalprodukte imitiert werden können und so weitere Imitatoren für den Nachbau motiviert werden.

Vereine und Verbände sind bereits seit Längerem im Kampf gegen Produkt- und Markenpiraterie aktiv und führen ebenfalls Aufklärungskampagnen durch. In Kapitel 1.7 sind bereits die wesentlichen Akteure genannt worden. Das sind:

- der Aktionskreis gegen Produkt- und Markenpiraterie e. V. (APM),
- die Initiative „Business Action to Stop Counterfeiting and Piracy" – kurz: BAS-CAP – der Internationalen Handelskammer (ICC),
- die Aktion Plagiarius e. V.,
- der Bundesverband Informationswirtschaft, Telekommunikation und neue Medien e. V. (BITKOM),
- der Zentralverband Elektrotechnik- und Elektronikindustrie e. V. (ZVEI) und
- der Verband Deutscher Maschinen- und Anlagenbau e. V. (VDMA).

Ein Beispiel für eine **Verbandskampagne** ist „ProOriginal: Choose the Original – Choose Success" des VDMA. Sie richtet sich direkt an Industriekunden und verdeutlicht, dass es im Interesse der Käufer ist, Originalware zu erwerben [VDMA11-ol]. Im Kampf gegen Produktpiraterie bündeln Verbände die Aktivitäten einzelner Unternehmen und erhöhen so die Durchschlagskraft der Maßnahmen. Weiterhin finden die Anliegen von Verbänden bei politischen Entscheidungsträgern schneller Gehör als einzelne Unternehmen. So kann der Kampf gegen illegale Imitationen auf die politische Ebene gehoben werden. Ein Beispiel ist die Initiierung der Forschungsoffensive „Innovationen gegen Produktpiraterie" auf Initiative des VDMA.

PRAXISBEISPIEL: „Sehen Sie nicht länger schweigend zu" – Anwendung kommunikativer Schutzmaßnahmen

Tim Karg

Ausgangslage und Handlungsbedarf

Immer mehr Unternehmen setzen auf Kommunikation im Kampf gegen Piraten. So auch in der Investitionsgüterindustrie. Doch die Umsetzung eines kommunikativen Feldzugs ist häufig schwieriger als gedacht, denn hier funktionieren Lösungen von der Stange meist nicht – nur sehr sorgfältig individuell abgestimmte Maßnahmen führen zum Erfolg. Workshops und Vorträge der Agentur Karg und Petersen sind daher für viele Unternehmen ein erster Schritt auf dem Weg zu einer erfolgreichen Strategie gegen Fälschungen.

Ein typisches Beispiel aus unserer Praxis: Ein deutscher Maschinenbauer erfuhr von Vertriebspartnern, dass immer wieder günstige Imitationen seiner Produkte auftauchen. Servicemitarbeiter berichteten zudem von verdächtigen Ersatzteilen, die während Wartungsarbeiten bei Kunden entdeckt wurden. Auf einem unserer Vorträge lernte der Hersteller unsere „Anti-Piracy Communications" kennen (Bild 1).

Bild 1 DR. TIM KARG bei einem Vortrag zu „Anti-Piracy Communications"

Die Lösung

Als erste Maßnahme wurde ein schnell einsatzbereites Reporting-System eingerichtet und gezielt beworben. Der Aufbau diverser Kontaktmöglichkeiten ermöglichte das Sammeln neuer Hinweise. Damit konnte wertvolles Know-how über die Imitatoren generiert werden. Zudem schafften unter anderem Hinweise von Vertriebspartnern die Basis für ein erfolgreiches rechtliches Vorgehen gegen den illegalen Nachbau. Durch Kommunikation konnte auch die Wirkung erfolgreicher Razzien deutlich multipliziert werden – die Händler vor Ort erfuhren, welche Konsequenzen illegale Geschäfte mit Imitatoren haben können. Weiterhin haben wir Schulungen für Zollbeamte durchgeführt, damit diese zukünftig in der Lage sind, illegale Nachbauten der Ersatzteile des Herstellers schneller zu erkennen. Außerdem war von zentraler Bedeutung, Vertriebs- und Servicemitarbeiter mit Informationsmaterialien auszustatten, die diese an ihre Kunden weitergeben konnten.

Bei diesem Vorgehen stehen nicht die klassischen Instrumente der Massenkommunikation im Vordergrund. Denn wer sich zu offensiv mit Piraterie in Verbindung bringt, verunsichert möglicherweise eigene Kunden oder liefert den Imitatoren wichtige Informationen frei Haus. Vielmehr empfehlen sich

Spezialmaßnahmen, die exakt auf bestimmte Zielgruppen abgestimmt sind: Dabei kann es sich etwa um die gezielte Aufklärung ausgewählter Handelspartner handeln oder auch um eine breit angelegte Informationskampagne bei Zoll und Behörden. Mit einzelnen, individuell anpassbaren Bausteinen schaffen wir für jeden Hersteller genau die Anti-Piraterie-Kommunikation, die er braucht. So werden Kosten eingespart, und das hilft auch, Information genau zu steuern und eventuell negative Berichterstattung zu vermeiden. ∎

■ 2.11 Zusammenfassung Kapitel 2

Martin Kokoschka

Der Produktlebenszyklus erstreckt sich von der ersten Geschäftsidee bis zur Rücknahme oder Entsorgung des Produktes. Ein präventiver Produktschutz muss den gesamten Produktlebenszyklus umfassen und bereits in der ersten Phase der Produktentstehung, der Strategischen Produktplanung, ansetzen. Er kann nur durch ein aufeinander abgestimmtes Bündel von Schutzmaßnahmen, sogenannte Schutzkonzeptionen, erreicht werden.

Schutzmaßnahmen können in **strategische**, **produkt-** und **prozessbezogene**, **kennzeichnende**, **informationstechnische**, **rechtliche** und **kommunikative** Maßnahmen unterteilt werden. Strategische Schutzmaßnahmen sind langfristig orientiert, setzen in einer frühen Phase der Produktentstehung an und bilden den Rahmen für die Produkt- und Produktionssystementwicklung unter Gesichtspunkten des Produktschutzes. Maßnahmen am Produkt wie der Einbau selbstzerstörender Elemente erschweren das Reverse Engineering. Durch den Einsatz innovativer Fertigungsverfahren im Produktionsprozess können schwer kopierbare Bauteilgeometrien und -eigenschaften hergestellt werden. Informationstechnische Maßnahmen verhindern z.B. den unberechtigten Zugriff auf Daten. Kennzeichnende Maßnahmen ermöglichen die Beweisführung im Schadensfall und geben Orientierung im Kaufprozess. Schutzrechte können als Patente, Gebrauchsmuster, Geschmacksmuster und Kennzeichenrechte angemeldet werden. Kommunikative Maßnahmen definieren den Umgang mit Informationen zum Thema Produktpiraterie im Unternehmen und in der Kommunikation mit der Öffentlichkeit.

Wir unterscheiden Unternehmensstrategien, Geschäftsstrategien und Substrategien. Beispiele für Substrategien sind die Produkt- und Fertigungsstrategie. Produktschutz muss in der Unternehmensstrategie verankert werden. Auf dieser Ebene werden auch schützenswerte Kernkompetenzen des Unternehmens definiert. Die Bestimmung der strategischen Stoßrichtung im Kampf gegen Produktpiraterie und die Ausgestaltung **strategischer Maßnahmen** sollten allerdings auf Ebene der Geschäfts- und Substrategien erfolgen, da in der Regel das Risiko der Produktpiraterie nicht in allen Geschäftsfeldern gleich ausgeprägt sein wird. Folglich werden je Geschäftsfeld oder sogar je Produkt unterschiedliche Maßnahmen für den Produktschutz zu ergreifen sein. Beispiele für strategische Schutzmaßnahmen sind das Anbieten von Kombinationen aus Produkt und Dienstleistung (sogenannte hybride Leistungsbündel), das Anstreben einer hohen Fertigungstiefe und selektive Vertriebssysteme.

Produktbezogene Maßnahmen müssen in der Produktentwicklung ausgewählt werden. In der Produktentwicklung unter Gesichtspunkten des Produktschutzes geht es im Wesentlichen um den Schutz des im Entwicklungsprozess verwendeten und entstehenden Know-hows und die Erstellung einer imitationsrobusten Produktkonzeption. Eine imitationsrobuste Produktkonzeption beinhaltet Maßnahmen zum Schutz des gesamten Produktes oder einzelner Produktkomponenten wie Ersatzteile. Zur Verfügung stehende Schutzmaßnahmen sind hier unter anderem die Funktionsintegration und das Anbieten von Produktvarianten sowie die De-Standardisierung, Black-Box-Bauweise und das Vorsehen einer gegenseitigen Authentifizierung von Ersatzteilen und Maschine.

Prozessbezogene Maßnahmen betreffen vor allem Fertigungsprozesse und müssen bei der Produktionssystementwicklung berücksichtigt werden. Diese Maßnahmen umfassen auch Aktivitäten in den späteren Phasen des Produktlebenszyklus, insbesondere in der Distribution von Produkten sowie deren Nutzung und Entsorgung. Hier kommen unter anderem additive Fertigungsverfahren zur Herstellung komplexer Bauteilgeometrien, die vollständige Überwachung des Produktionsprozesses, die Rückverfolgung des Sendungsverlaufs bei der Warendistribution sowie die Rücknahme des Produktes nach seiner Nutzung durch den Originalhersteller zum Einsatz.

Durch **kennzeichnende Maßnahmen** werden Originalprodukte oder Verpackungen mit einer Markierung versehen. Diese soll es befugten Personen ermöglichen, Originale und Imitate sicher zu erkennen [Fuc06, S. 262]. Der Einsatz dieser Maßnahmen hat in jüngster Vergangenheit stark zugenommen: Sie sind ausgereift, zumeist relativ kostengünstig und bieten eine erste Hürde, die so mancher Imitator scheut. Das Angebot an kennzeichnenden Maßnahmen ist vielfältig, sie können jedoch anhand der Kriterien: Sichtbarkeit, Sicherheitsniveau, Speicherbarkeit von Informationen und Art der Prüfung/Verifikation unterschieden werden. Ein Beispiel für eine sichtbare Kennzeichnung ist das Hologramm. Die Art der speicherbaren Informationen reicht von Ziffern und Zeichen (z. B. der 2-D-Barcode) bis hin zu umfassenden Daten wie Fließtext (z. B. RFID). Der Großteil der Maßnahmen kann nur einmalig mit Informationen beschrieben werden; RFID-Chips hingegen sind wiederbeschreibbar, sodass über den gesamten Produktlebenszyklus hinweg Daten ergänzt oder verändert werden können. Das ermöglicht ein ununterbrochenes

Tracking & Tracing, erfordert aber auch einen Schutz der Daten vor Manipulation. Die Prüfung kennzeichnender Maßnahmen kann optisch, hilfsmittelbasiert und forensisch erfolgen [MS05, S. 35]. Bei der optischen Prüfung kommen ausschließlich das menschliche Auge und Tageslicht zum Einsatz. Die hilfsmittelbasierte Prüfung erfolgt unter Einsatz einfacher Hilfsmittel wie Lupen bis zur Verwendung von stationären Spektralmessgeräten. Mittels Forensik lassen sich eindeutige und gerichtsverwertbare Aussagen im Labor ermitteln.

Die steigende Bedeutung der Informationstechnik in den Erzeugnissen des Maschinen- und Anlagenbaus und verwandter Branchen wie der Automobilindustrie geht mit einem vermehrten Einsatz von Informationstechnik zum Schutz von Produkten und Systemen einher. **Informationstechnische Maßnahmen** umfassen alle Phasen des Produktlebenszyklus. Beispiele für IT-Maßnahmen sind die Reduktion von Informationen bei der Weitergabe von CAD-Modellen, die Verschlüsselung vertraulicher Dokumente oder E-Mails, rollenbasierte Zugangskontrollen zu IT-Systemen und Räumlichkeiten sowie der Schutz der Steuerungssoftware von Produktionsmaschinen.

Eine Entscheidungsunterstützung bei der Auswahl geeigneter informationstechnischer Schutzmaßnahmen bieten die „IT-Grundschutz-Kataloge" des BUNDESAMTES FÜR SICHERHEIT IN DER INFORMATIONSTECHNIK (BSI). Darin werden Gefährdungen und Gegenmaßnahmen aufgezeigt. So werden z. B. zur Minimierung der Gefährdung des unberechtigten Kopierens von Datenträgern unter anderem digitale Signaturen und der Schutz vor der nachträglichen Veränderung von Informationen vorgeschlagen.

Für die Anwendung **rechtlicher Maßnahmen** ist vorab die Frage zu beantworten, ob eine Neuentwicklung oder auch Teile davon besser durch Geheimhaltung oder durch die Anmeldung von Schutzrechten geschützt werden können. Bei gewerblichen Schutzrechten wird zwischen Rechten unterschieden, die sich auf die Technik (vor allem Patent und Gebrauchsmuster), auf die ästhetische Gestaltung bzw. schöpferische Leistung (Geschmacksmuster und Urheberrecht) und auf die Kennzeichnung (vor allem Marken) beziehen.

Sollen Schutzrechte verwertet werden, kommen vor allem Lizenzverträge zum Einsatz. Über Lizenzen wird Dritten ein Recht eingeräumt, den unter das Schutzrecht fallenden Gegenstand zu nutzen. Einer Anmeldung von Schutzrechten muss deren konsequente Durchsetzung folgen. Zur Schutzrechtsdurchsetzung dienen vor allem die Grenzbeschlagnahme, außergerichtliche und gerichtliche Durchsetzungsmöglichkeiten sowie strafrechtliche Sanktionen.

Kommunikative Schutzmaßnahmen regeln den unternehmensinternen und -externen Umgang mit schützenswerten Informationen über Produkte und Prozesse. Eine wesentliche unternehmensinterne kommunikative Schutzmaßnahme ist das Aufstellen von Kommunikationsregeln. Diese legen fest, wie restriktiv mit schützenswerten Informationen im Unternehmen umgegangen wird.

Kommunikative Schutzmaßnahmen in der Öffentlichkeit adressieren vor allem den Umgang mit schützenswerten Informationen in der Kommunikation mit Geschäftspartnern wie Zulieferern und Kunden und die öffentliche Haltung des Unternehmens zur Produktpiraterie. Beispiele für kommunikative Maßnahmen sind der bewusste Verzicht auf die Angabe detaillierter Informationen in Angebotsunterlagen sowie das Durchführen von Aufklärungskampagnen über Produktpiraterie durch Unternehmen, Verbände und Vereine.

■ Literatur zu Kapitel 2

[3S11-ol]   Simons Security Systems GmbH: Secutag Referenzen. Unter: http://www. 3sgmbh.com/referenzen.htm, 8. Juni 2011

[AAA+10]   Abele, E.; Albers, A.; Aurich, J. C.; Günthner, W. A. (Hrsg.): Wirksamer Schutz gegen Produktpiraterie im Unternehmen – Piraterierisiken erkennen und Schutzmaßnahmen umsetzen. Band 3 der Reihe „Innovationen gegen Produktpiraterie", VDMA Verlag, Frankfurt am Main, 2010

[AKL11]   Abele, E.; Kuske, P.; Lang, H.: Schutz vor Produktpiraterie – Ein Handbuch für den Maschinen- und Anlagenbau. Springer-Verlag, Berlin, Heidelberg, 2011

[AOW10]   Abramovici, M.; Overmeyer, L.; Wirnitzer, B. (Hrsg.): Kennzeichnungstechnologien zum wirksamen Schutz gegen Produktpiraterie. Band 2 der Reihe „Innovationen gegen Produktpiraterie", VDMA Verlag, Frankfurt am Main, 2010

[Bay11]   Bayerischer Unternehmensverband Metall und Elektro e. V. (bayme vbm): Strategien zur Piraterieabwehr für den Mittelstand, 2011

[Ber96]   Berliner Zeitung: Abgehört. 22. Januar 1996

[Bit10-ol]   Bundesverband Informationswirtschaft, Telekommunikation und neue Medien e. V. (BITKOM): Thin Client & Server Based Computing. Unter: http:// www.bitkom.org/files/documents/ThinClient_Desktop-Strategie.pdf, 21. März 2012

[Bri10]   Brink, V.: Verfahren zur Entwicklung konsistenter Produkt- und Technologiestrategien. Dissertation, Fakultät für Maschinenbau, Universität Paderborn, HNI-Verlagsschriftenreihe, Band 280, 2010

[BSI12a-ol] Bundesamt für Sicherheit in der Informationstechnik: IT-Grundschutz. Unter: https://www.bsi.bund.de/DE/Themen/ITGrundschutz/itgrundschutz_node.html, 20. Januar 2012

[BSI12b-ol] Bundesamt für Sicherheit in der Informationstechnik: Unberechtigtes Kopieren der Datenträger. Unter: https://www.bsi.bund.de/ContentBSI/grundschutz/kataloge/g/g05/g05029.html, 20. Januar 2012

[Bun08]   Bundesamt für Verfassungsschutz: Braucht Ihr Sicherheitsbewusstsein ein Update? 3. Sicherheitstagung des BfV und der ASW am 11. Dezember 2008 in Köln

[Bun11-ol] Bundesamt für Verfassungsschutz: Wirtschaftsspionage – Bedrohungs-
potential für die Unternehmen. Unter: http://www.verfassungsschutz.de/
de/arbeitsfelder/af_spionageabwehr_und_geheimschutz/af_wirtschaftsschutz/,
9. August 2011

[Dan99] Dangelmaier, W.: Produktion und Information – System und Modell. Springer-Verlag, Berlin, 1999

[DIHK10] Deutscher Industrie- und Handelskammertag (DIHK), Aktionskreis
Deutsche Wirtschaft gegen Produkt- und Markenpiraterie e. V. (APM):
Studie des DIHK und des APM zu Produkt- und Markenpiraterie in China. 2010

[Dor09] Dormann, B.: Strategien und Anwendungsfelder technischer Schutzmaßnahmen zur Bekämpfung von (Produkt-)Piraterie. Diplomarbeit, Lehrstuhl für
Technologie- und Innovationsmanagement, Philipps-Universität Marburg, 2009

[Epy11-ol] Epyxs GmbH: Anwendungsbeispiel von ClusterCode. Unter: http://www.epyxs.
com/cms/servlet/Query?node=297&language=1, 24. Oktober 2011

[Eur11-ol] Euro-Log: Lufthansa Technik Logistik GmbH. Unter: http://www.eurolog.com/
de/loesungswelt/distribution/allgemein/, 15. Juni 2011

[Foc10-ol] Focus: Die verkaufte Karriere. Unter: http://www.focus.de/finanzen/karriere/
arbeitsrecht/tid-17972/wettbewerbsverbote-die-verkaufte-karriere_aid_500663.
html, 21. Juli 2011

[For12-ol] Forum Gesellschaft für Informationssicherheit mbH: GenoBankIT – Der
IT-Sicherheitsmanager. Unter: https://www.forum-is.de/software/dokumente/
GenoBankSafe-IT-Prospekt.pdf, 26. März 2012

[Fra08a-ol] Fraunhofer-Institut für Produktionstechnologie (IPT): Fixkostenintensive Fertigungsverfahren. Unter: http://www.produktpiraterie.fraunhofer.de/
Fixkosten.htm, 28. Juni 2011

[Fra08b-ol] Fraunhofer-Institut für Produktionstechnologie (IPT): Funktionale
Black Boxes. Unter: www.produktpiraterie.fraunhofer.de/Funktionale_Black_
Boxes.htm, 15. August 2011

[Fuc06] Fuchs, H. J. (Hrsg.): Piraten, Fälscher und Kopierer – Strategien und Instrumente zum Schutz geistigen Eigentums in der Volksrepublik China. Betriebswirtschaftlicher Verlag Dr. Th. Gabler, Wiesbaden, 2006

[Gei11-ol] GE Inspection Technologies: Vermietung von Ausrüstungsgegenständen.
Unter: http://www.geinspectiontechnologies.com/de/services/rental.html,
20. Juli 2011

[GLR+00] Gausemeier, J.; Lindemann, U.; Reinhart, G.; Wiendahl, H.-P.: Kooperatives
Produktengineering – Ein neues Selbstverständnis des ingenieurmäßigen Wir-
kens. HNI-Verlagsschriftenreihe, Band 79, 2000

[GPW09] Gausemeier, J.; Plass, C.; Wenzelmann, C.: Zukunftsorientierte Unterneh-
mensgestaltung – Strategien, Geschäftsprozesse und IT-Systeme für die Produktion von morgen. Carl Hanser Verlag, München, 2009

[Gün10]   GÜNTHNER, W. A. (Hrsg.): Integrierter Produktpiraterieschutz durch Kennzeichnung und Authentifizierung kritischer Bauteile im Maschinen- und Anlagenbau – Leitfaden zum Schutz vor Produktpiraterie durch Bauteilkennzeichnung. Technische Universität München, München, 2010

[Hei06-ol] HEISE ONLINE: An die Kette gelegt. Unter: http://www.heise.de/mobil/artikel/Schutzmassnahmen-gegen-den-Notebook-Diebstahl-223341.html, 23. Januar 2012

[HSS06]   HOMBURG, C.; SCHÄFER, H.; SCHNEIDER, J.: Sales Excellence – Vertriebsmanagement mit System. 4. Auflage, Betriebswirtschaftlicher Verlag Dr. Th. Gabler, Wiesbaden, 2006

[Ibe11]   IBES SYSTEMHAUS GmbH: Manipulationsgeschützte Transportverfolgung und wartungsfreie Langzeitortung. Vortrag anlässlich des 10. Chemnitzer Technologieforums am 3. November 2011, Chemnitz

[Ige08-ol] IGEL TECHNOLOGY: Pionierarbeit: CAD mit IGEL Thin Clients. Unter: http://www.igel.com/de/unternehmen/presse-medien/pressemitteilungen/einzelansicht/article/pionierarbeit-cad-mit-igel-thin-clients.html, 21. März 2012

[IHK11-ol] INDUSTRIE- UND HANDELSKAMMER FRANKFURT AM MAIN: Geheimhaltungsvereinbarungen. Unter: http://www.frankfurt-main.ihk.de/recht/mustervertrag/geheimhaltungsvereinbarung/index.html, 21. Juli 2011

[ISO27000] INTERNATIONAL ORGANIZATION FOR STANDARDIZATION: ISO/IEC 27000:2009, Information security management systems – Overview and vocabulary. 2009

[ISO27001] INTERNATIONAL ORGANIZATION FOR STANDARDIZATION: ISO/IEC 27001:2005, Information security management systems – Requirements. 2005

[ISO27002] INTERNATIONAL ORGANIZATION FOR STANDARDIZATION: ISO/IEC 27002:2005, Code of practice for information security management. 2005

[ISO27003] INTERNATIONAL ORGANIZATION FOR STANDARDIZATION: ISO/IEC 27003:2010, Information security management system implementation guidance. 2010

[ISO27004] INTERNATIONAL ORGANIZATION FOR STANDARDIZATION: ISO/IEC 27004:2009, Information security management – Measurement. 2009

[ISO27005] INTERNATIONAL ORGANIZATION FOR STANDARDIZATION: ISO/IEC 27005:2008, Information security risk management. 2008

[ISO27006] INTERNATIONAL ORGANIZATION FOR STANDARDIZATION: ISO/IEC 27006:2007, Requirements for bodies providing audit and certification of information security management systems. 2007

[ISO27007] INTERNATIONAL ORGANIZATION FOR STANDARDIZATION: ISO/IEC 27007:2011, Guidelines for information security management systems auditing. 2011

[ISO27011] INTERNATIONAL ORGANIZATION FOR STANDARDIZATION: ISO/IEC 27011:2008, Information security management guidelines for telecommunications organizations based on ISO/IEC 27002. 2008

[Itp11-ol] IT-PRODUCTION: Innovationen gegen Imitate. Unter: http://www.it-production.com/index.php?seite=einzel_artikel_ansicht&id=39360, 22. Juni 2011

[Kar10]   KARG UND PETERSEN AGENTUR FÜR KOMMUNIKATION GMBH (Hrsg.): Ergebnis-
            bericht zur Studie – Piraterieebekämpfung als Wettbewerbsfaktor. Karg und Pe-
            tersen Agentur für Kommunikation, Tübingen, 2010

[Kic07]   KICK, A.: Intelligente Dokumente – Keine Chance für Know-how-Piraten. The
            Realtime Company, Nürnberg, 2007

[KKL10]   KLEINE, O.; KREIMEIER. D.; LIEBERKNECHT, N. (Hrsg.): Piraterierobuste Gestal-
            tung von Produkten und Prozessen. Band 1 der Reihe „Innovationen gegen Pro-
            duktpiraterie", VDMA Verlag, Frankfurt am Main, 2010

[Mac08-ol] MACWELT: Die selbstzerstörende DVD. Unter: http://www.macwelt.de/arti
            kel/_News/356329/die_selbstzerstoerende_dvd/1, 23. Januar 2012

[Mei10]   MEIMANN, V.: Ein Beitrag zum ganzheitlichen Know-how-Schutz von virtuellen
            Produktmodellen in Produktentwicklungsnetzwerken. Dissertation, Ruhr-Uni-
            versität Bochum, Shaker Verlag, Aachen, 2010

[Mei11]   MEIWALD, T.: Konzepte zum Schutz vor Produktpiraterie und unerwünschtem
            Know-how-Abfluss. Dissertation, Fakultät für Maschinenwesen, Technische Uni-
            versität München, München, 2011

[Mic06]   MICHELS, J. S.: Integrative Spezifikation von Produkt- und Produktionssystem-
            konzeptionen. Dissertation, Fakultät für Maschinenbau, Universität Paderborn,
            HNI-Verlagsschriftenreihe, Band 196, 2006

[Mic12-ol] MICROSOFT CORPORATION: Schützen von Dokumenten, Arbeitsmappen oder
            Präsentationen durch Kennwörter, Berechtigungen und andere Einschränkun-
            gen. Unter: http://office.microsoft.com/de-de/word-help/schutzen-von-doku
            menten-arbeitsmappen-oder-prasentationen-durch-kennworter-berechtigungen-
            und-andere-einschrankungen-HA010354324.aspx, 27. März 2012

[MS05]   MALIK, H.; SCHINDLER, S.: Fälschungssichere Verpackungen – Sicherheitstech-
            nologien und Produktschutz. Hüthig Verlag, Heidelberg, 2005

[MSS+08]   MBANG, S.; STAHL, K.; SPRECHER, G.; SCHULZE, H.; BÄUERLE, F.: Abteilungs-
            übergreifende Kooperation zwischen Standards und informeller Zusammenar-
            beit – Ergebnisse einer Fallstudie bei der Daimler AG. Fachhochschule Nord-
            westschweiz, 2008

[Nok11-ol] NOKIA: Akkus mit Hologramm. Unter: www.nokia.de/A41768950, 8. Juni 2011

[NPS10]   NASS, A.; PETERMANN, M.; SCHENKL, S.: Vermeidung von ungewollten Trans-
            fers von Know-how in CAD-Modellen. CiDaD-Working Paper Series 1 (2010),
            2010, S. 2

[Opu11-ol] O-PUR: Produktkennzeichnung und Identifikation mit Matrixcodes. Unter:
            http://www.opur-secure.de/cms/servlet/Query?node=43668&language=1, 7. Juli
            2011

[Pel04]   PELZ, W.: Strategisches und Operatives Marketing – Ein Leitfaden zur Erstel-
            lung eines professionellen Marketingplans. Books on Demand Verlag, Nor-
            derstedt, 2004

[PLM09-ol] PLM IT: Know-how-Schutz durch Hüllgeometrie. Unter: http://www.plm-it-business.de/Artikel_dId_442840_.htm, 15. Juni 2011

[Pro09-ol] PRO-WIRTSCHAFT-GT: Ansätze zum Schutz vor Produktfälschungen bei CLAAS. Unter: http://www.pro-wirtschaft-gt.de/fileadmin/media/bilder/Wirtschaft/Innovation/Innovation_foerdern_und_schuetzen/pro-Wirtschaft-GT_Claas_Schmidt-Roman.pdf, 26. Mai 2011

[REF87] REFA – VERBAND FÜR ARBEITSSTUDIEN UND BETRIEBSORGANISATION e.V. (Hrsg.): Methodenlehre der Betriebsorganisation – Planung und Gestaltung komplexer Produktionssysteme. Carl Hanser Verlag, München, 1987

[Sch12-ol] SCHREINER PROSECURE: Sicher unterwegs, mit Originalteilen von Bosch. Unter: http://www.schreiner-prosecure.com/index.php?id=2139&L=0, 9. März 2012

[SF08] STAAKE, T.; FLEISCH; E.: Countering Counterfeit Trade – Illicit Market, Best-Practice Strategies, and Management Toolbox. Springer-Verlag, Berlin, 2008

[Spi11-ol] SPIEGEL: So arbeitet Apples Spionageabwehr. Unter: http://www.spiegel.de/netzwelt/gadgets/0,1518,789792,00.html, 11. Oktober 2011

[STL11-ol] STIHL: STIHL warnt vor Fälschungen. Unter: http://www.stihl.de/marken-und-produktpiraterie.aspx, 18. Juli 2011

[Sto10] STOLL, K.: Planung und Konzipierung von Marktleistungen. Dissertation, Fakultät für Maschinenbau, Universität Paderborn, HNI-Verlagsschriftenreihe, Band 270, 2010

[VDMA11-ol] VERBAND DEUTSCHER MASCHINEN- UND ANLAGENBAU e.V. (VDMA): VDMA-Kampagne ProOriginal. Unter: http://www.vdma.org/wps/portal/Home/de/VDMAThemen/Politik_und_Initiativen/VDMA-Kampagne_ProOriginal/VDMA-Kampagne_ProOriginal?WCM_GLOBAL_CONTEXT=/vdma/Home/de/VDMAThemen/Politik_und_Initiativen/VDMA-Kampagne_ProOriginal/VDMA-Kampagne_ProOriginal, 4. Juli 2011

[VDMA12-ol] VERBAND DEUTSCHER MASCHINEN- UND ANLAGENBAU e.V. (VDMA): VDMA-/BDI-Umfrage zur IT-Security. Unter: http://www.vdma.org/informations-sicherheit, 20. Januar 2012

[Wal04] WALDENMAIER, S.: „Tracking und Tracing". Funkschau, 10/11-2004, 2004

[Wel09-ol] WELT.DE: „Hologramm als Echtheits-Siegel in Stahl gesprengt". Unter: http://www.welt.de/wissenschaft/innovationen/article3974657/Hologramm-als-Echtheits-Siegel-in-Stahl-gesprengt.html, 22. Juni 2009

[WG07] WELSER, M. v.; GONZÁLES, A.: Marken- und Produktpiraterie – Strategien und Lösungsansätze zu ihrer Bekämpfung. Wiley-VCH Verlag, Weinheim, 2007

[Wil97] WILDEMANN, H.: Fertigungsstrategien – Reorganisationskonzepte für eine schlanke Produktion und Zulieferung. 3., überarbeitete Auflage, TCW Transfer-Centrum-Verlag, München, 1997

[Wil07]   WILDEMANN, H. (Sprecher); ANN, C.; BROY, M.; GÜNTHNER, W. A.; LINDEMANN, U.: Plagiatschutz – Handlungsspielräume der produzierenden Industrie gegen Produktpiraterie. TCW Transfer-Centrum-Verlag, München, 2007

[Win10]   WINZENRIED, O.: Pro-Protect – Produktpiraterie verhindern mit Software-schutz. In: Gausemeier, J. (Hrsg.): Innovationen gegen Produktpiraterie – Produktschutz kompakt. Hans Gieselmann Druck und Medienhaus, Bielefeld, 2010

[Wir11-ol]   WIRTSCHAFTSLEXIKON24: Produktvariante. Unter: http://www.wirtschafts lexikon24.net/d/produktvariante/produktvariante.htm, 6. Dezember 2011

3 Von der Bedrohung zu wirkungsvollen Schutzkonzeptionen

Eine Schutzkonzeption ist ein aufeinander abgestimmtes Bündel an Schutzmaßnahmen, das optimal auf eine unternehmensspezifische Pirateriegefährdung zugeschnitten ist. Dieses Kapitel zeigt, wie solche Schutzkonzeptionen erarbeitet werden können. Kapitel 3.1 stellt einen generischen Handlungsrahmen zur Entwicklung von Schutzkonzeptionen vor, der unternehmensspezifisch ausgeprägt werden kann. In Kapitel 3.2 werden vier Ansätze diskutiert, die bereits vor Beginn der Forschungsoffensive „Innovationen gegen Produktpiraterie" in der Literatur weitverbreitet waren. Im Zentrum des Kapitels 3 steht die „Bedarfsanalyse Produktschutz". Diese Methode und ihre Anwendung in sechs Unternehmen der Investitionsgüterindustrie werden in den Kapiteln 3.3 bis 3.8 detailliert vorgestellt. Das Kapitel 3.9 zeigt vier weitere Ansätze, die im Schwerpunkt „Entwicklung von Schutzkonzeptionen" der Forschungsoffensive „Innovationen gegen Produktpiraterie" erarbeitet wurden.

■ 3.1 Handlungsrahmen zur Entwicklung von Schutzkonzeptionen

Sebastian Schenkl, Wolfgang Bauer

Zum Schutz vor Einzelbedrohungen im Kontext von Produktpiraterie gibt es eine große Zahl an Schutzmaßnahmen. Einzelschutzmaßnahmen wirken in der Regel nur gegen einzelne Angriffspunkte. Ein umfassender Schutz kann nur durch ein umfassendes Maßnahmenbündel, eine sogenannte Schutzkonzeption, erreicht werden.

Der im Folgenden vorgestellte Handlungsrahmen ist eine abstrakte Beschreibung des Prozesses zur Erarbeitung ganzheitlicher Schutzkonzeptionen. Es befähigt Unternehmen des Maschinenbaus zur Zusammenstellung gefährdungsspezifischer Schutzkonzeptionen gegen Produktpiraterie und unerwünschten Know-how-Abfluss und trägt damit zur Erhaltung der Wettbewerbsfähigkeit bei. Eine unternehmensspezifische, erfolgreich umgesetzte Schutzkonzeption steigert den Unternehmensumsatz durch die Reduzierung auftretender Nachahmungen, führt zu Kosteneinsparungen durch vermiedene Investitionen in unwirksame Schutzmaßnahmen und fördert darüber hinaus die Verfolgung einer Strategie der Innovationsführerschaft.

Das Vorgehensmodell ist generisch. Generisch im Sinne der Managementrichtlinien der INTERNATIONAL ORGANIZATION FOR STANDARDIZATION (ISO) bedeutet, dass dasselbe Modell in jeder Organisation, unabhängig von seiner Größe, für Produkte und Services sowie in einer Vielzahl an Branchen angewendet werden kann [ISO11-ol]. Das Vorgehensmodell ist angelehnt an die ISO-Managementrichtlinien und basiert auf dem Plan-Do-Check-Act-Zyklus (PDCA) (Bild 3-1).

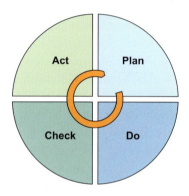

Bild 3-1 PDCA-Zyklus in Anlehnung an [ISO11-ol]

- **Plan:** Definition der Zielvorgabe und Aufstellung eines Plans zur Zielerreichung. Dazu dienen unter anderem eine Situationsanalyse und das Setzen von Zwischenzielen.
- **Do:** Umsetzung der Pläne.
- **Check:** Messung der erzielten Resultate durch Abgleich, zu welchem Grad die geplanten Ziele erreicht wurden.
- **Act:** Korrektur und Verbesserung der Pläne sowie Umsetzung der Verbesserungen, Lernen aus den begangenen Fehlern, um die Pläne zu verbessern und in Zukunft bessere Resultate zu erhalten.

Das Vorgehensmodell umfasst empfohlene, aber nicht zwingend notwendige Schritte, die zur Erstellung, Umsetzung und Evaluation einer Schutzkonzeption gegen Produktpiraterie dienen könnte (Bild 3-2). Hierdurch wird eine breite Anwendbarkeit des Vorgehens sichergestellt.

Die Darstellung der einzelnen Schritte gibt Hinweise auf eine mögliche Umsetzung, erlaubt dem Anwender jedoch auch, das Vorgehen für seine spezifische Unternehmenssituation zu adaptieren. Das Vorgehen umfasst:

Bild 3-2 Generisches Vorgehensmodell zur Entwicklung von Schutzkonzeptionen

1) Klärung von Anforderungen an die Schutzkonzeption

In diesem Schritt werden die Ziele der Schutzkonzeption definiert. Die zu beantwortende Frage ist hierbei, was mit der Schutzkonzeption erreicht werden soll. Weiterhin wird in diesem Schritt das Projektteam zusammengestellt und es werden zur Verfügung stehende Ressourcen allokiert.

2) Gefährdungs- und Risikoanalyse

Die Unternehmenssituation wird detailliert analysiert hinsichtlich der Stärken, Schwächen und Risiken im Kontext von Produktpiraterie. Untersuchungsaspekte sind hierbei unter anderem die Unternehmensstrategie, Produkte und deren Produktionsprozesse, Technologien, aktuell implementierte Schutzmaßnahmen und deren Implementierungsstatus, auftretende Nachahmungen und der dadurch entstandene Schaden, Unternehmens-Know-how, Zulieferer, Kunden, Märkte oder die Wettbewerbssituation.

3) Auswahl von Schutzmaßnahmen

In diesem Schritt werden die einzusetzenden Schutzmaßnahmen ausgewählt. Dieser Schritt kann durch eine Logik zur Auswahl von Maßnahmen unterstützt werden.

4) Weiterentwicklung von Schutzmaßnahmen

Für eine optimale Wirkung der Schutzkonzeption werden die vorhandenen Maßnahmen auf die individuellen Einsatzrandbedingungen angepasst sowie neue Schutzmaßnahmen entwickelt. Der Entwicklungsbedarf wird im vorangegangenen Schritt aufgezeigt.

5) Kombination ausgewählter Einzelmaßnahmen zu Schutzkonzeptionen

Aus den Einzelmaßnahmen werden konsistente Schutzkonzeptionen zusammengestellt. Hierbei müssen die gegenseitigen Wechselwirkungen zwischen Maßnahmen, z. B. durch Aufstellung einer Einflussmatrix, berücksichtigt werden. Im günstigsten Fall unterstützen sich Maßnahmen in ihrer Wirkung gegenseitig. Maßnahmen können sich jedoch auch gegenseitig in ihrer Wirkung negativ beeinflussen. Der dritte Fall ist, dass sich Schutzmaßnahmen gegenseitig nicht beeinflussen. Schutzkonzeptionen enthalten bereits im Unternehmen implementierte Maßnahmen, teilweise implementierte Maßnahmen sowie noch nicht implementierte Maßnahmen.

6) Evaluierung möglicher Schutzkonzeptionen

Die aufgestellten Schutzkonzeptionen werden auf die Effizienz und Effektivität geprüft, mit welcher die identifizierten Bedrohungen abgewendet werden können. Basis für die Betrachtungen ist die analysierte Risiko- und Bedrohungssituation. In diesem Schritt wird überprüft, wie die identifizierten Risiken und Bedrohungen reduziert, die Schwächen beseitigt sowie die Stärken ausgebaut werden können.

7) Festlegung auf eine Schutzkonzeption

Aus den aufgestellten und evaluierten alternativen Schutzkonzeptionen wird die am besten geeignete ausgewählt. Hierbei kann eine methodische Entscheidungsunterstützung helfen. Eine solche Entscheidungsunterstützung ist z. B. der systematische Abgleich des Potentials der Schutzkonzeptionen mit den eingangs definierten Anforderungen oder ein Vorteil-Nachteil-Vergleich. Weiterhin werden Verantwortlichkeiten zur Umsetzung jeder einzelnen Schutzmaßnahme definiert, das zur Verfügung stehende Budget wird geplant, ein Projektplan zur Umsetzung wird aufgestellt und Controlling-Instrumente werden definiert.

8) Implementierung der Schutzkonzeption

In dieser Phase wird die ausgewählte Schutzkonzeption umgesetzt. Hierbei bieten sich unterschiedliche Strategien an: Die Schutzkonzeption kann sofort für das Gesamtunternehmen umgesetzt werden oder schrittweise über Zwischenstufen. Bei einem abgestuften Vorgehen kann z. B. zuerst eine Schutzkonzeption für einen einzelnen Unternehmensbereich oder eine Produktklasse eingeführt und diese bei Erfolg auf das Gesamtunternehmen ausgeweitet werden.

9) Controlling der implementierten Schutzkonzeption

Nach der Umsetzung der Schutzkonzeption sowie dem Sammeln von ersten Erfahrungen ist zu prüfen, ob durch die eingeführte Schutzkonzeption die im ersten Schritt definierten Ziele erreicht werden können. Weiterhin ist das Verhältnis von Kosten und Nutzen zu prüfen und in regelmäßigen Abständen sind mögliche Veränderungen der Risiko- und Bedrohungssituation zu erfassen. Auf Basis dieser Untersuchungen ist die Schutzkonzeption anzupassen.

In der Praxis ist es nur schwer möglich, die einzelnen Schritte sequenziell hintereinander abzuarbeiten. Iterationen sowie eine Verzahnung der einzelnen Schritte sind unumgänglich.

■ 3.2 Existierende Ansätze zur Entwicklung von Schutzkonzeptionen

Martin Kokoschka

Das folgende Kapitel stellt vier Ansätze zur Entwicklung von Schutzkonzeptionen vor. Die vorgestellten Ansätze waren vor Beginn der Forschungsoffensive „Innovationen gegen Produktpiraterie" die in Literatur und Praxis meistverbreiteten Vorgehensweisen zur Erstellung einer Schutzkonzeption.

FUCHS et al. stellen den Produktschutz als ein Zusammenwirken von juristischen, betriebswirtschaftlichen, technischen und politischen Schutzmaßnahmen dar. Der vorgestellte Prozess ist für ein beliebiges Unternehmen anwendbar, die darin enthaltenen Schutzmaßnahmen sind jedoch auf den chinesischen Markt zugeschnitten. NEEMANN hat in seiner Dissertation eine Methodik zum Schutz gegen Produktimitationen erarbeitet. Die siebenstufige Methodik beinhaltet die Ermittlung der aktuellen Situation und des potentiellen Schadens sowie eine Eignungsbewertung von Schutzmaßnahmen. Mittels einer Kombinationsmatrix werden geeignete Schutzmaßnahmen zu einer konsistenten Schutzkonzeption verknüpft. Die Rechtswissenschaftler VON WELSER und GONZÁLES schlagen für die Entwicklung von Strategien gegen Produktpiraterie ebenfalls ein siebenstufiges Vorgehen vor. Es erstreckt sich von der Analyse der Ausgangssituation bis zur kontinuierlichen Verbesserung der implementierten Produktschutzstrategie. Kernelement einer Schutzstrategie nach VON WELSER und GONZÁLES sind rechtliche Schutzmaßnahmen, die Autoren berücksichtigen jedoch auch technische und organisatorische Maßnahmen sowie Kommunikationsmaßnahmen. Für die Marketingforscher JACOBS, SAMLI und JEDLIK stehen Marketing- und Kommunikationsmaßnahmen zum Schutz vor Produktpiraterie im Vordergrund.

3.2.1 Der Anti-Counterfeiting-Prozess nach FUCHS et al.

FUCHS et al. gehen von der Annahme aus, dass juristische Schutzmaßnahmen einen reaktiven Charakter haben. Sie wirken also erst, wenn der Schaden bereits eingetreten ist. Um Produktschutz erfolgreich betreiben zu können, bedarf es jedoch eines abgestimmten Bündels an präventiven und reaktiven Schutzmaßnahmen. Hier setzt das Vorgehen zur Entwicklung eines integrierten Anti-Counterfeiting-Prozesses nach FUCHS et al. an. Dabei werden juristische, betriebswirtschaftliche, technische und politische Schutzmaßnahmen betrachtet [Fuc06, S. 118]. Die von FUCHS et al. vorgestellten Schutzmaßnahmen sind auf Unternehmen zugeschnitten, die im chinesischen Markt tätig sind. Das vorgeschlagene Vorgehen ist jedoch auch für Unternehmen anwendbar, die in anderen Märkten tätig sind. Der Prozess kann anhand von fünf Phasen dargestellt werden (Bild 3-3).

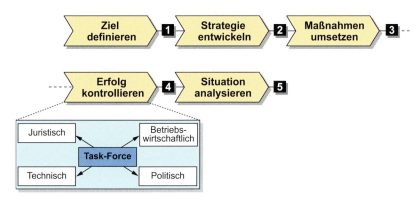

Bild 3-3 Der Anti-Counterfeiting-Prozess nach [Fuc06]

In der Situationsanalyse wird die vorliegende **Pirateriegefährdung** ermittelt. Durch Recherchen im Internet, auf Messen und durch die Befragung eigener Mitarbeiter aus Vertrieb, Service etc. werden die Imitatoren der eigenen Produkte identifiziert. Weiterhin wird festgestellt, welche Schutzrechte verletzt werden und welche Schäden auftreten. Zudem gilt es aufzudecken, welche Strategien die Imitatoren verfolgen. Beispiele für Fälschungsstrategien in China sind die Verwendung ähnlicher Markennamen oder Designs, die räumlich getrennte Herstellung einzelner Komponenten und deren Montage im Ausland und die rasche Anmeldung von nationalen Schutzrechten auf gefälschte Produkte, bevor der Originalhersteller diese angemeldet hat [FW08, S. 19]. Die ermittelten Risiken können nicht gleichzeitig behoben werden. Aus diesem Grund werden sie hinsichtlich ihrer Relevanz für das Unternehmen bewertet und so Risiken identifiziert, die mit hoher Priorität zu behandeln sind. Dafür sind Bewertungskriterien wie die Eintrittswahrscheinlichkeit und die Wirkungsdauer eines Risikos festzulegen [Fuc06, S. 123].

Auf Basis der identifizierten Risiken definiert ein Unternehmen seine **Ziele in der Piraterriebekämpfung**. Es wird festgelegt, ob dem Phänomen mit kurzfristigen Ad-hoc-Maßnahmen oder langfristigen strategischen Maßnahmen begegnet werden soll [Fuc06, S. 119]. Optimalerweise sollte der Produktschutz zukunftsgerichtet erfolgen – d.h., es sollten langfristige Maßnahmen ergriffen werden. Vor diesem Hintergrund schlagen die Autoren vor, sogenannte Fälschungsszenarien zu erarbeiten [Fuc06, S. 158]. Ein Szenario ist eine mögliche Situation in der Zukunft. So ist unter anderem eine Situation vorstellbar, in der Imitatoren in der Lage sind, qualitativ höherwertigere Produkte herzustellen als der Originalhersteller. Das würde zu massiven Umsatzeinbrüchen führen.

In der Strategieentwicklung wird **festgelegt, wie die definierten Ziele erreicht werden sollen** und wie den aus den Szenarien resultierenden Gefahren begegnet werden soll. So kann ein Unternehmen durch die Strategie der Innovationsführerschaft versuchen, Imitatoren immer einen Schritt voraus zu sein. Bei der sogenannten Angriffsstrategie [FW08, S. 20] werden Imitatoren mit allen Mitteln bekämpft. Stuft ein Unternehmen die möglichen Gefahren von Produktpiraterie als verhältnismäßig gering im Vergleich zu den Aufwendungen für den Produktschutz ein, kann eine Strategieoption sein, zunächst nichts zu unternehmen [Fuc06, S. 161]. Damit die gewählte Strategie erfolgreich sein kann, muss sie zur Unternehmensstrategie und zur Unternehmenskultur passen.

Aus der gewählten Strategie gehen die **umzusetzenden Schutzmaßnahmen** hervor. Um einen optimalen Schutz zu erreichen, ist ein abgestimmter Mix aus juristischen, betriebswirtschaftlichen, politischen und technischen Schutzmaßnahmen auszuwählen [Fuc06, S. 165]. Fuchs et al. beschreiben Schutzmaßnahmen aus allen vier genannten Bereichen, auf die ein Unternehmen zurückgreifen kann. Juristische Schutzmaßnahmen bilden die Grundlage für ein späteres rechtliches Vorgehen gegen Imitatoren. Betriebswirtschaftliche Maßnahmen beinhalten z.B. den Schutz der Produktionsprozesse und die Sensibilisierung aller Teilnehmer der Wertschöpfungskette für die Gefahr von Produktpiraterie. Als technische Schutzmaßnahmen werden vor allem Kennzeichnungstechnologien vorgeschlagen. Politische Schutzmaßnahmen können z.B. in Form von Lobbyarbeit durch Vereine und Verbände umgesetzt werden. Die **Maßnahmenumsetzung** wird von einer Task-Force im Unternehmen koordiniert, die auch die zeitliche Abfolge der Maßnahmenumsetzung plant [Fuc06, S. 309].

Der **Erfolg der eingesetzten Maßnahmen** ist regelmäßig zu kontrollieren, um die gewählte Strategie bei einer geänderten Gefährdungslage zeitnah korrigieren zu können. So können auch innovative Schutzmaßnahmen in den bestehenden Maßnahmen-Mix integriert werden. Für die erfolgreiche Umsetzung der Strategie ist das Engagement der Unternehmensleitung unerlässlich [Fuc06, S. 323 ff.].

3.2.2 Methodik zum Schutz gegen Produktimitationen nach NEEMANN

Die Dissertation von C. W. NEEMANN war eine der ersten ingenieurwissenschaftlichen Arbeiten zum Thema Produktschutz. Sie wurde in der Abteilung Technologiemanagement am Fraunhofer-Institut für Produktionstechnologie IPT in Aachen verfasst. NEEMANN schlägt zum Schutz vor Produktimitationen ein Vorgehen in sieben Phasen vor (Bild 3-4) [Nee07, S. 150].

Eingangs werden die produktschutzrelevanten Informationen gesammelt und deren **Zusammenhänge** mittels der Unified Modeling Language (UML) modelliert. Dabei werden Zusammenhänge im **Unternehmen** selbst als auch die Wechselwirkungen des Unternehmens mit seinem **Umfeld** dargestellt. Zu den abgebildeten Informationen über das Unternehmen zählen unter anderem das Produktportfolio, die Unternehmensstrategie, das Produkt- und Prozess-Know-how und das zur Verfügung stehende Schutzmechanismenportfolio (Bild 3-5 auf Seite 118). Im Unternehmensumfeld wird z.B. dargestellt, welche Originalprodukte und welche Imitationen auf bestimmten Absatzmärkten angeboten werden [Nee07, S. 149].

Im nächsten Schritt wird das **gefährdete Produkt- und Prozess-Know-how** identifiziert. Dazu wird das Technologie-Know-how des Unternehmens strukturiert und für ausgewählte Produkte die Produktstruktur von Baugruppen über Einzelteile bis hin zum benötigten Vormaterial untersucht [Nee07, S. 144], und schützenswerte Produktkomponenten sowie deren Fertigungs- und Montageprozesse werden identifiziert. Darauf folgend wird das **Schadensausmaß** anhand sogenannter Schadenserwartungswerte abgeschätzt. Die Auftretenswahrscheinlichkeit von Produktpiraterie wird dabei anhand von Einflussfaktoren untersucht. Beispiele für diese Faktoren sind die Marktgröße, der Produktpreis und das Technologieniveau der eingesetzten Produkt- und Produktionstechnologie. In die Ermittlung der Schadenserwartungswerte gehen weiterhin der Cashflow-Verlust, der Imageverlust sowie Kosten für Produkthaftungsprozesse im Schadensfall ein [Nee07, S. 59 ff.].

Um die potentiellen Schäden abzuwehren, müssen **geeignete Schutzmaßnahmen** eingesetzt werden. NEEMANN spricht hier von Schutzmechanismen. Zur Feststellung ihrer Eignung werden diese anhand von Einsatzkriterien, Schadenstypeignung und Zielerreichung bewertet. Die Einsatzkriterien sind maßnahmenspezifisch. Bei der Schutzmaßnahme „Mass Customization" sind dies z.B. das

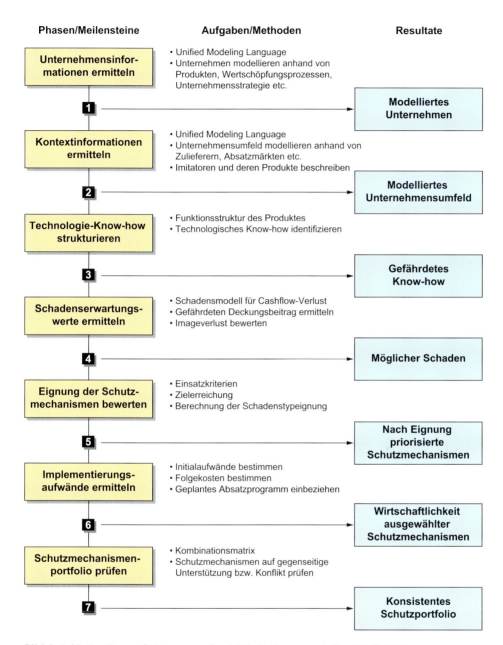

Bild 3-4 Methodik zum Schutz gegen Produktimitationen nach [Nee07, S. 150]

Kundenbedürfnis für spezifizierte Produkte, die Existenz direkter Beziehungen zum Kunden oder die Stückzahlen der betroffenen Produkte [Nee07, S. 93]. Die Schadenstypeignung beschreibt, für welche Art der Piraterie (Markenpiraterie, Überproduktion, sklavische Kopie oder Konzeptkopie) eine Maßnahme geeignet ist. Unter Zielerreichung wird bewertet, ob eine Maßnahme gegen den angesprochenen

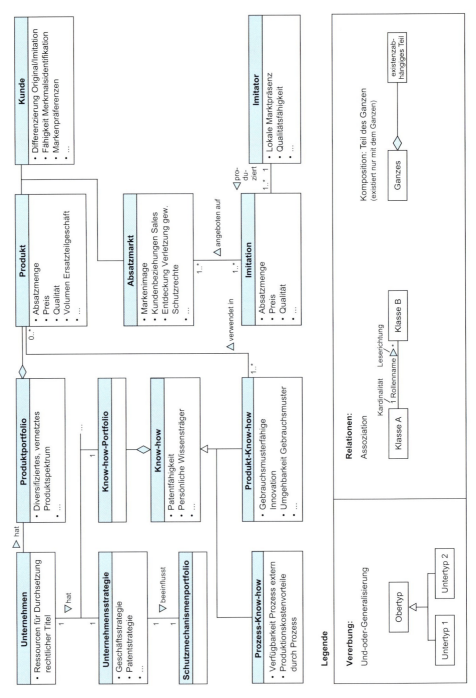

Bild 3-5 Auszug aus einem UML-Modell zur Auswahl von Schutzmechanismen nach [Nee07, S. 211], [Oes06, S. 241 ff.]

Cashflow-Verlust, gegen Imageverlust oder gegen Produkthaftungsprozesse wirkt. Für alle betrachteten Schutzmaßnahmen hat der Autor Einsatzkriterien erarbeitet und eine Einschätzung der Schadenstypeignung und Zielerreichung getroffen. So eignet sich „Mass Customization" zum Schutz vor sklavischen Kopien, zum Schutz vor Überproduktion ist die Maßnahme weniger geeignet [Nee07, S. 94].

Zur Bestimmung der **Wirtschaftlichkeit** der identifizierten Schutzmaßnahmen wird der Initialaufwand bei der Maßnahmenumsetzung ermittelt und die jährlichen Folgekosten für die Dauer des Produkteinsatzes werden einkalkuliert [Nee07, S. 148].

Im letzten Schritt wird ein **konsistentes Schutzmaßnahmenportfolio** zusammengestellt. Hierbei wird anhand einer Kombinationsmatrix geprüft, ob sich die ausgewählten Schutzmaßnahmen in ihrem Einsatz gegenseitig unterstützen oder behindern [Nee07, S. 149]. Zwei konsistente Schutzmaßnahmen sind z. B. die Anmeldung von Patenten und die Überwachung des Marktes zur Aufdeckung von Verletzungen der angemeldeten Schutzrechte.

3.2.3 Entwicklung von Schutzstrategien nach VON WELSER und GONZÁLES

Mit Rechtsmitteln gegen Imitatoren vorzugehen ist gängige Praxis. Vor allem in den USA wurden jedoch bereits auch gerichtliche Verfahren gegen Originalhersteller z. B. von Pharmaprodukten angestrengt, deren Produkte nicht hinreichend vor Produktpiraterie geschützt waren und die ihre Kunden nicht ausreichend über Fälschungen der eigenen Produkte aufklärten. Um den Folgen von Produktpiraterie für Hersteller und Konsumenten vorzubeugen, schlagen VON WELSER und GONZÁLES ein siebenstufiges Vorgehen zur Entwicklung von Strategien gegen Produktpiraterie vor (Bild 3-6). Es setzt bei der Analyse der Ausgangssituation an und reicht bis zur Kosten-Nutzen-Bewertung der implementierten Schutzstrategie. Juristische Schutzmaßnahmen bilden für VON WELSER und GONZÁLES das zentrale Element einer Schutzstrategie, die Autoren berücksichtigen überdies jedoch auch Maßnahmen der Produkt- und Prozessgestaltung, Kennzeichnungsmaßnahmen, unternehmerische Maßnahmen und Kommunikationsmaßnahmen [WG07, S. 375 ff.].

Durch die Analyse der Ausgangssituation wird der aktuell durch Produktpiraterie entstehende **Schaden für das Unternehmen** abgeschätzt. Dazu werden durch professionelle Ermittler z. B. Informationen über existierende Fälschungen mittels Testkäufen beschafft. Die Ermittlung der Schadenshöhe erfolgt unter Aspekten wie:

- durch Fälschungen entstehende Umsatzeinbußen,
- Verlust von unzufriedenen Kunden,
- Beschädigung der Marke sowie
- gegebenenfalls Kosten für ungerechtfertigte Produkthaftungsprozesse.

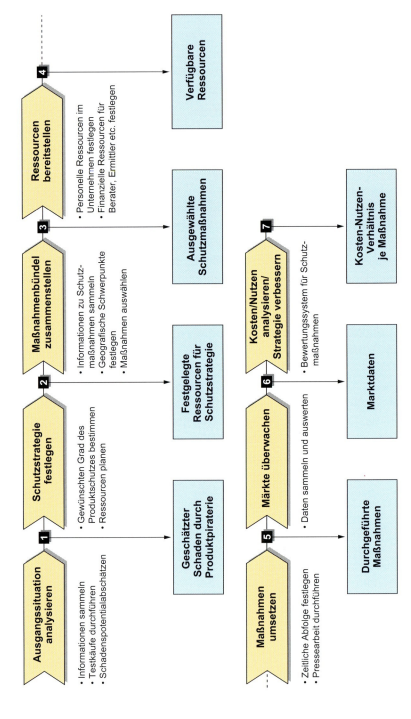

Bild 3-6 Entwicklung einer Schutzstrategie nach VON WELSER und GONŹALES [WG07]

Durch das Festlegen der Schutzstrategie wird definiert, wie das Unternehmen auf die identifizierte Gefahrenlage reagieren möchte. Die Bandbreite der Reaktionsmöglichkeiten erstreckt sich von einer Duldung von Imitationen bis zu deren Bekämpfung mit allen Mitteln (siehe Kapitel 3.2.1). Die für die Erstellung und Umsetzung einer **Schutzstrategie benötigten Ressourcen** werden ebenfalls in dieser Phase geplant [WG07, S. 381].

Im nächsten Schritt wird ein **Bündel geeigneter Schutzmaßnahmen** zusammengestellt. Dazu sind Informationen über mögliche Schutzmaßnahmen zu beschaffen sowie die geografischen Schwerpunkte festzulegen, in denen die Maßnahmen wirken sollen. So ist unter anderem die Frage zu klären, ob der Vertrieb von Fälschungen in deren Ursprungsland oder in den Zielmärkten verhindert werden soll. Soll ein Hersteller von Fälschungen z. B. aus Fernost daran gehindert werden, seine Produkte in die europäischen Absatzmärkte des Originalherstellers einzuschleusen, können durch den Zoll Grenzbeschlagnahmen durchgeführt werden. Soll der Auftraggeber des Imitators entlarvt werden, können Detektive zur Recherche und Beweissicherung eingesetzt werden [WG07, S. 381 ff.]. Aus der Fülle der möglichen Schutzmaßnahmen sind diejenigen miteinander zu kombinieren, die in der spezifischen Situation den größten Nutzen versprechen. Hat z. B. ein Kunde kein Interesse daran, ein Originalprodukt zu erwerben, werden an Originalprodukten angebrachte Produktkennzeichnungen nicht nützlich sein.

Zur Umsetzung der Maßnahmenkombination sind personelle und finanzielle **Ressourcen** bereitzustellen. Die zeitliche Abfolge der **Maßnahmendurchführung** ist zu koordinieren – so ist es sinnvoll, Durchsuchungen oder Beschlagnahmen zeitgleich durchzuführen, um den Verdächtigen keine Möglichkeit zu lassen, sich gegenseitig über eine bevorstehende Durchsuchung zu informieren.

Eine regelmäßige Ermittlung und Auswertung von **Marktdaten** erlaubt eine Einschätzung der Wirksamkeit der getroffenen Maßnahmen und liefert Informationen für die anschließende Berechnung des **Kosten-Nutzen-Verhältnisses** von Schutzmaßnahmen. Diese Analyse soll möglichst für alle Schutzmaßnahmen einzeln durchgeführt werden. Bei der Wirtschaftlichkeitsbewertung der Maßnahme „Verfolgung von Rechtsverletzungen" gehen unter anderem Kosten für Anwälte, Ermittler sowie Gerichtskosten ein. Der Nutzen ist laut VON WELSER und GONZÁLES allerdings schwer quantifizierbar, hier werden Größen wie der vermiedene Umsatzrückgang durch den Einsatz einer Schutzmaßnahme abgeschätzt [WG07, S. 387]. So werden kostengünstige und wirksame Schutzmaßnahmen identifiziert, die zur **Verbesserung der Schutzstrategie** in Zukunft verstärkt einzusetzen sind. Teure und ineffektive Schutzmaßnahmen sind einzustellen.

3.2.4 Entwicklung einer Anti-Piraterie-Strategie nach JACOBS et al.

JACOBS et al. stellen in ihrem Beitrag „The Nightmare of International Product Piracy" ein sechsstufiges Vorgehen zur Entwicklung einer Anti-Piraterie-Strategie in Kürze vor (Bild 3-7) [JSJ01, S. 507]. Zu Beginn ist im Unternehmen ein Verfahren zur Ermittlung der Pirateriegefährdung einzuführen, welches die Autoren jedoch nicht detailliert beschreiben. Wird auf Basis der Einschätzung des möglichen Schadens entschieden, Schutzmaßnahmen zu ergreifen, werden potentielle Schutzmaßnahmen im nächsten Schritt hinsichtlich ihres Kosten-Nutzen-Verhältnisses bewertet. Der umgesetzte Mix an Schutzmaßnahmen ist regelmäßig zu evaluieren.

Die Autoren stammen aus der Marketingforschung, so stehen für sie Schutzmaßnahmen wie das Sensibilisieren von Kunden für Fälschungen und das proaktive Bewerben der Vorteile des Originalproduktes im Vordergrund. Für eine umfassende Schutzstrategie erachten JACOBS et al. aber auch den Einsatz von rechtlichen, politischen und kennzeichnenden Schutzmaßnahmen als notwendig.

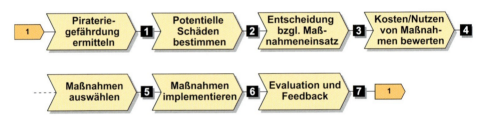

Bild 3-7 Entwicklung einer Anti-Piraterie-Strategie nach JACOBS et al. [JSJ01, S. 507]

Die Notwendigkeit einer Anti-Piraterie-Strategie ist für die Autoren unbestritten. Sie erläutern aber auch mögliche positive Effekte von Produktpiraterie auf den Verkauf von Originalprodukten [JSJ01, S. 506]. Ein von JACOBS et al. angeführtes Beispiel ist Softwarepiraterie für eine neu eingeführte Software: Dabei wird angenommen, dass Käufer von gefälschter Software in der Einführungsphase des Produktes wahrscheinlich das teurere Original sowieso nicht erworben hätten [CR91]. Der Kauf von Imitaten hat dabei für den Originalhersteller den positiven Effekt einer Vergrößerung der potentiellen Kundengruppe. Wenn sich die betrachtete Software im nächsten Schritt als Standard durchsetzt, werden einige der Käufer von Imitaten auf die Originalsoftware zurückgreifen. Einer der Gründe ist, dass unter Verwendung von Originalsoftware auch Erweiterungen und Updates durchgeführt werden können. Dieses Beispiel mag zwar zutreffend sein, da durch das reine Kopieren von Software kein Know-how-Zuwachs bei den Imitatoren stattfindet. Eine Imitation von Produkten ist jedoch oft mit Know-how-Aufbau beim Imitator verbunden, der sich langfristig zu einem ernst zu nehmenden Konkurrenten für den Originalhersteller entwickeln kann.

3.2.5 Beurteilung der vier Ansätze

Die Autoren stimmen überein, dass nur ein aufeinander abgestimmtes Bündel von Schutzmaßnahmen im Kampf gegen Produktpiraterie zum Erfolg führen kann. Die vier Verfahren setzen bei der Ermittlung der aktuellen Pirateriegefährdung an. Das Verfahren nach NEEMANN reicht bis zur Bestimmung eines konsistenten Schutzmaßnahmenbündels. Die Verfahren nach FUCHS et al., VON WELSER und GONZÁLES sowie JACOBS et al. beinhalten darüber hinaus die Kontrolle und kontinuierliche Verbesserung der umgesetzten Maßnahmen. Um Produkte präventiv zu schützen, muss der Produktschutz bereits in den frühen Phasen der Produktentstehung ansetzen. So ist die Integration des Produktschutzes bereits bei der Konzeption eines Produktes und des dazugehörigen Produktionssystems zu integrieren. Dieser Aspekt findet lediglich bei NEEMANN Beachtung.

NEEMANN beschreibt das Vorgehen zur Bestimmung der Pirateriegefährdung sehr detailliert und entwickelt ein Schema zur systematischen Eignungsbewertung von Schutzmaßnahmen. Die drei weiteren Verfahren werden von den Autoren hingegen recht allgemein dargestellt. Schutzmaßnahmen werden dabei in Kategorien wie produkt- und prozessbezogene Schutzmaßnahmen unterteilt, detaillierte Aussagen, für welche Art von Produkten eine Maßnahme geeignet ist oder wie hoch der Aufwand bei deren Umsetzung ist etc., liegen derzeit nicht vor.

Die dargestellten Vorgehensweisen müssen weiter detailliert und an den Gegebenheiten der Investitionsgüterindustrie ausgerichtet werden. Es bedarf eines leicht anwendbaren Verfahrens, das die Unternehmen befähigt, den Produktschutz selbständig und nachhaltig zu betreiben. Auch die von den Autoren genannten Schutzmaßnahmen müssen an den Erfordernissen der Investitionsgüterindustrie weiterentwickelt werden.

■ 3.3 Bedarfsanalyse Produktschutz

Udo Lindemann, Thomas Meiwald, Markus Petermann,
Sebastian Schenkl, Martin Kokoschka

Die im Folgenden beschriebene Bedarfsanalyse Produktschutz (vgl. [Mei11]) ist eine mögliche Umsetzung des in Kapitel 3.1 dargestellten generischen Vorgehensmodells. Im Rahmen des Forschungsprojektes „ConImit – Contra Imitatio" wurde die Bedarfsanalyse Produktschutz in sechs mittelständischen Unternehmen validiert und weiterentwickelt. Die durchgeführten Bedarfsanalysen werden in den Kapiteln 3.4 bis 3.6 vorgestellt. Das in Bild 3-8 gezeigte Vorgehen wird in den folgenden Teilkapiteln detailliert dargestellt.

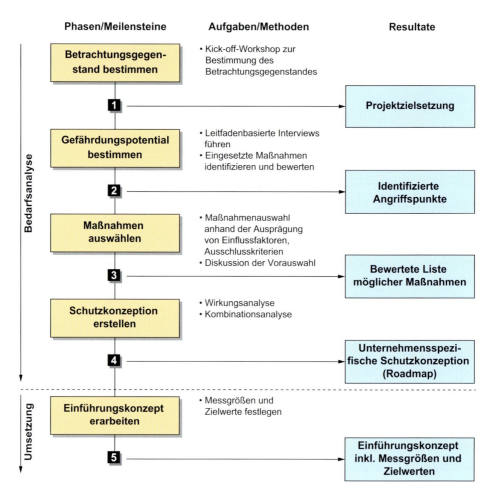

Bild 3-8 Vorgehen bei der Bedarfsanalyse Produktschutz

3.3.1 Betrachtungsgegenstand bestimmen

In der Regel ist es aufgrund der Komplexität des Problemfeldes nicht möglich, ein gesamtes Unternehmen im Hinblick auf Produktpiraterie zu analysieren. Aus diesem Grund wird die Bedarfsanalyse an einem ausgewählten Bereich (z.B. Geschäftsfeld, Produkt) durchgeführt und im Anschluss auf weitere Unternehmensbereiche übertragen. Daher ist bei der **Festlegung des Betrachtungsgegenstandes** zu beachten, dass dieser repräsentativ für das Gesamtunternehmen ist. Einen Überblick über mögliche Betrachtungsgegenstände gibt Bild 3-9. Hierbei reichen die Betrachtungsgegenstände von einem Geschäftsfeld hin zu einzelnen Produkten oder Produktfamilien. Weiterhin sind übergreifende Themen denkbar wie Schlüsseltechnologien, die besonders von Produktpiraterie bedroht sind, Geschäftsmodelle, die durch Nachahmer bedroht werden, oder Unternehmensbereiche wie Fertigung oder Vertrieb. Bei einem Kick-off-Workshop mit den Beteiligten der Bedarfsanalyse wird festgelegt, an welchem Bereich des Unternehmens die Untersuchungen durchgeführt werden.

Ein Erfolgsfaktor der Bedarfsanalyse ist die **Teamzusammensetzung**. Teilnehmer des Kick-off-Workshops sollten daher Entscheidungsträger aus Forschung und Entwicklung, Konstruktion, Vertrieb, Einkauf, Logistik, Human Resources, IT und bei Bedarf aus weiteren Unternehmensbereichen sowie ein Moderator sein, der ein umfassendes Wissen über die Thematik besitzt. Die Teammitglieder sollten in ihrer Gesamtheit einen Überblick über das Unternehmen sowie detaillierte Einblicke in die relevanten Einflussfelder besitzen. Weiterhin sollte ihr Einfluss auf das Unternehmen so weitreichend sein, dass sie die Umsetzung der im Verlauf der Bedarfsanalyse definierten Maßnahmen anordnen können. Das Commitment oder gar die **Teilnahme der Geschäftsführung** stellt darüber hinaus die Motivation der Teilnehmer und die Einhaltung von Terminen und Fristen durch alle Beteiligten sicher. Des Weiteren ist ein umfangreich besetztes Projektteam ein Indikator für die Bedeutung des Themas und sendet ein entsprechendes Signal in die Unternehmung.

Gegenstand des Kick-off-Workshops sind zudem die Verabschiedung des Projektplans mit Terminen für Workshops, Einzelinterviews sowie die Abschlusspräsentation. Der zeitliche Arbeitsumfang einer Bedarfsanalyse ist überschaubar. Mit Thematik und Methode vertraute Personen können sie innerhalb von zwei Monaten durchführen.

Ergebnis dieser Phase ist ein definierter Betrachtungsgegenstand. Aus diesem Betrachtungsgegenstand werden die relevanten Einflussfelder abgeleitet, also die relevanten Aspekte der Unternehmenssituation im Kontext Produktpiraterie. Diese Einflussfelder werden durch Einflussfaktoren charakterisiert. Beispiele für Einflussfaktoren aus dem Einflussfeld „Produktgestaltung" sind die Produktkomplexität, die Länge der Innovationszyklen sowie das Bewusstsein für Produktpiraterie bei Konstrukteuren (Bild 3-9).

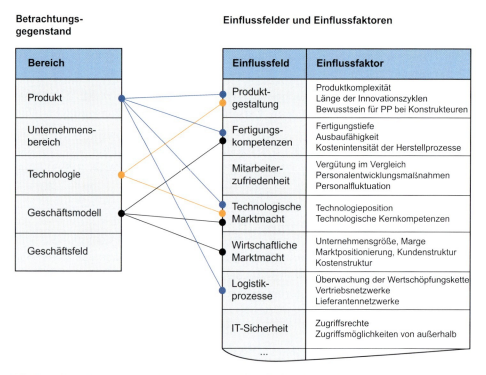

Bild 3-9 Betrachtungsgegenstand sowie exemplarische Einflussfelder und -faktoren einer Bedarfsanalyse Produktschutz

3.3.2   Gefährdungspotential bestimmen

Die Ausprägungen der relevanten **Einflussfaktoren** (Tabelle 3-1) werden in Interviews mit Personen aus relevanten Abteilungen ermittelt. Beispielsweise kann der Einflussfaktor „Fertigungstiefe" Ausprägungen von „geringe Fertigungstiefe" bis „vollständige Eigenfertigung" annehmen. Diesen Ausprägungen wiederum kann eine Gefahr von Produktpiraterie zugewiesen werden: Bei einer vollständigen Eigenfertigung ist sie wesentlich geringer als bei einer weitreichenden Fremdfertigung.

Die Interviews werden durch einen **Interviewleitfaden** unterstützt, der Fragen zu allen relevanten Einflussfaktoren enthält. So wird sichergestellt, dass alle Aspekte betrachtet werden. In den Interviews werden in allgemeinen Fragen, die das gesamte Unternehmen betreffen, als auch in abteilungsspezifischen Fragen unter anderem die Wettbewerbssituation, vorhandene Imitatoren, Hauptanforderungen an die Produkte, Marktpositionierung, Kostenstruktur und Marge der betrachteten Produkte ermittelt. Der gesamte Fragenkatalog ist im Anhang zu finden.

Tabelle 3-1 Exemplarische Darstellungen von Ausprägungen der Einflussfaktoren

Einflussfaktor	Exemplarische Ausprägungen
Marktpositionierung	• Technologieführer • Preisführer
Fertigungstiefe	• Auf wenige Systemlieferanten angewiesen • Hohe Eigenfertigung von Kernkompetenzbauteilen • Geringe Eigenfertigung von Standardprodukten
Marge	• 20 % bei Standardprodukten • 40 % bei Nischenprodukten
Kostenstruktur	• Hohe Investitionskosten • Geringer Anteil fixer Kosten
Kernkompetenzen	• Systemfähigkeit • Vollsortimenter

Beispiele für allgemeine Fragen sind:

- Welches sind die Hauptabsatzmärkte für das Produkt?
- Worin sehen Sie die Stärken Ihres Unternehmens; was sind Kernkompetenzen?
- Sind Ihnen Imitate/Imitatoren Ihrer Produkte bekannt und wenn ja, welche?
- Welche Schutzmaßnahmen vor Produktpiraterie werden derzeit eingesetzt?

Beispiele für abteilungsspezifische Fragen sind:

- Wie hoch ist der Detaillierungsgrad der Produktdokumentation? Könnten Imitatoren diese verwenden, um das Produkt nachzubauen?
- Schützen Sie die Steuerungssoftware Ihrer Produkte?
- Werden Produkte/Technologien an andere Unternehmen lizenziert?

Ziel dieses Schrittes ist es, detaillierte Kenntnis über den Ist-Zustand beim Schutz vor Produktpiraterie zu erhalten und vorhandene Schutzlücken zu erkennen. Hierbei wird detailliert auf bereits umgesetzte Maßnahmen eingegangen und ihre Wirksamkeit überprüft. Schwachstellen lassen sich aus dem Zusammenspiel der Einflussfaktoren ableiten. So sind Produkte mit hohen Margen und geringer Produktkomplexität sehr viel stärker pirateriegefährdet als Produkte mit hohen Margen und hoher Produktkomplexität.

Als wirksam hat sich das Ableiten von **zukünftigen Bedrohungssituationen** herausgestellt. Basierend auf den Erkenntnissen der Interviews werden hierbei mögliche Bedrohungen durchgespielt. Die Schutzlücken werden in mögliche Situationen überspitzt, deren Eintritt weitreichende Konsequenzen für das Unternehmen haben würde.

Die Aussagen aus den Interviews werden im Anschluss in einem Workshop mit allen Interviewpartnern diskutiert. Über identifizierte Widersprüche können unterschiedliche Ansichten innerhalb eines Unternehmens zu einem Sachverhalt diskutiert und gegebenenfalls falsche Aussagen revidiert werden. Am Ende des Workshops steht die Freigabe der präsentierten Analyseergebnisse durch das gesamte Projektteam. Diese Einigkeit bezüglich der aktuellen Gefährdungslage ist unerlässlich, da dies die Ausgangslage für die Entwicklung von Schutzkonzeptionen ist.

3.3.3 Maßnahmen auswählen

Auf Basis der konsolidierten Ergebnisse aus den Interviews werden Maßnahmen zur Bekämpfung von Produktpiraterie ausgewählt. Dazu wird zunächst eine **klare Stoßrichtung** definiert, was mit dem Produktschutz erreicht werden soll. Mögliche Optionen sind unter anderem der Schutz eines Produktes vor illegalem Nachbau oder der Nachweis seiner Originalität.

Die geeigneten Maßnahmen werden in einem **dreistufigen Verfahren** identifiziert: Im ersten Schritt werden über sogenannte „Ausschlusskriterien" ungeeignete Maßnahmen ausgeschlossen. Maßnahmen sind nicht geeignet, wenn ihre Wirkung nicht relevant für das betrachtete Unternehmen ist. Beispielsweise entfallen Maßnahmen, die ein Einschleusen von Nachahmungen in die eigene Logistikkette verhindern, wenn dieses Problem nicht besteht. Im zweiten Schritt werden die Maßnahmen identifiziert, die bereits hinreichend im Unternehmen implementiert sind. Aus den verbleibenden Maßnahmen werden im dritten Schritt diejenigen ausgewählt, die geeignet sind, um den aufgestellten „zukünftigen Bedrohungssituationen" entgegenzuwirken. Ergebnis der Maßnahmenauswahl ist eine bewertete Liste von prinzipiell geeigneten Maßnahmen.

Die so ermittelte **Priorisierung von Schutzmaßnahmen** wird dem Projektteam im Rahmen eines Workshops zum Review der Schutzmaßnahmenauswahl vorgestellt. Ziel des Workshops ist Einigkeit über die Schutzmaßnahmen, die für die Entwicklung von Schutzkonzeptionen weiterverfolgt werden sollen.

3.3.4 Schutzkonzeption erstellen

Zur Erstellung von möglichen Schutzkonzeptionen werden in einem ersten Schritt die bereits implementierten und prinzipiell geeigneten Einzelmaßnahmen paarweise verglichen. Wie in Bild 3-10 dargestellt, können drei Arten an Wechselwirkungen zwischen Maßnahmen unterschieden werden.

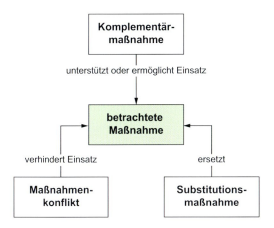

Bild 3-10 Gegenseitige Beeinflussung von Schutzmaßnahmen

Ein **Maßnahmenkonflikt** bedeutet, dass der gleichzeitige Einsatz zweier Maßnahmen nicht möglich ist. So widersprechen sich z. B. die Umsetzung einer Ein-Haus-Strategie und der unternehmensübergreifende Einsatz von Fertigungsverfahren.

Komplementäre Maßnahmen unterstützen sich in ihrer Wirkung gegenseitig, bzw. eine Maßnahme ist nötig, um den Einsatz einer weiteren zu ermöglichen. Ein Beispiel dafür ist die Definition von preiswerten, kleinteiligen Ersatzteilmodulen. Es bietet sich an, diese Maßnahme mit der Verteilung des Produktes auf mehrere Zulieferer zu koppeln. So wird verhindert, dass ein Zulieferer genügend Systemkompetenz aufbaut, um das Produkt selbst anbieten oder das Produktwissen an Nachahmer weitergeben zu können.

Bei **substituierenden Maßnahmen** ist in einer Schutzkonzeption lediglich der Einsatz einer der beiden betrachteten Schutzmaßnahmen notwendig. Ein Beispiel hierfür sind die unterschiedlichen Ansätze zur Kennzeichnung von Originalprodukten wie RFIDs, DNA-Kennzeichnungen oder Mikrocodes, die in ihrer Wirkung ähnlich sind.

Auf Basis der Wirkungsanalyse werden hochkonsistente Maßnahmencluster gebildet und den zukünftigen Bedrohungssituationen zugeordnet. Basierend auf den Maßnahmenclustern werden Schutzkonzeptionen abgeleitet, die sämtliche zukünftige Bedrohungssituationen abdecken. Die Bildung von Maßnahmenclustern sowie ihre Zuordnung erfolgt in einem kleinen Expertenteam. Zur Erhöhung der Ergebnisqualität werden die ausgewählten Maßnahmen im Projektteam diskutiert und die Maßnahmenauswahl wird gegebenenfalls angepasst.

3.3.5 Einführungskonzept erarbeiten

Zur Erarbeitung eines Einführungskonzeptes für die Schutzkonzeption werden zunächst die erarbeiteten Ergebnisse in einem Workshop diskutiert. Die Einführung kann durch eine **Produktschutz-Roadmap** unterstützt werden. In dieser Roadmap werden der Einführungszeitraum sowie das Einsetzen der Schutzwirkung der Maßnahme dargestellt (Bild 3-11). Diese Zeiträume fallen nicht zwingend zusammen. So sind für strategisch orientierte Maßnahmen vorbereitende Maßnahmen notwendig. Die strategische Maßnahme des gezielten Ausbaus von Kernkompetenzen erfordert z. B. im Vorfeld die Definition der Kernkompetenzen. Bei der Erstellung der Roadmap ist weiterhin die Fristigkeit der Wirkung von Schutzmaßnahmen (kurz-, mittel- oder langfristig) zu beachten.

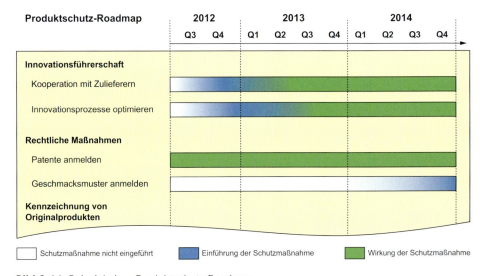

Bild 3-11 Beispiel einer Produktschutz-Roadmap

Weiterhin sind in dieser Phase **Verantwortlichkeiten zur Umsetzung** zu definieren und ist ein Controlling-Konzept zu erarbeiten. Das Controlling-Konzept enthält Messgrößen und Zielgrößen zur Überprüfung des Implementierungsgrades der Schutzkonzeption und dem generierten Nutzen hinsichtlich der Bekämpfung von Produktpiraterie (z. B. Rückgang der aufgegriffenen Nachahmungen).

3.3.6 Zusammenfassung

Die vorgestellte Bedarfsanalyse Produktschutz ist ein praxiserprobtes Vorgehen, mithilfe dessen Unternehmen in die Lage versetzt werden, situationsspezifische Schutzkonzeptionen gegen Produktpiraterie zu erarbeiten. Das Vorgehen fußt auf einer detaillierten Analyse der aktuellen Bedrohungslage. Mithilfe der ermittelten Informationen werden situationsspezifisch Schutzmaßnahmen ausgewählt und zu ganzheitlichen Schutzkonzeptionen kombiniert. Durch diese Schutzkonzeption ist ein Unternehmen in der Lage, die vielfältigen Angriffsmechanismen von Produktpiraten bestmöglich abzuwehren.

■ 3.4 Entwicklung einer Schutzkonzeption für eine Verpackungsmaschine

Martin Kokoschka

Im folgenden Kapitel werden die Durchführung und die Ergebnisse einer Bedarfsanalyse für eine innovative Packmaschine in Auszügen dargestellt.

3.4.1 Innovative Verpackungstechnologie braucht umfassenden Schutz

Die Haver & Boecker-Gruppe

Die HAVER & BOECKER-GRUPPE gliedert sich in die Unternehmensbereiche **Drahtweberei** und **Maschinenfabrik**. Das mittelständische Familienunternehmen mit Stammsitz in Oelde wurde 1887 gegründet. Es unterhält mehrere Betriebsstätten in Deutschland und im Ausland; 25 Tochtergesellschaften und mehr als 150 Vertretungen unterstützen beim Verkauf der Produkte weltweit. Im Jahr 2010 erwirtschafteten über 2.200 Mitarbeiter einen Umsatz von etwa 330 Millionen Euro. Haver & Boecker bekennt sich klar zum Standort Deutschland und setzt auf hoch qualifizierte Fachkräfte und kontinuierliche Aus- und Weiterbildung. Über 100 junge Menschen werden derzeit in gewerblichen, technischen und kaufmännischen Berufen ausgebildet. Vor einigen Jahren gründete das Unternehmen zudem die interne Weiterbildungsplattform „Haver Academy" für die Schulung von eigenen Mitarbeitern und Kunden.

Mit einem Fertigungsprogramm von etwa 3.600 Drahtgewebesorten zählt die **Drahtweberei** zu den bedeutendsten weltweit. Die technischen Drahtgewebe werden unter anderem zur Absiebung, Filtration und Messtechnik eingesetzt und finden Anwendung in zahlreichen Industrien, wie der Chemie- und Nahrungsmittelindustrie, oder im Automobilbau. Weiterhin nutzen Architekten und Designer die hochwertigen Architektur-Drahtgewebe für die Innen- und Außengestaltung von Gebäuden. Beispiele für die zahlreichen Einsatzmöglichkeiten sind der 318 Meter hohe Aspire Tower in Katar oder die Gestaltung der Raumdecke des Plenarsaals des Reichstages in Berlin.

Die **Maschinenfabrik** entwickelt und produziert seit fast 90 Jahren Packmaschinen sowie Systeme und Anlagen zur Aufbereitung in der Grundstoffindustrie. Mit stationären oder rotierenden Packmaschinen werden Schüttgüter aller Art in offene Säcke und Ventilsäcke gefüllt. Rotierende Packmaschinen werden bei Haver & Boecker schon seit 1960 hergestellt. Neben 8.000 stationären Packmaschinen sind über 3.000 rotierende Packmaschinen weltweit im Einsatz. In den letzten Jahren hat sich die Nachfrage nach voll automatisierten Packmaschinen und ganzen Anlagen deutlich erhöht. Im Bereich der Aufbereitungstechnik wird insbesondere Siebtechnik von der Grobvorabscheidung im Steinbruch bis zur Feinstabsiebung im μm-Bereich sowie zur Entwässerung angeboten [HB11-ol]. Das Angebot umfasst weiterhin Wasch- und Pelletiertechnik.

Die Rendite von Innovationen ist in Gefahr

Haver & Boecker baut Originale. Eine hohe Produkt- und Servicequalität sowie der Anspruch, mit innovativen Produkten die Kundenwünsche optimal zu erfüllen, sind Teil der Unternehmensphilosophie. Zahlreiche Patente, Gebrauchsmuster und Markenzeichen zeigen die Innovationskraft des Unternehmens. Durch den Absatz der Produkte auch in die Schwellen- und Entwicklungsländer Asiens und Afrikas ist die Gefahr für das Unternehmen hoch, Opfer von Produktpiraterie zu werden. Neben Ersatzteilen sind in der Vergangenheit auch ganze Maschinen kopiert worden. Das gefährdet die Rendite der getätigten Ausgaben in Forschung und Entwicklung. Diese Gefahr hat das Unternehmen bereits erkannt. So setzt es rechtliche Schutzmaßnahmen ein und beteiligt sich aktiv an der Kampagne „Choose the Original – Choose Success" des VERBANDES DEUTSCHER MASCHINEN- UND ANLAGENBAU e. V. (VDMA). Mit dieser Kampagne wendet sich der VDMA an potentielle Kunden und stellt vor allem die Vorteile von Originaltechnologien für den Käufer dar.

Ziel der durchzuführenden Bedarfsanalyse war die Sensibilisierung der Mitarbeiter des Unternehmens für das Thema Produktschutz sowie die Identifikation von Möglichkeiten zum präventiven Produktschutz abseits rechtlicher Maßnahmen. Als zu untersuchendes Produkt wurde der HAVER-ROTO CLASSIC® gewählt (Bild 3-12). Das ist ein innovatives Produkt aus der Produktfamilie der rotierenden Packmaschinen [HB09]. Rotierende Packmaschinen gehören zum Kern-Know-how des Unternehmens. Dieses gilt es zu schützen. Das Produkt war zum Durchführungszeitpunkt der Bedarfsanalyse nur wenige Monate am Markt.

Schützenswerte Originaltechnologie – der HAVER-ROTO CLASSIC®

Der HAVER-ROTO CLASSIC® wird zum Abfüllen von Schüttgütern, wie z. B. Zement, verwendet. Die Neuheit des ROTO CLASSIC® liegt in seiner **modularen Bauweise**, dem weiterentwickelten **Senkrechtturbinensystem** sowie dem **elektronischen Waagensystem MEC® III.**

Bild 3-12 Innovative Packmaschine: Der HAVER-ROTO CLASSIC®,
Quelle: HAVER & BOECKER OHG

Die **modulare Bauweise** ermöglicht die Bestückung der Maschine mit vier bis 16 Füllmodulen und bietet so eine sehr hohe Flexibilität. Je nach benötigter Füllleistung kann die Anzahl dieser Module auch zu einem späteren Zeitpunkt erweitert werden. Beim Einsatz von 16 Stutzen können bis zu 6.000 Säcke pro Stunde mit je 25 Kilogramm befüllt werden. Das entspricht einem Schüttgutgewicht von 150 Tonnen.

Die modulare Bauweise erhöht auch die Wartungsfreundlichkeit und die Verfügbarkeit der Maschine: Nach dem Ausbau einzelner Module kann die Anlage mit den restlichen Modulen weiterbetrieben werden. Die Demontage eines Füllmoduls erfordert dabei nur wenige Handgriffe.

Durch die Weiterentwicklung des **Senkrechtturbinensystems** der Füllmodule konnte der Platzbedarf der Maschine deutlich reduziert werden. Betrug der Außendurchmesser einer Packmaschine mit 16 Stutzen in der Vergangenheit 3,00 Meter, kommt der ROTO CLASSIC® mit einem Platzbedarf von 2,40 Metern aus. Das reduziert den benötigten Platzbedarf beim Kunden vor Ort. Weiterhin ist die Maschine durch die Minimierung des Energieverbrauchs im Turbinenantrieb sehr umweltfreundlich.

Das **Waagensystem** MEC® III des ROTO CLASSIC® erfüllt alle weltweit geforderten Eichgesetze. Gemeinsam mit Peripheriegeräten zum Aufstecken leerer Säcke und zum Abtransport bereits gefüllter Säcke wird dem Kunden eine Gesamtlösung angeboten.

Zusammenfassend ist festzustellen, dass der ROTO CLASSIC® ein innovatives Produkt ist, das es vor Produktpiraterie zu schützen gilt. Hier setzt die Bedarfsanalyse an.

3.4.2 Durchführung der Bedarfsanalyse

Zusammenstellen eines abteilungsübergreifenden Projektteams

Das methodische Vorgehen bei der Bedarfsanalyse ist im vorangegangenen Kapitel ausführlich beschrieben worden. An dieser Stelle soll seine praktische Umsetzung bei Haver & Boecker dargestellt werden.

Bei der Auswahl des Projektteams seitens Haver & Boecker wurde besonderes Augenmerk darauf gelegt, möglichst viele Schlüsselpersonen aus verschiedenen Abteilungen in die Bedarfsanalyse einzubeziehen. So haben unter anderem Personen aus dem Innovationsmanagement, dem Patentwesen, der Elektrotechnik, dem Maschinenbau, dem technischen Kundendienst sowie Vertreter aus dem Geschäftsbereich Zement und der Geschäftsführung teilgenommen. Dadurch sollte eine hohe Aufmerksamkeit für das Thema Produktschutz erlangt und das Thema aus unterschiedlichen Blickwinkeln betrachtet werden. Selbstredend ist die abteilungsübergreifende Arbeit für das Unternehmen nichts Neues. In puncto Produktschutz wurde dies bis dahin jedoch nicht praktiziert.

Bestimmung des Betrachtungsgegenstandes

Der ROTO CLASSIC® konnte bereits vor dem eigentlichen Kick-off-Workshop der Bedarfsanalyse als Betrachtungsgegenstand festgelegt werden. So hatte das Projektteam die Gelegenheit, sich bereits vor dem inhaltlichen Projektstart mit relevanten Unterlagen zu der Packmaschine vertraut zu machen. Weiterhin konnte sich das Projektteam bei einer Werksbesichtigung einer nahe gelegenen Zement-fabrik ein Bild von der Packmaschine und den angeschlossenen Peripheriegeräten im Einsatz machen.

Der Vorteil einer frühzeitigen Festlegung des Betrachtungsgegenstandes für das Unternehmen war, dass alle relevanten Mitarbeiter aus den genannten Bereichen am Kick-off-Workshop teilnehmen und so den Prozess von Beginn an begleiten konnten.

Gegenstand des Kick-off-Workshops war daher nicht die Festlegung eines Betrach-tungsgegenstandes. Hier stand die detaillierte Vorstellung des ROTO CLASSIC® im Vordergrund. Es wurde vereinbart, Peripheriegeräte sowie deren Anbindung an den ROTO CLASSIC® nur am Rande zu betrachten und das Produkt ROTO CLAS-SIC® in den Fokus der Bedarfsanalyse zu stellen. Ferner wurde die Projektorgani-sation (z. B. Festlegen von Workshop- und Interviewterminen) im Kick-off-Work-shop abgestimmt.

3.4.3 Angriffspunkte für Produktpiraterie identifizieren

Zur Ermittlung der Angriffspunkte für Produktpiraterie wurden Einzelinterviews mit Schlüsselpersonen durchgeführt. In den Interviews wurde zudem abgefragt, welche Maßnahmen eingesetzt werden, inwieweit sie umgesetzt wurden und wie effektiv sie wirken.

Die Interviewdauer betrug etwa 90 Minuten. Die Interviews wurden nach Erlaub-nis der Interviewten und des Betriebsrates audiotechnisch erfasst. Zur Befragung diente ein Interviewleitfaden, der sowohl allgemeine Fragen enthielt, die jedem Interviewten gestellt wurden, als auch abteilungsspezifische Fragen, die nur aus-gewählten Interviewpartnern gestellt wurden.

Beteiligt waren Personen aus den Bereichen:

- **Innovationsmanagement**

  Aufgaben: Koordination aller Entwicklungen aus der Verpackungs- und Aufbe-reitungstechnik.

- **Technische Dienste/Patentwesen**

  Aufgaben: Vorbereiten und Durchführen von Patentanmeldungen, Durchsetzen von Schutzrechtsansprüchen, Erstellen von Produktdokumentationen etc.

- **Technischer Kundendienst**

  Aufgaben: Ersatzteil- und Umbauservice beim Kunden vor Ort, Kundenschulun-gen, Produktionsoptimierung etc.

- **Produktion**

  Aufgaben: Teilefertigung, Montage, Installation, Tests etc.

- **Elektrotechnik und Automation**

  Aufgaben: Entwicklung, Bau und Prüfung von Maschinen- und Anlagensteuerungen, Inbetriebnahme der Anlagen etc.

- **Geschäftsbereich Zement**

  Aufgaben: Angebotserstellung, Auftragsabwicklung, Maschinenkonstruktion etc.

Angriffspunkte im Unternehmen und am Produkt ROTO CLASSIC®

Das Ergebnis der Interviews ist im folgenden Bild dargestellt. Es zeigt eine idealisierte funktionale Struktur eines produzierenden Unternehmens. Darin sind die Unternehmensbereiche von Haver & Boecker hervorgehoben, in denen Ansatzpunkte für Know-how-Abfluss und Produktpiraterie vorliegen. Das Bild 3-13 stellt die Gefahr von Produktpiraterie sowohl für das gesamte Unternehmen als auch für den ROTO CLASSIC® dar. Aus Gründen der Vertraulichkeit kann die im Projekt ermittelte Gefährdungssituation nicht vollständig dargestellt werden.

Sofern **Zulieferer** von Haver & Boecker strategisch wichtige Produktkomponenten herstellen, besteht eine Gefahr darin, dass Zulieferer diese Teile auch an Konkurrenzunternehmen liefern. Diese wären dann in der Lage, dieselben Teile zu verwenden und somit Alleinstellungsmerkmale von Haver & Boecker im Wettbewerb zu vernichten.

In der **Fertigung** ist insbesondere die Teilefertigung, aber auch die Montage von Produktpiraterie bedroht. So können Besucher im Werk bei Führungen durch sensible Bereiche der Fertigung z. B. durch Fotografieren Wissen über know-how-intensive Fertigungsprozesse erlangen. Im Fall des ROTO CLASSIC® sind die Steuerungshardware, die Wägeelektronik sowie die Verschließeinrichtung für Säcke besonders schützenswerte Produktkomponenten, da die Entwicklung und Fertigung dieser zu den Kernkompetenzen des Unternehmens zählt.

Die **Entwicklung und Konstruktion** ist insbesondere durch den Zugang von nicht autorisierten Personen und deren Zugriff auf sensible Zeichnungsdaten bedroht. Beim ROTO CLASSIC® sind die 3-D-CAD-Daten besonders zu schützen, da 3-D-CAD ein funktionales Verständnis der Packmaschine erlaubt.

Im **Vertrieb** besteht eine Gefahr des Know-how-Abflusses im Fall des Diebstahls von Laptops von Vertriebsmitarbeitern auf Dienstreisen. Falls diese Laptops nicht ausreichend durch Verschlüsselungsmechanismen geschützt sind, können Imitatoren so sensible Daten erhalten. Eine weitere Möglichkeit des Know-how-Abflusses im Bereich Vertrieb stellen ausführliche Angebotsunterlagen dar, die von vermeintlichen Interessenten angefordert werden. Werden diese Unterlagen an Imitatoren weitergereicht, können diese die Unterlagen als „Bauanleitung" nutzen. Diese Gefährdung betrifft die gesamte Produktpalette.

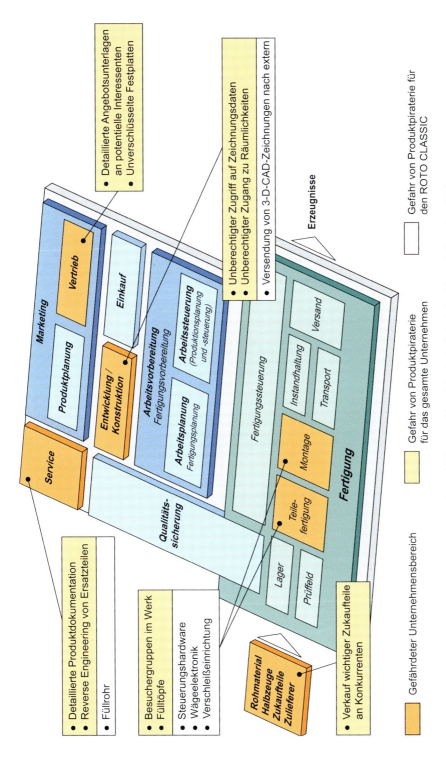

Bild 3-13 Identifizierte Ansatzpunkte für Know-how-Abfluss und Produktpiraterie bei der Haver & Boecker OHG

Eine Gefahr im **Service** besteht darin, dass ähnlich wie bei Angebotsunterlagen detaillierte Produktdokumentationen zum Bau von Imitaten verwendet werden können. Ein weiteres Risiko ist das Reverse Engineering von Ersatzteilen. Das Unternehmen ist in der Vergangenheit bereits Opfer von Ersatzteilpiraterie geworden. Eine Vorgehensweise der Imitatoren war dabei, ein Originalersatzteil zu kaufen und dies dann als Vorlage für den Nachbau zu nutzen. Beim ROTO CLASSIC® ist z. B. das Füllrohr von illegalem Nachbau bedroht. Über dieses hoch beanspruchte Verschleißteil wird das Schüttgut (z. B. Zement) in die Säcke gefüllt. Der Sack wird dabei auf das Füllrohr aufgestülpt.

Bei der Bedrohung durch Produktpiraterie und dem Schutz davor steht der Mensch im Mittelpunkt. So können sensible Informationen aus allen Unternehmensbereichen durch die Mitarbeiter unwissentlich oder wissentlich weitergegeben werden. Hier muss der präventive Produktschutz ansetzen.

Ableiten von „zukünftigen Bedrohungssituationen"

Basierend auf der Analyse der Bedrohungslage wurden vom Projektteam zwei sogenannte „zukünftige Bedrohungssituationen" definiert und die Mitarbeiter damit konfrontiert. Ziel war, mögliche Konsequenzen von Produktpiraterie auf das Geschäft mit dem ROTO CLASSIC® plakativ aufzuzeigen und die Notwendigkeit des Produktschutzes zu unterstreichen.

Die erste Situation stellt dar, dass die Bereitschaft der Kunden erlischt, hochwertige Ersatzteile von Haver & Boecker zu erwerben. Hintergrund dieser möglichen Situation sind die extrem preisgetriebenen Absatzmärkte des Unternehmens in Asien und Afrika. Immer mehr kleine Unternehmen sind dort in der Lage, qualitativ akzeptable und preisgünstige Ersatzteile anzubieten.

Die zweite Situation beschreibt, dass durch Know-how-Abfluss Imitatoren in der Lage sind, Packmaschinen mit identischem Kundenwert anzubieten. Mögliche Ursachen dieser Situation sind das Reverse Engineering von mechanischen und elektronischen Komponenten des ROTO CLASSIC® und der Wechsel von Know-how-Trägern zu Wettbewerbern.

Die Situationen scheinen aus heutiger Sicht übertrieben. Sie wurden im Unternehmen jedoch mit Interesse aufgenommen und diskutiert. Die Erfahrung zahlreicher Maschinenbauunternehmen zeigt, dass solche Situationen Realität werden können.

3.4.4 Schutzmaßnahmen auswählen

Ein effektiver Produktschutz erfordert eine klare Stoßrichtung. Aufbauend auf den identifizierten Bedrohungen und der Diskussion der zukünftigen Bedrohungssituationen wurden **der Schutz der Ersatzteile und des Services** und die **Verhinderung von Know-how-Abfluss** als zentrale Elemente der Schutzkonzeption festgelegt. Der Schutz des Servicegeschäftes fokussiert auf den ROTO CLASSIC®, die Verhinderung von Know-how-Abfluss schließt das gesamte Unternehmen mit ein.

Bekannterweise gibt es zahlreiche Schutzmaßnahmen vor Produktpiraterie. Herausforderung ist, diejenigen auszuwählen, die in der spezifischen Unternehmenssituation den größten Schutz bieten. Dabei sind bereits eingesetzte Schutzmaßnahmen zu berücksichtigen.

Ungeeignete Schutzmaßnahmen ausschließen

Nach der Festlegung der zentralen Elemente der Schutzkonzeption erfolgte zunächst der Ausschluss nicht geeigneter Schutzmaßnahmen. So wurden vor dem Workshop „Review Schutzmaßnahmenauswahl" etwa 30 Schutzmaßnahmen als nicht geeignet eingestuft und die Gründe für deren Ausschluss erfasst (Bild 3-14, rechte Spalte). So kommt z. B. die Schutzmaßnahme „Produktlebenszyklus verkürzen" nicht infrage, da es sich bei Packmaschinen um keinen kurzlebigen Markt handelt. Die Maschinenlaufzeiten betragen hier 30 Jahre und mehr. Auch die Maßnahme „Selektiver Vertrieb" wurde ausgeschlossen. Bei selektivem Vertrieb beliefert der Originalhersteller nur eine geringe Anzahl an sorgfältig ausgewählten Vertriebspartnern. Händler, die nicht ausgewählt wurden, werden nicht beliefert. Haver & Boecker vertreibt jedoch alle Maschinen selbst. Die Gründe für den Ausschluss von Maßnahmen wurden mit den Workshop-Teilnehmern erörtert.

Implementierte Schutzmaßnahmen aufzeigen

Die Schutzmaßnahmenauswahl muss unter Berücksichtigung bereits implementierter Schutzmaßnahmen erfolgen. Wie eingangs beschrieben, ergreift das Unternehmen Maßnahmen zum Schutz vor Produktpiraterie. Das sind unter anderem **rechtliche Schutzmaßnahmen**. Das Unternehmen meldet **Patente** auf einzelne Teile und Baugruppen bis hin zu gesamten Maschinen an. Weiterhin werden Verfahren, wie das Befüllen von Ventilsäcken, angemeldet. Maschinennamen und Logos wie „ROTO CLASSIC®" oder „HAVER & BOECKER" werden als Marken in allen relevanten Märkten angemeldet. Das Erscheinungsbild des ROTO CLASSIC® ist durch ein Geschmacksmuster geschützt.

Eine klar formulierte Patentstrategie befand sich zum Zeitpunkt der Bedarfsanalyse in der Ausarbeitung. Mögliche Ausprägungen einer Patentstrategie sind, einen hohen Patentbestand aufzubauen und in diesem Zuge auch Sperrpatente anzumelden oder aber gezielt auf das Anmelden von Patenten zu verzichten, um schützenswertes Wissen nicht in Patentschriften preisgeben zu müssen.

Neben rechtlichen Schutzmaßnahmen werden bereits einige **prozessbezogene, kennzeichnende und strategische Schutzmaßnahmen** eingesetzt. So werden im Produktionsprozess des ROTO CLASSIC® aufwendige Fertigungsverfahren genutzt. Dies ermöglicht die Herstellung komplexer Geometrien mit sehr hoher Genauigkeit. Die Herstellung vergleichbarer Komponenten wäre für Imitatoren nur unter hohen Kosten möglich. Ferner werden Bauteile, die Kern-Know-how beinhalten, nur im Unternehmen produziert. Einige Baugruppen, wie z.B. Pneumatikzylinder, werden mit Firmenlogo und Teilenummer gekennzeichnet.

Zu den strategischen Schutzmaßnahmen zählt unter anderem das Personalmanagement. Haver & Boecker strebt eine langfristige Zusammenarbeit mit seinen Mitarbeitern an. Dazu dient ein positives Betriebsklima, das von Selbstverantwortung und Anerkennung geprägt ist. Die Haver Academy bietet den Mitarbeitern Aus- und Fortbildungsmöglichkeiten. Mitarbeiter in den Entwicklungs- und Schwellenländern Asiens und Afrikas erhalten eine soziale Absicherung. Ebenso wird eine langfristige und partnerschaftliche Zusammenarbeit mit Lieferanten angestrebt. Ausgewählte Lieferanten sind auch Entwicklungspartner für Haver & Boecker. Der überwiegende Teil der Lieferanten ist in Deutschland angesiedelt.

In den Interviews wurde festgestellt, dass die Einschätzung der Befragten bezüglich der Bedrohungslage und des Einsatzes von Schutzmaßnahmen und deren Wirksamkeit teilweise stark variierte. Unter anderem wurde die Wirksamkeit rechtlicher Schutzmaßnahmen unterschiedlich beurteilt. Dies deutet darauf hin, dass im Unternehmen zumindest noch Informationsbedarf in puncto Produktschutz besteht. Diese Abweichungen wurden im Workshop mit den Beteiligten diskutiert.

Review der Schutzmaßnahmenauswahl

Die verbliebenen, möglichen Schutzmaßnahmen wurden im Workshop vorgestellt und diskutiert. Dabei wurden 15 weitere, vor allem strategische Schutzmaßnahmen als nicht geeignet eingestuft. Gründe für den Ausschluss waren die Nichtvereinbarkeit mit der Unternehmensstrategie oder ein sehr langer Zeithorizont zur Einführung. So wurde z.B. ausgeschlossen, günstige, aber qualitativ schlechtere Füllrohre als Ersatzteile für den ROTO CLASSIC® anzubieten, da dies nicht zur Unternehmensstrategie von Haver & Boecker passt. Haver & Boecker steht für eine hohe Produkt- und Servicequalität.

Nach dem Workshop wurden die Ergebnisse wie in Bild 3-14 dargestellt konsolidiert. Vorhandenen Schutzmaßnahmen wurde der Status „in Ansätzen implementiert" und „implementiert" zugeordnet; für auszuschließende Maßnahmen wurden die Ausschlussgründe notiert.

Maßnahmenkategorie	Nr.	Schutzmaßnahme	Implementie-rungsstatus	Ausschlussgrund
Produktbezogen	1	Gegenseitige Bauteilauthenti-fizierung vorsehen	🔴	
	2	Produkte individualisieren	🟡	
	3	Produktlebenszyklus verkürzen		Kein kurzlebiger Markt
	4	Preiswerte Ersatzteile definieren		Passt nicht zur Unter-nehmensstrategie
⋮				
Prozessbezogen	15	Kernkompetenzbauteile intern entwickeln	🟡	
	16	Warenströme vollständig dokumentieren	🟢	
	17	Aufwendige Fertigungsverfahren einsetzen	🟢	
⋮				
Strategisch	80	Selektive Vertriebssysteme		Nur eigener Vertrieb
	81	Mitarbeiterbindung verstärken	🟢	
⋮				
Kommunikativ	98	Kunden auf Originale und Fäl-schungen aufmerksam machen	🟡	

🔴 Maßnahme noch nicht implementiert
🟡 Maßnahme in Ansätzen implementiert
🟢 Maßnahme implementiert

Bild 3-14 Implementierungsstatus und Ausschlussgründe für Schutzmaßnahmen

In Summe sind über 20 Schutzmaßnahmen implementiert. Beispiele sind die Nutzung fixkostenintensiver Fertigungsverfahren und das Erhöhen der Mitarbeiterbindung. Etwa 15 Maßnahmen befanden sich zum Durchführungszeitpunkt in der Umsetzung. Dazu zählte die bereits angesprochene Ausarbeitung einer Patentstrategie.

3.4.5 Maßnahmen zu wirkungsvollen Schutzkonzeptionen kombinieren

Nach der Erfassung bereits implementierter Maßnahmen und dem Ausschluss nicht geeigneter Maßnahmen durch das Projektteam und im Workshop war eine konsistente Schutzkonzeption zu erstellen. Dazu wurden die verbliebenen Maßnahmen mithilfe einer Konsistenzmatrix daraufhin untersucht, ob sie sich in ihrer Wirkung gegenseitig unterstützen (komplementäre Maßnahmen) oder ob der gleichzeitige Einsatz zweier Maßnahmen nicht sinnvoll ist. Dies ist der Fall, wenn sich Maßnahmen gegenseitig substituieren oder konfliktär sind. Ergebnis war, dass sich die bereits implementierten Schutzmaßnahmen in ihrer Wirkung unterstützen, jedoch um weitere Maßnahmen ergänzt werden müssen.

Die Schutzkonzeption besteht, den zwei Stoßrichtungen folgend, aus den Bereichen **Ersatzteile und Service schützen** und **Know-how-Abfluss verhindern**. Zum besseren Verständnis wurden beide Bereiche in je fünf Kategorien unterteilt. Diese Kategorien mit dazugehörigen Schutzmaßnahmen sind in Auszügen in der Produktschutz-Roadmap (Bild 3-15) dargestellt. Die Roadmap ordnet die umzusetzenden Schutzmaßnahmen zeitlich und dient dem Unternehmen so als Handlungsleitfaden zur Umsetzung der Schutzkonzeption.

In der Kategorie „Ersatzteile vor Nachbau schützen" sind unter anderem die Schutzmaßnahmen „Aufwendige Fertigungsverfahren einsetzen" und „Gegenseitige Bauteilauthentifizierung vorsehen" enthalten. Die erstgenannte ist bereits hinreichend umgesetzt und muss weiter angewendet werden. Um eine gegenseitige Bauteilauthentifizierung realisieren zu können, bedarf es jedoch noch weiterer Entwicklungsarbeit. Diese Maßnahme ist längerfristig umzusetzen.

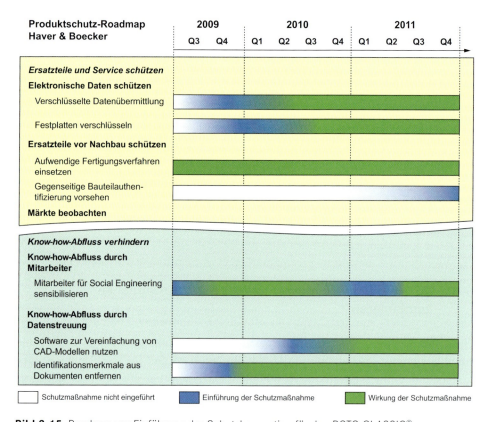

Bild 3-15 Roadmap zur Einführung der Schutzkonzeption für den ROTO CLASSIC®

Um Know-how-Abfluss durch Mitarbeiter zu vermeiden, müssen diese kontinuier-lich für das Thema Produktschutz sensibilisiert werden. So sind Mitarbeiter regel-mäßig auf die Gefahr des Social Engineering aufmerksam zu machen.

Die Kategorie „Know-how-Abfluss durch Datenstreuung" fokussiert den Schutz sensibler Dokumente. Hier sind unter anderem die Maßnahmen „Software zur Ver-einfachung von CAD-Modellen nutzen" und „Identifikationsmerkmale aus Doku-menten entfernen" noch umzusetzen.

Zur Umsetzung der Schutzkonzeption wurden Handlungsempfehlungen gegeben. So ist unter anderem ein Handbuch Wissensschutz zu erstellen. Dazu ist zu defi-nieren, was das schützenswerte Kern-Know-how des Unternehmens ist. Die Schutzkonzeption wurde seitens der Unternehmensführung als umfassend und implementierungswürdig eingestuft.

3.4.6 Umsetzung im Unternehmen und Ausblick

Das Thema Produktschutz hatte durch das Einbinden aller relevanten Unterneh-mensbereiche bereits während des Projektes einen hohen Stellenwert erlangt. Nach Abschluss des Projektes wurden im Unternehmen Arbeitsgruppen zur Um-setzung der Schutzkonzeption gebildet. Die Arbeitsgruppe zur Entwicklung einer Patentstrategie war bereits bei der Durchführung der Bedarfsanalyse eingesetzt. Die Aktivitäten zum Produktschutz werden vom Innovationsmanagement koordi-niert.

Maßnahmen aus der Kategorie „Elektronische Daten schützen" wie die Installation rollenbasierter Zugangskontrollen, die verschlüsselte Übermittlung von Daten so-wie die Nutzung verschlüsselter Datenträger z. B. für Mitarbeiter des Vertriebs werden sukzessive umgesetzt. Zum Beispiel werden Datenträger verschlüsselt, wenn Mitarbeiter mit neuen Computern ausgestattet werden.

Um den Know-how-Abfluss durch Mitarbeiter zu unterbinden, wurden diese für Social Engineering sensibilisiert. Das Unternehmen strebt an, diese Sensibilisie-rung als Teil des Schulungsplans der Haver Academy aufzunehmen. Ferner wer-den verstärkt Geheimhaltungsvereinbarungen mit Know-how-Trägern geschlos-sen.

Die Verwendung von Produktplattformen und Komponentenbaukästen erlaubt die Erstellung von Produktvarianten, um weitgehend auf Kundenwünsche eingehen zu können. Da diese Schutzmaßnahme z. B. auch mit der Neugestaltung von Ver-triebsstrategien verbunden ist, erfolgt deren Umsetzung über einen längeren Zeit-horizont. Um Ersatzteile des ROTO CLASSIC® vor dem Nachbau zu schützen, ist in der Schutzkonzeption die gegenseitige Authentifizierung von Bauteilen vorzu-sehen. Diese Maßnahme wurde nach erneuter Prüfung der technischen Machbar-keit und des Implementierungsaufwandes zurückgestellt.

Die Bedarfsanalyse hat Haver & Boecker wichtige Impulse für einen präventiven Produktschutz gegeben, da die Ergebnisse der Betrachtung des ROTO CLASSIC® zum Teil auch auf andere Produkte übertragbar sind. Das Thema hat im Unternehmen weiterhin einen hohen Stellenwert. Die Umsetzung der Schutzkonzeption wurde jedoch durch die Finanz- und Wirtschaftskrise im Jahr 2009 verlangsamt. Mittlerweile sind zahlreiche Schutzmaßnahmen umgesetzt worden. Präventiver Produktschutz muss jedoch kontinuierlich betrieben werden. Die Verankerung des Themas im Innovationsmanagement des Unternehmens stellt das sicher.

■ 3.5 Entwicklung einer Schutzkonzeption für ein Antriebssystem

Oliver Köster

Im folgenden Kapitel werden die Durchführung und die Ergebnisse einer Bedarfsanalyse für ein Antriebssystem in Auszügen dargestellt. Aus Gründen der Vertraulichkeit wurde die Unternehmensbezeichnung anonymisiert.

3.5.1 Weltweit erfolgreiche Antriebssysteme motivieren Imitatoren

Die Antriebstechnik GmbH

Die ANTRIEBSTECHNIK GmbH ist ein weltweit führender Anbieter von elektrischen Antriebssystemen. Das mittelständische Familienunternehmen mit Stammsitz in Deutschland wurde 1950 gegründet. Über zehn Tochtergesellschaften und Kooperationen im europäischen und weltweiten Ausland unterstützen bei Entwicklung und Produktion sowie Vertrieb und Marketing. Im Jahr 2008 erwirtschafteten 900 Mitarbeiter einen Umsatz von etwa 150 Millionen Euro.

Das **Produktprogramm** umfasst unter anderem Kleinstmotoren, Motion-Control-Systeme, Getriebe und Steuerungen. Die Motion-Control-Systeme differenzieren sich von Wettbewerbsprodukten durch eine lange Lebensdauer, ein hohes und rastfreies Drehmoment, breite Temperatureinsatzbereiche (–30 bis +90 °C) sowie per Software flexibel einstellbare Drehzahlen (5 bis 12.000 U/min). Die Produkte kommen überall dort zum Einsatz, wo Zuverlässigkeit und Präzision gefragt sind. Typische **Applikationsbereiche** sind unter anderem Produktionsautomation und Robotik, Medizin- und Labortechnik, Sondermaschinenbau sowie Luft- und Raumfahrt.

Imitate gefährden die Rendite der F&E-Investitionen

Die Antriebstechnik GmbH bündelt Kompetenzen, Technologien und Leistungen für Antriebs-, Präzisions- und Mikrosysteme. Das Unternehmen ist spezialisiert auf die Entwicklung und Herstellung hochwertiger Standardprodukte, bietet aber auch komplexe, kundenspezifische Komplettlösungen an. Dabei stehen die Anforderungen an Präzision und Zuverlässigkeit im Mittelpunkt. Die Antriebstechnik GmbH versteht sich als Innovationsführer, was sie durch zahlreiche Patente, Gebrauchs- und Geschmacksmuster unterstreicht.

Der weltweite Erfolg der Antriebstechnik GmbH weckt Begehrlichkeiten: Das technische Konzept und das äußere Erscheinungsbild diverser Produkte wurden in der Vergangenheit bereits kopiert. Um die F&E-Investitionen nachhaltig zu sichern, sollen die innovativen Produkte durch eine unternehmensspezifische Schutzkonzeption vor Produktpiraterie geschützt werden.

3.5.2 Durchführung der Bedarfsanalyse

Die Entwicklung einer Schutzkonzeption für die Antriebstechnik GmbH ist in sechs Phasen erfolgt. In der Projektdefinition erfolgte die Festlegung der wesentlichen Projektparameter wie Betrachtungsgegenstand, Zielsetzung und Projektteam. Anschließend wurde ein Kick-off-Workshop durchgeführt, dessen primäres Ziel die Vorstellung der Zielsetzung und das Kennenlernen der Projektpartner war. Strukturierte Einzelinterviews zur Ermittlung der aktuellen Angriffspunkte durch Imitatoren sowie deren Analyse waren Gegenstand der nächsten Phase. Anschließend wurde auf Grundlage der Ist-Analyse eine Vorauswahl möglicher Schutzmaßnahmen getroffen, die zu mehreren Schutzkonzeptionen kombiniert wurden. Abschließend wurde eine gewählte Schutzkonzeption detailliert und wurden Maßnahmen zur Umsetzung definiert.

3.5.2.1 Projektdefinition

Die Projektdefinition umfasste die Vorauswahl eines **Betrachtungsgegenstandes**, die Definition der mit einer Schutzkonzeption zu erreichenden **Ziele**, die Bestimmung der **Projektteambesetzung** und die Festlegung des **Projektplans**.

Die Projektdefinition wurde im Hause der Antriebstechnik GmbH durchgeführt. Teilnehmer seitens des Unternehmens war der Innovationsmanager, bei dem das Projekt organisatorisch verortet war. Ansatzpunkt hierfür ist die Erkenntnis der Antriebstechnik GmbH, dass Produktpiraterie nachhaltig der Innovationskraft eines Unternehmens schaden kann. Der Innovationsmanager war während der gesamten Bearbeitung der Bedarfsanalyse der unternehmensinterne Ansprechpartner und Kontaktvermittler. Ihm oblagen ferner die Kommunikation des Projektfortschritts innerhalb des Unternehmens sowie die Organisation von Besprechungen und Workshops. Seitens des ConImit-Projektteams waren zwei wissenschaftliche Mitarbeiter für die inhaltliche Durchführung der Bedarfsanalyse und die Moderation der Workshops verantwortlich.

Vorauswahl des Betrachtungsgegenstandes

Nach Kenntnistand des Innovationsmanagers gab es zu Projektbeginn keine Nachbauten der eigenen Produkte. Es gab somit auch keinen dringlichen Handlungsbedarf, ein bereits im Markt befindliches Produkt zu schützen. Zu diesem Zeitpunkt hatte das Unternehmen jedoch einige Produktentwicklungen in Bearbeitung, die einen hohen Innovationsgrad aufwiesen. Der Innovationsmanager vermutete, dass einige der neuen Produkte auf dem Markt für Aufsehen sorgen würden und Imitatoren motivieren könnten.

Von besonderem Interesse könnte das innovative Antriebssystem DC-MoCo404 sein, das ein wichtiges Produkt des Geschäftsbereichs Motion-Control-Systeme werden und als solches signifikante Umsatzsteigerungen für das Unternehmen liefern sollte. Das Unternehmen hatte hohe F&E-Investitionen getätigt, um das Produkt innerhalb kurzer Zeit zu entwickeln. Die Erwartungen an die Performance des Produktes waren sehr hoch. Imitatoren könnten hier einen hohen Schaden erzeugen. Im Rahmen der Projektdefinition wurde daher der DC-MoCo404 als Betrachtungsgegenstand ausgewählt.

Definition der Zielsetzung

Als Ziel der Bedarfsanalyse wurde die nachhaltige Sicherung der Investitionen in das System DC-MoCo404 sowie der daran geknüpften Umsatzerwartungen definiert. Erreicht werden sollte dies durch die vollständige Verhinderung von Imitaten. Hierbei galt es in erster Linie, die innovativen, technischen Konzepte vor unbefugtem Nachbau zu schützen. Darüber hinaus sollte ein umfassender Rechtsschutz installiert werden, um den Vertrieb potentieller Imitate umgehend unterbinden zu können.

Zusammenstellen eines abteilungsübergreifenden Projektteams

Die Aufgaben des Projektteams sind die Diskussion und Freigabe der erarbeiteten Teilergebnisse. Da es sich bei dem Betrachtungsgegenstand um ein komplexes mechatronisches Produkt handelt, an deren Entwicklung eine Vielzahl von Abteilungen beteiligt ist, sollte das Projektteam ebenfalls interdisziplinär zusammengestellt werden. Bei der Antriebstechnik GmbH wurden durch die Geschäftsleitung Mitarbeiter aus dem Innovationsmanagement, der Produkt- und Produktionssystementwicklung, dem Patentwesen und der Rechtsabteilung in das Projektteam entsendet. Der technische Geschäftsführer war ebenfalls regelmäßig bei Projektteamsitzungen anwesend. Für spezielle Themen wurden Mitarbeiter aus dem technischen Kundendienst, dem Vertrieb und dem Einkauf temporär in das Projekt eingebunden.

3.5.2.2 Durchführen eines Kick-off-Workshops

Der Kick-off-Workshop dient dazu, das Projektteam für das Projekt zu motivieren und auf das gemeinsame Ziel einzuschwören. Dazu gehört auch, Widerstände frühzeitig zu erkennen und zu beseitigen. Zu Beginn steht daher die **Vorstellung der Bedarfsanalyse**. Hieran schließt sich die **Vorstellung und Diskussion des Betrachtungsgegenstandes** an. Dabei stellen im Wesentlichen die unternehmensinternen Teilnehmer ihre Sichtweise auf den Betrachtungsgegenstand vor.

Vorstellung der Bedarfsanalyse

Bei der Antriebstechnik GmbH startete die Vorstellung der Bedarfsanalyse mit der Vorstellung von Gegenstand und Zielsetzung. Dadurch wurde allen Teilnehmern deutlich, was die Methode leisten kann und was nicht. Unterstützt wurde dies mit einer eindeutigen Darstellung des Nutzens, den die Bedarfsanalyse stiften kann. Anhand von beispielhaften Ergebnissen konnte gezeigt werden, dass am Ende der Bedarfsanalyse kein theoretisches Konzept steht, sondern eine Roadmap, mit der die Einführung von Schutzmaßnahmen angegangen werden kann. Diese kann optional um einen Maßnahmenplan erweitert werden, der verbindliche Aussagen über erforderliche Aktivitäten, verantwortliche Personen und Zeiten trifft. Im Anschluss daran wurde die Funktionsweise der Methode detailliert diskutiert und der bereits vor dem Kick-off-Workshop mit allen Beteiligten abgestimmte Gesamtprojektplan vorgestellt.

Vorstellung und Diskussion des Betrachtungsgegenstandes

Im Kick-off-Workshop erfolgen zudem die Vorstellung des Betrachtungsgegenstandes sowie die Diskussion bereits aufgetretener Imitationen. Hiermit werden zwei Ziele verfolgt. Zum einen wird bei allen Beteiligten eine einheitliche Grundlage für die technischen Details des Produktes gelegt. Zum anderen können alle Workshop-Teilnehmer die Besonderheiten des Produktes aus ihrer Sicht herausstellen. Durch beide Punkte zusammen erhalten insbesondere die mit der inhaltlichen Durchführung betrauten Personen ein erstes Bild von Produkt und potentieller Gefährdungssituation, an das sie in der folgenden Ist-Analyse vertiefend anknüpfen können.

Die Vorstellung der technischen Details des Betrachtungsgegenstandes bei der Antriebstechnik GmbH erfolgte durch den Produktmanager. Der DC-MoCo404 ist ein bürstenloser Motor mit integriertem, durchmesserkonformem Motion-Controller. Auf kleinstem Raum werden lange Lebensdauer, rastfreie Drehmomente und der vollständige Verzicht auf Klebstoffe vereint. Der DC-MoCo404 ist modular aufgebaut und in mehreren Baulängen erhältlich. Durch ein innovatives Design wird ein maximales Leistungs-Volumen-Verhältnis generiert. Ein zusätzlicher Nutzen ist die individuelle Parametrierbarkeit durch eine entsprechende Software. Der DC-MoCo404 ist ein innovatives Produkt, das es vor Produktpiraterie zu schützen gilt. Hier setzt die Bedarfsanalyse an.

Im Anschluss folgte die Betrachtung der Besonderheiten des Produktes aus den speziellen Blickwinkeln der Workshop-Teilnehmer. So wurden auch Aspekte wie Plattformstrategie und Modularität, Integration von Lieferanten, Fertigungs-, Patent- und Vertriebsstrategie sowie Wettbewerbssituation detaillierter erörtert. Da der DC-MoCo404 noch nicht vertrieben wird, sind noch keine Probleme mit Imitationen aufgetreten. Die Rechtsabteilung konnte aber Informationen zu früheren Vorfällen und verdächtig agierenden Unternehmen beisteuern.

3.5.3 Angriffspunkte für Produktpiraterie identifizieren

Ziel der Ist-Analyse ist die umfassende Ermittlung des unternehmensspezifischen Gefährdungspotentials. Ermittelt wird dies in **Einzelinterviews** mit den Projektteammitgliedern. Im Rahmen der **Interviewanalyse** werden alle Aussagen zu Themenschwerpunkten zusammengeführt. Dadurch entsteht ein konsolidierter Überblick über piraterierelevante Aspekte wie Wettbewerb und Konkurrenz, Zulieferbeziehungen und aktuelle Schutzrechtssituation. Aus dieser konsolidierten Betrachtung heraus können dann Aussagen über potentielle Angriffspunkte und schützenswerte Kernkompetenzen abgeleitet werden. Die dabei gewonnenen Erkenntnisse werden dann dem Projektteam im Rahmen eines **Workshops „Review Interviewergebnisse"** vorgestellt. Etwaige widersprüchliche Aussagen können dabei direkt diskutiert und geklärt werden.

Einzelinterviews

Zur Ermittlung der Angriffspunkte für Produktpiraterie bei der Antriebstechnik GmbH wurden insgesamt sieben Einzelinterviews durchgeführt. Beteiligt waren Personen aus den Bereichen:

- **Innovationsmanagement**
  Aufgaben: Koordination und Moderation aller Innovationsprojekte etc.

- **Patentwesen**
  Aufgaben: Vorbereiten und Durchführen von Patentanmeldungen, Patentrecherchen etc.

- **Rechtsabteilung**
  Aufgaben: Durchsetzen von Schutzrechtsansprüchen etc.

- **Technischer Kundendienst**
  Aufgaben: Ersatzteil- und Umbauservice beim Kunden vor Ort, Kundenschulungen, Produktionsoptimierung etc.

- **Produktion**
  Aufgaben: Teilefertigung, Montage, Installation, Tests etc.

- **Entwicklung**
  Aufgaben: Entwicklung Produkt- und Produktionssystem, kundenspezifische Lösungen etc.

- **Geschäftsführung Bereich „Motion-Control-Systeme"**
  Aufgaben: Steuerung und Koordination aller Aktivitäten im Geschäftsbereich.

Interviewanalyse

Aus den audiotechnisch erfassten Interviews wurden detaillierte Verlaufsprotokolle erstellt. Die Aussagen wurden dann nach piraterierelevanten Themenschwerpunkten zusammengeführt, um Redundanzen aus den Interviews beseitigen und widersprüchliche Aussagen identifizieren zu können. Im Falle der Antriebstechnik GmbH wurden die gesammelten Informationen unter den folgenden Oberpunkten zusammengefasst:

- **Markt, Kundengruppen**
  Aussagen zu: Umsätze je Region, Marktentwicklung, neue Märkte, Kundengruppen, Erfolgsfaktoren (z. B. Umfang Produktportfolio, Leistungsdichte), Lead User etc.

- **Kundenanforderungen**
  Aussagen zu: Wie werden diese aufgenommen und weiterverarbeitet? Beispiele für Kundenanforderungen (z. B. viel Drehmoment bei geringer Drehzahl, hohe Zuverlässigkeit) etc.

- **Kernkompetenzen/Schlüssel-Know-how, Wissensmanagement, Innovationsmanagement**
  Aussagen zu: Einschätzungen zu Stärken und Schwächen, Beispiele für Schlüsselkompetenzen (z. B. Elektronik, Softwaregestaltung) etc.

- **(Fertigungs- und Produkt-)Technologie**
  Aussagen zu: Einfluss der Fertigungskompetenzen auf die Entwicklung etc.

- **Produkt, Service**
  Aussagen zu: Produktpreis, Stückzahlen, Ersatzteilgeschäft, Produktprogramm, eigener Service (z. B. intensive Betreuung bei kundenspezifischen Entwicklungen), Service der Konkurrenz etc.

- **Fertigungsverfahren**
  Aussagen zu: Duroplast- und Thermoplast-Verspritzung, Wickeltechnik, alternative Fertigungsverfahren (z. B. Kleben, Spritzen, Löten, Stecken), Fertigungstiefe etc.

- **Zulieferer**
  Aussagen zu: Rolle und Bedeutung, Integration in die Entwicklung, Gestaltung des Dokumentenaustausches, Make-or-Buy-Kriterien etc.

- **(Fertigungs- und Produkt-)Prozesse**
  Aussagen zu: Fertigungsschritte, kritische Parameter (z. B. Wickeltechnik, Kontaktiervorgang), Lieferzeit etc.

- **Wettbewerber, Konkurrenz**
  Aussagen zu: Entwicklung, Produktprogramm, Standorte, Stärken, Schwächen etc.

- **Aktuelle Bedrohungslage**
  Aussagen zu: aktuelle Imitatoren und Imitate, Angriffspunkte etc.

- **Möglichkeiten des Know-how-Abflusses, Personalfluktuation, Datenschutz**
  Aussagen zu: konkrete Hinweise darauf, wo und wie Know-how aus dem Unternehmen abfließen kann.

- **Schutzrechte, Patente, Marken, Lizenzen, Haftung**
  Aussagen zu: Patentstrategie, Patentierbarkeit etc.

- **Bestehende Gegenmaßnahmen**
  Aussagen zu: angewendete und nicht angewendete Schutzmaßnahmen.

- **Rahmenbedingungen für Maßnahmenauswahl**
  Aussagen zu: Freiheitsgrade und Hindernisse etc.

Die in dieser Form thematisch strukturierten Informationen wurden hinsichtlich des aktuellen Gefährdungspotentials für die Antriebstechnik GmbH analysiert. Hierzu wurden **potentielle Angriffspunkte für Imitatoren**, **herausragende Stärken** der Antriebstechnik GmbH und **schützenswertes Know-how** herausgearbeitet.

Potentielle Angriffspunkte

Potentielle Angriffspunkte sind solche Bereiche, über die ein Imitator mit relativ geringem Aufwand an kritisches Know-how gelangen könnte.

Social Engineering: Die Produkte der Antriebstechnik GmbH werden weltweit vertrieben. Die Vertriebsmitarbeiter reisen viel, z. B. zu Messen oder Kundenbesuchen, und verfügen über umfangreiches Produkt-Know-how. Sie können Opfer von Social Engineering werden.

Spionage: Hacker können in das Firmennetzwerk eindringen und sich sensible Daten von den Laufwerken kopieren. Entsprechende Versuche sind bereits beobachtet worden. Diese sind bis jetzt aber ohne Erfolg geblieben.

Personalfluktuation: Durch Personalfluktuation verlässt wichtiges Know-how das Unternehmen. Da es keine speziellen Verträge für Know-how-Träger gibt, könnte die Antriebstechnik GmbH durch gezieltes Abwerben von Mitarbeitern wesentliche Know-how-Träger verlieren.

Software am Produkt auslesen: Wesentliches Alleinstellungsmerkmal des DC-MoCo404 ist dessen Parametrierbarkeit. Über die dafür erforderliche Schnittstelle könnten Imitatoren die Software am Produkt auslesen.

Kooperation mit Kunden: Kundenspezifische Entwicklungen sind für die Antriebstechnik GmbH von strategischer Bedeutung, worüber sie sich vom Wettbewerb differenziert. Die dafür erforderliche Kooperation mit den Kunden bringt jedoch stets einen Know-how-Transfer zum Kunden mit sich.

Overengineering: Die Produkte der Antriebstechnik GmbH bieten maximale Funktionalität, die nicht von jedem Kunden in vollem Umfang benötigt wird. Andere Unternehmen können ein Produkt, das nur die Basisanforderungen erfüllt, daher günstiger anbieten.

Nachahmen von Marken- und Erscheinungsbild: In der Vergangenheit haben schon mehrere Nachahmer versucht, vom positiven Markenimage der Antriebstechnik GmbH zu profitieren. So wurden bereits das Erscheinungsbild von Datenblättern und der Unternehmensslogan imitiert.

Erstarkende Konkurrenz: Ehemalige Mitarbeiter der Antriebstechnik GmbH haben vor einigen Jahren ein eigenes Unternehmen gegründet. Noch konkurrieren sie nur auf Ebene von Standardprodukten, der Ausbau des Produktprogramms durch Aufkauf eines weiteren Konkurrenten ist jedoch höchst wahrscheinlich.

Herausragende Stärken der Antriebstechnik GmbH

Einige der Bereiche, die üblicherweise Angriffspunkte für Imitatoren sind, haben sich als ausgesprochene Stärke der Antriebstechnik GmbH herausgestellt. Angriffe über diese Bereiche sind nicht zu erwarten.

Know-how-Abfluss an Zulieferer: In Entwicklungsprojekten ist es unumgänglich, Zulieferer mir kritischem Know-how zu versorgen. Dieses geschieht jedoch sehr selektiv: Besonders kritische Informationen werden ausschließlich an Zulieferer gegeben, mit denen die Antriebstechnik GmbH bereits seit mehreren Jahren zusammenarbeitet.

Nachahmung der Fertigungsverfahren: Die zum Einsatz kommenden Fertigungsverfahren sind isoliert betrachtet nichts Besonderes, in ihrer speziellen Kombination jedoch äußerst schwierig zu beherrschen. Dafür ist langjährige Erfahrung erforderlich. Die Fertigungsverfahren sind folglich ein inhärenter Schutzmechanismus.

Reengineering: Durch Reengineering kann ein Imitator Informationen über die Zusammensetzung mechanischer Bauteile oder das Elektronik-Layout erlangen, die für die Fertigung erforderlichen Tricks und Kniffe wird er jedoch nicht herausfinden.

Kopien von Ersatzteilen: Antriebe wie der DC-MoCo404 sind extrem langlebig und zuverlässig. Bei Ausfall werden sie nicht repariert, sondern komplett ausgetauscht. Das Ersatzteilgeschäft ist in diesem Fall unerheblich.

Time-to-Market: Die Antriebstechnik GmbH wird von den Kunden als schneller Technologieanbieter wahrgenommen. Es laufen aktuell Projekte, um die Time-to-Market noch weiter zu senken.

Schützenswertes Know-how

Schützenswertes Know-how ist das Wissen, mit dem sich die Antriebstechnik GmbH von der Konkurrenz differenziert.

Fertigungs-Know-how: Für die Produktion des DC-MoCo404 wird spezifisches Fertigungs-Know-how benötigt. So ist für die Wickelung geometrische Genauigkeit erforderlich, und korrektes Kommutieren kann nur durch eine exakte Platzierung von Hall-Sensoren erfolgen. Sowohl Wettbewerber als auch Imitatoren dürften das für die sichere Beherrschung von Wickel-, Kontaktier- und Spritzanlagen erforderliche Fertigungs-Know-how nicht haben.

Systemfähigkeit: Das Produktprogramm einiger Wettbewerber überschneidet sich auf Komponentenebene mit dem der Antriebstechnik GmbH, diese können aber keine Komplettsysteme herstellen.

Kundenintegration: Die Antriebstechnik GmbH pflegt einen guten Umgang mit ihren Kunden. Sowohl kundenspezifische Anpassungen von Standardprodukten als auch kundenspezifische Neuentwicklungen sind eine Stärke des Unternehmens.

Software (Firmware): Für die Parametrierung der Antriebe ist eine Software erforderlich. Die Antriebstechnik GmbH verfügt über die Kompetenz, solche Software zu entwickeln und auf die individuellen Kundenwünsche anzupassen. Mittels einer Toolbox kann der Kunde verschiedene Softwareversionen zur Ansteuerung verschiedener Motoren nutzen.

Ableiten von zukünftigen Bedrohungssituationen

Basierend auf den Analyseergebnissen wurden vom Projektteam zwei zukünftige Bedrohungssituationen definiert. Ziel war es, mögliche Konsequenzen von Produktpiraterie auf das Geschäft mit dem DC-MoCo404 plakativ aufzuzeigen und dadurch die Notwendigkeit des Produktschutzes zu unterstreichen. Die erste Situation stellt dar, dass Nachahmer in der Lage sind, den DC-MoCo404 zu einer akzeptablen Qualität bei günstigerem Preis herzustellen. Hintergrund dieser möglichen Situation sind die extrem preisgetriebenen Absatzmärkte des Unternehmens in Asien. Durch Funktionsreduktion sind dort immer mehr Unternehmen in der Lage, qualitativ akzeptable und preisgünstige Antriebe anzubieten. Die zweite Situation beschreibt, dass Nachahmer durch Know-how-Abfluss mittelfristig zu ernsthaften Konkurrenten werden. Mögliche Ursachen dieser Situation sind der Know-how-Abfluss durch intensive Kooperationen mit Kunden und Zulieferern und der Wechsel von Know-how-Trägern zu Wettbewerbern. Die Situationen scheinen aus heutiger Sicht übertrieben. Sie wurden im Unternehmen jedoch mit Interesse aufgenommen und diskutiert.

Review der Interviewergebnisse

Im Workshop „Review Interviewergebnisse" wurden die konsolidierten Erkenntnisse aus den Interviews dem gesamten Projektteam vorgestellt und ausführlich diskutiert. Unterschiedliche Einschätzungen, etwa zur Wirksamkeit rechtlicher Schutzmaßnahmen, wurden im Rahmen des Workshops zwischen den Beteiligten diskutiert. Zum Ende des Workshops haben die Teilnehmer einstimmig quittiert, dass die genannten Punkte die aktuelle Gefährdungssituation präzise wiedergeben.

3.5.4 Schutzmaßnahmen auswählen

Herausforderung bei der Schutzmaßnahmenauswahl ist, diejenigen auszuwählen, die in der spezifischen Unternehmenssituation den größten Schutz bieten. Für einen effektiven Produktschutz ist zunächst eine klare **Stoßrichtung der Schutzkonzeption festzulegen**. Darauf basierend sind **ungeeignete Schutzmaßnahmen von der weiteren Betrachtung auszuschließen**. Dies geschieht auf der Grundlage von Ausschlusskriterien, die aus den Ergebnissen der Ist-Analyse abgeleitet werden können. Für die verbleibenden Maßnahmen wird ein **Implementierungsgrad bestimmt**. Hierbei wird unterschieden zwischen weitgehend, in Ansätzen und nicht implementiert. Insbesondere die nicht oder nur teilweise implementierten Schutzmaßnahmen empfehlen sich für die Berücksichtigung in einer Schutzkonzeption.

Stoßrichtung für die Schutzkonzeption festlegen

Aufbauend auf den ermittelten Gefährdungspotentialen und den aufgezeigten zukünftigen Bedrohungssituationen wurden **Kernkompetenzen ausbauen**, **Kernkompetenzen schützen** und **Gewerblicher Rechtsschutz** als zentrale Elemente der Schutzkonzeption festgelegt. Diese drei Elemente fokussieren darauf, die Kopierbarkeit des DC-MoCo404 so schwer wie möglich zu machen und gegen etwaige Plagiate mit allen verfügbaren rechtlichen Mitteln vorzugehen.

Ungeeignete Schutzmaßnahmen ausschließen

Der Schutzmaßnahmenkatalog umfasste zum Zeitpunkt der Bedarfsanalyse 88 Maßnahmen. Zum Ausschluss ungeeigneter Schutzmaßnahmen wurden die Erkenntnisse aus der Ist-Analyse in Ausschlusskriterien überführt. Beispiele für gefundene Ausschlusskriterien sind „Keine unsicheren Zulieferer vorhanden" oder „Produkt wird durch Kunden vollständig akzeptiert". Da die Antriebstechnik GmbH ausschließlich mit langjährig bekannten Partnern zusammenarbeitet, ist die Maßnahme „Aufbau von zertifizierten Zulieferern" keine weiterzuverfolgende Option. Ähnlich verhält es sich mit der Akzeptanz durch die Kunden, infolgedessen alle kennzeichnenden Maßnahmen aus der weiteren Betrachtung ausscheiden. Insgesamt wurden sieben Ausschlusskriterien definiert, wodurch 31 Schutzmaßnahmen als grundsätzlich ungeeignet eingestuft werden konnten.

Implementierte Schutzmaßnahmen aufzeigen

Die verbleibenden 57 Maßnahmen wurden hinsichtlich ihres Implementierungsgrades untersucht. Die dafür erforderlichen Informationen konnten weitgehend den Interviewprotokollen entnommen werden. Bei Maßnahmen, bei denen Unsicherheit herrschte, wurden die Details mit den einzelnen Mitgliedern des Projektteams vertiefend diskutiert.

Im Bereich Produktentwicklung setzt das Unternehmen bereits eine Vielzahl an Maßnahmen ein. Zum Beispiel werden Kernkompetenzbauteile ausschließlich intern entwickelt und kritisches Know-how wird durch Black-Box-Bauweise vor Reengineering geschützt. Das Unternehmen betreibt ferner einen verteilten Einkauf und setzt auf selektive Vertriebswege. Mit einem ausgefeilten Aftersales-Konzept wird den Kunden ein Mehrwert geboten, den Imitatoren nicht bieten können. Als finanziell gesunde GmbH ist das Unternehmen vor feindlicher Übernahme geschützt. Insgesamt hat die Antriebstechnik GmbH bereits 17 Schutzmaßnahmen weitgehend implementiert.

Zu den nur teilweise implementierten Maßnahmen gehören unter anderem die rechtlichen Schutzmaßnahmen wie Patente, Gebrauchsmuster oder Marken. Das Unternehmen meldet vereinzelt Patente auf einzelne Teile und Baugruppen an. Weiterhin werden Logos und Markennamen in relevanten Märkten angemeldet. Eine klar formulierte Patentstrategie befand sich zum Zeitpunkt der Bedarfsanalyse in der Ausarbeitung. Weitere Maßnahmen wie „Informationen aus CAD-Modellen entfernen" oder „Überwachung des Marktes" waren im Unternehmen bekannt, wurden aber bestenfalls sehr selektiv angewendet. Insgesamt wurden 18 Maßnahmen identifiziert, die nur teilweise implementiert waren.

Es verblieben 22 Maßnahmen, die vom Unternehmen noch nicht eingesetzt wurden. Dazu gehörten Maßnahmen wie „Hybride Produkte anbieten", „Destruktive Elemente verbauen" oder „Softwareschutz von Zeichnungen". Maßnahmen wie „Hightech-Strategie", mit der Kernkompetenzen kundenwirksam weiter ausgebaut werden, oder „Komplexität nutzen", die kundenspezifische Sonderlösungen fokussiert, empfehlen sich für die Umsetzung, kamen bis dato aber noch nicht in Betracht.

Review der Schutzmaßnahmenauswahl

Im Workshop „Review Maßnahmenauswahl" erfolgte die Diskussion der definierten Ausschlusskriterien sowie der ausgeschlossenen Maßnahmen. Sowohl Ausschlusskriterien als auch die ausgeschlossenen Maßnahmen fanden die einstimmige Zustimmung der Teilnehmer.

Weiterhin wurden im Workshop die verbliebenen, möglichen Schutzmaßnahmen detailliert vorgestellt und diskutiert. Dabei wurden weitere 25 Maßnahmen als nicht geeignet eingestuft. Gründe für den Ausschluss waren die Nichtvereinbarkeit mit der Unternehmensstrategie oder ein langer Zeithorizont zur Einführung. So wurde unter anderem ausgeschlossen, hybride Leistungsbündel oder Betreibermodelle anzubieten, da dies nicht zum Produktprogramm und der Unternehmensstrategie der Antriebstechnik GmbH passt. Durch eine bewusste Marken- und Preisdifferenzierung würde künstlich ein weiterer Wettbewerber geschaffen, wofür der Markt zu klein sei. Die Antriebstechnik GmbH steht für eine hohe Produkt- und Servicequalität. Die eingesetzten Schutzmaßnahmen dürfen dies nicht gefährden. Nach Abschluss der Diskussion verblieben 15 der noch nicht oder nur teilweise umgesetzten Schutzmaßnahmen für die Verwendung in einer Schutzkonzeption.

3.5.5 Schutzmaßnahmen zu wirkungsvollen Schutzkonzeptionen kombinieren

Nach der Erfassung bereits implementierter Maßnahmen und dem Ausschluss nicht geeigneter Maßnahmen war eine **konsistente Schutzkonzeption zu erstellen** und abschließend in einer **Produktschutz-Roadmap** zu visualisieren.

Zur Schutzkonzeptionserstellung wurden die verbliebenen Maßnahmen daraufhin untersucht, ob sie sich in ihrer Wirkung gegenseitig unterstützen (komplementäre Maßnahmen) oder ob sich zwei Maßnahmen bei gleichzeitigem Einsatz in ihrer Wirkung behindern. Ergebnis war auch bei dieser Bedarfsanalyse, dass sich die bereits implementierten Schutzmaßnahmen in ihrer Wirkung unterstützen, jedoch um weitere Maßnahmen ergänzt werden müssen.

Die Schutzkonzeption besteht den Stoßrichtungen folgend aus den Elementen „Kernkompetenzen ausbauen", „Kernkompetenzen schützen" und „Gewerblicher Rechtsschutz". Eine Konsistenzanalyse hat für jede dieser Elemente Bündel an Schutzmaßnahmen ergeben, die in sich hoch konsistent sind und gut mit den Maßnahmenbündeln der weiteren Elemente kombiniert werden können. Bei den Maßnahmenbündeln handelt es sich um „Hightech-Strategie", „Know-how sichern" und „Umfassender Rechtsschutz". Das Bild 3-16 zeigt das Zusammenspiel zwischen Stoßrichtungen und Maßnahmenbündeln.

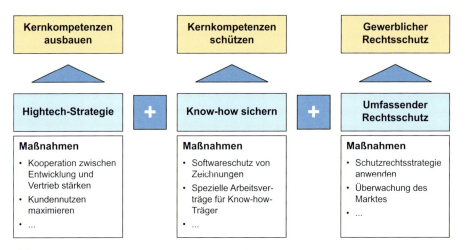

Bild 3-16 Der Aufbau der Schutzkonzeption für die Antriebstechnik GmbH

Das Maßnahmenbündel „Hightech-Strategie" ist der Stoßrichtung „Kernkompetenzen ausbauen" zugeordnet. Es umfasst Schutzmaßnahmen wie „Kooperation zwischen Entwicklung und Vertrieb stärken" und „Kundennutzen maximieren". Das Maßnahmenbündel „Know-how sichern" unterstützt die Stoßrichtung „Kernkompetenzen schützen" durch Maßnahmen wie „Softwareschutz von Zeichnungen" und „Spezielle Arbeitsverträge für Know-how-Träger". „Umfassender Rechtsschutz" greift unter anderem auf die Maßnahmen „Schutzrechtsstrategie anwenden" und „Überwachung des Marktes" zurück, um die Stoßrichtung „Gewerblicher Rechtsschutz" zu erfüllen.

Die erarbeitete Schutzkonzeption wurde dem Projektteam vorgestellt. Die Zusammensetzung sowie die Übereinstimmung mit den strategischen Zielen der Antriebstechnik GmbH wurden für die Ausdetaillierung des finalen Konzeptes freigegeben.

Handlungsempfehlungen für die Implementierung erarbeiten

Um eine Schutzkonzeption umsetzen zu können, sind Handlungsempfehlungen für die Implementierung zu erarbeiten. Darauf aufbauend kann eine Produktschutz-Roadmap erstellt werden.

Einige der ausgewählten Schutzmaßnahmen können ohne große Vorarbeit umgesetzt werden. Andere benötigen Vorarbeiten, damit die Schutzmaßnahme ihre volle Wirkung entfalten kann. Unter der Schutzmaßnahme „Kooperation zwischen Entwicklung und Vertrieb stärken" ist zu verstehen, dass die versehentliche Weitergabe von Programmcodes oder Konstruktionsdetails durch den Vertrieb an den Kunden zu verhindern ist. Des Weiteren kann der Vertrieb sein Angebot in Richtung zusätzlichen Kundennutzens schärfen, um dem Kunden eine Alternative zu von ihm gewünschten Codes und Zeichnungen zu bieten. Um diese Maßnahme umsetzen zu können, sind vier Aufgaben zu bearbeiten. Als Erstes gilt es, die relevanten Kernkompetenzen, die der Vertrieb potentiell weitergeben könnte, zu identifizieren. Darauf aufbauend sind Regeln für den Umgang und die Kommunikation der schützenswerten Informationen festzulegen und zu dokumentieren. Anschließend sind Ersatzdienstleistungen zu ermitteln, die der Vertrieb bedenkenlos nutzen kann. Abschließend ist ein schlüssiges Konzept für den Vertrieb dieser Ersatzdienstleistungen zu erstellen. Solche detaillierten Handlungsempfehlungen wurden für alle in der Schutzkonzeption enthaltenen Schutzmaßnahmen erstellt.

Produktschutz-Roadmap erstellen

Eine Produktschutz-Roadmap ordnet die umzusetzenden Schutzmaßnahmen zeitlich und dient dem Unternehmen als Handlungsleitfaden für die Implementierung der Schutzkonzeption. Sie zeigt, wann mit der Umsetzung einer Schutzmaßnahme begonnen werden sollte und wann sie die erwünschte Schutzwirkung entfaltet. Bild 3-17 zeigt einen Auszug aus der für die Antriebstechnik GmbH erarbeiteten Produktschutz-Roadmap.

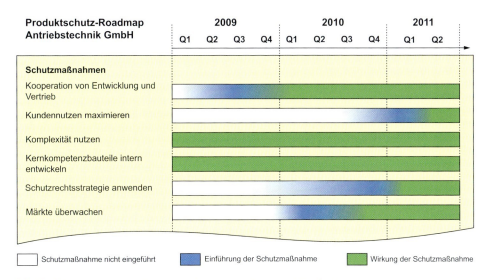

Bild 3-17 Produktschutz-Roadmap für die Antriebstechnik GmbH

Zum Projektabschluss wurden dem Projektteam und der Geschäftsführung die wesentlichen Meilensteine und Ergebnisse des gesamten Projektes zusammenfassend vorgestellt. Die erarbeitete Schutzkonzeption wurde seitens der Unternehmensführung als umfassend und implementierungswürdig eingestuft. Das Zusammenspiel aus detaillierten Handlungsempfehlungen und Produktschutz-Roadmap stellt sicher, dass die Schutzkonzeption durch die Mitarbeiter der Antriebstechnik GmbH zeitnah und effizient umgesetzt werden kann.

3.5.6 Umsetzung im Unternehmen und Ausblick

Bereits während des Projektes hatte das Thema Produktschutz in der Antriebstechnik GmbH einen hohen Stellenwert erlangt. Maßgeblich verantwortlich dafür war die kontinuierliche und aktive Einbindung aller relevanten Unternehmensbereiche in die Entwicklung der Schutzkonzeption.

Nach Abschluss des Projektes wurden im Unternehmen Arbeitsgruppen zur Erstellung eines detaillierten Umsetzungskonzeptes gebildet. Diese Arbeitsgruppen bauten einen detaillierten Maßnahmenplan auf, der Verantwortliche und Fristen für jeden Baustein der Schutzkonzeption enthält. Zusätzlich wurde ein Controlling-System erarbeitet, um die Wirksamkeit der Schutzmaßnahmen regelmäßig zu überprüfen. Im Bedarfsfall kann die Antriebstechnik GmbH somit zeitnah gegensteuern, wenn eine Schutzmaßnahme nicht die gewünschte Schutzwirkung erzielt.

◼ 3.6 Entwicklung einer Schutzkonzeption für Schaltgeräte

Sebastian Schenkl

Im folgenden Kapitel werden die Durchführung und die Ergebnisse einer Bedarfsanalyse für Schaltgeräte im Bereich des Explosionsschutzes in Auszügen dargestellt.

3.6.1 Hochwertiger Explosionsschutz und minderwertige Imitate

R. STAHL – Ein internationaler Technologiekonzern

Die R. STAHL Aktiengesellschaft verfügt als führender Anbieter von Produkten, Systemen und Dienstleistungen für den **Explosionsschutz** (auch als „Ex-Schutz" bezeichnet) über jahrzehntelange Erfahrung. STAHL-Produkte verhindern Explosionen überall dort, wo explosive Gast-Luft-Gemische oder Stäube auftreten können. Mit dem selbst gestellten Anspruch an höchste Zuverlässigkeit und Qualität wird die Sicherheit von Mensch, Umwelt und Technik sichergestellt. Das Lösungsspektrum reicht von Aufgaben wie Schalten/Verteilen, Installieren, Bedienen/Beobachten, Beleuchten, Signalisieren/Alarmieren bis hin zur Automatisierung. Anwendung finden diese Lösungen in der Öl- und Gasindustrie, der chemischen und pharmazeutischen Industrie sowie in der Nahrungs- und Genussmittelbranche. 2010 erwirtschafteten 1.500 Mitarbeiter weltweit einen Umsatz von 223 Millionen

Euro. Die 1876 gegründete R. STAHL Unternehmensgruppe unterhält neben der Unternehmenszentrale in Waldenburg (Württemberg) Tochtergesellschaften in 20 Ländern.

Durch eine breite Produktpalette ist R. STAHL immer in der Lage, eine optimale Lösung zu konzipieren und zu realisieren. Das Produktportfolio umfasst Explosionsschutz für alle Zündarten, von der Abzweigdose bis zum Feldbussystem. Internationale Zertifizierungen, Zulassungen und Patente unterstreichen die Kompetenz des Unternehmens und ermöglichen den weltweiten Einsatz der angebotenen Produkte und Systeme.

Um reibungslose und sichere Arbeitsabläufe in explosionsgefährdeten Bereichen zu gewährleisten, betreiben Anbieter wie R. STAHL einen hohen Aufwand zur Produktion und Prüfung sicherer Lösungen [Arn09-ol]. So werden Betriebsmittel wie z. B. Leuchten, Installationsmaterial, Schaltgeräte und Automatisierungstechnik so konstruiert, dass sie keine Zündquellen darstellen.

Imitate können verheerende Folgen haben

In den letzten Jahren tauchen in verschiedenen Märkten Imitate der Explosionsschutzprodukte etablierter Anbieter auf. Trotz der Aussagen, die Produkte selbst entwickelt zu haben, und des Vorhandenseins von Prüfzertifikaten zeigt ein schneller Vergleich, dass es sich um Imitationen handelt. R. STAHL hat in verschiedenen Tests mit solchen Nachahmungen die erschreckende Erkenntnis gewonnen, dass diese Produkte häufig schon bei leichten Beanspruchungen den **geforderten Explosionsschutzanforderungen nicht standhalten** können. Die Gründe hierfür liegen in minderwertiger Materialwahl und unzureichenden Herstellungstechnologien. Ein Versagen der betroffenen Lösungen in explosionsgefährdeten Bereichen kann zu verheerenden Folgen für Leib und Leben der Beschäftigten sowie zur Zerstörung von Anlagen führen. Ferner besteht das Risiko von Umweltschäden, falls bei der Zerstörung Schadstoffe in die Umgebung austreten [Arn09-ol].

Nachahmer sind auf den schnellen Verkaufserfolg aus und riskieren durch das Fehlen der erforderlichen Kompetenz in der Sicherheitstechnik und dem Streben nach schnellen Gewinnen die Gesundheit der Anwender sowie die Sicherheit der Anlagen ihrer Kunden. Im Explosionsschutz bedarf es fachgerechter Beratung, sicherer Problemlösungen, schneller und zuverlässiger Ersatzteilversorgung, richtiger technischer Dokumentation sowie sicherer Produkte, was von Nachahmern nicht geboten wird [Arn09-ol].

Schützenswerte Originalprodukte – Befehlsgerätesystem Reihe ConSig 8040

Die beschriebene Bedarfsanalyse Produktschutz wurde bei der R. STAHL Schaltgeräte GmbH durchgeführt, die als Tochtergesellschaft der R. STAHL Aktiengesellschaft die Produktbereiche Steuerkästen und Befehlsgeräte verantwortet.

Im Rahmen der Bedarfsanalyse wurde das **Befehlsgerätesystem Reihe ConSig 8040** näher betrachtet. Im Bild 3-18 sind exemplarisch drei Geräte aus der Produktreihe dargestellt.

Bild 3-18 Befehlsgeräte der Reihe ConSig 8040, Quelle: R. STAHL AG

Anwendung findet die betrachtete Produktreihe in explosionsgeschützten, elektrischen Systemen. Ein solches System wird dabei aus einer Vielzahl an Einzelgeräten aufgebaut. R. STAHL liefert hierbei vollständige Systemlösungen für den Explosionsschutz aus einer Hand. Die Innovationen der Reihe ConSig 8040 liegen dabei im Gehäuse aus glasfaserverstärktem Polyesterharz sowie in der Verwendung von LEDs in den Leuchtmeldern und damit einer energieeffizienten Ausführung. Die modular aufgebauten Geräte sind in drei Baugrößen sowohl in standard- als auch in kundenspezifischen Ausführungen lieferbar.

3.6.2 Durchführung der Bedarfsanalyse

Um sich vor Nachahmungen zu schützen, den aktuellen Produktschutz zu evaluieren sowie bisher ungenutzte Schutzmöglichkeiten zu analysieren, wurde bei R. STAHL mithilfe der Bedarfsanalyse Produktschutz eine Schutzkonzeption erarbeitet. Das Vorgehen und exemplarische Ergebnisse werden im Folgenden vorgestellt.

Der **Betrachtungsgegenstand** wurde im Vorfeld der Bedarfsanalyse mit dem zuständigen Projektleiter bei R. STAHL vorausgewählt. Die nachfolgenden Diskussionen wurden am Betrachtungsgegenstand durchgeführt und bei Bedarf auf weitere Produkte erweitert.

Das **Projektteam** setzte sich bei R. STAHL aus Schlüsselpersonen relevanter Unternehmensbereiche zusammen. Im Einzelnen waren die folgenden Bereiche beteiligt: Innovationsmanagement, Entwicklung, Einkauf, Produktion, Vertrieb und Marketing. Die Beteiligung der am Innovationsprozess direkt beteiligten Bereiche stellt sicher, dass im Rahmen der Bedarfsanalyse ein ganzheitliches Bild über die Bedrohung durch Produktpiraterie erlangt werden kann. Weiterhin werden durch die unterschiedlichen Unternehmensbereiche unterschiedliche Sichten auf einen Sachverhalt transparent. Konflikte zwischen unterschiedlichen Unternehmenszielen können so identifiziert werden.

Um ein gemeinsames Bild über das durchzuführende Projekt zu erlangen, wurden in einem **Kick-off-Workshop** das Projektvorgehen, die Zielsetzung sowie zu erwartende Ergebnisse vorgestellt. Ziel des Projektes war eine mit relevanten Personen der R. STAHL Schaltgerätebau GmbH abgestimmte Roadmap zum Schutz des Produktspektrums der Befehlsgeräte und Steuerkästen vor illegalen Imitationen. Die Roadmap beinhaltet ausgewählte Schutzmaßnahmen und ordnet diese zeitlich.

Durch die Abstimmung von Projektvorgehen, Zielsetzung und Ergebnissen wurde allen Beteiligten transparent kommuniziert, mit welchem Aufwand sie jeweils zu rechnen haben und welche Ergebnisse zu erwarten sind. Weiterhin wurde im Kick-off-Workshop der vorausgewählte Betrachtungsgegenstand im Team diskutiert und schließlich für die weiteren Betrachtungen ausgewählt.

3.6.3 Angriffspunkte für Produktpiraterie

Das Gefährdungspotential der Produktpiraterie wurde in **strukturierten Interviews** mit Entscheidungsträgern ermittelt. Um ein konsistentes Gesamtbild zu erlangen, wurden die Ergebnisse zusammengefasst und im Projektteam diskutiert. In der Diskussion wurden sowohl offene Fragen geklärt als auch unterschiedliche Ansichten zu einem Themenbereich diskutiert.

Angriffspunkte im Unternehmen und am Produkt ConSig 8040

Im Rahmen der Analyse der aktuellen Gefährdungslage wurde das schützenswerte Know-how ermittelt. Dieses stellt die Basis für die Schutzobjekte der auszuwählenden Schutzmaßnahmen dar. Hilfreich bei der Analyse war, dass bei R. STAHL eine im Unternehmen abgestimmte Definition der Kernkompetenzen vorhanden war. Diese bilden sowohl die Basis für eine nachhaltige Differenzierung von Nachahmern, sind aber auch das, was durch ein Schutzkonzept gesichert werden muss. Die **Kernkompetenzen** von R. STAHL beinhalten:

- energieeffiziente Ausführungen,
- Ex-Schutz-spezifisches Konstruktions-Know-how,
- Individualisierungsfähigkeit,
- Komplexitätsbeherrschung,
- Beratungskompetenz,
- flexible Produktion und
- Mitarbeiter-Know-how.

Das konsolidierte Ergebnis der Analyse der Gefährdungslage wird unten stehend diskutiert. Einen Überblick über die identifizierten Angriffspunkte gibt Bild 3-19. Aus Gründen der Vertraulichkeit kann die ermittelte Gefährdungslage nicht vollständig dargestellt werden.

Im Rahmen von **Wertschöpfungsnetzwerken** gibt das Unternehmen Know-how an Zulieferer und Kunden weiter. Durch zu hohe Detailtiefe bei der Datenweitergabe entsteht hier ein Risiko des unerwünschten Know-how-Transfers an Nachahmer. Am Standort Deutschland zeichnet sich R. STAHL durch eine geringe Mitarbeiterfluktuation aus. An ausländischen Standorten ist die Fluktuation häufig höher. Das Risiko besteht hierbei durch einen Wechsel von Wissensträgern zu einem Nachahmer oder in der Gründung eines eigenen Unternehmens durch ausgeschiedene Mitarbeiter. Das Know-how der Mitarbeiter kann jedoch auch durch Social Engineering ausgespäht werden.

Durch **Industriespionage**, z. B. bei Werksführungen im Stammwerk Waldenburg, können Nachahmer und ausländische Geheimdienste das schützenswerte Know-how von R. STAHL erlangen. Mittels Bildaufzeichnungen können z. B. Fertigungsprozesse dokumentiert und in der Folge nachgeahmt werden.

Zur Erfüllung der täglichen Aufgaben haben Mitarbeiter **einen leichten Zugang zu Know-how** in IT-Systemen. Hierdurch können auch Unberechtigte an relevantes Wissen gelangen. In Verbindung mit der bereits diskutierten Mitarbeiterfluktuation kann auch ohne illegale Absichten Know-how zu Wettbewerbern und Nachahmern gelangen. Jedoch ist auch der bewusste Verkauf von Know-how durch Mitarbeiter denkbar.

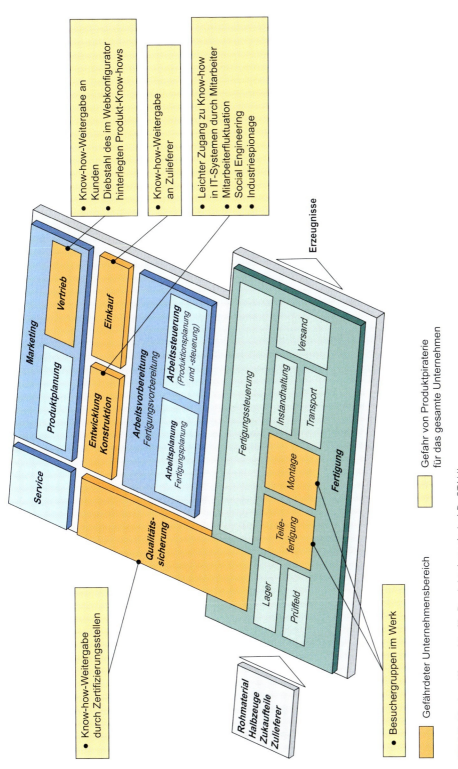

Bild 3-19 Angriffspunkte für Produktpiraterie bei R. STAHL

Explosionsschutzprodukte müssen durch lokale Stellen zertifiziert werden. Hierbei müssen Produktinformationen wie Prüfberichte, Werkstoffzusammensetzungen, Fertigungszeichnungen oder Informationen über Fertigungsprozesse an **Zertifizierungsstellen** weitergegeben werden. Hierbei besteht das prinzipielle Risiko, dass nicht vertrauenswürdige Stellen Know-how an lokale Wettbewerber weitergeben.

Das System-Know-how von R. STAHL wurde in einem **Webkonfigurator** hinterlegt, mit dessen Hilfe aus Einzelgeräten Systemlösungen zusammengestellt werden können. Mithilfe des Webkonfigurators wird die Komplexität der vertriebenen Explosionsschutzlösungen bei der Angebotserstellung beherrscht. Erlangt ein Nachahmer Zugang zu dem im Webkonfigurator hinterlegten Wissen, ermöglicht ihm das unter Umständen das Anbieten von vergleichbaren Systemlösungen.

Ableiten von zukünftigen Bedrohungssituationen

Die Bedrohungslage wurde zu vier überspitzten, zukünftigen Bedrohungssituationen kondensiert, an welchen die spätere Schutzkonzepterstellung gespiegelt wurde. Die Bedrohungssituationen liefern die Basis für die Maßnahmenauswahl. Um den Projektbeteiligten die mit den Bedrohungssituationen verbundenen Risiken zu visualisieren, wurden sie nach **Eintrittswahrscheinlichkeit** und dem **Eintrittszeitpunkt der Bedrohung** in einem Portfolio dargestellt (Bild 3-20). Die dar-

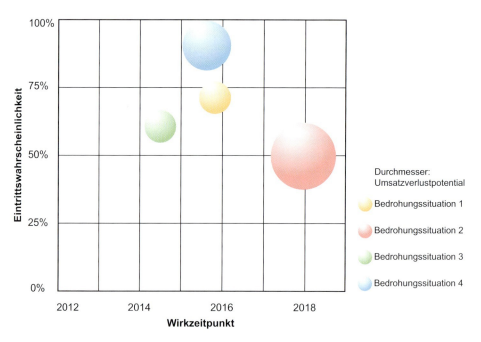

Bild 3-20 Zukünftige Bedrohungssituationen für R. STAHL und deren Eintrittswahrscheinlichkeit

gestellten Werte sind subjektive Einschätzungen des Projektteams. Auf Basis der Bewertung der zukünftigen Bedrohungssituationen lässt sich die spätere Maßnahmenumsetzung priorisieren. Die unten blau dargestellte Bedrohungssituation 4 hat eine sehr hohe Eintrittswahrscheinlichkeit, ein mittleres Umsatzverlustpotential und einen mittelfristigen Eintrittszeitpunkt. Dem Eintreten dieser Situation ist mit höchster Priorität entgegenzuwirken. Zwei der zukünftigen Bedrohungssituationen werden im Folgenden exemplarisch erläutert.

Situation 1: Nachahmer eignen sich die Individualisierungsfähigkeit von R. STAHL an

Der Quellcode der Webkonfiguratoren wird von einem aus einem Schwellenland stammenden Nachahmer entwendet. Weiterhin wechseln einige Mitarbeiter das Unternehmen, die wissen, wie daraus das gesamte Produktspektrum ableitbar ist. Alternativ wird durch personalintensives „Ausprobieren" das Produktspektrum abgeleitet. Der vormalige Nachahmer legt damit den Grundstein für den Aufbau eigener Individualisierungsfähigkeit und hat zusätzlich den Vorteil niedriger Lohnkosten und billiger Sourcing-Partner in der Landessprache. Die Kernkompetenz „Individualisierungsfähigkeit" wird weltweit zu deutlich niedrigeren Preisen angeboten.

Situation 2: Medienwirksamer Unfall mit Personenschaden, verursacht durch Nachahmung

In dieser Situation wird ein medienwirksamer Unfall durch das Versagen einer Komponente ausgelöst, die im Design einem Originalprodukt von R. STAHL gleicht. Aufgrund der Explosion ist der Nachweis, dass das versagende Teil nicht aus dem Hause R. STAHL stammt, nicht zu führen. Der unmittelbare, finanzielle Schaden ist durch Versicherungen abgedeckt. Der Imageschaden führt jedoch über einen längeren Zeitraum zu erheblichem Auftragsrückgang.

3.6.4 Von der Schutzmaßnahmenauswahl zur konsistenten Schutzkonzeption

Im ersten Schritt der Schutzkonzeptionserstellung wurden die **bereits implementierten Schutzmaßnahmen** bei R. STAHL aufgezeigt. Das Unternehmen nutzt gewerbliche Schutzrechte wie Patente, Gebrauchsmuster sowie Geschmacksmuster. In den Geschäftsbeziehungen im Wertschöpfungsnetzwerk werden Geheimhaltungserklärungen eingesetzt. Die definierten Kernkompetenzen werden zur Maximierung des Kundennutzens der eigenen Marktleistung ausgereizt. R. STAHL bietet individualisierte Lösungen, basierend auf einer Kombination von Einzelgeräten zu einem Gesamtsystem. Hierdurch erreicht das Unternehmen einen Schutz vor Nachahmern, die sich auf Einzelgeräte mit hohen Margen spezialisieren.

Ungeeignete Schutzmaßnahmen ausschließen

Anschließend wurden die nicht geeigneten Maßnahmen ausgeschlossen. Die Nachahmer von R. STAHL nutzen ihre eigene Marke. Deshalb sind Markenrechte kein geeigneter Ansatzpunkt, um Nachahmungen zu bekämpfen. Eine zukünftige Bedrohungssituation beschreibt, dass ein Unfall mit einem Imitat bei einem Anwender mit R. STAHL in Verbindung gebracht wird. Zur Abwehr dieser Bedrohung sind diejenigen Kennzeichnungstechnologien nicht geeignet, die nicht explosionssicher sind. Dies ist unter anderem bei Hologrammen der Fall. Das Unternehmen hat derzeit keine Probleme damit, dass Nachahmungen in die Wertschöpfungskette eingeschleust werden. Aus diesem Grund sind Maßnahmen, die den Warentransport schützen, auszuschließen.

Wirkungsnetz von Schutzmaßnahmen erstellen

Im nächsten Schritt wurde ein Wirkungsnetz der ausgewählten Schutzmaßnahmen aufgestellt. In diesem Wirkungsnetz ist die **Konsistenz der Maßnahmen untereinander dargestellt** (Bild 3-21). Nahe zueinander angeordnete Maßnahmen sind zueinander konsistent, weit voneinander entfernt liegende Maßnahmen sind inkonsistent. Auf dieser Basis lassen sich konsistente Maßnahmencluster identifizieren, die in einer Schutzkonzeption verwendet werden sollen. Außerdem werden Schutzmaßnahmenpaare identifiziert, deren gemeinsame Umsetzung nicht sinnvoll ist, da sie untereinander inkonsistent sind. So widersprechen sich z. B. die Umsetzung einer Ein-Haus-Strategie und der unternehmensübergreifende Einsatz von Fertigungsverfahren. Auf dieser Basis konnten nun **alternative Schutzkonzeptionen** erarbeitet und konnte im Projektteam die umzusetzende Schutzkonzeption definiert werden.

Schutzmaßnahmen zu zukünftigen Bedrohungssituationen zuordnen

Die verbliebenen Schutzmaßnahmen wurden den aufgestellten Bedrohungssituationen zugeordnet. Für mehrere Situationen geeignete Maßnahmen wurden der Situation zugeordnet, in der sie die größte Schutzwirkung entfalten. Bild 3-22 auf Seite 168 stellt diese Zuordnung exemplarisch für die erste Bedrohungssituation dar. Die Quadrate neben den einzelnen Schutzmaßnahmen zeigen auf, welcher Bedrohungssituation eine Schutzmaßnahme zugeordnet wurde.

In der **ersten Bedrohungssituation** eignen sich Imitatoren die Individualisierungsfähigkeit von R. STAHL an. Dieser Situation kann begegnet werden, indem der Zugang zu IT-Systemen geschützt wird. Weiterhin wurde empfohlen, Datenträger flächendeckend zu verschlüsseln. Durch das Entfernen von Identifikationsmerkmalen in Dokumenten sowie für den jeweiligen Nutzungsfall nicht relevanten Informationen wird Nachahmern erschwert, über Dokumentanalysen des Originalherstellers Produktwissen aufzubauen. Eine Sensibilisierung der eigenen Mitarbeiter erschwert die Know-how-Akquisition durch Social Engineering erheblich.

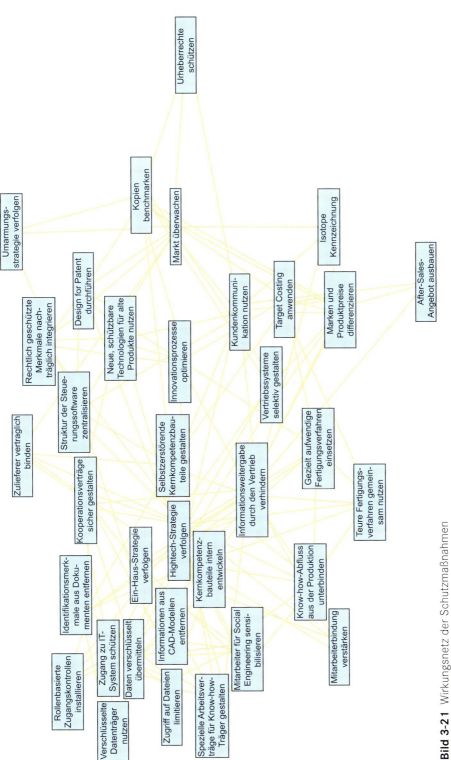

Bild 3-21 Wirkungsnetz der Schutzmaßnahmen

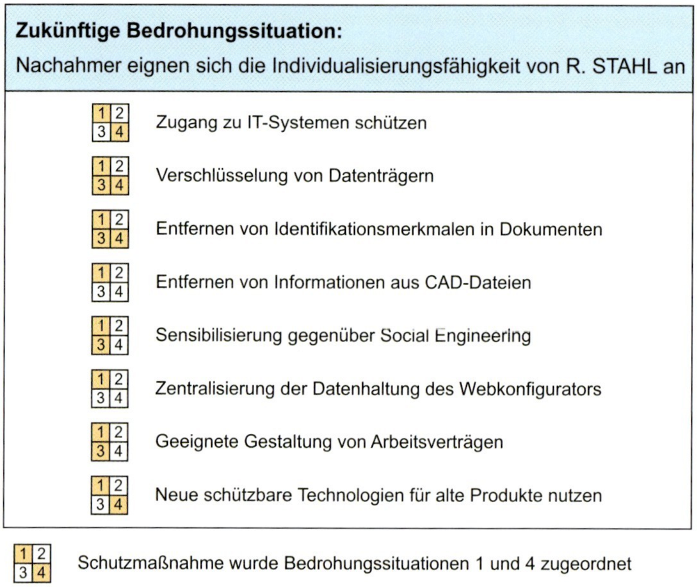

Zukünftige Bedrohungssituation:

Nachahmer eignen sich die Individualisierungsfähigkeit von R. STAHL an

1 2 3 4	Zugang zu IT-Systemen schützen
1 2 3 4	Verschlüsselung von Datenträgern
1 2 3 4	Entfernen von Identifikationsmerkmalen in Dokumenten
1 2 3 4	Entfernen von Informationen aus CAD-Dateien
1 2 3 4	Sensibilisierung gegenüber Social Engineering
1 2 3 4	Zentralisierung der Datenhaltung des Webkonfigurators
1 2 3 4	Geeignete Gestaltung von Arbeitsverträgen
1 2 3 4	Neue schützbare Technologien für alte Produkte nutzen

1 2 3 4   Schutzmaßnahme wurde Bedrohungssituationen 1 und 4 zugeordnet

Bild 3-22 Zuordnung von Schutzmaßnahmen zur ersten Bedrohungssituation

Das in IT-Systemen abgelegte Know-how kann durch eine Zentralisierung der Datenhaltung geschützt werden. Hierdurch wird erschwert, dass in einem internetbasierten Konfigurator hinterlegtes Systemwissen zur Erstellung von Anlagen auf Basis von Einzelgeräten in fremde Hände gelangt. Der Know-how-Abfluss über Mitarbeiterfluktuation kann durch eine geeignete Gestaltung von Arbeitsverträgen reduziert werden. Weiterhin wurde im Rahmen der Bedarfsanalyse bei R. STAHL angeregt, zu prüfen, inwieweit neue mit dem gewerblichen Rechtsschutz schützbare Technologien für bestehende Produkte genutzt werden können. Durch solche Produktupdates wird es ermöglicht, dass auch bestehende Produkte noch über rechtliche Maßnahmen geschützt werden können.

Der **zweiten Bedrohungssituation** wurden unter anderem die im Folgenden erläuterten Maßnahmen zugeordnet: Durch geeignete Kommunikation werden Kunden über die Nachteile von Nachahmungen aufgeklärt und somit zum Kauf von Originalprodukten motiviert. Diese Maßnahme wurde bei R. STAHL, beispielsweise durch Pressemitteilungen, zum Zeitpunkt der durchgeführten Bedarfsanalyse bereits genutzt. Weiterhin wurde dem Unternehmen empfohlen, isotope Kennzeichnungen für die eigenen Produkte zu nutzen. Diese explosionsfeste Kennzeichnung erleichtert im Falle eines Unfalls den Nachweis, dass das versagende Produkt nicht aus dem eigenen Hause stammt.

Produktschutz-Roadmap erstellen

Ergebnis sind Schutzkonzeptionen, die jeweils einer Bedrohungssituation zugeordnet werden können. Durch die Bewertung der Situationen hinsichtlich Eintrittswahrscheinlichkeit, Wirkzeitpunkt und Umsatzverlustpotential lässt sich so ihre Umsetzung priorisieren. Darauf aufbauend wird eine umfassende Schutzkonzeption entwickelt. Diese besteht aus Schutzmaßnahmen, um allen relevanten Bedrohungssituationen zu begegnen, sowie der Planung ihrer Umsetzung. Bild 3-23 stellt einen Ausschnitt aus der **Produktschutz-Roadmap** dar, die die geplante Umsetzung der einzelnen Schutzmaßnahmen der Schutzkonzeption visualisiert. Die Schutzkonzeption wurde zur weiteren Umsetzung in Form eines Projektabschlussberichtes an R. STAHL übergeben.

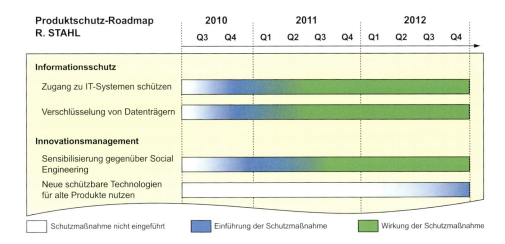

Bild 3-23 Auszug aus der Roadmap zur Umsetzung der Schutzkonzeption

3.6.5 Umsetzung im Unternehmen und Ausblick

Motivation für R. STAHL zur Durchführung der Bedarfsanalyse Produktschutz war, zu prüfen, ob das bisherige Vorgehen gegen Produktpiraterie ausreichend ist. Weiterhin sollten bisher noch nicht genutzte Schutzmöglichkeiten geprüft und transparent dargestellt werden. Die Erwartungen wurden erfüllt: Durch die Durchführung der Bedarfsanalyse wurde ein breites Feld an neuen Schutzmaßnahmen bei R. STAHL bekannt. Speziell im Bereich der produktgestaltenden Maßnahmen konnten einige Maßnahmen jedoch nicht kurzfristig umgesetzt werden. Diese Maßnahmen sind nun im Unternehmen bekannt und können bei zukünftigen Entwicklungsprojekten eingesetzt werden.

Im Nachgang des Projekts wurde die Umsetzung bereits vollständig oder teilweise implementierter Schutzmaßnahmen geprüft. Hierdurch wurde der bestehende Produktschutz bewusster und intensiver fortgeführt. So wurde unter anderem die Zugangskontrolle in die IT-Infrastruktur des Unternehmens der Mitarbeiter an den ausländischen Standorten ermittelt. Hierdurch wurde sichergestellt, dass keine Informationslücken im Unternehmen vorhanden sind, die die Unternehmenszentrale nicht kennt.

Um das Unternehmen mit seinen Mitarbeitern vor Social Engineering zu schützen, wurde eine Veranstaltung im Rahmen der betrieblichen Weiterbildung durchgeführt. Weiterhin wurde ein Vertreter des LANDESAMTS FÜR VERFASSUNGSSCHUTZ BADEN-WÜRTTEMBERG (LfV) eingeladen. Hierdurch wurden die Mitarbeiter von R. STAHL über die Vorgehensweisen der Informationsbeschaffung im Rahmen der Industriespionage durch ausländische Geheimdienste aufgeklärt.

Im Nachgang der durchgeführten Bedarfsanalyse baute R. STAHL die Umsetzung der Maßnahme der Kundenkommunikation weiter aus. So wurden durch Pressemeldungen Kunden über die Nachteile von Produktnachahmungen informiert. Weiterhin beauftragte R. STAHL unabhängige Prüflabore mit der Prüfung der tatsächlichen Produkteigenschaften von Nachahmungen und machte die Ergebnisse den eigenen Kunden zugänglich. Diese Informationen wurden von den eigenen Kunden mit Interesse aufgenommen. Die Kunden haben nun auch gegenüber ihren Vorgesetzten Argumente, in leistungsfähige Originalprodukte zu investieren, anstatt auf billige, aber technisch minderwertige Produktnachahmungen zurückzugreifen.

■ 3.7 Drei weitere Bedarfsanalysen in unterschiedlichen Branchen

Markus Petermann, Thomas Meiwald

In diesem Kapitel werden die weiteren drei Bedarfsanalysen in Steckbriefen dargestellt (Bilder 3-24 bis 3-26). Auf Wunsch der beteiligten Unternehmen sind diese anonymisiert worden. Darin werden zum einen Aspekte wie Zulieferstruktur, Kernkompetenzen und Alleinstellungsmerkmale im Kontext von Produktpiraterie aufgeführt und die aufgetretenen Nachahmungen aufgelistet. Weiterhin werden darin die Bedrohungslage und die erarbeitete Schutzkonzeption vorgestellt. Die orangefarbenen Pfeile stellen jeweils eine Einzelbedrohung dar. Die Maßnahmengruppen der Schutzkonzeption werden stichpunktartig aufgelistet.

Bei **Unternehmen A** handelt es sich um einen Zulieferer für Infrastrukturprojekte. Die auftretenden Nachahmungen werden durch einen ehemaligen Vertriebspartner verbreitet. Teilweise treten sogar die eigenen Kunden als Auftraggeber für Imitate auf. Eine der Herausforderungen im Wettbewerb mit den Imitatoren

Unternehmen A	
Unternehmensporträt	
Branche	Zulieferer Infrastruktur
Unternehmensgröße	< 500 Mitarbeiter
Umsatz	< 50 Mio. €
Absatzmärkte	Deutschland, Frankreich, Großbritannien, Italien
Produktpalette	wenige Standardprodukte, die gegebenenfalls kundenspezifisch angepasst werden können
Stückzahlen	60.000–90.000 pro Jahr
Produktlebenszyklus	bislang unbegrenzt
Typischer Produktpreis	< 500 €
Ersatzteilgeschäft	< 5 % Umsatzanteil
Kernkompetenz	Fertigungs-Know-how, Vertriebskompetenz
Alleinstellungsmerkmal	einziger Spezialanbieter in bestimmten Nischen
Zulieferer	Schlüsselzulieferer im Umkreis von 50 km
Vertriebsweg	Direktvertrieb
Besonderheit	Offenlegung wichtiger Fakten für Zulassungsbehörden im In- und Ausland nötig
Nachahmungen und Nachahmer	Vertrieb durch ehemaligen Vertriebspartner, Kunden als Auftraggeber für Imitatoren
Schutzkonzeption	

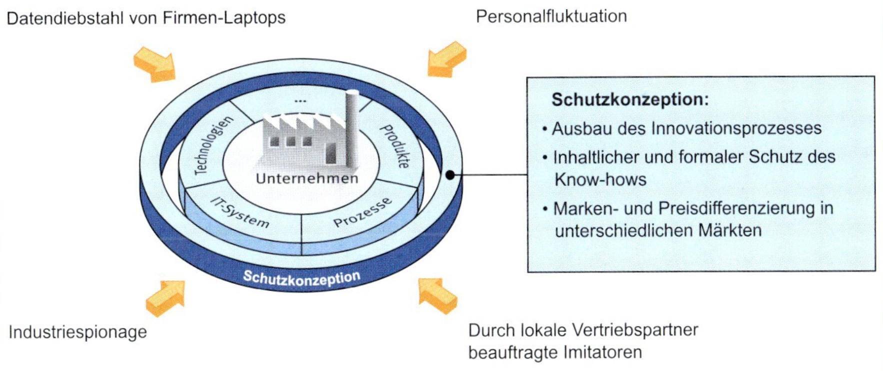
Datendiebstahl von Firmen-Laptops
Personalfluktuation
...
Technologien
Produkte
Unternehmen
IT-System
Prozesse
Schutzkonzeption
Schutzkonzeption:
• Ausbau des Innovationsprozesses
• Inhaltlicher und formaler Schutz des Know-hows
• Marken- und Preisdifferenzierung in unterschiedlichen Märkten
Industriespionage
Durch lokale Vertriebspartner beauftragte Imitatoren

Bild 3-24 Porträt und Schutzkonzeption des Unternehmens A

Unternehmen B	
Unternehmensporträt	
Branche	Anlagenbau
Unternehmensgröße	1.000–3.000 Mitarbeiter
Umsatz	100–400 Mio. €
Absatzmärkte	Asien mit Schwerpunkt China
Produktpalette	verschiedene Maschinentypen, die mittels Baukastensystem kundenspezifisch angepasst werden können
Stückzahlen	ca. 2.000 Maschinen pro Jahr
Produktlebenszyklus	ca. 10–15 Jahre
Typischer Produktpreis	> 100.000 €
Ersatzteilgeschäft	ca. 20 % Umsatzanteil (Tendenz fallend)
Kernkompetenz	Werkstoff-, Konstruktions- und Fertigungs-Know-how, Service
Alleinstellungsmerkmal	Technologieführer, Marktführer
Zulieferer	als OEM teilweise von Schlüsselzulieferern abhängig
Vertriebsweg	zweistufig durch Handelsorganisationen
Besonderheit	Nachahmer sind in technologisch anspruchsvollen Bereichen tätig und bieten qualitativ ausreichende Maschinen zu Bruchteilen des Originalpreises an
Nachahmungen und Nachahmer	Ersatzteilkopien, Kopien von Gesamtmaschinen, attraktives Preis-Leistungs-Verhältnis
Schutzkonzeption	

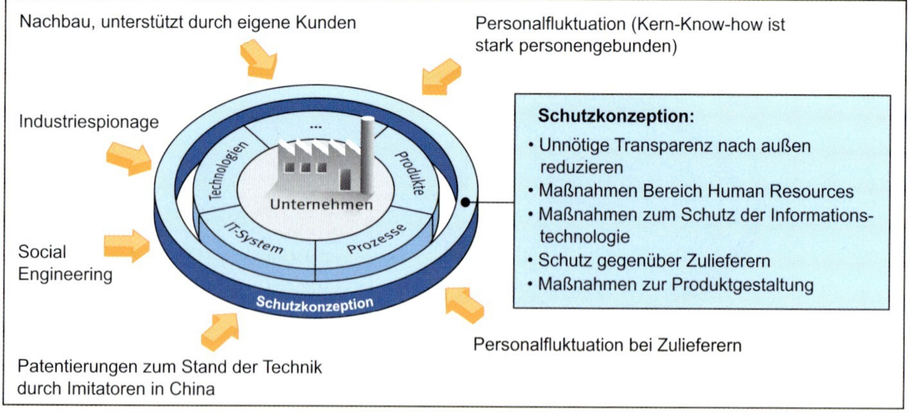
Nachbau, unterstützt durch eigene Kunden
Personalfluktuation (Kern-Know-how ist stark personengebunden)
Industriespionage
Social Engineering
Patentierungen zum Stand der Technik durch Imitatoren in China
Personalfluktuation bei Zulieferern
...
Technologien
Produkte
Unternehmen
IT-System
Prozesse
Schutzkonzeption
Schutzkonzeption:
• Unnötige Transparenz nach außen reduzieren
• Maßnahmen Bereich Human Resources
• Maßnahmen zum Schutz der Informationstechnologie
• Schutz gegenüber Zulieferern
• Maßnahmen zur Produktgestaltung

Bild 3-25 Porträt und Schutzkonzeption des Unternehmens B

Unternehmen C

Unternehmensporträt	
Branche	Anlagenbau
Unternehmensgröße	< 500 Mitarbeiter
Umsatz	< 50 Mio. €
Absatzmärkte	vor allem EU, Südamerika
Produktpalette	neun Produktgruppen, deren Maschinen kundenspezifisch zusammengestellt und angepasst werden
Stückzahlen	Einzelanlagen
Produktlebenszyklus	30 Jahre
Typischer Produktpreis	> 100.000 €
Ersatzteilgeschäft	< 5 % Umsatzanteil
Kernkompetenz	Produkt- und Individualisierungs-Know-how
Alleinstellungsmerkmal	einziger Spezialanbieter in bestimmten Nischen
Zulieferer	vor allem Aggregatezulieferer, langfristige Kooperationen
Vertriebsweg	Direktvertrieb
Besonderheit	Nischenprodukte, bis dato nur Servicepiraterie
Nachahmungen und Nachahmer	bislang nur potenzielle Gefahr, Durchführung der Bedarfsanalyse rein präventiv

Schutzkonzeption

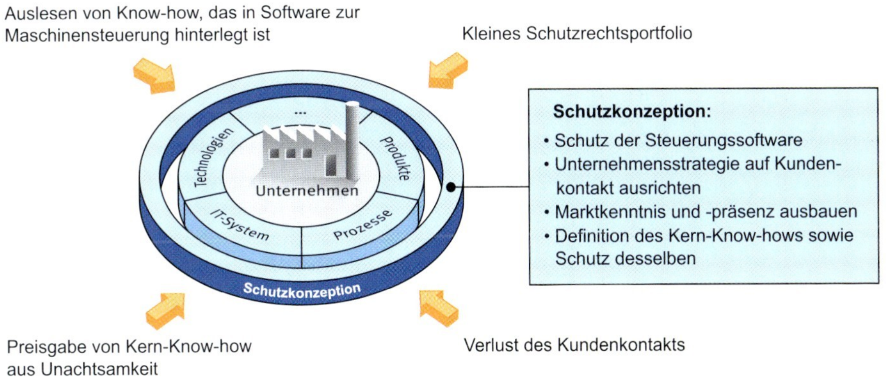

Auslesen von Know-how, das in Software zur Maschinensteuerung hinterlegt ist
Kleines Schutzrechtsportfolio
...
Technologien
Produkte
Unternehmen
IT-System
Prozesse
Schutzkonzeption
Schutzkonzeption:
• Schutz der Steuerungssoftware
• Unternehmensstrategie auf Kundenkontakt ausrichten
• Marktkenntnis und -präsenz ausbauen
• Definition des Kern-Know-hows sowie Schutz desselben
Preisgabe von Kern-Know-how aus Unachtsamkeit
Verlust des Kundenkontakts

Bild 3-26 Porträt und Schutzkonzeption des Unternehmens C

liegt für Unternehmen A darin, dass das Unternehmen Aufträge in Ausschreibungen erlangt, in denen der billigste Anbieter, der die Spezifikationen erfüllt, den Zuschlag erhält.

Unternehmen B kämpft mit technologisch anspruchsvollen Nachahmungen. Die Nachahmer bieten aus Kundensicht qualitativ ausreichende Maschinen zu einem Bruchteil des Originalpreises an.

Produktpiraterie stellt für das **Unternehmen C** bisher nur eine potentielle Gefahr dar. Zum Zeitpunkt der Durchführung der Bedarfsanalyse wurden noch keine Imitationen entdeckt. Die Bedarfsanalyse Produktschutz wurde rein präventiv durchgeführt, um sich auf zukünftige Bedrohungen durch Produktpiraterie bereits jetzt vorzubereiten und um mögliche Schutzlücken zu schließen.

■ 3.8 Erfahrungen aus der Anwendung der Bedarfsanalyse Produktschutz

Thomas Meiwald, Sebastian Schenkl

Im Folgenden werden die gesammelten methodischen und inhaltlichen Erfahrungen mit der „Bedarfsanalyse Produktschutz" diskutiert (vgl. [Mei11]).

3.8.1 Methodische Erfahrungen

Das **systematische Vorgehen** unterstützt die Erzielung eines ganzheitlichen Ergebnisses. Indem Vertreter aus allen relevanten Unternehmensbereichen eingebunden werden, wird eine möglichst breite Sicht auf das Problem der Produktpiraterie abgedeckt. Die Ganzheitlichkeit wird weiterhin durch einen umfassenden Maßnahmenkatalog sichergestellt. Wie bereits erläutert, kann mit vorhandenen Maßnahmen einem breiten Feld an Bedrohungen entgegengewirkt werden, jedoch nicht allen und nicht bei allen Produkten.

In den Bedarfsanalysen wurde deutlich, dass viele der in den erarbeiteten Schutzkonzeptionen enthaltenen Einzelmaßnahmen zum Schutz vor Produktpiraterie den Mitarbeitern bereits bekannt sind. In der Bedarfsanalyse werden diese Informationen gesammelt, dokumentiert und konkrete Umsetzungspläne definiert. Die Anwendung der Methode stellt also in vielen Fällen den entscheidenden Schritt dar, damit Maßnahmen gegen Produktpiraterie **nicht nur angedacht, sondern auch eingeführt werden**.

Durch die Bedarfsanalyse werden die beteiligten Mitarbeiter der untersuchten Unternehmen für die **Bedrohung durch Produktpiraterie sensibilisiert**. Aus vielen einzelnen Teilinformationen wird ein Gesamtbild der Unternehmenssituation hinsichtlich Produktpiraterie gezeichnet. Hierdurch bekommen die Projektbeteiligten ein vollständiges Bild über die Bedrohungslage. Diese wird in zukünftigen Bedrohungssituationen überspitzt. Hierdurch wird das mögliche Ausmaß der Bedrohung durch Nachahmungen verdeutlicht und ein Handlungsdruck erzeugt. Dieser Handlungsdruck führt wiederum zu einer breiteren Unterstützung der Maßnahmenumsetzung im Unternehmen.

Die Analysephase ist mit einem erhöhten Personalaufwand in den untersuchten Unternehmen verbunden. Jedoch ergibt sich durch das breite Band der Aspekte, die während der Analyse der aktuellen Pirateriegefährdung diskutiert werden, ein Überblick über alle relevanten Themen. So kann später gezielt auf die wesentlichen Bedrohungsaspekte fokussiert werden.

Ein weiterer kritischer Faktor bei den durchgeführten Bedarfsanalysen war die **Teamzusammensetzung**. Um ein ganzheitliches Bild zu bekommen, ist es notwendig, dass das Team alle relevanten Unternehmensbereiche abdeckt. Neben Forschung und Entwicklung, Fertigung, Einkauf, Vertrieb und Service können hier unterstützende Bereiche wie IT oder Human Resources wertvolle Beiträge liefern. Weiterhin sollte die Bedarfsanalyse durch Personen durchgeführt werden, in deren Verantwortung die Umsetzung der Maßnahmen liegt. Da eine ganzheitliche Schutzkonzeption häufig auch strategische Maßnahmen enthält, sollte das Team aus Personen zusammengesetzt sein, die Einfluss auf die Unternehmensstrategie ausüben können. Enthält eine Schutzkonzeption z. B. die Maßnahme, know-how-intensive Fertigungsschritte aus China fernzuhalten, sollte ein Teammitglied Einfluss auf die Wahl der Fertigungsstandorte ausüben können.

3.8.2 Inhaltliche Erfahrungen

Neben Erfahrungen in der Anwendung der Bedarfsanalyse Produktschutz wurden im Rahmen der Projekte Informationen über die gegenwärtige Bedrohungslage durch Produktpiraterie sowie mögliche Gegenmaßnahmen gesammelt. Diese werden im Folgenden diskutiert.

Die untersuchten Unternehmen hatten **kaum mit Eins-zu-eins-Imitationen zu kämpfen**. Stattdessen „verbesserten" die Imitatoren in einigen Fällen die Produkte. So wurde Overengineering vermieden oder die Produkte wurden speziell auf die lokalen Bedürfnisse der Zielmärkte der Imitate angepasst. Eines der untersuchten Unternehmen hatte mit Imitaten zu kämpfen, die durch bessere Teillösungen aufgewertet wurden, die von weiteren etablierten Wettbewerbern übernommen wurden. Für betroffene Unternehmen bringt das Auftreten von weiterentwickelten Imitaten das Risiko mit sich, dass sich die Imitatoren in kurzer Zeit zu ernst zu nehmenden Konkurrenten entwickeln können. In solchen Fällen entscheiden sich die Kunden bewusst für das aus ihrer Sicht verbesserte Produkt, wodurch unter anderem Kennzeichnungstechnologien oder Markenrechte nicht anzuwenden sind.

Um Imitaten wirkungsvoll entgegenwirken zu können, müssen Unternehmen vorhandene Imitate ihrer Produkte kennen. Hierfür ist es notwendig, den **Markt zu überwachen** und Kenntnisse über Urheber, Kunden, Vertriebskanäle sowie technische Qualität der Imitate zu erlangen. Gerade für kleine und mittelständische Unternehmen ist es hilfreich, wenn sie sich – etwa über Branchenverbände – zusammenschließen und Ressourcen teilen. Vor dem Hintergrund, dass ein Imitator unter Umständen mehrere Originalhersteller bedroht, werden hier die Lasten gemeinsam getragen und wird unnötige Mehrarbeit vermieden.

Nicht alle Produkte sind gleich gut vor Produktpiraterie zu schützen. Teilweise ist ein wirkungsvoller Schutz von Produkten nicht möglich. In den Bedarfsanalysen wurden Merkmale von gut und weniger gut zu schützenden Produkten identifiziert. Produkte mit einem hohen IT-Anteil sind in der Regel besser vor Produktpiraterie zu schützen als Produkte mit einem geringen IT-Anteil. Während bei Hardware ein Reengineering meist schwer zu unterbinden ist, lässt sich ein **gewisser Schutz durch eine Verschlüsselung von Software** herstellen. Ähnliches gilt für hybride Leistungsbündel. Die Wahrscheinlichkeit, dass sich Kunden bewusst für Imitate entscheiden oder diese sogar selbst beauftragen, sinkt bei Produkten mit hohem Serviceanteil und wenn Kunden Wert auf den Erwerb eines Originalproduktes legen. Know-how-intensive Produkte sind für Imitatoren häufig nur schwer nachzuahmen.

Hingegen sind Produkte mit **einem niedrigen technologischen Neuheitsgrad leicht nachzuahmen** und dadurch nur schwer zu schützen. Weder das für den Nachbau notwendige Know-how noch Schutzrechte (da nicht anwendbar) stellen hier eine große Hürde für Imitatoren dar. Markenprodukte mit hohen Margen sind ebenfalls schwer zu schützen. Durch die hohen Margen steigt einerseits die Attraktivität für die Erstellung von Nachahmungen, andererseits legen viele Kunden lediglich Wert auf das Vorhandensein des Markenlogos. Ob es sich um ein Originalprodukt handelt, ist für so manche Käufer nur von untergeordneter Bedeutung. Viele Vertriebsebenen erschweren es ebenfalls, eine wirksame Schutzkonzeption zu etablieren. Hier erhöht sich das Risiko, dass sich ein Zwischenhändler durch den Vertrieb von Nachahmungen höhere Gewinne verspricht und diese deshalb selbst beauftragt.

Gut zu schützen sind Produkte in Ländern mit einem **funktionierenden Rechtssystem**, in denen bestehende Schutzrechte auch tatsächlich durchzusetzen sind. In vielen Ländern ist dies jedoch nicht der Fall, wodurch Schutzrechte wie Patente oder Gebrauchsmuster einen Teil ihrer Schutzwirkung einbüßen. Als Beispiel ist hier nicht nur China zu nennen, sondern auch Italien. Eine Schwierigkeit in Italien ist unter anderem die extrem lange Dauer von Prozessen. Eine Patentklage kann mehrere Jahre in Anspruch nehmen, in denen der Imitator seine Patentverletzung fortsetzen kann (vgl. [NH10]).

Um einen effektiven Schutz vor Produktpiraterie sicherzustellen, sollten Unternehmen ihre Produktspektren bewusst in Richtung besser zu schützender Produkte entwickeln. Eine wirkungsvolle Schutzkonzeption kann beinhalten, die Produkte fokussiert auf eine Steigerung des Kundennutzens mit innovativen Technologien auszustatten, zusätzliche Services anzubieten und, statt Einzelproduktanbieter zu sein, zum Systemanbieter zu werden.

In Bild 3-27 sind die in den Schutzkonzeptionen enthaltenen Maßnahmen den Phasen des **Produktlebenszyklus** zugeordnet. Hieraus ist ersichtlich, dass in den Unternehmen wenige Maßnahmen ausgewählt wurden, die den Vertrieb der Produkte betreffen. Ein Grund dafür kann die relativ geringe Beteiligung von Vertriebsmitarbeitern an den Bedarfsanalysen sein. Obwohl den teilnehmenden Unternehmen empfohlen wurde, Mitarbeiter möglichst vieler verschiedener Unternehmensfunktionen in das Projekt einzubinden, waren Vertriebsmitarbeiter nur in zwei Projekten beteiligt. In drei weiteren Projekten nahmen Unternehmensmitglieder mit vertriebsnahen Funktionen am Projekt teil (Leiter Marketing und Business Development, Geschäftsbereichsleitung und Geschäftsführer). Im Vergleich zu den bereits vor Projektbeginn implementierten Maßnahmen fällt eine zunehmende Bedeutung von Maßnahmen auf, die im Rahmen der **Produktentwicklung** einge-

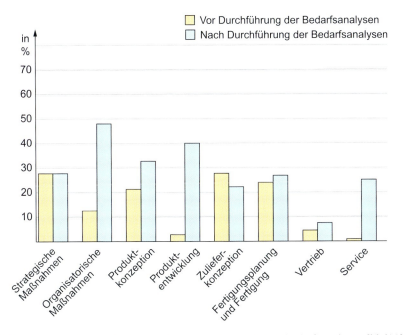

Bild 3-27 Einsatzgrad der Schutzmaßnahmen vor und nach den Bedarfsanalysen [Mei11]

setzt werden. Dies mag zum einen an der starken Beteiligung von Mitarbeitern aus diesen Unternehmensbereichen an den Bedarfsanalysen liegen. Zum anderen kann auch deren präventiver Charakter zum verstärkten Einsatz dieser Maßnahmen beigetragen haben. Im Vergleich zu den bereits vor Projektbeginn implementierten Maßnahmen fällt des Weiteren eine stärkere Betonung **organisatorischer Maßnahmen** auf [Mei11].

Im Rahmen der Aktivitäten des Forschungsprojektes wie den Bedarfsanalysen oder Messeauftritten wurde deutlich, dass sich viele Unternehmen wünschen, mit einer Schutzkonzeption Nachahmungen vollständig zu eliminieren. In der Praxis stellt sich dies jedoch als praktisch unmöglich dar. In der Regel erschweren die Schutzmaßnahmen den Imitatoren das Anbieten einer eigenen Marktleistung. Es sind zusätzliche Anstrengungen nötig, um die Schutzmaßnahmen zu umgehen. Dadurch steigen die Selbstkosten des Imitators, und der zu erwartende Gewinn sinkt. Dieser erhöhte Aufwand resultiert unter anderem aus höheren Anstrengungen, die nötig sind, um die Konstruktion im Rahmen von Reengineering nachzuvollziehen oder um Verschlüsselungen zu knacken. Weiterhin können Anstrengungen unternommen werden, um eigene Lösungen zu entwickeln, um z. B. Patente oder für den Nachahmer nachvollziehbare Lösungen zu umgehen. Der maximal mögliche Schutz entspricht dem Aufwand, der für den Nachahmer nötig ist, eine eigene Marktleistung entweder selbst zu entwickeln oder über Firmenübernahmen einzukaufen.

Es ist zu beachten, dass die **Wirksamkeit** von Schutzmaßnahmen meist **zeitlich begrenzt** ist. So haben z. B. Patente eine begrenzte Laufzeit. Im Laufe der Zeit steigen die technischen und organisatorischen Fähigkeiten der Imitatoren. Ihre Marktmacht und ihre finanziellen Möglichkeiten nehmen zu. Deshalb sind **kontinuierliche Anstrengungen nötig**, um die Produktpiraterie einzudämmen. Auch wenn durch die Anwendung der Bedarfsanalyse erste Erfolge erzielt wurden, ist die erarbeitete Schutzkonzeption weiterzuentwickeln und an eine gegebenenfalls veränderte Bedrohungslage anzupassen.

Nachahmungen können im Markt niedriger positioniert sein als ihre Vorbilder. Während ein Original z. B. im High-End-Segment angesiedelt ist, kann eine technisch einfacher ausgeführte Nachahmung auch im Low-Cost-Segment vertrieben werden. In diesem Fall stellt auf den ersten Blick der Nachahmer keine Bedrohung für den Originalhersteller dar. Jedoch sollte der Originalhersteller beachten, dass der Nachahmer im Laufe der Zeit seine eigenen Fähigkeiten verbessern wird und mittelfristig durchaus in der Lage sein kann, in die Marktsegmente des Originalherstellers einzudringen. Die Geschichte hat gezeigt, dass sich **aus Nachahmern häufig ernst zu nehmende Wettbewerber** auf Augenhöhe entwickeln können. Ähnliches gilt für Nachahmer, die nicht auf den Kernmärkten des Originalherstellers aktiv sind. Auch hier muss damit gerechnet werden, dass Nachahmer ihre Vertriebsgebiete im Laufe der Zeit ausweiten. Dieser Umstand ist bei der Erstellung von Schutzkonzeptionen zu beachten: Nachahmer, durch die dem betroffenen Originalhersteller heute noch kein Schaden entsteht, können diesen mittel- und langfristig durchaus empfindlich treffen.

3.8.3 Fazit aus den durchgeführten Bedarfsanalysen

Die Bedarfsanalyse Produktschutz hat sich als eine wertvolle Unterstützung bei der Etablierung eines schlagkräftigen Vorgehens in der Abwehr von Produktpiraterie erwiesen. Als wesentliche Herausforderungen haben sich hierbei der notwendige Aufwand und die Sicherstellung der Unterstützung aller Projektbeteiligten und relevanten Führungspersonen im Unternehmen herausgestellt. Eine breite Unterstützung im Unternehmen ist für einen erfolgreichen Produktschutz von hoher Bedeutung.

Der Schutz vor Produktpiraterie kann konfliktär zu anderen Unternehmensentscheidungen sein. Zum Beispiel werden Werke oder Entwicklungsabteilungen in Ländern wie China oder Indien errichtet, um Kosten zu sparen. In solchen Ländern ist der Know-how-Schutz jedoch häufig nur schwer realisierbar, was wiederum Produktpiraterie fördert. Bei der strategischen Entscheidung für neue Fertigungsstätten, aber auch für neue Marktregionen müssen zwingend auch Aspekte des Produktschutzes ins Kalkül gezogen werden.

■ 3.9 Weitere Methoden zur Entwicklung von Schutzkonzeptionen

Martin Kokoschka

Einer der drei Schwerpunkte der Forschungsoffensive „Innovationen gegen Produktpiraterie" des BUNDESMINISTERIUMS FÜR BILDUNG UND FORSCHUNG (BMBF) war die **Entwicklung von Schutzkonzeptionen gegen Produktpiraterie**. Ausgehend von einer unternehmensspezifischen Schwachstellen- und Risikoanalyse wurden in den Projekten „KoPiKomp", „ProAuthent", „KoPira" und „ProOriginal" Methoden zum durchgängigen Schutz vor Produktpiraterie entwickelt. Die Methoden werden im Folgenden vorgestellt. Weitere Informationen zu den Verbundprojekten befinden sich im Anhang.

3.9.1 KoPiKomp – Konzept zum Piraterieschutz für Komponenten von Investitionsgütern

Im Projekt „KoPiKomp – Konzept zum Piraterieschutz für Komponenten von Investitionsgütern" wurde ein Verfahren entwickelt, mit dem insbesondere Ersatzteile für die Land- und Baumaschinenbranche vor dem illegalen Nachbau geschützt werden können. Nach BRAUN et al. sind für einen erfolgreichen Schutz von Ersatzteilen Lösungen in drei Problemfeldern zu finden und umzusetzen [BJK+10, S. 152 ff.]:

1) Intransparenz im Ersatzteilmarkt,

2) unzureichender Piraterieschutz und

3) Widerstände im eigenen Unternehmen.

Durch die hohe Komplexität und **Intransparenz des weltweiten Ersatzteilmarktes** wird es für Originalhersteller immer schwieriger, das unternehmensspezifische Piraterierisiko zu erkennen und richtig einzuschätzen. Das kann dazu führen, dass unter Falschannahmen über das Risiko falsche Schutzmaßnahmen ergriffen werden [BJK+10, S. 153]. Das führt zur Vergeudung von Ressourcen. Es erlaubt dem Imitator zudem, länger Profit aus dem Verkauf illegaler Ersatzteile zu schlagen, da die eventuelle Unwirksamkeit der ergriffenen Schutzmaßnahmen erst nach einiger Zeit ermittelt werden kann.

Der **unzureichende Piraterieschutz** für Ersatzteile ist auf das fehlende Wissen über geeignete, ersatzteilspezifische Schutzmaßnahmen zurückzuführen. Auch ist der Einsatz einer einzelnen Maßnahme oft nicht ausreichend, um einen hinreichenden Piraterieschutz zu gewährleisten [BJK+10, S. 155].

Ist ein geeignetes Maßnahmenbündel ausgewählt worden, stößt seine Umsetzung häufig auf interne **Widerstände im Unternehmen**. Werden z. B. Ersatzteile durch den Einsatz de-standardisierter Elemente vor dem Nachbau geschützt, widerspricht dies oft der Denkweise von Konstrukteuren. Diese sind durch die Verwendung von standardisierten Komponenten um eine varianten-, fertigungs- und montagegerechte Entwicklung bemüht [BJK+10, S. 155].

Zur Bewältigung der Herausforderungen in diesen Problemfeldern entwickeln die Autoren eine Methode, mit der Piraterierisiken systematisch identifiziert, aufeinander abgestimmte Schutzmaßnahmen gezielt abgeleitet und relevante Personen im Unternehmen für das Thema Produktschutz sensibilisiert werden können. Die Methode kann in drei Phasen gegliedert werden (Bild 3-28). Die Piraterierisikoanalyse und die Schutzmaßnahmenauswahl erfolgen softwareunterstützt.

Zunächst wird eine **Piraterierisikoanalyse** durchgeführt. Dies erfolgt anhand von 29 durch die Autoren festgelegten, sogenannten Risikomerkmalen von Ersatzteilen, Produktgruppen, Zulieferern und Wettbewerbern. Beispiele für **Risikomerkmale** sind die Fertigungstiefe, das Gewinnvolumen des Ersatzteils und die Länge

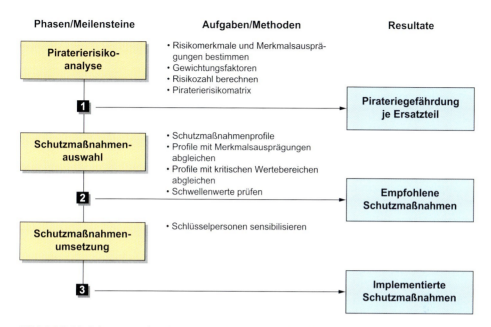

Bild 3-28 Verfahren zum Schutz insbesondere von Ersatzteilen des Projektes KoPiKomp nach [BJK+10]

des Innovationszyklus in Jahren. Für die Risikomerkmale wurden feste **Ausprägungen mit Wertebereichen** von 1 bis 10 definiert. Ein höherer Wert geht mit einem höheren Piraterierisiko einher. So deutet für das Merkmal „Fertigungstiefe" die Eigenfertigung (Wert: 1) auf ein geringes Piraterierisiko hin, bei einer vollständigen Fremdfertigung (Wert: 10) ist die Piraterigefährdung sehr hoch. Einige Risikomerkmale haben eine höhere Relevanz für die Ermittlung der Piraterigefährdung als andere. Um dies abzubilden, wurden **Gewichtungsfaktoren** von 1 bis 5 für die Risikomerkmale festgelegt. Dem Marktpotential und der Marge eines Teils wurden hohe Gewichtungsfaktoren zugeordnet, der Art des Zulieferers (Systempartner, Auftragsfertiger etc.) hingegen niedrige [BK10, S. 156 ff.].

Bei der Piraterierisikoanalyse kann anhand der Ausprägungen der Risikomerkmale für jedes Ersatzteil eine „Absolute Risikozahl" ermittelt werden. Das erfolgt durch die Multiplikation der Merkmalsausprägung mit dem Gewichtungsfaktor. Der Vergleich der absoluten Risikozahl mit der „Maximal möglichen Risikozahl" ergibt den Grad der Piraterigefährdung je Ersatzteil. Die Analyseergebnisse werden in einer Piraterierisikomatrix dargestellt.

Auf Basis der identifizierten Piraterigefährdung erfolgt die **Schutzmaßnahmenauswahl**. Dazu wird auf **Schutzmaßnahmenprofile** zurückgegriffen, die im Projekt erstellt worden sind (Bild 3-29). Darin wird zum einen definiert, welche Risikomerkmale mit einer Schutzmaßnahme adressiert werden, und zum anderen beschrieben, bei welcher Ausprägung eines Risikomerkmals die betrachtete Schutzmaßnahme einzusetzen ist [KBS10, S. 191 ff.].

Als Entscheidungshilfe zur Maßnahmenauswahl wurden kritische Wertebereiche festgelegt. So wird beispielsweise der Schutz der Entsorgungslogistik empfohlen (Bild 3-29), wenn das Risikomerkmal „Ähnlichkeit zu Ersatzteilen (des Wettbewerbs)" mittel bis sehr hoch (Wertebereich: 5 bis 10) ausgeprägt ist, das Ersatzteil ein hohes bis sehr hohes Marktvolumen hat (Wertebereich: 8 bis 10) und durch das Ersatzteil mittlere bis sehr hohe Folgeumsätze (Wertebereich: 5 bis 10) erzielt werden. Weiterhin wurden den Risikomerkmalen einer Schutzmaßnahme Merkmalsgewichtungen von sehr niedrig (Wert: 1) bis sehr hoch (Wert: 5) zugeordnet. Diese sind in Bild 3-29 in Klammern dargestellt. Je höher die Gewichtung für ein Merkmal ausgeprägt ist, umso wichtiger ist das Merkmal für die Entscheidung zur Umsetzung einer Schutzmaßnahme [KBS10, S. 191].

Zur Auswahl geeigneter Schutzmaßnahmen werden die vorliegenden Ausprägungen jedes Risikomerkmals für ein Ersatzteil mit den in den Schutzmaßnahmenprofilen angegebenen kritischen Wertebereichen für jedes Risikomerkmal abgeglichen. Die Auswahl erfolgt unter Einbezug der Ausprägung aller durch eine Maßnahme adressierten Merkmale. Überschreiten die addierten Ausprägungen einen festgelegten Schwellenwert, wird die Maßnahme zur Umsetzung empfohlen. Im Fall des Schutzes der Entsorgungslogistik wird die Maßnahme empfohlen, wenn der Schwellenwert von „8" überschritten wird [KBS10, S. 191 ff.].

Nach der Auswahl von geeigneten Schutzmaßnahmen erfolgt deren **Umsetzung**. Für die erfolgreiche Einführung der ausgewählten Schutzmaßnahmen sind Schlüsselpersonen aus der Entwicklung, dem Einkauf sowie dem Service für das Thema

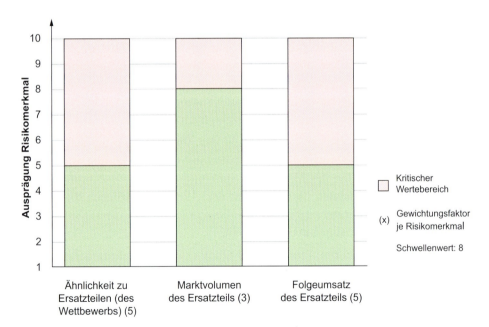

Bild 3-29 Beispiel für ein Schutzmaßnahmenprofil: „Schutz der Entsorgungslogistik"
[KBS10, S. 193]

Produktschutz zu sensibilisieren. Dies kann am besten erreicht werden, wenn diese Personen bereits in die Durchführung der vorgestellten Methode einbezogen werden [KBS10, S. 195].

3.9.2 ProAuthent – Konzept zum proaktiven Schutz vor Produktpiraterie durch Kennzeichnung und Authentifizierung von kritischen Bauteilen

Das Konzept zum proaktiven Schutz vor Produktpiraterie durch eine Kennzeichnung und Authentifizierung von kritischen Bauteilen wurde im Projekt „ProAuthent" mit dem Fokus auf den Maschinen- und Anlagenbau entwickelt. Es basiert auf einer Authentifizierung von Bauteilen anhand fälschungssicherer Merkmale [GDS10, S. 97]. So sollen Originale sicher erkannt und soll der unwissentliche Gebrauch von Imitaten verhindert werden. Das Vorgehen besteht aus fünf Phasen (Bild 3-30).

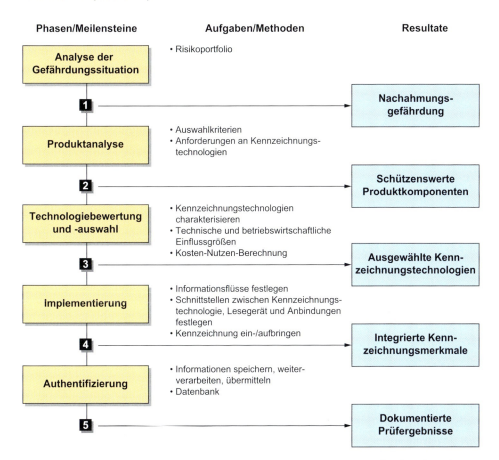

Bild 3-30 Vorgehensweise zur Umsetzung des Konzeptes zum Schutz vor Produktpiraterie des Projektes „ProAuthent" nach [GDS10]

Die **Bestimmung der Nachahmungsgefährdung** für ein Produkt erfolgt anhand eines Risikoportfolios, das durch die Eintrittswahrscheinlichkeit von Nachahmungen und das Schadensausmaß aufgespannt wird (Bild 3-31). In die Ermittlung der Eintrittswahrscheinlichkeit gehen Faktoren wie die Komplexität der Produkte und Produktionsprozesse, der Individualisierungsgrad und die wirtschaftliche Attraktivität der Produkte ein [GDS10, S. 99 ff.]. Das Schadensausmaß ist schwer quantifizierbar. In seine Abschätzung gehen sowohl unmittelbare Folgen der Produktpiraterie wie Umsatz- und Gewinnverluste als auch mittelbare Folgen wie der Imageverlust für den Originalhersteller ein.

Werden die Eintrittswahrscheinlichkeit von Nachahmungen für ein Produkt und das Schadensausmaß als hoch eingestuft, ergibt sich eine hohe Nachahmungsgefährdung für ein betrachtetes Produkt. Das Portfolio dient in erster Linie zur Ermittlung einer Rangreihe der Nachahmungsgefährdung – Produkte, die oben rechts stehen, sind folglich besonders gefährdet und daher schützenswert.

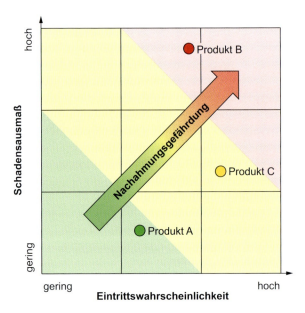

Bild 3-31 Portfolio zur Ermittlung der Nachahmungsgefährdung, eigene Darstellung in Anlehnung an [GDS10, S. 101]

Soll ein Produkt mittels Kennzeichnungstechnologien geschützt werden, wird eine **Produktanalyse** durchgeführt. Hierbei werden schützenswerte Produktkomponenten identifiziert. Dies erfolgt anhand von primären Auswahlkriterien wie Marge, Absatzzahlen, Know-how-Intensität und sekundären Kriterien wie Sicherheitsrelevanz und mit dem Bauteil verknüpfte Dienstleistungen. Sind diese definiert, werden unter Berücksichtigung der Einsatzbedingungen dieser Komponenten Anforderungen an Kennzeichnungstechnologien abgeleitet. Beispiele für Anforderungen sind die Beständigkeit gegen Schmutz, Hitze und Vibration.

Im nächsten Schritt erfolgt eine **Bewertung und Auswahl einzusetzender Kennzeichnungstechnologien**. Dies erfolgt anhand **technischer** und **betriebswirtschaftlicher Einflussgrößen**. Um die technische Eignung von Kennzeichnungstechnologien abschätzen zu können, sind diese im Projekt charakterisiert worden. Technische Charakteristika einer Kennzeichnungstechnologie sind die Sichtbarkeit der Kennzeichnung, das erzielbare Sicherheitsniveau, die Speicherbarkeit von Informationen sowie die Art der Prüfung und Verifikation (siehe Kapitel 2.7).

Die betriebswirtschaftlichen Einflussgrößen werden von den Autoren als sehr schwer quantifizierbar eingeschätzt [GDS10, S. 105]. Um dennoch eine Einschätzung über die Wirtschaftlichkeit einer Kennzeichnungstechnologie in Bezug auf ein zu schützendes Bauteil treffen zu können, wurden quantitative und qualitative Einflussgrößen bestimmt. Die quantitativen Einflussgrößen dienen zur monetären Bewertung von Kennzeichnungstechnologien [Gün10, S. 25 f.], qualitative Einflussgrößen gehen als weitere Entscheidungsunterstützung mit ein. Ein Beispiel für eine quantitative Einflussgröße ist der zusätzlich generierte Umsatz durch den Einsatz einer Kennzeichnungstechnologie. Beispiele für qualitative Einflussgrößen sind z. B. die gerichtliche Verwertbarkeit, vermiedener Imageschaden und die Phase im Produktlebenszyklus, in der sich das betrachtete Produkt gerade befindet.

Bei der anschließenden Kosten-Nutzen-Bewertung wird die Wirtschaftlichkeit einer Kennzeichnungstechnologie ermittelt. Dabei wird durch den Einsatz von Kennzeichnungstechnologien zum einen von zusätzlichem Umsatz und zum anderen von einem vermiedenen Umsatzrückgang durch Imitate ausgegangen. Die Kosten für den Einsatz einer Kennzeichnungstechnologie werden von diesen Umsätzen abgezogen. So können diejenigen Kennzeichnungstechnologien identifiziert werden, die für das betrachtete Bauteil unter technischen und betriebswirtschaftlichen Gesichtspunkten am besten geeignet sind.

Zur **Implementierung** der Kennzeichnungstechnologie werden die Schnittstellen zwischen der Kennzeichnungstechnologie, dem Lesegerät und der informationstechnischen Anbindung festgelegt. Es bietet sich an, die Bauteile/Produkte falls möglich bereits während des Produktionsprozesses oder kurz nach deren Produktion zu kennzeichnen, um so eine frühzeitige Nachverfolgung gewährleisten zu können.

Das gekennzeichnete Bauteil/Produkt wird anschließend auf seinem Weg entlang der Wertschöpfungskette an festgelegten Punkten **authentifiziert**, und die ermittelten Prüfergebnisse werden gespeichert. So können Aussagen getroffen werden, wo in der Wertschöpfungskette sich ein Bauteil/Produkt derzeit befindet. Für die Authentifizierung ist festzulegen, wo die Prüfergebnisse gespeichert werden sollen und ob eine Weiterverarbeitung oder Übermittlung der Daten z. B. an Lieferanten oder Kunden erfolgen soll.

3.9.3 KoPira – die Piraterierisiko- und Maßnahmenanalyse

Die Piraterierisiko- und Maßnahmenanalyse (PRMA) wurde im Verbundprojekt „KoPira – Kontra Piraterie" entwickelt. Die PRMA bildet gemeinsam mit einer Methode zur Kosten-Nutzen-Bewertung von Schutzmaßnahmen den Kern des Ko-Pira-Instrumentariums [AAA+10, S. 15]. Das Instrumentarium besteht weiterhin aus einem „Quick-Check" und einem „Anti-Piraterie-Balanced-Scorecard-Konzept". Der Quick-Check ermöglicht eine aufwandsarme Bestimmung der Risikosituation eines Unternehmens und die Bedarfsabschätzung für eine PRMA. Im Anschluss an die PRMA kann das Kosten Nutzen-Verhältnis der gewählten Schutzmaßnahmen bestimmt werden. Die für den Produktschutz adaptierte Balanced Scorecard steuert die langfristige Umsetzung von Schutzmaßnahmen im Unternehmen.

Im Folgenden wird die PRMA detailliert dargestellt. Bei der PRMA werden Gefährdungen durch Produktpiraterie für ein Unternehmen und seine Produkte systematisch erfasst und Maßnahmen zur Risikominimierung identifiziert [MGM10, S. 31]. Die PRMA besteht aus sechs Phasen (Bild 3-32) und wird von einem Projektteam bestehend aus einem PRMA-Moderator und Mitarbeitern des betroffenen Unternehmens durchgeführt. Die Durchführung erfolgt softwareunterstützt.

Zu Beginn erfolgt die **Festlegung des Analyseobjektes**. Das kann ein einfaches Bauteil, eine Baugruppe oder auch ein komplexes Produkt sein. Anhand einer Tabelle werden dafür die zu betrachtenden Einflussbereiche wie Vertriebswege, Fertigungsstandorte, Personalpolitik etc. bestimmt. Durch einen paarweisen Vergleich werden die Einflussbereiche identifiziert, die mit hoher Priorität in der PRMA zu betrachten sind [MGM10, S. 34].

In der **Risikoanalyse** werden für die betrachteten Einflussbereiche Risikofelder ermittelt. Im Einflussbereich „Fertigungsstandort" sind dies unter anderem die Loyalität der Mitarbeiter, gesetzliche Auflagen oder aber auch staatlich geförderte Betriebsspionage. Sind die Risikofelder benannt, wird geprüft, inwiefern in diesen Feldern Schutzlücken z. B. durch eine hohe Personalfluktuation bestehen. Die Ursachen für diese Lücken werden identifiziert und **aktuell eingesetzte Schutzmaßnahmen** erfasst, die zum Schließen der Schutzlücke im Unternehmen eingesetzt werden [MGM10, S. 35].

In der vierten Phase erfolgt die **Bewertung der Schutzlücken** hinsichtlich ihrer Eintrittswahrscheinlichkeit und der Schwere der Konsequenzen für das Unternehmen, falls eine Schutzlücke entsteht. Dabei werden beiden Kriterien Werte von 1 bis 10 zugeordnet. Bei der Eintrittswahrscheinlichkeit steht die 1 für eine sehr geringe, die 10 für eine sehr hohe Eintrittswahrscheinlichkeit. Die Schwere der Konsequenzen nimmt mit steigender Zahl zu. Die Multiplikation beider Werte führt zu der Risikoprioritätszahl. Diese wird folglich größer, wenn die Auftretenswahrscheinlichkeit steigt und die Konsequenzen des Auftretens größer werden. Überschreitet eine Risikoprioritätszahl für eine Schutzlücke ein definiertes Piraterierisiko, wird die Schutzlücke als kritisch eingestuft [MGM10, S. 37].

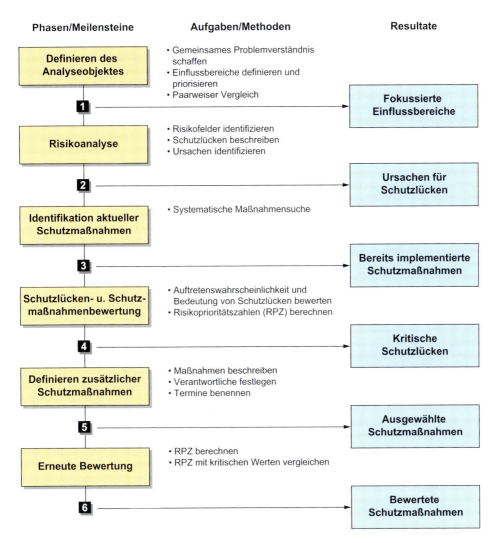

Phasen/Meilensteine · · · · · **Aufgaben/Methoden** · · · · · **Resultate**

Definieren des Analyseobjektes
- Gemeinsames Problemverständnis schaffen
- Einflussbereiche definieren und priorisieren
- Paarweiser Vergleich

1 → Fokussierte Einflussbereiche

Risikoanalyse
- Risikofelder identifizieren
- Schutzlücken beschreiben
- Ursachen identifizieren

2 → Ursachen für Schutzlücken

Identifikation aktueller Schutzmaßnahmen
- Systematische Maßnahmensuche

3 → Bereits implementierte Schutzmaßnahmen

Schutzlücken- u. Schutzmaßnahmenbewertung
- Auftretenswahrscheinlichkeit und Bedeutung von Schutzlücken bewerten
- Risikoprioritätszahlen (RPZ) berechnen

4 → Kritische Schutzlücken

Definieren zusätzlicher Schutzmaßnahmen
- Maßnahmen beschreiben
- Verantwortliche festlegen
- Termine benennen

5 → Ausgewählte Schutzmaßnahmen

Erneute Bewertung
- RPZ berechnen
- RPZ mit kritischen Werten vergleichen

6 → Bewertete Schutzmaßnahmen

Bild 3-32 Vorgehen bei der Piraterierisiken- und Maßnahmenanalyse in Anlehnung an [MGM10, S. 33]

Im nächsten Schritt werden **Schutzmaßnahmen** zum Schließen der kritischen Schutzlücken definiert und Verantwortliche für deren Umsetzung festgelegt. Bei der **erneuten Bewertung** der Schutzlücken wird das Piraterierisiko nochmals bewertet. Dabei wird für die Berechnung der neuen Risikoprioritätszahlen angenommen, die Maßnahmen seien umgesetzt worden. Bleibt die neu berechnete Risikoprioritätszahl unter dem kritischen Wert, gilt die Schutzlücke als hinreichend geschlossen und es müssen keine weiteren Schutzmaßnahmen ergriffen werden [MGM10, S. 40]. Die Umsetzungskontrolle der definierten Schutzmaßnahmen erfolgt in PRMA-Review-Meetings.

3.9.4 ProOriginal – Darmstädter Modell zur Entwicklung einer Piraterie-Abwehrstrategie

Das Darmstädter Modell wurde im Projekt „ProOriginal" entwickelt. Ziel war ein auf die spezifische Risikosituation eines Unternehmens abgestimmtes Produktschutzkonzept, das organisatorische, technische und juristische Maßnahmen enthält. Nach ABELE et al. verfolgt eine Piraterie-Abwehrstrategie die vier Ziele [AKL11, S. 23]:

1) Erstellung einer Informationsbasis zur Risikoeinschätzung,

2) Auswahl und Umsetzung geeigneter Schutzmaßnahmen,

3) Überführung der ausgewählten Schutzmaßnahmen in standardisierte Prozesse und

4) die kontinuierliche Verbesserung des Produktschutzes.

Die Entwicklung und Umsetzung der Strategie erfolgt dabei nicht als Abfolge von Prozessschritten, sondern ist als ein Kreislauf zu sehen (Bild 3-33). So soll ein kontinuierlicher Produktschutz erreicht werden.

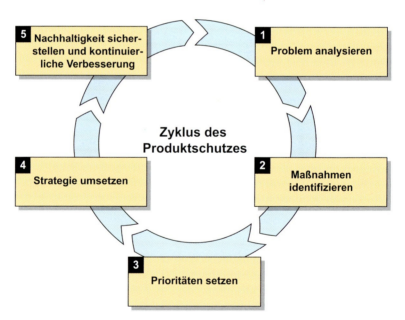

Bild 3-33 Das Darmstädter Modell zur Entwicklung einer Piraterie-Abwehrstrategie, [AKL11, S. 24]

In der **Problemanalyse** erfolgt die Ermittlung des unternehmensspezifischen Gefährdungspotentials softwareunterstützt anhand eines Risikoprozessmodells. Dabei werden die Unternehmensprozesse Entwicklung, Planung, Beschaffung, Produktion, Vertrieb, Aftersales und Entsorgung hinsichtlich Risiken von Produktpiraterie untersucht und so Schutzlücken identifiziert. Neben den Unternehmens-prozessen werden auch Produkte hinsichtlich ihrer Risikosituation beurteilt. Nach ABELE et al. gibt es vier Hauptursachenkategorien für Know-how-Abfluss [AKL11, S. 31]. Das sind:

1) ein fehlender oder unzureichender Einsatz von Schutzmaßnahmen,

2) die Unzufriedenheit von Mitarbeitern,

3) fehlende oder unzureichende Richtlinien im Umgang mit Know-how und

4) eine starke Verhandlungsmacht von Akteuren wie etwa Lieferanten.

Nach der Identifikation möglicher Ursachen für Know-how-Abfluss sind **geeignete Schutzmaßnahmen** zu identifizieren. In der entwickelten Software sind den einzelnen Unternehmensprozessen technische, organisatorische und rechtliche Schutz-maßnahmen zugeordnet. Dies gibt einen ersten Hinweis auf mögliche Schutzmaß-nahmen.

Aus der Fülle der verfügbaren Maßnahmen gilt es diejenigen auszuwählen, die in der identifizierten Bedrohungslage den größten Schutz versprechen. So schließt sich als dritte Phase das **Setzen von Prioritäten zur Maßnahmenauswahl** an. Zum einen werden die zu schützenden Prozesse bestimmt. Diese ergeben sich aus der Betrachtung der Unternehmensprozesse in Phase 1. Produkte, die mit hoher Priorität geschützt werden müssen, werden anhand ihres Umsatzanteils und ihrer strategischen Bedeutung für das Unternehmen identifiziert. Die Selektion geeigne-ter Schutzmaßnahmen erfolgt anhand eines Anforderungskataloges. Beispiele für Selektionskriterien sind die Produktlebenszyklusphase, in der sich das Produkt befindet, die Robustheit von Maßnahmen gegen Umwelteinflüsse sowie die Funkti-onssicherheit. Weiterhin erfolgt eine Abwägung zwischen den Kosten für den Ein-satz und dem Sicherheitsniveau der Schutzmaßnahme [AKL11, S. 93 ff.].

Die **Umsetzung der Strategie** erfolgt durch eine Task-Force gegen Produktpirate-rie. Entscheidend für eine erfolgreiche Umsetzung ist ein hoher Stellenwert für das Thema Produktschutz in der Unternehmensführung und die langfristige Einbin-dung aller Mitarbeiter in den Kampf gegen Produktpiraterie [AKL11, S. 103 ff.].

Die Task-Force stellt die **Nachhaltigkeit und kontinuierliche Verbesserung** der Schutzstrategie sicher. So sind auch Lieferanten und Kunden in den Kampf gegen Produktpiraterie einzubinden. Der Erfolg der Schutzmaßnahmen wird durch Leis-tungskennzahlen kontrolliert [AKL11, S. 113]. Der gesamte Zyklus wird kontinu-ierlich durchlaufen. So können Veränderungen der Risikosituation oder innovative Schutzmaßnahmen erkannt und kann die Schutzstrategie angepasst werden.

3.9.5 Zusammenfassung

Das Projekt „KoPiKomp" stellt einen Ansatz zum Schutz insbesondere von Ersatzteilen vor. Das Projekt „ProAuthent" bietet ein Verfahren zur Auswahl von Kennzeichnungstechnologien sowie ein IT-basiertes Konzept zur Authentifizierung von
Bauteilen an. Im Mittelpunkt des Instrumentariums des Projektes „KoPira" steht
die Piraterierisiko- und Maßnahmenanalyse (PRMA). Diese Methode erlaubt die
Identifikation von „kritischen Schutzlücken" im Unternehmen und die Ableitung
von relevanten Schutzmaßnahmen. Das „Darmstädter Modell zur Entwicklung
einer Piraterie-Abwehrstrategie" betrachtet neben der Auswahl von Schutzmaßnahmen auch die langfristige Umsetzung einer Schutzstrategie im Unternehmen.

Alle Methoden erlauben eine Auswahl geeigneter Schutzmaßnahmen auf Basis
einer Analyse des derzeitigen Piraterierisikos im Unternehmen. Diese Methoden
sind im Prinzip unterschiedliche Ausprägungen des in Kapitel 3.1 vorgestellten
generischen Handlungsrahmens. Grundsätzlich kann ein Unternehmen auf Basis
der vorgestellten Methoden ohne externe Unterstützung geeignete Schutzmaßnahmen auswählen und zu einer Schutzkonzeption kombinieren. Das Hinzuziehen
externer Produktschutzexperten hat jedoch den Vorteil, dass so neuartige, in Unternehmen nicht bekannte Schutzmaßnahmen bei der Erstellung von Schutzkonzeptionen berücksichtigt werden können.

■ 3.10 Zusammenfassung Kapitel 3

Martin Kokoschka

Wirkungsvoller Produktschutz erfordert ein Bündel von aufeinander abgestimmten Schutzmaßnahmen, sogenannte Schutzkonzeptionen. Die vorgestellte Bedarfsanalyse Produktschutz ermöglicht die Erstellung einer solchen Konzeption.
Durch die systematische Analyse der unternehmensspezifischen Bedrohungslage
werden abteilungsübergreifend Schlüsselpersonen aus einem Unternehmen für
Angriffspunkte von Imitatoren sensibilisiert. Aufbauend auf einer im Unternehmen abgestimmten Stoßrichtung für den Produktschutz werden aus der Vielzahl
möglicher Schutzmaßnahmen die für die erkannte Bedrohungslage besonders
geeigneten ausgewählt. Die ausgewählten Schutzmaßnahmen werden zu einer
konsistenten Schutzkonzeption kombiniert. Hierbei werden sich unterstützende
Maßnahmen wie z. B. „Black-Box-Bauweise" und „Selbstzerstörende Elemente" zusammengeführt. Eine Roadmap stellt dar, zu welchem Zeitpunkt die einzelnen
Schutzmaßnahmen umzusetzen sind.

Die Bedarfsanalyse hat sich im Einsatz bei sechs Unternehmen der Investitions-güterindustrie bewährt. Die Analysen der Bedrohungslagen haben ergeben, dass die Unternehmen kaum mit Eins-zu-eins-Imitationen zu kämpfen hatten. Stattdessen „verbesserten" die Imitatoren in einigen Fällen die Produkte. So wurden Imitate z. B. speziell auf die lokalen Bedürfnisse der Zielmärkte angepasst. Für betroffene Unternehmen bringt dies das Risiko mit sich, dass sich die Imitatoren in kurzer Zeit zu ernst zu nehmenden Konkurrenten entwickeln können. Ausgehend von den erkannten Bedrohungslagen in den sechs Unternehmen wurden unter anderem Verpackungsmaschinen, Antriebssysteme und Steuergeräte durch eine Auswahl optimal geeigneter Schutzmaßnahmen vor Produktpiraterie geschützt. Der Produktschutz in den teilnehmenden Unternehmen geht jedoch über die betrachteten Produkte hinaus. Beispielsweise wurden als Folge der Bedarfsanalysen unternehmensweite Maßnahmen wie Schulungen zur Sensibilisierung für Social Engineering (vgl. Kapitel 1.5) oder die Definition schützenswerter Kernkompetenzen initiiert.

Bei den Bedarfsanalysen hat sich die Zusammensetzung des Projektteams als wesentlicher Erfolgsfaktor erwiesen: Nur wenn es gelingt, Führungspersonen aus allen Unternehmensbereichen einzubeziehen, kann die Bedrohungslage vollständig erfasst und können Maßnahmen für einen ganzheitlichen Schutz abgeleitet werden. Um die gewählten Maßnahmen auch umzusetzen, bedarf es des Commitments der Unternehmensleitung für einen präventiven Produktschutz.

Ein effektiver Produktschutz kann nicht für alle Produkte realisiert werden. Produkte mit einem hohen IT-Anteil können in der Regel besser geschützt werden als Produkte mit einem geringen IT-Anteil. Während bei Hardware ein Reengineering meist schwer zu unterbinden ist, lässt sich ein gewisser Schutz durch eine Verschlüsselung von Software herstellen. Weiterhin sind Produkte mit einem niedrigen technologischen Neuheitsgrad nur schwer zu schützen, da das zugrunde liegende Know-how für den Einsatz dieser Technologien weitverbreitet ist. Ein wirksamer Schutz wird auch durch komplexe Vertriebsstrukturen erschwert. Erfolgt der Vertrieb über viele Zwischenhändler, steigt das Risiko, dass sich ein Zwischenhändler durch den Vertrieb von Imitationen höhere Gewinne verspricht und diese deshalb selbst beauftragt.

Produktschutz ist keine einmalige Aktion. Er muss kontinuierlich betrieben werden. Dabei ist die unternehmensspezifische Bedrohungslage zu aktualisieren und sind gegebenenfalls neue Schutzmaßnahmen in der Schutzkonzeption zu berücksichtigen. Eine Übersicht verfügbarer Schutzmaßnahmen bietet der Anhang dieses Buches; aktuelle Informationen zu Schutzmaßnahmen sind auf www.conimit.de verfügbar.

■ Literatur zu Kapitel 3

[AAA+10]   ABELE, E.; ALBERS, A.; AURICH, J. C.; GÜNTHNER, W. A. (Hrsg.): Wirksamer Schutz gegen Produktpiraterie im Unternehmen – Piraterierisiken erkennen und Schutzmaßnahmen umsetzen. Band 3 der Reihe „Innovationen gegen Produktpiraterie", VDMA Verlag, Frankfurt am Main, 2010

[AKL11]   ABELE, E.; KUSKE, P.; LANG, H.: Schutz vor Produktpiraterie – Ein Handbuch für den Maschinen- und Anlagenbau. Springer-Verlag, Berlin, Heidelberg, 2011

[Arn09-ol] ARNHOLD, T.: Warnung vor Produktpiraterie im Ex-Schutz-Bereich. Unter: http://www.stahl.de/news/meldung/2009/09/warnung-vor-produktpiraterie-im-ex-schutz-bereich.html, 6. März 2012

[BJK+10]   BRAUN, S.; JENNE, F.; KUHN, H.; SCHMIDT-ROMÁN, H.: Piraterieschutz für Ersatzteile von Bau- und Landmaschinen. In: Abele, E.; Albers, A.; Aurich, J. C.; Günthner, W. A. (Hrsg.): Wirksamer Schutz gegen Produktpiraterie im Unternehmen – Piraterierisiken erkennen und Schutzmaßnahmen umsetzen. Band 3 der Reihe „Innovationen gegen Produktpiraterie", VDMA Verlag, Frankfurt am Main, 2010

[BK10]   BOHR, C.; KRANZ, J.-N.: Piraterikgefährdung erkennen – Eine Methode zu Analyse des Ersatzteilprogramms. In: Abele, E.; Albers, A.; Aurich, J. C.; Günthner, W. A. (Hrsg.): Wirksamer Schutz gegen Produktpiraterie im Unternehmen – Piraterierisiken erkennen und Schutzmaßnahmen umsetzen. Band 3 der Reihe „Innovationen gegen Produktpiraterie", VDMA Verlag, Frankfurt am Main, 2010, S. 156 – 174

[CR91]   CONNOR, K.; RUMMELT, R. H.: Software Piracy – An Analysis of Protection Strategies. In: Management Science 37 (1991), 1991, S. 125 – 139

[Fuc06]   FUCHS, H. J. (Hrsg.): Piraten, Fälscher und Kopierer – Strategien und Instrumente zum Schutz geistigen Eigentums in der Volksrepublik China. Betriebswirtschaftlicher Verlag Dr. Th. Gabler, Wiesbaden, 2006

[FW08]   FUCHS, H. J.; WU, Z.: Anti-Counterfeiting als Prozess – Bekämpfung von Piraterie durch systematisches und prozessorientiertes Management. In: Industrie Management 24 (2008) 6, GITO mbH Verlag für Industrielle Informationstechnik und Organisation, Berlin, 2008, S. 19 – 22

[GDS10]   GÜNTHNER, W. A.; DURCHHOLZ, J.; STOCKENBERGER, D.: Proaktiver Schutz vor Produktpiraterie durch Kennzeichnung und Authentifizierung von kritischen Bauteilen im Maschinen- und Anlagenbau. In: Abele, E.; Albers, A.; Aurich, J. C.; Günthner, W. A. (Hrsg.): Wirksamer Schutz gegen Produktpiraterie im Unternehmen – Piraterierisiken erkennen und Schutzmaßnahmen umsetzen. Band 3 der Reihe „Innovationen gegen Produktpiraterie", VDMA Verlag, Frankfurt am Main, 2010

[Gün10]   GÜNTHNER, W. A. (Hrsg.): Integrierter Produktpiraterieschutz durch Kennzeichnung und Authentifizierung kritischer Bauteile im Maschinen- und Anlagenbau – Leitfaden zum Schutz vor Produktpiraterie durch Bauteilkennzeichnung. Technische Universität München, München, 2010

[HB09]   Haver & Boecker-Gruppe: Der Klassiker – Broschüre zum HAVER-ROTO
             CLASSIC®. 2009

[HB11-ol]   Haver & Boecker-Gruppe: Internetpräsenz. Unter: www.haverboecker.de,
             27. Juli 2011

[ISO11-ol]   International Organization for Standardization (ISO): Management
             system basics. Unter: http://www.iso.org/iso/iso_catalogue/management_
             and_leadership_standards/management_system_basics/management_system_
             basics, 21. Februar 2011

[JSJ01]   Jacobs, L.; Samli, A. C.; Jedlik, T.: The Nightmare of International Product
             Piracy – Exploring Defensive Strategies. In: Industrial Marketing Management
             30, North-Holland Publishing, 2001, S. 499 – 509

[KBS10]   Kranz, J.-N.; Bohr, C.; Stauf, C.: Ersatzteile schützen – Eine Methode zur
             Auswahl und Umsetzung von Schutzmaßnahmen. In: Abele, E.; Albers, A.; Au-
             rich, J. C.; Günthner, W. A. (Hrsg.): Wirksamer Schutz gegen Produktpiraterie
             im Unternehmen – Piraterierisiken erkennen und Schutzmaßnahmen umset-
             zen. Band 3 der Reihe „Innovationen gegen Produktpiraterie", VDMA Verlag,
             Frankfurt am Main, 2010, S. 175 – 196

[Mei11]   Meiwald, T.: Konzepte zum Schutz vor Produktpiraterie und unerwünschtem
             Know-how-Abfluss. Dissertation, Fakultät für Maschinenwesen, Technische
             Universität München, München, 2011

[MGM10]   Marxen, L.; Geiger, R.; Meyer-Schwickerath, B.: Systematische Risiko- und
             Maßnahmenidentifikation und strategische Verankerung im Unternehmen. In:
             Abele, E.; Albers, A.; Aurich, J. C.; Günthner, W. A. (Hrsg.): Wirksamer Schutz
             gegen Produktpiraterie im Unternehmen – Piraterierisiken erkennen und
             Schutzmaßnahmen umsetzen. Band 3 der Reihe „Innovationen gegen Produkt-
             piraterie", VDMA Verlag, Frankfurt am Main, 2010, S. 25 – 63

[Nee07]   Neemann, C. W.: Methodik zum Schutz gegen Produktimitationen. Disserta-
             tion, Rheinisch-Westfälische Technische Hochschule Aachen, Shaker Verlag,
             Aachen, 2007

[NH10]   Nickels, R.; Henow, A.: Juristischer Leitfaden. In: Abele, E.; Albers, A.; Aurich,
             J. C.; Günthner, W. A. (Hrsg.): Wirksamer Schutz gegen Produktpiraterie im
             Unternehmen – Piraterierisiken erkennen und Schutzmaßnahmen umsetzen.
             Band 3 der Reihe „Innovationen gegen Produktpiraterie", VDMA Verlag, Frank-
             furt am Main, 2010, S. 64 – 95

[Oes06]   Oesterreich, B.: Analyse und Design mit der UML 2.1 – Objektorientierte Soft-
             wareentwicklung. 8. Auflage, Oldenbourg Verlag, München, Wien, 2006

[WG07]   Welser, M. v.; Gonzáles, A.: Marken- und Produktpiraterie – Strategien und
             Lösungsansätze zu ihrer Bekämpfung. Wiley-VCH Verlag, Weinheim, 2007

[WW07]   Winkler, I.; Wang, X.: Made in China – Marken und Produktpiraterie – Stra-
             tegien der Fälscher & Abwehrstrategien für Unternehmen. IKO – Verlag für in-
             terkulturelle Kommunikation, Frankfurt am Main, 2007

A1 Schutzmaßnahmensteckbriefe

A1.1   Strategische Schutzmaßnahmen   196
    Mitarbeiterbindung verstärken   196
    Wissensmanagement einführen   197
    Beschränkung von schützenswertem Know-how auf ausgewählte Personen   198
    Sensibilisierung der Mitarbeiter für Social Engineering   199
    Abteilungsübergreifende Kooperation in puncto Produktschutz   200
    Innovationsprozesse optimieren   201
    Target Costing   202
    Kooperation mit Zulieferern   203
    Zuliefererintegration   204
    After-Sales-Management/Hybride Leistungsbündel   205
    Release Management   206
    Marken- und Produktpreisdifferenzierung   207
    Selektive Vertriebssysteme   208
    Shadow Placement   209
    Quersubventionierung von leicht imitierbaren Produkten   210
    Überwachung des Marktes   211
    Schutz vor feindlicher Übernahme   212
    Umarmungsstrategie   213

A1.2   Produktbezogene Schutzmaßnahmen   214
    Black-Box-Bauweise anwenden   214
    De-Standardisierung   215
    Funktionsintegration   216
    Selbstzerstörungsmechanismen   217
    Erweiterungsmanagement   218
    Produktvarianten anbieten   219
    Mass Customization   220
    Benchmarking von Imitaten   221

A1.3   Prozessbezogene Schutzmaßnahmen   222
    Geheimhaltung während der Entwicklung   222
    Aufteilen der Fertigung auf mehrere Standorte   223
    Innovative Fertigungsverfahren   224
    Kernkompetenzbauteile intern entwickeln und fertigen   225
    Organisation der Lieferantenwertschöpfung   226
    Schutz der Produktionslogistik   227
    Schutz der Distributionslogistik   228
    „Intelligente" Verpackungen   229
    Sichere Sammlung und Entsorgung von Ausschussware   230

A1.4   Kennzeichnende Schutzmaßnahmen   231
    2-D-/3-D-Barcodes   231
    Clusterfolie   232
    Echtfarbenelemente   233
    EpiCode   234
    Guillochendruck   235
    Hologramm   236
    Intagliodruck/Stichtiefdruck   237
    Mikrotext   238
    Rauschmustercodierung   239
    RFID   240
    Schutz von RFID-Kennzeichnung   241
    Sicherheitsanstanzung   242
    Sicherheitsetikett und Siegel   243
    Sicherheitspapier   244
    Sicherheitsstreifen   245
    Siebdruck und Prägen   246
    Spezialtinte   247
    Chemische Marker   248
    Digitale Wasserzeichen   249
    DNA-Kennzeichnung   250
    Farbcode   251
    Isotope Kennzeichnung   252
    Infrarot-/Ultraviolett-Farbpigmente   253
    Materialmarker mit charakteristischer Fluoreszenz   254
    Nanobiotech-Kennzeichnung   255
    Oberflächenauthentifizierung   256
    Röntgenfluoreszenz   257

A1.5   Informationstechnische Schutzmaßnahmen   258
    Biometrische Zugangskontrolle   258
    Rollenbasierte Zugangskontrollen installieren   259
    Dokumente verschlüsseln   260
    Informationen aus CAD-Modellen entfernen   261
    Sichere Kommunikationsverbindungen (sicherer Informationsfluss)   262
    Gegenseitige Authentifizierung von Komponenten   263
    Produktaktivierung   264
    Auslagerung von sicherheitsrelevanten Rechenoperationen   265
    Schutz von eingebetteter Software   266

A1.6   Rechtliche Schutzmaßnahmen   267
    Schutzrechtsstrategie entwickeln   267
    Patent anmelden   268
    Gebrauchsmuster anmelden   269
    Geschmacksmuster anmelden   270
    Kennzeichenrechte anmelden   271
    Urheberrecht   272
    Schutzrechte verwerten   273
    Grenzbeschlagnahme   274
    Unterstützung durch Verfassungsschutz   275

A1.7   Kommunikative Schutzmaßnahmen   276
    Kommunikationsstrategien anwenden   276
    Kunden für Originale und Imitate sensibilisieren   277
    Lobbyarbeit   278
    Attraktive Gestaltung von Verkaufsräumen   279
    Messebesuche durchführen   280

■ A1.1 Strategische Schutzmaßnahmen

Mitarbeiterbindung verstärken

Kurzbeschreibung

Maßnahmen zur Stärkung der Mitarbeiterbindung senken die Personalfluktuationsrate und erhöhen die Motivation der Mitarbeiter. Sie dienen auch dem Schutz vor Weitergabe von schützenswertem Wissen an Wettbewerber und Nachahmer.

© iStockphoto.de

Anwendungen / Vorgehen

Zur Mitarbeiterbindung werden Maßnahmen wie Zielgespräche, Aus- und Fortbildungen sowie Gewinnbeteiligungen angewandt. Klar definierte Aufstiegschancen und soziale Absicherung oder Freizeitangebote wie sportliche Aktivitäten können die Mitarbeiterbindung und die Mitarbeitermotivation verstärken.

Die Erhöhung der Mitarbeitermotivation soll verhindern, dass durch (absichtliches) menschliches Fehlverhalten Wissen aus dem eigenen Unternehmen in andere Unternehmen übertragen wird.

Unternehmensbereiche

- ■ Produktplanung
- ■ Entwicklung / Konstruktion
- ■ Einkauf
- ■ Arbeitsvorbereitung
- ■ Fertigung
- ■ Vertrieb
- ■ Service

Kategorie Schutzmaßnahme

- ■ Strategische Maßnahme
- ☐ Produktbezogene Maßnahme
- ☐ Prozessbezogene Maßnahme
- ☐ Kennzeichnende Maßnahme
- ☐ IT-Maßnahme
- ☐ Rechtliche Maßnahme
- ☐ Kommunikationsmaßnahme

Anwendungsbeispiele

Die Firma Wulf Gaertner Autoparts bindet Mitarbeiter, indem anhand der individuellen Leistung, Fehlzeiten und Betriebszugehörigkeit Gewinnbeteiligungen ausgeschüttet werden. Diese Gewinnbeteiligungen werden direkt über zehn Jahre verzinst im Unternehmen angelegt, um die Fluktuationsrate zu senken [Han08-ol].

© M&S Fotodesign - Fotolia.com

Die Firma Degussa hat in ihren Niederlassungen in China „Development Reviews" eingeführt, durch die jeder einzelne Mitarbeiter seine beruflichen Perspektiven im Unternehmen einschätzen kann [Fuc06].

© pressmaster - Fotolia.com

Vorteile

- Wissen bleibt im eigenen Unternehmen
- Mitarbeiter sind aus eigener Motivation an das Unternehmen gebunden [Mei11]

Nachteile

- Maßnahmen zur Personalbindung sind oft sehr aufwendig und kostenintensiv
- Gefahr der „Verkrustung" der Belegschaft [Mei11]

Quellen / Experten

[Fuc06]　FUCHS, H. J. (Hrsg.): Piraten, Fälscher und Kopierer – Strategien und Instrumente zum Schutz geistigen Eigentums in der Volksrepublik China. Verlag Dr. Th. Gabler, Wiesbaden, 2006

[Han08-ol]　HANDELSBLATT: Wirksames Mittel gegen Fluktuation, Unter: http://www.handelsblatt.com/unternehmen/management/strategie/ wirksames-mittel-gegen-fluktuation/2995046.html, 16. Juni 2011

[Mei11]　MEIWALD, T.: Konzepte zum Schutz vor Produktpiraterie und unerwünschtem Know-how-Abfluss. Dissertation, Fakultät für Maschinenwesen, Technische Universität München, München, 2011

Wissensmanagement einführen

Kurzbeschreibung

Aufgabe des Wissensmanagements in einem Unternehmen ist es, bei den Mitarbeitern vorhandenes Wissen zu externalisieren, zu verwalten und bedarfsgerecht zur Verfügung zu stellen. Dazu müssen Wissensflüsse an entscheidenden Stellen sinnvoll gefördert werden.

© Pixelwolf - Fotolia.com

Anwendungen / Vorgehen

Wissen ist personengebunden. Es entsteht in Personen und wird von Personen angewendet. Wissen wird durch die Erweiterung von Informationen um Kenntnisse und Fähigkeiten generiert. Informationen entstehen aus der Interpretation von Daten. Wissen stellt eine veränderliche Mischung von eingeordneter Erfahrung, Wertvorstellungen, Kontextinformationen und fachmännischer Einsicht dar. Wissensmanagement ist eine fachübergreifende Aufgabe, mit der sich unter anderem die Betriebswirtschaftslehre, die Sozialwissenschaften, die Informatik und auch die Ingenieurwissenschaften beschäftigen.

Einfache Produkte, die wenig Entwicklungs- und Produktions-Know-how beinhalten, lassen sich mit wenig Aufwand ersetzen, wissensgekoppelte sind dagegen schwieriger nachzuahmen. Werden Wissensmanagementsysteme eingeführt, muss festgelegt werden, welches Wissen Kern-Know-how des Unternehmens darstellt. Dies können z. B. Ideen für zukünftige Produkte oder innovative Technologien sein, die das Unternehmen einsetzt. Über ein Rollenkonzept muss der Zugriff auf dieses Wissen beschränkt werden.

Unternehmensbereiche

- ☑ Produktplanung
- ☑ Entwicklung / Konstruktion
- ☑ Einkauf
- ☑ Arbeitsvorbereitung
- ☑ Fertigung
- ☑ Vertrieb
- ☑ Service

Kategorie Schutzmaßnahme

- ☑ Strategische Maßnahme
- ☐ Produktbezogene Maßnahme
- ☐ Prozessbezogene Maßnahme
- ☑ Kennzeichnende Maßnahme
- ☑ IT-Maßnahme
- ☐ Rechtliche Maßnahme
- ☑ Kommunikationsmaßnahme

Anwendungsbeispiele

Die Firma Siemens nutzt das Wissensmanagement-System ShareNet für 16.500 Mitarbeiter in über 70 Ländern. Das System erleichtert den Wissenstransfer im Unternehmen und führt so zu Kostensenkungen und Zeitersparnis [Sie04-ol].

© vege - Fotolia.com

Bei Volkswagen wird als Methode des Wissensmanagements die „Wissensstafette" für den Expertenwechsel" angewendet, bei der Wissen von Experten zu ihren Nachfolgern übertragen wird [Vol10-ol].

© picsfive - Fotolia.com

Vorteile

- Weitergabe von Wissen im Unternehmen wird erleichtert
- Kombination mit weiteren Schutzmaßnahmen möglich, wie z. B. rollenbasierte Zugangskontrollen

Nachteile

- Beschränkt auf wissensintensive Produkte
- Wissensmanagementsysteme müssen vor unberechtigtem Zugriff geschützt werden
- Kern-Know-how muss vorab definiert werden

Quellen / Experten

[Sie04-ol] SIEMENS: Wissensgesellschaft – Knowledge Management. Unter: http://www.siemens.com/innovation/de/publikationen/zeitschriften_pictures_of_the_future/pof_fruehjahr_2004/wissensgesellschaft/knowledge_management.htm, 20. Juli 2011

[Vol10-ol] VOLKSWAGEN: Information zur Wissensstafette. Unter: http://www.volkswagen-karriere.de/content/medialib/vwd4/de_vw_karriere/pdf/informationen_zurwissensstafette/_jcr_content/renditions/rendition.file/informationen_zur_wissensstafette.pdf, 20. Juli 2011

Beschränkung von schützenswertem Know-how auf ausgewählte Personen

Kurzbeschreibung

Mit der zunehmenden Streuung von schützenswertem Know-how eines Unternehmens an seine Mitarbeiter steigt auch die Gefahr, dass dieses Know-how unberechtigt weitergegeben wird. Durch die Beschränkung dieses Know-hows auf ausgewählte Personen kann dieser Gefahr begegnet werden.

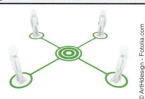

© ArtHdesign - Fotolia.com

Anwendungen / Vorgehen

Für eine Beschränkung von kritischem Know-how auf ausgewählte Personen muss zunächst definiert werden, welches das schützenswerte Know-how des Unternehmens ist. Mitarbeiter, die über dieses Know-how verfügen, sollten langfristig mit Fortbildungsprogrammen, monetären Anreizen etc. an das Unternehmen gebunden werden.

Zwischen Unternehmen und Mitarbeitern können Geheimhaltungsverträge geschlossen werden, die beinhalten, dass die Mitarbeiter ihr Wissen nicht ungestraft aus dem Unternehmen nach außen tragen dürfen [IHK11-ol]. Zusätzlich können die Verträge Klauseln enthalten, die Mitarbeiter nach dem Verlassen des Unternehmens daran hindern, direkt zu Wettbewerbern zu wechseln oder ein eigenes Konkurrenzunternehmen zu eröffnen [Foc10-ol].

Der Einsatz von neuen Mitarbeitern und insbesondere Aushilfen und Praktikanten in Know-how-intensiven Betriebsbereichen wie der Forschung und Entwicklung ist kritisch zu prüfen, da dieser Personenkreis nach dem Ausscheiden aus dem Unternehmen das erworbene Know-how weitergeben könnte.

Unternehmensbereiche

- ☐ Produktplanung
- ☐ Entwicklung / Konstruktion
- ☐ Einkauf
- ☐ Arbeitsvorbereitung
- ☐ Fertigung
- ☒ Vertrieb
- ☐ Service

Kategorie Schutzmaßnahme

- ☐ Strategische Maßnahme
- ☐ Produktbezogene Maßnahme
- ☒ Prozessbezogene Maßnahme
- ☐ Kennzeichnende Maßnahme
- ☐ IT-Maßnahme
- ☒ Rechtliche Maßnahme
- ☐ Kommunikationsmaßnahme

Anwendungsbeispiel

Wenn Prototypen oder Testgeräte den Apple-Konzern verlassen, um externen Entwicklern zur Verfügung gestellt zu werden, weiß dies nur ein ausgewählter Personenkreis. Teilweise wird in solchen Fällen nicht einmal der CEO der externen Firma eingeweiht [Spi11-ol].

© fotodesign-jegg.de - Fotolia.com

Vorteile

- Individuelle Zuordnungsmöglichkeit der Kompetenzen
- Persönliche Verantwortlichkeit der Wissensträger
- Geheimhaltungsverpflichtungen bieten eine rechtliche Grundlage, falls es zu einem Rechtsstreit kommt [AKL11]

Nachteile

- Kompetenzverlust bei Personalwechsel
- Verringerung der Flexibilität beim Einsatz der Mitarbeiter für bestimmte Projekte

Quellen / Experten

[AKL11]   ABELE, E.; KUSKE, P.; LANG, H., 2011
[Foc10-ol] FOCUS: Die verkaufte Karriere, 21. Juli 2011
[IHK11-ol] INDUSTRIE- UND HANDELSKAMMER FRANKFURT AM MAIN:

[Spi11-ol] Geheimhaltungsvereinbarungen, 21. Juli 2011
SPIEGEL: So arbeitet Apples Spionageabwehr, 11. Oktober 2011

Sensibilisierung der Mitarbeiter für Social Engineering

Kurzbeschreibung

Social Engineering ist eine Subform der Spionage. Beim Social Engineering versuchen Unbefugte vertrauliches Wissen von Mitarbeitern zu erlangen. Durch Sensibilisierung der Mitarbeiter soll verhindert werden, dass sie im nicht beruflichen Umfeld unternehmensspezifische Informationen preisgeben.

© Yvonne "Francl" - Fotolia.com

Anwendungen / Vorgehen

Ohne dass die betroffenen Mitarbeiter es bemerken, werden sie zum Teil in privaten Situationen ausgespäht mit dem Ziel, vertrauliche Informationen zu erlangen. Dies geschieht durch das geschickte Ausnutzen menschlicher Eigenschaften oder Reaktionen. Soziale Netzwerke, Firmenwebseiten und allgemein zugängliche Informationen dienen als Quelle für die Auswahl des Opfers. Die preisgegebenen Informationen werden dann zur Entwicklung von Plagiaten verwendet.

Eine Form des Social Engineering ist das Vortäuschen einer fremden Identität. Dabei soll der Mitarbeiter dem Social Engineer beispielsweise ein Passwort oder eine User-ID geben. Der Social Engineer gibt sich nicht selten als Führungskraft, Mitarbeiter der IT-Abteilung oder Reparaturdienst aus, um vertrauliche Informationen zu erhalten. Eine Gegenmaßnahme ist die Sensibilisierung der Mitarbeiter für Social Engineering. Dazu bieten Beratungsunternehmen, aber auch die Verfassungsschutzämter der Länder Vorträge an.

Unternehmensbereiche

- ☑ Produktplanung
- ☑ Entwicklung / Konstruktion
- ☑ Einkauf
- ☑ Arbeitsvorbereitung
- ☑ Fertigung
- ☑ Vertrieb
- ☑ Service

Kategorie Schutzmaßnahme

- ☑ Strategische Maßnahme
- ☐ Produktbezogene Maßnahme
- ☐ Prozessbezogene Maßnahme
- ☐ Kennzeichnende Maßnahme
- ☐ IT-Maßnahme
- ☐ Rechtliche Maßnahme
- ☐ Kommunikationsmaßnahme

Anwendungsbeispiele

Bei zwei Konferenzen der Deutschen Telekom veranstaltete das Kölner Mobilé Unternehmenstheater 2011 Aufführungen unter dem Motto: „Social Engineering – besser auf der Bühne als im Unternehmen" [Pre11-ol].

© ioannis kounadeas - Fotolia.com

Die HvS-Consulting AG bietet Social Engineering Assessments an, um Vorstände, Führungskräfte und Mitarbeiter für Social Engineering zu sensibilisieren. Durch die Teilnahme an einem Assessment konnte die Münchener Rückversicherung ihre Security-Awareness-Kampagne entscheidend voranbringen [Hvs11-ol].

© nyul - Fotolia.com

Vorteile

- Datenschutz
- Offensichtliches „Vor-Augen-Führen", wie wichtig innerbetriebliche Informationen sind

Nachteile

- Koordinationsaufwand der Sensibilisierung aller Mitarbeiter erfordert zusätzliche Kapazitäten (Räume, Zeit etc.)
- Kosten für Trainer [Mei11]

Quellen / Experten

[Hvs11-ol]   HvS Consulting: Social Engineering Assessments. Unter: http://www.hvs-consulting.de/social-engineering-assessment.aspx, 4. Oktober 2011

[Mei11]   Meiwald, T.: Konzepte zum Schutz vor Produktpiraterie und unerwünschtem Know-how-Abfluss. Diss., TU München, 2011

[Pre11-ol]   Presse Anzeiger: Deutsche Telekom sensibilisiert mit Mobilé Unternehmenstheater für Social Engineering. Unter: http://www.presseanzeiger.de/infothek/it-computer-internet/499821.php, 12. August 2011

Abteilungsübergreifende Kooperation in puncto Produktschutz

Kurzbeschreibung

Eine abteilungsübergreifende Kooperation in puncto Produktschutz schafft ein gemeinsames Verständnis für das Phänomen Produktpiraterie im Unternehmen und sensibilisiert Mitarbeiter für Maßnahmen zum Produktschutz.

© Nikolai Sorokin - Fotolia.com

Anwendungen / Vorgehen

Durch Kooperationen zwischen Konstruktion und Vertrieb erlangen die Mitarbeiter des Vertriebes zusätzliches Produktwissen, das sie z.B. in Verkaufsgesprächen nutzen können. So können Verkaufsgespräche mit verhandlungsstarken Kunden den zusätzlichen Kundennutzen des neuen Produktes fokussieren. Beispiele für zusätzlichen Kundennutzen können eine Verwechslungssicherheit von Ersatzteilen, Standzeitermittlung und die Kontrolle der Operationen von Produktionsanlagen sein [WAB+07]. Dies stärkt die Verhandlungspositionen der Vertriebsmitarbeiter, und diese müssen sich dem Wunsch einiger Kunden nicht so leicht beugen, Programmcodes oder Konstruktionszeichnungen auszuhändigen.

Durch umfangreichen Informationsaustausch von Entwicklungs- und Rechtsabteilung werden die Grundlagen für die Auswahl und Anmeldung relevanter Schutzrechte für neue Produkte in einem frühen Stadium geschaffen. So kann frühzeitig eine rechtlich optimale Aufstellung gewährleistet werden, die bei Verletzung dieser Schutzrechte rechtliche Konsequenzen für den Verletzer nach sich zieht [WAB+07].

Unternehmensbereiche

- ☒ Produktplanung
- ☒ Entwicklung / Konstruktion
- ☒ Einkauf
- ☐ Arbeitsvorbereitung
- ☒ Fertigung
- ☒ Vertrieb
- ☒ Service

Kategorie Schutzmaßnahme

- ☒ Strategische Maßnahme
- ☐ Produktbezogene Maßnahme
- ☐ Prozessbezogene Maßnahme
- ☐ Kennzeichnende Maßnahme
- ☐ IT-Maßnahme
- ☐ Rechtliche Maßnahme
- ☐ Kommunikationsmaßnahme

Anwendungsbeispiel

Die Daimler AG führte eine Fallstudie durch mit dem Ziel, eine bessere Kooperation zwischen der Konstruktion und der Fertigung zu erzielen. Eine ausgesprochene Empfehlung ist z. B. die Entwicklung partizipativer, abteilungsübergreifender „Übergaberegeln", die Transparenz für die Mitarbeitenden schafft und Kontrolle ermöglicht. Weiterhin wurde empfohlen, einen „Firewall-Prozess" zu integrieren, der sicherstellt, dass nur vollständige Ergebnisse in vorgegebener Qualität bereitgestellt und weitergegeben werden [MSS+08].

© Hubert Körner - Fotolia.com

Vorteile

- Erhöhter Informationsaustausch [WAB+07]

Nachteile

- Komplexere Organisations- und Kommunikationsformen [WAB+07]

Quellen / Experten

[MSS+08] MBANG, S.; STAHL, K.; SPRECHER, G.; SCHULZE, H.; BÄUERLE, F.: Abteilungsübergreifende Kooperation zwischen Standards und informeller Zusammenarbeit – Ergebnisse einer Fallstudie bei der Daimler AG. Fachhochschule Nordwestschweiz, 2008

[WAB+07] WILDEMANN, H.; ANN, C.; BROY, M.; GÜNTHNER, W.; LINDEMANN, U.: Plagiatschutz – Handlungsspielräume der produzierenden Industrie gegen Produktpiraterie. TCW, München, 2007

Innovationsprozesse optimieren

Kurzbeschreibung

Ein optimierter Innovationsprozess kann das Risiko verringern, Opfer von Produktpiraterie zu werden. Die Entwicklungszyklen werden hierbei so kurz wie möglich gehalten. Dies kann durch eine Verkürzung der Produktlebenszyklen ergänzt werden, was den Fälschern wenig Zeit lässt, die neuen Produkte zu analysieren und zu kopieren.

Anwendungen / Vorgehen

Im Innovationsprozess werden die Phasen der Invention über die Umsetzung bis hin zum erfolgreichen Markteintritt durchlaufen. Als Leitmodell kann hier das Münchner Vorgehensmodell (MVM) dienen. Es gliedert und strukturiert den Produktentwicklungsprozess. Ziel ist es, den Markt mit immer neuen Produkten zu bedienen und dem Fälscher so keine Zeit zu geben, Plagiate anzufertigen und zu vertreiben. So kann ein Know-how-Vorsprung gegenüber Produktpiraten konstant aufrechterhalten werden. Diese Maßnahme ist besonders effektiv bei kurzen Produktlebenszyklen oder komplexen, aufwendig zu imitierenden Produkten [AKL11].

Unternehmensbereiche

- ☐ Produktplanung
- ☐ Entwicklung / Konstruktion
- ☐ Einkauf
- ☐ Arbeitsvorbereitung
- ☐ Fertigung
- ☑ Vertrieb
- ☐ Service

Kategorie Schutzmaßnahme

- ☑ Strategische Maßnahme
- ☑ Produktbezogene Maßnahme
- ☑ Prozessbezogene Maßnahme
- ☐ Kennzeichnende Maßnahme
- ☐ IT-Maßnahme
- ☐ Rechtliche Maßnahme
- ☐ Kommunikationsmaßnahme

Anwendungsbeispiele

Durch additive Verfahren wie Rapid Prototyping (schichtweise Herstellung von physischen Modellen auf Basis von 3-D-CAD-Datensätzen) kann der Produktentwicklungsprozess verkürzt werden [AKL11].

© rene götzenbrugger - Fotolia.com

Open Innovation ist eine Maßnahme zur Optimierung des Innovationsprozesses. Dabei werden Wettbewerber, Zulieferer oder Kunden in den Innovationsprozess des Unternehmens einbezogen. Durch Open Innovation können z.B. Ideen für neue Produkte in das Unternehmen eingebracht werden [AKL11].

© imageteam - Fotolia.com

Vorteile

- Verkürzung von eigener Produktentwicklungszeit
- Verkürzung des Zeitfensters für die Vermarktung von Plagiaten
- Open Innovation kann die Bindung von Kunden und Zulieferern an das Unternehmen erhöhen

Nachteile

- Eventuell Umgestaltung des Innovationsprozesses notwendig
- Exklusivität der Innovation kann gefährdet sein
- Nicht für alle Produkte geeignet

Quellen / Experten

[AKL11]   ABELE, E.; KUSKE, P.; LANG, H.: Schutz vor Produktpiraterie – Ein Handbuch für den Maschinen- und Anlagenbau. Springer Verlag, Berlin, 2011

Target Costing

Kurzbeschreibung

Target Costing ist eine Methode der Kostensenkung in Entwicklungsprozessen. Es wird eingesetzt, um Ausgaben für den Entwicklungsprozess an den zu erwartenden Umsatz mit einem Produkt anzupassen. Durch effektiven Einsatz von Ressourcen entstehen Einsparungen, die an den Kunden weitergegeben werden können.

© PricelessPhotos - Fotolia.com

Anwendungen / Vorgehen

Beim Target Costing wird der Kundennutzen mit der Funktionalität des Produktes in Einklang gebracht. So soll in ein Produkt nur solche Funktionalität implementiert werden, die im jeweiligen Kundensegment dem Kunden auch einen Nutzen stiftet. Der Kunde hat die Auswahl zwischen einem günstigen Produkt in Grundausstattung und einem höherpreisigen Produkt mit umfangreichen Funktionalitäten. Beim Target Costing wird der Produktpreis im Vorfeld festgelegt. Somit kann der Hersteller, bei Konzentration auf die Kernfunktionen des Produktes, günstige Produkte in preisgetriebenen Märkten anbieten. Bei daraus resultierenden geringen Margen sinken die Imitationsanreize für Imitatoren.

Unternehmensbereiche

- ■ Produktplanung
- ■ Entwicklung / Konstruktion
- ☐ Einkauf
- ☐ Arbeitsvorbereitung
- ☐ Fertigung
- ■ Vertrieb
- ☐ Service

Kategorie Schutzmaßnahme

- ■ Strategische Maßnahme
- ■ Produktbezogene Maßnahme
- ☐ Prozessbezogene Maßnahme
- ☐ Kennzeichnende Maßnahme
- ☐ IT-Maßnahme
- ☐ Rechtliche Maßnahme
- ☐ Kommunikationsmaßnahme

Anwendungsbeispiel

MP3-Spieler können entweder als hochpreisige Variante mit hochauflösendem Display [Due08-ol] oder als „Grundausstattung" angeboten werden [Tes10-ol].

© pizuttipics - Fotolia.com

Vorteile

- Ideale Preisausrichtung an den Marktanforderungen
- Schwächung der Kostenführerschaft von Imitatoren
- Durch besseres Preis-Leistungs-Verhältnis wird Piraterieware für Kunden unattraktiv [Mei11]

Nachteile

- Aufwendige Preisfindung
- Zwang zur Steigerung der Produktvielfalt
- Oftmals weiß der Kunde selbst nicht, welche Funktionen er wünscht [Mei11]
- Weniger innovative Produkte, da der Kundennutzen bei neuen Technologien nicht bekannt ist [Mei11]

Quellen / Experten

[Due08-ol]   Duelfonic: Cowon A3 MP3 Player – Multimediapower pur.
Unter: http://www.duelfonic.de/cowon/cowon-a3-mp3-player-multimediapower-pur/, 10. März 2011

[Mei11]   Meiwald, T.: Konzepte zum Schutz vor Produktpiraterie und unerwünschtem Know-how-Abfluss. Dissertation, Fakultät für Maschinenwesen, Technische Universität München, München, 2011

[Tes10-ol]   Stiftung Warentest: Ohne Power. http://www.test.de/themen/bild-ton/schnelltest/MP3-Spieler-von-Tchibo-Ohne-Power-4183040-4183105/, 10. März 2011

Kooperation mit Zulieferern

Kurzbeschreibung

Bei der Kooperation mit Zulieferern arbeitet der Originalhersteller eine bestimmte Dauer mit einem (oder mehreren) Zulieferern zusammen. Die Zusammenarbeit wird vertraglich geregelt.

© shoot4u - Fotolia.com

Anwendungen / Vorgehen

Eine enge Zusammenarbeit mit vertraglicher Absicherung schützt das Know-how beider Parteien besser als eine lockere Lieferantenbeziehung. Die genaue Auflistung zu erzeugender bzw. zu erhaltender Leistungen nach definierten Regeln schafft beidseitige Sicherheit. Bei langen Geschäftsbeziehungen entsteht aus Grundsicherheit Vertrauen zum Handelspartner. Dies ermöglicht Leistungen, die nicht zwingend vertraglich festgelegt sind, wie die Lieferung außerhalb der regulären Lieferzeiten, Sonderrabatte etc. Aber auch Zugeständnisse, wie primärer Zulieferer für einen abgegrenzten Zeitraum zu sein, können Partner zu gesteigerten Leistungen anspornen. Langfristig geregelte Preis- und Produktqualität erlauben dem Originalhersteller Planungssicherheit.

Unternehmensbereiche

- ▣ Produktplanung
- ▣ Entwicklung / Konstruktion
- ▣ Einkauf
- ☐ Arbeitsvorbereitung
- ▣ Fertigung
- ☐ Vertrieb
- ☐ Service

Kategorie Schutzmaßnahme

- ▣ Strategische Maßnahme
- ▣ Produktbezogene Maßnahme
- ▣ Prozessbezogene Maßnahme
- ☐ Kennzeichnende Maßnahme
- ☐ IT-Maßnahme
- ☐ Rechtliche Maßnahme
- ☐ Kommunikationsmaßnahme

Anwendungsbeispiele

Durch die Kooperation mit ihren inländischen und osteuropäischen Zulieferern konnte die Sedlbauer AG ihr Angebotsspektrum z.B. im Werkzeugbau und in der zerspanenden Bearbeitung erweitern. Durch die Kooperation kann das Unternehmen einen hohen Qualitätsstandard gewährleisten [Sed11-ol].

© MP - Fotolia.com

Die Bayer AG setzt verstärkt auf Kooperationen mit seinen Zulieferern, um neben preislichen und qualitativen auch soziale und ökologische Standards zu gewährleisten. Anhand der Kooperationsverträge werden die Zulieferer für die Bayer AG transparenter [Umw07-ol].

© Goran G. - Fotolia.com

Vorteile

- Enge Zusammenarbeit mit Zulieferer
- Vertraglich festgelegte Qualitätsstandards
- Aufbauende Vertrauensbasis

Nachteile

- Austauschbarkeit des Zulieferers (während des Vertragsverhältnisses) schwierig

Quellen / Experten

[Sed11-ol] SEDLBAUER: Kooperationen mit Zulieferern im festen Vertragsverhältnis. Unter:http://www.sedlbauer.de/de/leistungen/fertigungstechnologien/kooperation-mit-zulieferern.html, 17. August 2011

[Umw07-ol] UMWELTDIALOG: Supply-Risk-Management – Bayer setzt auf Kooperation. Unter: http://www.umweltdialog.de/umweltdialog/csr_news/2007-12-11_Bayer_Supply_Risk_Management.php?action=leserbrief_senden, 17. August 2011

Zuliefererintegration

Kurzbeschreibung

Bei der Zuliefererintegration wird ein Zulieferer durch einen Originalhersteller übernommen. Durch diese Vertikalintegration wird die Wertschöpfungstiefe des Originalherstellers erhöht, was zu einer erhöhten Sicherheit vor Plagiaten führen kann.

© arahan - Fotolia.com

Anwendungen / Vorgehen

Die Qualität von Dienstleistungen und Produkten beginnt bei den Zulieferern, die in einem internationalen Produktionsnetzwerk höchste Qualitätsstandards erfüllen müssen. Durch ein transparentes Produktionsnetzwerk erhält der Originalhersteller einen guten Überblick über die Herkunft seiner verwendeten Materialien im Produktionsprozess. Integriert der Originalhersteller einen Zulieferer, führt die Erweiterung der Wertschöpfungstiefe zu einer Steigerung der Eigenfertigungsquote. Damit einhergehend wird Produktpiraten das Eindringen in den Produktionsprozess erschwert.

Unternehmensbereiche

- ☐ Produktplanung
- ☐ Entwicklung / Konstruktion
- ☐ Einkauf
- ☐ Arbeitsvorbereitung
- ☐ Fertigung
- ☑ Vertrieb
- ☐ Service

Kategorie Schutzmaßnahme

- ☑ Strategische Maßnahme
- ☑ Produktbezogene Maßnahme
- ☑ Prozessbezogene Maßnahme
- ☐ Kennzeichnende Maßnahme
- ☐ IT-Maßnahme
- ☐ Rechtliche Maßnahme
- ☐ Kommunikationsmaßnahme

Anwendungsbeispiele

Die Firma Apple kaufte im Jahr 2008 den Chiphersteller P. A. Semi [Mac08-ol].

© iStockphoto.com

Boeing kauft Zulieferer zur besseren Kontrolle der Produktion des Dreamliners [Wel09-ol].

© dell - Fotolia.com

Vorteile

- Reduzierung von Reklamationsfällen
- Aufbau von schwer imitierbarem Know-how
- Möglichkeit, Zulieferer in Produktschutzaktivitäten einzubinden

Nachteile

- Festlegung auf bestimmte Zulieferer

Quellen / Experten

[Mac08-ol] MACWELT: Apple kauft P. A. Semi. Unter: http://www.macwelt.de/artikel/_News/355028/apple_kauft_pa_semi/1, 30. Januar 2012

[Wel09-ol] WELT ONLINE: Boeing kauft 787-Zulieferer auf. Unter: http://www.welt.de/die-welt/article4079543/Boeing-kauft-787-Zulieferer-auf.html, 12. August 2011

After-Sales-Management / Hybride Leistungsbündel

Kurzbeschreibung

Das After-Sales-Management umfasst sowohl Produktergänzungen als auch dem Produktverkauf nachgelagerte Leistungen und Services. Werden Produktergänzungen und Services bereits bei der Produktentstehung berücksichtigt, spricht man von hybriden Leistungsbündeln. Der Einstieg in das After-Sales-Geschäft ist wegen der meist hohen Kosten und des zusätzlichen Know-how-Bedarfs für Imitatoren unrentabel. Gleichzeitig verhindert die starke Kundenbindung den Kauf von Imitaten.

© Ferenc Szelepcsenyi - Fotolia.com

Anwendungen / Vorgehen

Um Kundennutzen und -bindung zu erhöhen, werden Produkte um ergänzende Dienstleistungen wie Ersatzteilservice oder Produktsupport erweitert. Bei hybriden Leistungsbündeln werden die Serviceleistungen bereits im Produktentstehungsprozess eingeplant. Originalhersteller können z. B. Betreibermodelle wie Leasing oder Vermietung ihrer Produkte anbieten. Im Vergleich zum Verkauf behält ein OEM so umfangreiche Rechte an seinem Produkt. Dies senkt die Gefahr des Reengineerings der Originale. Dem Kunden wird eine Problemlösung geboten, die über den reinen Verkauf des Produktes hinausgeht. Auch eine intensive Beratung des Kunden und eine gemeinsame Planung von Problemlösungen können den Originalhersteller vom Imitator absetzen. Solche Systemlösungen sind integrierte und individualisierte Leistungen, die auf spezifische Kundenanforderungen ausgerichtet sind. Dabei werden z. B. statt einzelner Maschinen ganzheitliche Lösungen für ein Kundenproblem geschaffen. Diese Angebote können vom Imitator nur schwer realisiert werden, da sie mit hohem Aufwand, Kosten und spezifischem Know-how verbunden sind. Sie verschaffen dem OEM eine nicht kopierbare Stellung am Markt.

Unternehmensbereiche

- ☐ Produktplanung
- ☑ Entwicklung / Konstruktion
- ☐ Einkauf
- ☐ Arbeitsvorbereitung
- ☑ Fertigung
- ☑ Vertrieb
- ☑ Service

Kategorie Schutzmaßnahme

- ☑ Strategische Maßnahme
- ☑ Produktbezogene Maßnahme
- ☐ Prozessbezogene Maßnahme
- ☐ Kennzeichnende Maßnahme
- ☐ IT-Maßnahme
- ☐ Rechtliche Maßnahme
- ☐ Kommunikationsmaßnahme

Anwendungsbeispiele

Die Fa. GE Inspection Technologies, ein Hersteller für Messgeräte, bietet neben dem Verkauf der Produkte auch die Möglichkeit, diese zu mieten. Die Mietprodukte können in einer der Filialen abgeholt oder bestellt werden. Die Messgeräte werden innerhalb von 24 Stunden geliefert und stehen dem Kunden für einen vorher abgestimmten Zeitraum zur Verfügung. Das Unternehmen schätzt dies als eine wirksame Maßnahme gegen Produktpiraterie ein [Gei11-ol].

© Virste - Fotolia.com

Der Landwirtschaftsmaschinenproduzent CLAAS bietet seinen Kunden einen Wintercheck an. Dieser beinhaltet die Wartung der Maschinen von CLAAS-Technikern vor Saisonbeginn und eine Ersatzteilempfehlung [Pro09-ol].

© iStockphoto.com

Vorteile

- Alleinstellungsmerkmale durch erweiterte Marktleistung
- Steigerung von Kundennutzen und -bindung
- Nachahmung wird unrentabler

Nachteile

- Hoher Aufwand für Vertrieb und Service
- Höheres unternehmerisches Risiko [Mei11]
- Für Massenprodukte nur bedingt realisierbar
- Unter Umständen neue Geschäftsmodelle bzw. -strategien notwendig [Mei11]

Quellen / Experten

[Gei11-ol]   GE Inspection Technologies: Vermietung von Ausrüstungsgegenständen. Unter: http://www.geinspectiontechnologies.com/de/ services/rental.html, 20. Juli 2011

[Mei11]   Meiwald, T.: Konzepte zum Schutz vor Produktpiraterie und unerwünschtem Know-how-Abfluss. Dissertation, Fakultät für Maschinenwesen, Technische Universität München, München, 2011

[Pro09-ol]   Pro-Wirtschaft-Gt: Ansätze zum Schutz vor Produktfälschungen bei CLAAS. Unter: http://www.pro-wirtschaft-gt.de/fileadmin/ media/bilder/Wirtschaft/Innovation/Innovation_foerdern_und_schuetzen/pro-Wirtschaft-GT_Claas_Schmidt-Roman.pdf, 26. Mai 2011

Release Management

Kurzbeschreibung

Release Management umfasst die Planung und Durchführung der Veröffentlichung von Produkten am Markt.

Anwendungen / Vorgehen

Das Release Management umfasst die Analyse neu entwickelter Produktvarianten anhand eines standardisierten Prozesses. Zunächst werden Richtlinien zur Planung und zum Release erstellt. Anschließend werden das Design und die Zusammenstellung der Funktionen der Variante definiert. Nach Prüfung des Release bezüglich Leistung und Integration erfolgt die Implementierung der Produktvariante. Entstehen im Prozessdurchlauf Ideen für neue Produkte, werden für diese ebenfalls Release-Management-Prozesse initiiert.

Durch klar definierte Release-Management-Prozesse können Entwicklungszeiten verkürzt werden [ZHB05].

Unternehmensbereiche

- ■ Produktplanung
- ■ Entwicklung / Konstruktion
- ☐ Einkauf
- ☐ Arbeitsvorbereitung
- ☐ Fertigung
- ■ Vertrieb
- ☐ Service

Kategorie Schutzmaßnahme

- ■ Strategische Maßnahme
- ■ Produktbezogene Maßnahme
- ☐ Prozessbezogene Maßnahme
- ☐ Kennzeichnende Maßnahme
- ☐ IT-Maßnahme
- ☐ Rechtliche Maßnahme
- ☐ Kommunikationsmaßnahme

Anwendungsbeispiele

Der Webbrowser Firefox 4 von Mozilla wurde bereits drei Monate nach Veröffentlichung durch den Firefox 5 abgelöst. Durch immer kürzere Release-Zyklen gehen die Entwickler effizienter und effektiver gegen die unbefugte Nutzung des Browsers (z. B. durch Hacker) vor. Kürzere Aktualisierungszyklen sollen entstandene Sicherheitsmängel beheben [Pc11-ol].

© iStockphoto.com

Methodisches Vorgehen und eine hohe Prozess- und Technologiekompetenz der Unity AG sorgten für eine Initiierung eines umfassenden Verbesserungsprogramms für den Digital-Mock-Up-Equipment-Prozess des A380. Die Entwicklungszeit konnte so signifikant verkürzt werden [Uni11-ol].

© iStockphoto.com

Vorteile

- Märkte werden für Nachahmer blockiert
- Schnelle Reaktion auf kundenspezifische Wünsche möglich
- Zeitlicher Vorsprung für den Originalhersteller

Nachteile

- Kontinuierlicher Bedarf an Produktvarianten
- Neue Produktvariante ist keine Garantie für späteren Markterfolg

Quellen / Experten

[Pc11-ol]   PC.DE: Release der Firefox 6 Beta steht kurz bevor. Unter: http://pc.de/web/release-firefox-beta-2614, 12. August 2011

[Uni11-ol]   UNITY AG: Referenz – Airbus Verkürzte Entwicklungszeiten durch Prozessmanagement. Unter: http://www.unity.de/de/success-stories/referenz-airbus-verkuerzte-entwicklungszeit-durch-prozessmanagement.html, 18. Oktober 2011

[ZHB05]   ZARNEKOW, R.; HOCHSTEIN, A.; BRENNER, W.: Serviceorientiertes It-Management Itil-Best-Practices und Fallstudien, 2005

Marken- und Produktpreisdifferenzierung

Kurzbeschreibung

Bei der Marken- und Produktpreisdifferenzierung werden unterschiedliche Marken und Preise für mehrere (Marken- bzw. Preis-)Segmente festgelegt [Nee07].

Anwendungen / Vorgehen

Die Märkte werden segmentiert und für jedes Segment wird eine eigene Marken- und Preisstrategie festgelegt. Das ermöglicht dem Originalhersteller, auf verschiedenen Segmenten eine Preis- und/oder eine Kostenführerstrategie anzuwenden [WAB+07].

Mit der Preisstrategie bestimmt das Unternehmen den Preis (Niedrigpreis-, Mittelpreis- und Hochpreissegment) der Produkte [HaW11-ol]. Mit der Kostenführerstrategie minimiert das Unternehmen mögliche Kostenverursacher und kann so die Marge der Produkte erhöhen. Die Kosteneinsparungen können aber auch in Form von Preissenkungen an den Kunden weitergegeben werden [Man11-ol].

Die Besetzung zusätzlicher Marktsegmente durch verschiedene Marken eines Originalherstellers verringert die Anzahl zu besetzender Marktsegmente für Imitatoren [WAB+07].

Unternehmensbereiche

- ☑ Produktplanung
- ☑ Entwicklung / Konstruktion
- ☐ Einkauf
- ☐ Arbeitsvorbereitung
- ☐ Fertigung
- ☑ Vertrieb
- ☐ Service

Kategorie Schutzmaßnahme

- ☑ Strategische Maßnahme
- ☑ Produktbezogene Maßnahme
- ☐ Prozessbezogene Maßnahme
- ☐ Kennzeichnende Maßnahme
- ☐ IT-Maßnahme
- ☐ Rechtliche Maßnahme
- ☐ Kommunikationsmaßnahme

Anwendungsbeispiele

Kärcher nutzt die Zweitmarke K/PARTS, die eine preisliche Alternative gegenüber den Kärcher-Produkten für Kunden bietet, die die Kärcher-Produkte nicht bezahlen können bzw. wollen. Dennoch ist die Zweitmarke keine Konkurrenz gegenüber Kärcher, da sich die Geräte von K/PARTS optisch, funktional, preislich und verpackungstechnisch voneinander differenzieren [AAA+10].

© Markus Bormann - Fotolia.com

Die Putzmeister Concrete Pumps GmbH hat für ausgewählte Ersatzteile die drei Qualitätsstufen Proline, Keyline und Ecoline eingeführt. Mit der höchsten Qualitätsstufe Proline werden anspruchsvolle Kunden im hochpreisigen Ersatzteilsegment adressiert. Mit Ecoline-Ersatzteilen werden Kunden mit eher geringen Ansprüchen an die Ersatzteile z.B. in Bezug auf deren Lebensdauer bedient. Ziel dieser günstigen Ersatzteile ist, ein Abwandern der Kunden zu Nachahmerprodukten zu vermeiden [AAA+10].

© Claus Brell - Fotolia.com

Vorteile

- Befriedigung des Hochpreis- sowie Niedrigpreissegments [WG07]
- Eindämmen von Produktpiraterie im Niedrigpreissegment [WAB+07]

Nachteile

- Exklusivität der Marke kann verloren gehen (Markenerosion) [WG07]
- Gefahr einer Kannibalisierung der eigenen Marke [Mei11]

Quellen / Experten

[AAA+10]   ABELE, E.; ALBERS, A.; AURICH, J.; GÜNTHNER, W. A. (Hrsg.), 2010

[HaW11-ol]   HANDELSWISSEN.DE: Preisstrategie, 11. Juli 2011

[Man11-ol]   MANERGERTOOL.CH: Marketingstrategie, 11. Juli 2011

[Mei11]   MEIWALD, T., 2011

[Nee07]   NEEMANN, C. W., 2007

[WAB+07]   WILDEMANN, H.; ANN, C.; BROY, M.; GÜNTHNER, W.; LINDEMANN, U., 2007

[WG07]   VON WELSER, M.; GONZALES, A., 2007

Selektive Vertriebssysteme

Kurzbeschreibung

Bei selektiven Vertriebssystemen führt der Originalhersteller eine kontrollierte Distribution seiner Produkte durch. Nur vom Hersteller ausgewählte Vertriebspartner werden mit den Originalprodukten beliefert, wodurch der Vertrieb der Originalware auf diese Partner beschränkt ist.

© Cmon - Fotolia.com

Anwendungen / Vorgehen

Bei Anwendung von selektivem Vertrieb beliefert ein Originalhersteller nur sorgfältig ausgesuchte Vertriebspartner. Die Vertragspartner gehen die Verpflichtung ein, die Produkte nicht an Konkurrenten zu liefern. Nicht ausgewählte Händler werden nicht beliefert. Durch selektive Vertriebssysteme lassen sich Plagiate schneller auffinden, da Produkte, die nicht vom lizenzierten Händler stammen, potentielle Plagiate sind. Diese Vertriebsstrategie hilft dem Originalhersteller, die Distribution seiner Waren zu kontrollieren. Hersteller mit selektiven Vertriebssystemen bedienen sich zunehmend der Dienste von Internetdetektiven. Mithilfe des Internets kann die Transparenz des installierten Vertriebssystems für den Originalhersteller kontinuierlich sichergestellt werden.

Unternehmensbereiche

- ☐ Produktplanung
- ☐ Entwicklung / Konstruktion
- ☐ Einkauf
- ☐ Arbeitsvorbereitung
- ☐ Fertigung
- ☑ Vertrieb
- ☐ Service

Kategorie Schutzmaßnahme

- ☑ Strategische Maßnahme
- ☐ Produktbezogene Maßnahme
- ☐ Prozessbezogene Maßnahme
- ☐ Kennzeichnende Maßnahme
- ☐ IT-Maßnahme
- ☐ Rechtliche Maßnahme
- ☐ Kommunikationsmaßnahme

Anwendungsbeispiele

Verbindliche Angaben zu technischen Merkmalen, Ausstattungen oder Eigenschaften eines Fahrzeugs erhält der Audi-Kunde ausschließlich bei einem Vertragshändler [Aud11-ol].

© iStockphoto.com

Pharmazeutische Eucerin-Produkte der Firma Beiersdorf werden nur an ausgewählte Apotheken und Großhändler geliefert. Dadurch soll eine Distribution im Discounterbereich verhindert werden [Pha08-ol].

© pix4U - Fotolia.com

Vorteile

- Exklusive Positionierung des Produktes im Wettbewerb
- Imageerhaltung/-gewinn durch Exklusivität
- Kontrollfunktion durch übersichtliche Absatzwege für den Hersteller

Nachteile

- Beschränkter Absatz aufgrund der festgelegten Vertriebspartner
- Kontrollkosten
- Vertragliche Einschränkungen für Hersteller und Vertriebspartner
- Nicht immer mit dem Wettbewerbsrecht in Einklang zu bringen [Mei11]

Quellen / Experten

[Aud11-ol]   Audi: Haftungsausschluss, 12. August 2011
[Mei11]   Meiwald, T.: Konzepte zum Schutz vor Produktpiraterie und unerwünschtem Know-how-Abfluss, Diss., TU München, 2011
[Pha08-ol]   Pharmazeutische Zeitung: Selektiver Vertrieb für Eucerin, 12. August 2011

Shadow Placement

Kurzbeschreibung

Das Shadow Placement ist ein Marketinginstrument, bei dem das eigene Produkt im Vergleich zu Wettbewerbsprodukten bewusst unauffällig auf dem Markt platziert wird. Durch diese Platzierung des eigenen Produktes sinkt dessen Nachahmungshäufigkeit im Vergleich zum marktführenden Produkt.

© fffranz - Fotolia.com

Anwendungen / Vorgehen

Auffällige Produkte mit vergleichsweise hohen Marktanteilen sind die attraktivsten Objekte für Imitationen. Bei Shadow Placement wird dieser Effekt ausgenutzt, indem das eigene Produkt bildlich „im Schatten" des marktführenden Produktes angeordnet wird. Um ein erfolgreiches Shadow Placement betreiben zu können, muss im Markt ein gut positionierter Marktführer mit einer hohen Marktstellung vorhanden sein. Dabei muss das Image des Produktes ein zentrales Kaufkriterium sein, damit potentielle Imitatoren größeres Interesse haben, den Wettbewerbsführer zu imitieren.

Unternehmensbereiche

- ☐ Produktplanung
- ☐ Entwicklung / Konstruktion
- ☐ Einkauf
- ☐ Arbeitsvorbereitung
- ☐ Fertigung
- ☑ Vertrieb
- ☐ Service

Kategorie Schutzmaßnahme

- ☑ Strategische Maßnahme
- ☐ Produktbezogene Maßnahme
- ☐ Prozessbezogene Maßnahme
- ☐ Kennzeichnende Maßnahme
- ☐ IT-Maßnahme
- ☐ Rechtliche Maßnahme
- ☐ Kommunikationsmaßnahme

Vorteile

- Schnelle Reaktionsmöglichkeiten, falls Strategiewechsel in Aussicht
- Konzentration auf ausgewählte Marktbereiche möglich

Nachteile

- Theoretisch wäre für ein so platziertes Produkt eine höhere Marktausschöpfung möglich

Quersubventionierung von leicht imitierbaren Produkten

Kurzbeschreibung

Bei der Quersubventionierung leicht imitierbarer Produkte werden durch den Originalhersteller die Margen schwer kopierbarer Produkte zur Kompensation der Margen leicht imitierbarer Produkte verwendet.

Anwendungen / Vorgehen

Erwartete Gewinne eines Originalherstellers werden auf solche Produkte verlagert, die schwer zu kopieren sind. Diese Produkte werden zu einem höheren Preis angeboten. Durch die Quersubventionierung von leicht imitierbaren Produkten können diese zu einem günstigeren Preis angeboten werden als ohne Subventionierung. So verlieren gefälschte Produkte, die zu einem vergleichbaren Preis angeboten werden, ihre Attraktivität für Kunden, und der Umsatz geht auch bei leicht kopierbaren Produkten nicht verloren. Darüber hinaus eröffnet diese Maßnahme dem Originalhersteller die Möglichkeit, ein umfassendes Produktprogramm anzubieten.

Unternehmensbereiche

- ☐ Produktplanung
- ☐ Entwicklung / Konstruktion
- ☐ Einkauf
- ☐ Arbeitsvorbereitung
- ☐ Fertigung
- ☑ Vertrieb
- ☐ Service

Kategorie Schutzmaßnahme

- ☑ Strategische Maßnahme
- ☐ Produktbezogene Maßnahme
- ☐ Prozessbezogene Maßnahme
- ☐ Kennzeichnende Maßnahme
- ☐ IT-Maßnahme
- ☐ Rechtliche Maßnahme
- ☐ Kommunikationsmaßnahme

Vorteile

- Breiteres Marktleistungsangebot
- Keine konstruktiven Änderungen nötig

Nachteile

- Aufrechterhaltung leicht imitierbarer Produkte
- Es muss darauf geachtet werden, dass die Konkurrenz nicht günstigere Produkte in schwer kopierbaren Bereichen anbietet [Mei11]

Quellen / Experten

[Mei11]   MEIWALD, T.: Konzepte zum Schutz vor Produktpiraterie und unerwünschtem Know-how-Abfluss. Dissertation, Fakultät für Maschinenwesen, Technische Universität München, München, 2011

Überwachung des Marktes

Kurzbeschreibung

Die Marktüberwachung ist ein strategisches Frühaufklärungssystem zur gezielten Sammlung und Auswertung von Informationen über Imitate. So können gefälschte Produkte frühzeitig identifiziert und ihre Warenströme unterbrochen werden.

© Eisenhans - Fotolia.com

Anwendungen / Vorgehen

Zur regelmäßigen Überwachung des Marktes hinsichtlich Pirateriewaren empfiehlt sich der Einsatz von Handlungsleitfäden. Diese sollten Index-zahlen enthalten, um bestimmen zu können, ab wann Handlungsbedarf besteht. Neben der Vertriebsabteilung sind auch Tochterunternehmen und Vertragshändler in die Beschaffung von Informationen über erhältliche Imitate einzubeziehen. Die Effektivität der Marktbeobachtung kann durch Netzwerkbildung mit anderen betroffenen Herstellern und das Einschalten professioneller Ermittler erhöht werden. Die professionellen Ermittler suchen z. B. mithilfe spezieller Software automatisiert nach Imitaten. Bei verdächtigen Produkten schlägt die Software Alarm, und der Ermittler identifiziert und dokumentiert Verkäufer, Lieferanten und Versender. Der Auftraggeber erhält regelmäßig eine Auswertung der Marktbeobachtung. Im Rahmen der Marktüberwachung bieten sich auch Besuche von relevanten Fachmessen an, auf denen Imitatoren ihre Produkte ausstellen könnten.

Unternehmensbereiche

- ☐ Produktplanung
- ☐ Entwicklung / Konstruktion
- ☐ Einkauf
- ☐ Arbeitsvorbereitung
- ☐ Fertigung
- ☑ Vertrieb
- ☐ Service

Kategorie Schutzmaßnahme

- ☑ Strategische Maßnahme
- ☐ Produktbezogene Maßnahme
- ☐ Prozessbezogene Maßnahme
- ☐ Kennzeichnende Maßnahme
- ☐ IT-Maßnahme
- ☐ Rechtliche Maßnahme
- ☐ Kommunikationsmaßnahme

Anwendungsbeispiele

Die Münchener Firma P4M ist eines der führenden Unternehmen des Internet Monitorings. Sie hält verdächtige Angebote mit Screenshots fest und ermittelt Verkäufer, Lieferanten und Versender der Plagiate. Dieser Dienst ist insbesondere für Unternehmen mit selektivem Vertrieb wirkungsvoll [Fuc06].

© Spectral-Design - Fotolia.com

Das Online-Auktionshaus eBay verwendet die Software VeRI zur Beseitigung von Piraterieware. Ein vom Nutzer per VeRI an eBay gemeldetes schutzrechtsverletzendes Angebot wird gesperrt, und die Kontaktdaten des Anbieters werden dem Rechteinhaber preisgegeben. Die Suche nach rechtsverletzenden Angeboten ist nicht Teil des VeRI-Programms [Eba11-ol].

© iStockphoto.com

Vorteile

- Erhöht die Kenntnis des eigenen Marktes
- Ermittlung der Wirksamkeit eingesetzter Schutzmaßnahmen
- Frühzeitiges Erkennen von Imitaten

Nachteile

- Aufwendiger Überwachungsapparat mit (professionellen) Ermittlern erforderlich
- Vor allem anwendbar für digitale Märkte [Mei11]

Quellen / Experten

[Eba11-ol]   EBAY DEUTSCHLAND: Das Verifizierte Rechteinhaber-Programm. Unter: http://pages.ebay.de/vero/index.html, 6. Oktober 2011
[Fuc06]   FUCHS, H. J. (Hrsg.): Piraten, Fälscher und Kopierer – Strategien und Instrumente zum Schutz geistigen Eigentums in der Volksrepublik China. Verlag Dr. Th. Gabler, Wiesbaden, 2006
[Mei11]   MEIWALD, T.: Konzepte zum Schutz vor Produktpiraterie und unerwünschtem Know-how-Abfluss. Dissertation, Fakultät für Maschinenwesen, Technische Universität München, München, 2011

Schutz vor feindlicher Übernahme

Kurzbeschreibung

Bei dem Schutz vor feindlichen Übernahmen werden Maßnahmen ergriffen, die den Kauf eines Originalherstellers durch einen anderen Marktteilnehmer unattraktiv machen sollen. Unattraktiv wird eine Übernahme für andere Marktteilnehmer beispielsweise dadurch, dass das finanzielle Risiko durch die Übernahme für andere Marktteilnehmer zu groß wird.

© cruffpics - Fotolia.com

Anwendungen / Vorgehen

Durch eine feindliche Übernahme eines Originalherstellers verspricht sich das übernehmende Unternehmen einen Know-how-Gewinn und den Zugang zu streng vertraulichen Betriebsinformationen. Des Weiteren erfolgt durch eine Übernahme der Eigentümerrechte auch eine Übernahme der vorhandenen Patente. Zur Verhinderung einer feindlichen Übernahme gilt daher eine intensive Kontrolle beim Umgang mit Verbindlichkeiten. Eine besondere Rolle spielen in diesem Zusammenhang Banken, Versicherungen, Kunden und Zulieferer. Eine solide Kapitalgrundlage legt den Grundstein für den Schutz vor feindlicher Übernahme.

Unternehmensbereiche

☐ Produktplanung
☐ Entwicklung / Konstruktion
☐ Einkauf
☐ Arbeitsvorbereitung
☐ Fertigung
☐ Vertrieb
☐ Service

Kategorie Schutzmaßnahme

☐ **Strategische Maßnahme**
☐ Produktbezogene Maßnahme
☐ Prozessbezogene Maßnahme
☐ Kennzeichnende Maßnahme
☐ IT-Maßnahme
☐ Rechtliche Maßnahme
☐ Kommunikationsmaßnahme

Anwendungsbeispiele

Bei der voestalpine AG halten Mitarbeiter einen Aktienanteil von 12,6 % am Gesamtunternehmen. Durch Mitarbeiterbeteiligungen bleibt das Unternehmen „in eigener Hand". Die Mitarbeiter haben ein Mitbestimmungsrecht an Unternehmensentscheidungen [Voe11-ol].

© Moon - Fotolia.com

Durch Ablehnung und zähe Verhandlungen während des Übernahmeversuchs der Schering AG durch die Merck KGaA ist der Aktienkurs der Schering AG erheblich gestiegen. Letztendlich war eine Übernahme für die Merck KGaA nicht mehr rentabel, und das Unternehmen verzichtete auf die feindliche Übernahme [Sue06-ol].

© Nikolai Sorokin - Fotolia.com

Vorteile

*   Unternehmerische Eigenständigkeit bleibt gewahrt
*   Motivationsfördernd
*   Keine Möglichkeit für andere Unternehmen, eigenes Kern-Know-how zu erwerben [Mei11]
*   Erweiterte Handlungsmöglichkeiten in anderen Bereichen durch gute Liquiditätssituation [Mei11]

Nachteile

*   Begrenzte finanzielle Mittel
*   Keine produktspezifische Maßnahme, daher kein direkter (positiver) Einfluss auf den Gewinn

Quellen / Experten

[Mei11]   MEIWALD, T.: Konzepte zum Schutz vor Produktpiraterie und unerwünschtem Know-how-Abfluss, Diss., TU München, 2011
[Sue06-ol] SÜDDEUTSCHE: Zu teuer für Merck, 29. September 2011
[Voe11-ol] VERBAND ÖSTERREICHISCHER PRIVATSTIFTUNGEN: Mitarbeiter können feindliche Übernahme verhindern, 13. August 2011

Umarmungsstrategie

Kurzbeschreibung

Eine Umarmungsstrategie im Kontext Produktpiraterie umfasst die aktive Einbindung von Unternehmen, die Imitate der eigenen Produkte anbieten, in die Produktschutzaktivitäten des Originalherstellers.

© Benny Weber - Fotolia.com

Anwendungen / Vorgehen

Eine Umarmungsstrategie kann je nach Qualität der Kopie auf zwei Wegen umgesetzt werden. Eine Möglichkeit ist, Anbieter hochwertiger Nachahmungen zu kaufen oder als Zulieferer in die eigene Wertschöpfungskette zu integrieren, falls sie sich vertraglich verpflichten, die Originalprodukte nicht anderweitig anzubieten. Dies bietet sich an vor allem für geografisch begrenzte Probleme (man kauft ein etabliertes Unternehmen in einer neu zu erschließenden Region) [Mei11].

Der zweite Weg ist, dass Nachahmer qualitativ minderwertiger Kopien gekauft und anschließend geschlossen werden.

Diese Maßnahme wird in der Literatur kritisch diskutiert, da hierbei letztendlich Produktpiraten monetär entlohnt werden.

Unternehmensbereiche

- ☐ Produktplanung
- ☐ Entwicklung / Konstruktion
- ☐ Einkauf
- ☐ Arbeitsvorbereitung
- ☐ Fertigung
- ☐ Vertrieb
- ☐ Service

Kategorie Schutzmaßnahme

- ☑ Strategische Maßnahme
- ☐ Produktbezogene Maßnahme
- ☐ Prozessbezogene Maßnahme
- ☐ Kennzeichnende Maßnahme
- ☐ IT-Maßnahme
- ☐ Rechtliche Maßnahme
- ☐ Kommunikationsmaßnahme

Anwendungsbeispiel

Groupon ist eine Shopping-Community und bietet seinen Nutzern täglich Hinweise zu Rabatten in ihrer Umgebung. Das Unternehmen hat seinen europäischen Nachahmer citydeal.de übernommen, um den europäischen Markt zu erschließen [Cou10-ol].

© iStockphoto.com

Vorteile

- Erweiterte Ausnutzung des eigenen Marktanteils (vorher eingeschränkt!)
- Produktionserweiterung

Nachteile

- Gesamtinvestitionskosten schwer einschätzbar
- Hoher Mittelaufwand und eventuell langfristig negativer Einfluss auf Unternehmensliquidität [Mei11]

Quellen / Experten

[Cou10-ol]   COUPONTERIA BLOG: Groupon kauft Nachahmer Citydeal.de auf. Unter: http://blog.couponteria.de/groupon-kauft-nachahmer-citydeal-de-auf/, 14. August 2011

[Mei11]   MEIWALD, T.: Konzepte zum Schutz vor Produktpiraterie und unerwünschtem Know-how-Abfluss. Dissertation, Fakultät für Maschinenwesen, Technische Universität München, München, 2011

■ A1.2 Produktbezogene Schutzmaßnahmen

Black-Box-Bauweise anwenden

Kurzbeschreibung

Bei der sogenannten Black-Box-Bauweise werden schützenswerte Komponenten eines Produktes so gefertigt, dass ihre Bau- und Funktionsweise nach außen hin verborgen ist.

© Boris Roz - Fotolia.com

Anwendungen / Vorgehen

Die Black-Box-Bauweise zeichnet sich dadurch aus, dass die Funktion eines Produktes oder einer Produktkomponente nicht eingesehen werden kann, ohne das Produkt/die Komponente dabei zu zerstören. Sie wird insbesondere bei elektrischen und mechanischen Bauteilen angewendet.

Die Black-Box setzt eine modulare Funktionsstruktur voraus, die zusammen ein „unauflösbares" Funktionssystem ergibt. Die Einzelfunktionen des Bauteils bleiben dadurch verborgen.

Durch die Entfernung der Bezeichnung des Bauteils wird die Black-Box zusätzlich geschützt. Schützenswerte Komponenten, die nicht gekennzeichnet sind, sind dadurch für Personen ohne Fachkenntnisse schwieriger einzuordnen.

Unternehmensbereiche

- ☑ Produktplanung
- ☐ Vertrieb
- ☑ Entwicklung / Konstruktion
- ☐ Einkauf
- ☐ Arbeitsvorbereitung
- ☑ Fertigung
- ☐ Qualitätsbindung
- ☐ Service

Kategorie Schutzmaßnahme

- ☐ Strategische Maßnahme
- ☑ Produktbezogene Maßnahme
- ☐ Prozessbezogene Maßnahme
- ☐ Kennzeichnende Maßnahme
- ☐ IT-Maßnahme
- ☐ Rechtliche Maßnahme
- ☐ Kommunikationsmaßnahme

Anwendungsbeispiele

Der Einsatz von CPLDs (Complex Programmable Logic Devices) oder FPGAs (Field Programmable Gate Array) ist eine Möglichkeit für eine funktionale Black-Box-Bauweise bei der Verarbeitung analoger Signale [Fra08b-ol].

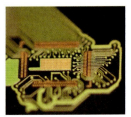

© luxpainter - Fotolia.com

Das Eingießen von Funktionselementen in Kunstharzeinheiten ist eine Möglichkeit, mechanische Funktionalitäten in Black-Box-Bauweise zu gestalten [Fra08b-ol].

© Andrey Gribov - Fotolia.com

Vorteile

- Keine Zuordenbarkeit des Bauteils für Imitatoren möglich

Nachteile

- Innerbetrieblicher Verfolgungsweg des Produktes wird erschwert
- Senkung der Servicefreundlichkeit des Produktes [MSS+08]
- Aufwand und Kosten für Entwicklung und Ausführung einer eventuellen Zerstörung meist unverhältnismäßig teuer [Mei11]

Quellen / Experten

[Fra08b-ol] FRAUNHOFER IPT: Funktionale Black Boxes, 15. August 2011
[Mei11] MEIWALD, T.: Konzepte zum Schutz vor Produktpiraterie und unerwünschtem Know-how-Abfluss, Diss., TU München, 2011
[MSS+08] MBANG, S.; STAHL, K.; SPRECHER, G.; SCHULZE, H.; BÄUERLE, F.: Abteilungsübergreifende Kooperation zwischen Standards und informeller Zusammenarbeit. Fachhochschule Nordwestschweiz, 2008

De-Standardisierung

Kurzbeschreibung

Bei der De-Standardisierung werden für wichtige Elemente eines Produkts Komponenten eingesetzt, die nicht als Standardelemente am Markt erhältlich sind.

Anwendungen / Vorgehen

Durch die Verwendung nicht standardisierter Elemente sowohl bei Bauteilen (Material, Software, Elektronik) als auch bei Prozessen (Prozessablauf und -technologie) wird deren Nachahmung erschwert, da die Nachahmung de-standardisierter Komponenten mit hohem Aufwand verbunden ist. Um die Vorteile von standardisierten Komponenten wie niedrige Beschaffungskosten kompensieren zu können, muss die de-standardisierte Komponente die Produktfunktionalität deutlich steigern. Wird hingegen im Plagiat eine standardisierte Komponente verwendet, kann keine vergleichbare Produktqualität oder Funktionalität erzielt werden.

Unternehmensbereiche

- ☑ Produktplanung
- ☐ Vertrieb
- ☑ Entwicklung / Konstruktion
- ☐ Einkauf
- ☐ Arbeitsvorbereitung
- ☑ Fertigung
- ☐ Qualitätsbindung
- ☐ Service

Kategorie Schutzmaßnahme

- ☐ Strategische Maßnahme
- ☑ Produktbezogene Maßnahme
- ☑ Prozessbezogene Maßnahme
- ☐ Kennzeichnende Maßnahme
- ☐ IT-Maßnahme
- ☐ Rechtliche Maßnahme
- ☐ Kommunikationsmaßnahme

Anwendungsbeispiele

Ein Textilmaschinenhersteller nutzt ein spezielles Fett für die Schmierung von Lagern. Kopierer, die ein Standardfett verwenden, erreichen aufgrund des hohen Wartungsaufwands nicht die gleiche Senkung der Lebenszykluskosten wie der Originalhersteller [AKL11].

© Panthermedia.net

Die Hydac GmbH verwendet bei Hydraulikfiltern ein Rundgewinde zur Aufnahme des Filterelements statt des branchenüblichen Elementaufnahmestutzens. Fremde Filter können nicht eingesetzt werden [AAA+10].

© iphoto - Fotolia.com

Vorteile

- Verschafft ein Alleinstellungsmerkmal am Markt
- Komponenten nicht frei verfügbar am Markt

Nachteile

- De-standartisierte Komponente muss die Leistungsfähigkeit deutlich erhöhen
- Akzeptanz der Gebraucher muss hergestellt werden

Quellen / Experten

[AAA+10] ABELE, E.; ALBERS, A.; AURICH, J.; GÜNTHNER, W. A. (Hrsg.): Wirksamer Schutz gegen Produktpiraterie im Unternehmen – Piraterierisiken erkennen und Schutzmaßnahmen umsetzen. VDMA Verlag, Frankfurt, 2010

[AKL11] ABELE, E.; KUSKE, P.; LANG, H.: Schutz vor Produktpiraterie – Ein Handbuch für den Maschinen- und Anlagenbau, Springer-Verlag, Berlin, 2011

Funktionsintegration

Kurzbeschreibung

Durch Integration lassen sich mehrere Funktionen in einem Bauteil bzw. einer Komponente realisieren. Der Integration von Funktionen steht die Erfüllung jeder einzelnen Funktion durch ein Bauteil oder eine Komponente gegenüber.

© Mimi Potter - Fotolia.com

Anwendungen / Vorgehen

Bei der Funktionsintegration werden Bauteile so miteinander verbunden, dass eine übergreifende Funktionseinheit entsteht. Produktpiraten konzentrieren sich bei der Nachahmung vorwiegend auf einzelne Standardbauteile und besitzen lediglich Kompetenz bei diesen Bauteilen. Die exakte Zuordnung eines Bauteils zu einer Funktion erleichtert Produktpiraten das Reverse Engineering. Durch eine Funktionsintegration erlangt der Originalhersteller einen Wettbewerbsvorsprung vor potentiellen Fälschern. Diese müssten zusätzliche Kompetenzen aufbauen, um funktionsintegrierte Bauteile anbieten zu können.

Unternehmensbereiche

- ☒ Produktplanung
- ☐ Entwicklung / Konstruktion
- ☒ Einkauf
- ☐ Arbeitsvorbereitung
- ☒ Fertigung
- ☐ Vertrieb
- ☐ Service

Kategorie Schutzmaßnahme

- ☐ Strategische Maßnahme
- ☒ Produktbezogene Maßnahme
- ☐ Prozessbezogene Maßnahme
- ☐ Kennzeichnende Maßnahme
- ☐ IT-Maßnahme
- ☐ Rechtliche Maßnahme
- ☐ Kommunikationsmaßnahme

Anwendungsbeispiel

Der Hydraulikfilter der Firma Hydac Filterelemente GmbH war in den letzten Jahren von Produktpiraterie betroffen. Um der Produktpiraterie dieses Standardteils entgegenzuwirken, wurde der Filter mit weiteren Bauteilen zu einer demodularisierten Filter-Kühler-Tank-Funktionseinheit kombiniert [AAA+10].

© terex - Fotolia.com

Vorteile

- Steigerung von Kundennutzen und -bindung

Nachteile

- Hohe Komplexität in der Produktentwicklung und -herstellung

Quellen / Experten

[AAA+10]   ABELE, E.; ALBERS, A.; AURICH, J.; GÜNTHNER, A. (Hrsg.): Wirksamer Schutz gegen Produktpiraterie im Unternehmen – Piraterierisiken erkennen und Schutzmaßnahmen umsetzen. VDMA Verlag, Frankfurt, 2010

Selbstzerstörungsmechanismen

Kurzbeschreibung

Bei einem Selbstzerstörungsmechanismus wird ein Produkt oder eine Komponente durch ein für den Fälscher unsichtbares Element geschützt. Bei unzulässigen Handlungen mit und am geschützten Gegenstand werden die existenzielle Eigenschaften des Bauteils unwiderruflich zerstört.

© Sonar - Fotolia.com

Anwendungen / Vorgehen

Das Produkt bzw. einzelne Komponenten werden so gestaltet, dass beim unberechtigten Öffnen oder Zerlegen des Produkts diese dauerhaft zerstört werden. Dazu können z.B. thermische, elektrische oder mechanische Effekte genutzt werden. Die selbstzerstörenden Bauteile müssen so gestaltet sein, dass ihre Funktionalität nach der Zerstörung nicht mehr nachvollziehbar ist, um so Reengineering zu verhindern. Durch sogenannte Kapselungen zerstören sich ganze Bauteilbereiche bei unsachgerechter Demontage. Bei Anwendung von Selbstzerstörungsmechanismen ist es gegebenenfalls von Vorteil, wenn der Mechanismus mit geeignetem Werkzeug und speziellen Kenntnissen umgangen werden kann. Andernfalls sind Nacharbeiten beispielsweise aufgrund von Qualitätsmängeln oder spätere Reparaturmaßnahmen ausgeschlossen.

Unternehmensbereiche

- ☑ Produktplanung
- ☑ Entwicklung / Konstruktion
- ☐ Einkauf
- ☐ Arbeitsvorbereitung
- ☐ Fertigung
- ☐ Vertrieb
- ☐ Service

Kategorie Schutzmaßnahme

- ☐ Strategische Maßnahme
- ☑ Produktbezogene Maßnahme
- ☐ Prozessbezogene Maßnahme
- ☐ Kennzeichnende Maßnahme
- ☑ IT-Maßnahme
- ☐ Rechtliche Maßnahme
- ☐ Kommunikationsmaßnahme

Anwendungsbeispiele

Die Security-Festplatte Amacom Data Locker von Origin Storage hat einen Selbstzerstörungsmechanismus integriert. Bei wiederholter falscher PIN-Eingabe werden alle auf der Festplatte befindlichen Daten zerstört [Com09-ol].

© Mikko Pitkänen - Fotolia.com

Ein Beispiel für Selbstzerstörungsmechanismen sind DVDs, die nur 48 Stunden genutzt werden können. Nach deren Entnahme aus der versiegelten Verpackung beginnt durch die chemische Reaktion mit der Luft ein Zerfallsprozess der Datenschicht, der die DVD unbrauchbar macht [Mac08-ol].

© Tribalstar - Fotolia.com

Vorteile

- Sowohl hard- als auch software-technische Maßnahmen möglich
- Effektiver Schutz vor Reengineering [Mei11]

Nachteile

- Hohe Entwicklungskosten
- Häufig nicht alle Bestandteile des Systems in den Selbstzerstörungsmechanismus integrierbar
- Mögliche Gefährdung des Nutzers
- Umgehungssichere Lösung schwer zu konstruieren [Mei11]
- Zielkonflikt: „Versehentliches Auslösen vermeiden" vs. „Umgehungssicherheit gewährleisten" [Mei11]

Quellen / Experten

[Com09-ol] COMPUTERWOCHE: Hardware-Verschlüsselung sichert externe Security-Festplatte, 17. August 2010
[Mac08-ol] MACWELT: Die selbstzerstörende DVD, 23. Januar 2012
[Mei11] MEIWALD, T.: Konzepte zum Schutz vor Produktpiraterie und unerwünschtem Know-how-Abfluss, Diss., TU München, 2011

Erweiterungsmanagement

Kurzbeschreibung

Das Erweiterungsmanagement zielt auf bereits am Markt befindliche Produkte. Durch seine Anwendung sollen Kunden zu definierten Zeitpunkten um neue Funktionen erweiterte bzw. verbesserte Produkte angeboten werden.

© B@maley - Fotolia.com

Anwendungen / Vorgehen

Durch eine gezielte Anwendung des Erweiterungsmanagements kann ein Unternehmen seinen Kunden verbesserte und optimal auf die Kundenbedürfnisse ausgerichtete Produkte anbieten. Dies kann z.B. durch sogenannte Upgrade Packages erfolgen, die durch den Einsatz neuartiger Technologien die Leistungen bestehender Geräte steigern.

Unternehmensbereiche

- ■ Produktplanung
- ■ Entwicklung / Konstruktion
- ☐ Einkauf
- ☐ Arbeitsvorbereitung
- ☐ Fertigung
- ■ Vertrieb
- ■ Service

Kategorie Schutzmaßnahme

- ■ Strategische Maßnahme
- ■ Produktbezogene Maßnahme
- ☐ Prozessbezogene Maßnahme
- ☐ Kennzeichnende Maßnahme
- ☐ IT-Maßnahme
- ☐ Rechtliche Maßnahme
- ☐ Kommunikationsmaßnahme

Anwendungsbeispiele

Die neuen Smart Cover der Firma Apple stellen nicht nur eine Schutzhülle für das iPad dar, sondern eine Erweiterung zum eigentlichen Produkt. Die Smart Cover lassen sich auch als Ständer nutzen und schalten bei Öffnung automatisch das iPad ein. Keine andere Schutzhülle bietet die gleichen Funktionen wie die Smart Cover [Apf11-ol].

© iStockphoto.com

Die Firma Miele bietet eine Updatefunktion für Miele-Waschmaschinen an. Diese kann durch den Miele-Kundendienst aufgespielt werden und sorgt dafür, dass Miele-Geräte auch nach ein paar Jahren auf dem neuesten Stand der Technik sind [Mie11-ol].

© Timo Darco - Fotolia.com

Vorteile

- Upgrades erhöhen die Attraktivität des Produktes
- Verstärkte Kundenbindung
- Geringere Kosten für Kunden, da keine Neuanschaffung notwendig

Nachteile

- Grundsätzlich sind Upgradebauteile für Produktpiraten ein Ziel mit hohem Potential, daher ist die stetige Weiterentwicklung erforderlich [Mei11]

Quellen / Experten

[Apf11-ol]   APFELNEWS: Die neuen iPad Smart Cover. Unter: http://www.apfelnews.eu/2011/03/05/die-neuen-ipad-smart-cover/, 5. Juli 2011
[Mei11]   MEIWALD, T.: Konzepte zum Schutz vor Produktpiraterie und unerwünschtem Know-how-Abfluss. Dissertation, Fakultät für Maschinenwesen, Technische Universität München, München, 2011
[Mie11-ol]   MIELE: Technischer Kundendienst. Unter: http://www.miele.de/de/haushalt/service/ks/252.htm, 5. Juli 2011

Produktvarianten anbieten

Kurzbeschreibung

Produktvarianten unterscheiden sich in ihren Produktmerkmalen von dem am Markt erhältlichen Basisprodukt. Beim Einsatz von Produktvarianten wird ein Gesamtsystem in der Regel aus standardisierten Einzelbauteilen auf einer Modulplattform zusammengesetzt.

Anwendungen / Vorgehen

Durch das Anbieten von Produktvarianten erhöht ein Originalhersteller die Kundenbindung, da ein Kunde aus einer Vielzahl von unterschiedlichen Varianten wählen kann und ein Produkt somit seinen individuellen Wünschen nahekommt.

Produktvarianten lassen sich z. B. mit einer Plattformstrategie realisieren. Bei der Plattformstrategie wird eine produktübergreifend einsetzbare Plattform definiert, auf die funktionale Module eines Baukastens aufgesetzt werden. Hierdurch kann die geforderte externe Varianz bei wirtschaftlich optimierter interner Varianz realisiert werden. Durch die Standardisierung auf Baugruppenebene lassen sich erhebliche Kostenvorteile realisieren. Produktpiraten haben dagegen Schwierigkeiten, das gesamte Produktspektrum zu durchdringen, und müssen jede einzelne Variante separat erfassen und fertigen. Der Nachbau eines solchen Produktes wird für einen Piraten weniger lukrativ, da die einzelnen Varianten in geringen Stückzahlen hergestellt werden und keine große Gewinnspanne bieten [Höl05], [MI02], [Kus02].

Unternehmensbereiche

- ■ Produktplanung
- ■ Entwicklung / Konstruktion
- ■ Einkauf
- ☐ Arbeitsvorbereitung
- ■ Fertigung
- ■ Vertrieb
- ☐ Service

Kategorie Schutzmaßnahme

- ☐ Strategische Maßnahme
- ■ Produktbezogene Maßnahme
- ■ Prozessbezogene Maßnahme
- ☐ Kennzeichnende Maßnahme
- ☐ IT-Maßnahme
- ☐ Rechtliche Maßnahme
- ☐ Kommunikationsmaßnahme

Anwendungsbeispiele

Die Plattformstrategie bietet die Möglichkeit, viele Gleichteile in den einzelnen Modellen zu verwenden. So können z. B. bei Kraftfahrzeugen auf einer Plattform bis zu 60 % an Gleichteilen genutzt werden. Für den Kunden ist die Verwendung von Gleichteilen nicht sichtbar, da sich das äußere Erscheinungsbild des Produktes trotzdem unterscheiden kann [Han06-ol].

© Nataliya Hora - Fotolia.com

Die Firma Festo AG & Co. KG bietet ihren Kunden über 30.000 standardisierte Katalogprodukte, die durch variantenreiche Baukastensysteme erweitert werden [AKL11].

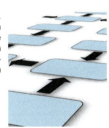

© picturia - Fotolia.com

Vorteile

- Erfüllung spezieller Kundenwünsche, gesteigerte Kundenbindung
- Einzelne Varianten für Fälscher uninteressant, da zu geringe Stückzahlen produziert werden [Mei11]

Nachteile

- Erhöhte Lagerkosten aufgrund Teilevielfalt
- Beherrschung der Variantenvielfalt notwendig [Mei11]

Quellen / Experten

[AKL11]   ABELE, E.; KUSKE, P.; LANG, H.: Schutz vor Produktpiraterie. Springer-Verlag, Berlin, 2011
[Han06-ol] HANDELSBLATT: Wirksames Mittel gegen Fluktuation, 5. Juli 2011
[Höl05]   HÖLTTA-OTTO, K.: Modular Product Platform Design, 2005
[Kus02]   KUSIAK A.: Integrated product and process design: a modularity perspective, 2002
[Mei11]   MEIWALD, T.: Konzepte zum Schutz vor Produktpiraterie und unerwünschtem Know-how-Abfluss. Diss., TU München, 2011
[MI02]   MARTIN, M. V.; ISHII, K.: Design for variety: developing standardized and modularized product platform architectures, 2002

Mass Customization

Kurzbeschreibung

Das Konzept des Mass Customization zielt darauf ab, jedem Kunden ein Produkt anzubieten, das seinen individuellen Wünschen entspricht – zum Preis und annähernd innerhalb der gleichen Lieferzeit eines vergleichbaren Standardproduktes.

Anwendungen / Vorgehen

Mass Customization soll Unternehmen in die Lage versetzen, den optimalen Weg zwischen Massenproduktion einheitlicher Produkte und dem Angebot individueller Lösungen beschreiten zu können. Mass Customization in Bezug auf Produktschutz zielt darauf ab, ein deutlich wunschspezifischeres Produkt zu einem Preis anzubieten, den ein Imitator aufgrund seiner eingeschränkten Flexibilität schwer realisieren kann [MS03].

Um Mass Customization in einem Unternehmen umsetzen zu können, ist eine aufbauorganisatorische Struktur erforderlich, in der Arbeitsgruppen eingesetzt werden. Diese Arbeitsgruppen sind autark für ein Produktmodul verantwortlich. Die Realisierung kundenspezifischer Produktkonzeptionen erfolgt durch die umfangreiche Vernetzung dieser Arbeitsgruppen. Die Kommunikation sowohl innerhalb des Unternehmens als auch zwischen Unternehmen und Kunden ist der entscheidende Schlüssel für erfolgreiche, kundenindividuelle Produkte [WAB+07].

Unternehmensbereiche

- ☑ Produktplanung
- ☑ Entwicklung / Konstruktion
- ☐ Einkauf
- ☐ Arbeitsvorbereitung
- ☑ Fertigung
- ☑ Vertrieb
- ☐ Service

Kategorie Schutzmaßnahme

- ☑ Strategische Maßnahme
- ☑ Produktbezogene Maßnahme
- ☐ Prozessbezogene Maßnahme
- ☐ Kennzeichnende Maßnahme
- ☐ IT-Maßnahme
- ☐ Rechtliche Maßnahme
- ☐ Kommunikationsmaßnahme

Anwendungsbeispiele

Die NILES-SIMMONS-HEGENSCHEIDT-Gruppe stellt Werkzeugmaschinen für den deutschen und den US-amerikanischen Markt her. Basierend auf sechs Maschinenkonzepten entwickelt das Unternehmen kundenspezifisch Dreh- und Fräsanlagen und konstruiert individuell ganze Fertigungslinien. Diese Individualität erschwert Imitatoren das Eindringen in das unternehmerische Kerngeschäft [Inv11-ol].

Viele Hersteller in der Modeindustrie, unter anderem Polo, Timberland und Longchamps, bieten Kunden die Möglichkeit, Bekleidung, Schuhe sowie Taschen im Internet selbst zu entwerfen und sich diese dann zuschicken zu lassen [Fuc06].

© BEAUTYofLIFE - Fotolia.com

Vorteile

- Vertiefte Kundenbeziehungen durch Eingehen auf individuelle Wünsche [WAB+07]
- Verbesserung von Flexibilität und Absatzplanung [WAB+07]

Nachteile

- Aufbauorganisatorische Struktur im Unternehmen erforderlich
- Höhere Komplexität in F&E-, Produktions- und Vertriebsprozessen [WAB+07]
- Hoher Aufwand, falls nötiges Know-how beim Originalhersteller fehlt [Mei11]
- Nicht bei allen Produkten realisierbar [Mei11]

Quellen / Experten

[Fuc06] FUCHS, H. J. (Hrsg.), 2006

[Inv11-ol] INVEST IN SAXONY: Werkzeugmaschinen, 2011

[Mei11] MEIWALD, T., 2011

[MS03] MÜLLER-SEEGERS, M., 2003

[WAB+07] WILDEMANN, H.; ANN, C.; BROY, M.; GÜNTHNER, W.; LINDEMANN, U., 2007

Benchmarking von Imitaten

Kurzbeschreibung

Beim Benchmarking von Imitaten werden Imitationen der eigenen Produkte durch den Originalhersteller hinsichtlich der Ausstattungsmerkmale und fertigungstechnischen Merkmale untersucht. Das erworbene Wissen wird zur Verbesserung der Originalprodukte genutzt.

© iStockphoto.de

Anwendungen / Vorgehen

Bei dieser Art von Benchmarking werden Imitate demontiert, um so ihre Bau- und Funktionsweise zu untersuchen. Von der Bauweise kann auf die eingesetzten Fertigungstechnologien geschlossen werden. So können kostengünstigere, aber gleichwertige Funktions- und Bauweisen identifiziert und diese für die eigenen Produkte adaptiert werden. Kostennachteile gegenüber den Imitatoren werden so reduziert.

Weiterhin können die Schwachstellen und Nachteile der Imitate identifiziert werden. Werden diese Informationen beispielsweise an den Vertrieb weitergeleitet, kann dieser die Schwachstellen der Imitate in Gesprächen mit Kunden nutzen und den Schwachstellen die Vorteile der Originalprodukte gegenüberstellen.

Unternehmensbereiche

- ☐ Produktplanung
- ☑ Entwicklung / Konstruktion
- ☐ Einkauf
- ☐ Arbeitsvorbereitung
- ☑ Fertigung
- ☑ Vertrieb
- ☐ Service

Kategorie Schutzmaßnahme

- ☐ Strategische Maßnahme
- ☑ Produktbezogene Maßnahme
- ☑ Prozessbezogene Maßnahme
- ☐ Kennzeichnende Maßnahme
- ☐ IT-Maßnahme
- ☐ Rechtliche Maßnahme
- ☐ Kommunikationsmaßnahme

Vorteile

- Schwachstellen von Imitaten werden aufgedeckt und können in der Kundenkommunikation genutzt werden
- Reduzieren von Kosten-/Preisnachteilen [Mei11]
- Erhöhtes Verständnis der Produktanforderungen von Kunden, die Imitate erwerben [Mei11]

Nachteile

- Beschaffung von Imitaten kann aufwendig sein

Quellen / Experten

[Mei11] MEIWALD, T.: Konzepte zum Schutz vor Produktpiraterie und unerwünschtem Know-how-Abfluss. Dissertation, Fakultät für Maschinenwesen, Technische Universität München, München, 2011

A1.3 Prozessbezogene Schutzmaßnahmen

Geheimhaltung während der Entwicklung

Kurzbeschreibung

Die im Produktentwicklungsprozess entstehenden produkt- und prozessbeschreibenden Informationen müssen geschützt und geheim gehalten werden. Ziel ist es, die Einsicht durch unbefugte Dritte zu unterbinden.

Anwendungen / Vorgehen

Ein Entwicklungsteam soll so klein wie möglich gehalten werden, da mit größer werdendem Personenkreis die Gefahr wächst, dass Informationen an Dritte weitergegeben werden. In dem Fall, dass Entwicklungsaufgaben nicht vom Unternehmen selbst durchgeführt, sondern an Externe vergeben werden, lässt sich ein Know-how-Abfluss kaum verhindern. Um den Abfluss relevanter Know-hows zu minimieren, muss im Vorfeld durch das Unternehmen festgelegt werden, welche die schützenswerten Informationen sind.

Unternehmensbereiche

- ☑ Produktplanung
- ☑ Entwicklung / Konstruktion
- ☐ Einkauf
- ☐ Arbeitsvorbereitung
- ☐ Fertigung
- ☐ Vertrieb
- ☐ Service

Kategorie Schutzmaßnahme

- ☐ Strategische Maßnahme
- ☐ Produktbezogene Maßnahme
- ☑ Prozessbezogene Maßnahme
- ☐ Kennzeichnende Maßnahme
- ☐ IT-Maßnahme
- ☑ Rechtliche Maßnahme
- ☐ Kommunikationsmaßnahme

Anwendungsbeispiele

Die Rezeptur von Coca-Cola ist eine der Kernkompetenzen des Unternehmens. Sie wird streng geheim gehalten [WG07].

© Panthermedia.net

Die spanische Firma Bio Fuel Systems produziert aus Algen eine rohölähnliche Substanz, die Erdöl vollständig ersetzen kann. Die Algenart, die benötigten Nährstoffe und die beschleunigte Photosynthese sind besonders geschützte Firmengeheimnisse [Ode11].

© Marisa Müller - Fotolia.com

Vorteile

- Juristischer Schutz durch das Gesetz gegen unlauteren Wettbewerb
- Keine Offenlegung technischer Details notwendig (vgl. Patent)

Nachteile

- Nur für kleine Projektumfänge geeignet
- Erfolg der Maßnahme abhängig von beteiligten Mitarbeitern

Quellen / Experten

[Ode11]   ODENWALD, M.: Das grüne Wunder. Focus Magazin, Nr. 24, 2011
[WG07]   VON WELSER, M.; GONZÁLES, A.: Marken- und Produktpiraterie. Wiley-VCH Verlag, Weinheim, 2007

Aufteilen der Fertigung auf mehrere Standorte

Kurzbeschreibung

Die Fertigung eines Produkts erfolgt an mehreren Standorten. So können Imitatoren oder Industriespione nicht den gesamten Fertigungsprozess an einem Standort einsehen.

Anwendungen / Vorgehen

Die Aufteilung der Fertigung kann sowohl das gesamte Produktportfolio als auch einzelne Produkte umfassen. Bei Betrachtung des Produktportfolios können Produkte, die Schlüsseltechnologien enthalten, an Standorten gefertigt werden, die als „sicher" gelten. Für diese Standorte müssen eventuell höhere Lohn- und Logistikkosten in Kauf genommen werden. Für Produkte, die auf Basistechnologien aufbauen, können hingegen die Kostenvorteile an „unsicheren" Standorten genutzt werden.
Betrachtet man ein einzelnes Produkt, kann dieses in Basiskomponenten und Schlüsselkomponenten aufgeteilt werden. Die Schlüsselkomponenten werden wiederum an sicheren Standorten gefertigt, Basiskomponenten an unsicheren.

Unternehmensbereiche

- ☐ Produktplanung
- ☐ Entwicklung / Konstruktion
- ☐ Einkauf
- ☐ Arbeitsvorbereitung
- ☑ Fertigung
- ☐ Vertrieb
- ☐ Service

Kategorie Schutzmaßnahme

- ☑ Strategische Maßnahme
- ☐ Produktbezogene Maßnahme
- ☑ Prozessbezogene Maßnahme
- ☐ Kennzeichnende Maßnahme
- ☐ IT-Maßnahme
- ☐ Rechtliche Maßnahme
- ☐ Kommunikationsmaßnahme

Anwendungsbeispiele

Die Festo AG hat die Fertigung ihrer Normzylinder geografisch aufgeteilt. Die Basiskomponenten Zylinderrohr und Lager werden in China und Indien gefertigt, während die Schlüsselkomponente 3K-Kolben an den sichereren Standorten Europa und USA gefertigt wird [AKL11].

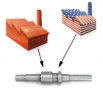

© Onidji - Fotolia.com
© TM - Design - Fotolia.com

Das Fernhalten Knowhow-intensiver Fertigungsschritte von China kann das Risiko der Nachahmung von Produktionsschritten oder Produkten senken.

© moonrun - Fotolia.com

Vorteile

- Verringerte Gefahr des Know-how-Abflusses

Nachteile

- Erhöhte Lohn- und Logistikkosten
- Einschränkung bei der Standortauswahl
- Durchführbarkeit evtl. von der Rechtslage verhindert
- Erschwerte Produktplatzierung im chinesischen Markt, falls Komponenten oder Produkte dort nicht gefertigt werden [Mei11]

Quellen / Experten

[AKL11] ABELE, E.; KUSKE, P.; LANG, H.: Schutz vor Produktpiraterie – Ein Handbuch für den Maschinen- und Anlagenbau. Springer-Verlag, Berlin, 2011

[Mei11] MEIWALD, T.: Konzepte zum Schutz vor Produktpiraterie und unerwünschtem Know-how-Abfluss. Dissertation, Fakultät für Maschinenwesen, Technische Universität München, München, 2011

Innovative Fertigungsverfahren

Kurzbeschreibung

Innovative Fertigungsverfahren erfordern oftmals hohe Investitionen der Originalhersteller in die Produktionsausrüstung, ermöglichen aber gleichzeitig die Herstellung von Bauteilen mit speziellen Eigenschaften oder Gestalten.

© Alterfalter - Fotolia.com

Anwendungen / Vorgehen

Der Einsatz innovativer und fixkostenintensiver Fertigungsverfahren bietet sich an, wenn mittels dieser Verfahren Produkteigenschaften oder -gestalten hergestellt werden können, die mit günstigen Massenfertigungsverfahren nicht ohne Weiteres hergestellt werden können. Wenn die Herstellung eines Produktes mit hohen Fixkosten verbunden ist, schreckt die notwendige hohe Investition potentielle Nachahmer ab. Produktpiraten müssen befürchten, dass ihr illegales Geschäft aus juristischen Gründen eingestellt wird, bevor sich die erbrachten Investitionen amortisiert haben. Weiterhin sinkt durch hohe Fertigungskosten die mögliche Gewinnmarge für Nachahmer.

Die Maßnahme wirkt jedoch nur, wenn Nachahmer gezwungen sind, die gleiche Fertigungstechnologie einzusetzen, um vergleichbare Produkteigenschaften hervorzubringen wie die des Originalprodukts.

Unternehmensbereiche

- ☐ Produktplanung
- ☑ Entwicklung / Konstruktion
- ☐ Einkauf
- ☐ Arbeitsvorbereitung
- ☑ Fertigung
- ☐ Vertrieb
- ☐ Service

Kategorie Schutzmaßnahme

- ☐ Strategische Maßnahme
- ☑ Produktbezogene Maßnahme
- ☑ Prozessbezogene Maßnahme
- ☐ Kennzeichnende Maßnahme
- ☐ IT-Maßnahme
- ☐ Rechtliche Maßnahme
- ☐ Kommunikationsmaßnahme

Anwendungsbeispiel

Der Schreibgeräteanbieter Parker setzt für die Herstellung der Clips an seinen Kugelschreibern ein fixkostenintensives Sinterverfahren ein. Die hochwertig wirkende, matt schimmernde Oberfläche kann mit anderen Fertigungsverfahren (z. B. Guss) nicht gleichwertig hergestellt werden [Fra08-ol].

© ezzystock - Fotolia.com

Vorteile

- Senkung der Attraktivität des Produkts für Plagiateure
- Erschwerte Nachahmung durch Zugangsbarrieren (Know-how, Zugänglichkeit, Kosten) bei bestimmten Fertigungstechnologien [Mei11]

Nachteile

- Erhöhtes Kostenrisiko für den Anwender wegen hoher Amortisationsdauer
- Oft Umgehungslösungen mit besserem Preis-Leistungs-Verhältnis möglich [Mei11]
- Keine Hilfe bei „Hochtechnologie-Piraten" [Mei11]

Quellen / Experten

[Fra08-ol] FRAUNHOFER IPT: Fixkostenintensive Fertigungsverfahren. Unter: http://www.produktpiraterie.fraunhofer.de/Fixkosten.htm, 28. Juni 2011

[Mei11] MEIWALD, T.: Konzepte zum Schutz vor Produktpiraterie und unerwünschtem Know-how-Abfluss. Dissertation, Fakultät für Maschinenwesen, Technische Universität München, München, 2011

Kernkompetenzbauteile intern entwickeln und fertigen

Kurzbeschreibung

Die Kernkompetenzen sind ein wichtiger Bestandteil der Marktleistung. Um die Gefahr des Kompetenzabflusses zu verringern, sollten Bauteile, die Kernkompetenzen des Unternehmens darstellen, im Unternehmen entwickelt und gefertigt werden.

Anwendungen / Vorgehen

Im ersten Schritt muss im Unternehmen definiert werden, welche Bauteile, Komponenten oder Produkte Kernkompetenzen des Unternehmens darstellen und deshalb schützenswert sind.

Diese Bauteile sollten im Unternehmen entwickelt und nur an als „sicher" geltenden Standorten gefertigt werden. Als „sicher" werden Standorte eingestuft, in denen loyale Mitarbeiter beschäftigt sind und die durch weitere Maßnahmen wie geschützte Prozessketten gegen Produktpiraterie abgesichert sind [AKL11].

Nach Wildemann betreiben bereits 55 % der in einer Studie der TU München befragten Unternehmen eine bewusste Inhouse-Produktion zum Schutz der Kernkompetenzen [WAB+07].

Unternehmensbereiche

- ☐ Produktplanung
- ☑ Entwicklung / Konstruktion
- ☐ Einkauf
- ☐ Arbeitsvorbereitung
- ☐ Fertigung
- ☐ Vertrieb
- ☐ Service

Kategorie Schutzmaßnahme

- ☐ Strategische Maßnahme
- ☑ Produktbezogene Maßnahme
- ☑ Prozessbezogene Maßnahme
- ☐ Kennzeichnende Maßnahme
- ☐ IT-Maßnahme
- ☐ Rechtliche Maßnahme
- ☐ Kommunikationsmaßnahme

Anwendungsbeispiele

Die Firma Haver & Boecker fertigt alle Kernkompetenzbauteile für das Produkt HAVER-ROTO CLASSIC® intern [HB11].

© Haver & Boecker OHG

Die Sartorius AG schützt seine Kernkompetenzen, indem nur Informationen geringer technologischer Brisanz an Dritte weitergegeben werden. Bei der Leiterplattenkonstruktion wird nur das Know-how zur Fertigung der Grundstruktur an den asiatischen Produzenten weitergegeben. Die spezifische Bestückung der Leiterplatte erfolgt in Deutschland [KKL10].

© Suprijono Suharjoto - Fotolia.com

Vorteile

- Sicherung der Kernkompetenzen durch weniger Informationsschnittstellen nach außen [AKL11]
- Vermeidung von Know-how-Verlust bereits zu Beginn des Produktlebenszyklus [Mei11]
- Unabhängigkeit von Zulieferern

Nachteile

- Aufwendigere Forschung und Entwicklung [AKL11]
- Höhere Kosten [AKL11]
- Bei Kapazitätsmangel: Zielkonflikt – Entwicklungszeit vs. Know-how-Verlust [Mei11]

Quellen / Experten

[AKL11]   ABELE, E.; KUSKE, P.; LANG, H., 2011
[HB11]   HAVER & BOECKER GROUP, 2011
[KKL10]   KLEINE, O.; KREIMEIER, D., LIEBERKNECHT, N., 2010

[Mei11]   MEIWALD, T., 2011
[WAB+07]   WILDEMANN, H.; ANN, C.; BROY, M.; GÜNTHNER, W.; LINDEMANN, U., 2007

Organisation der Lieferantenwertschöpfung

Kurzbeschreibung

Lieferantenwertschöpfung bezeichnet den Wertschöpfungsanteil an einem Produkt eines Originalherstellers, der von Lieferanten erbracht wird.

Anwendungen / Vorgehen

Bei der Betrachtung der Lieferantenwertschöpfung in puncto Produktschutz werden bei der Lieferantenauswahl Kriterien wie Vertrauenswürdigkeit, dass vertrauliche Daten durch Lieferanten nicht weitergegeben werden, einbezogen. Weiterhin können Informationsbarrieren innerhalb der Supply Chain eingeführt werden [Kop11-ol].

Eine Möglichkeit der Organisation der Lieferantenwertschöpfung ist, Aufträge auf mehrere Lieferanten zu verteilen. So wird Know-how verteilt, wobei aber keiner der Lieferanten über Wissen über den gesamten Herstellprozess oder das gesamte Produkt verfügt. Dadurch wird erschwert, dass sich Lieferanten zu Wettbewerbern entwickeln können. Auch wenn ein Lieferant nicht das Wissen über das gesamte Produkt besitzt, ist das Abschließen von Geheimhaltungsverträgen mit Lieferanten ratsam.

Um Imitate unter Zulieferkomponenten aufzuspüren, sollte eine genaue Wareneingangskontrolle erfolgen. Lieferungen von Zulieferern, die bewusst Imitate einsetzen, bestehen aus Originalen und Imitaten, damit Imitate in einer Lieferung nicht direkt erkannt werden [AKL11].

Unternehmensbereiche

- ☐ Produktplanung
- ☑ Entwicklung / Konstruktion
- ☑ Einkauf
- ☐ Arbeitsvorbereitung
- ☑ Fertigung
- ☑ Vertrieb
- ☐ Service

Kategorie Schutzmaßnahme

- ☑ Strategische Maßnahme
- ☑ Produktbezogene Maßnahme
- ☑ Prozessbezogene Maßnahme
- ☐ Kennzeichnende Maßnahme
- ☐ IT-Maßnahme
- ☐ Rechtliche Maßnahme
- ☐ Kommunikationsmaßnahme

Anwendungsbeispiele

Die Firma Apple weiht ihre Zulieferer erst so spät wie möglich in Pläne für neue Produkte ein, um die Geheimhaltung der Produktinformation im Entwicklungsprozess so lange wie möglich sicherzustellen [Mac11-ol].

© ArtHdesign - Fotolia.com

Die Firma Wirtgen GmbH konnte durch die Neuentwicklung eines Bedienpanels und Reglers die frühere Kompletteinheit an zwei unterschiedliche Zulieferer vergeben. Somit verfügt nur die Wirtgen GmbH über das gesamte Know-how für dieses Produkt [AAA+10].

© iStockphoto.com

Vorteile

- Erschwert Einschleusen von Imitaten in die Wertschöpfungskette

Nachteile

- Stichprobenartige Kontrollen reichen nicht aus, um Plagiate zu erkennen [AKL11]
- Erhöhter Zeitaufwand und erhöhte Kosten durch intensive Kontrollen [AKL11]

Quellen / Experten

[AAA+10]   ABELE, E.; ALBERS, A.; AURICH, J.; GÜNTHNER, W. A. (Hrsg.): Wirksamer Schutz gegen Produktpiraterie im Unternehmen – Piraterierisiken erkennen und Schutzmaßnahmen umsetzen. VDMA Verlag, Frankfurt, 2010

[AKL11]   ABELE, E.; KUSKE, P.; LANG, H.: Schutz vor Produktpiraterie – Ein Handbuch für den Maschinen- und Anlagenbau. Springer Verlag, Berlin, 2011

[Kop11-ol]   KOPIKOMP: Organisation der Lieferantenwertschöpfung, 15. Juli 2011

[Mac11-ol]   MACNEWS: iPhone 5 – Apple will Geheimhaltung verschärfen, 22. Juni 2011

Schutz der Produktionslogistik

Kurzbeschreibung

Bei dem Schutz der Produktionslogistik findet eine Überwachung des gesamten Produktionsprozesses statt. Durch Kontrolle des Materialflusses wird eine Barriere gegen das Einschleusen von Imitaten in eigene Produkte gebildet.

Anwendungen / Vorgehen

Die unternehmensinterne Logistik wird so organisiert, dass der gesamte Produktionsprozess vom Rohmaterial über die Teilefertigung und Montage bis hin zum Versand kontrolliert wird. Dies umfasst Maßnahmen wie z.B. die Kontrolle der eingehenden Waren und Verbrauchsmittel. Über die Kontrolle des Produktionsprozesses können ein unrechtmäßiges Entfernen von Halberzeugnissen aus dem Produktionsprozess und eine unrechtmäßige Mehrproduktion detektiert werden. Dazu werden die Produkte z.B. mit Kennzeichnungen versehen und die in den Kennzeichnungen enthaltenen Informationen im Produktionsprozess erfasst, gespeichert und überprüft. Der Schutz der unternehmensinternen Logistik wird durch eine Steuerung des Informationsflusses unterstützt.

Unternehmensbereiche

- ☐ Produktplanung
- ☑ Entwicklung / Konstruktion
- ☑ Einkauf
- ☑ Arbeitsvorbereitung
- ☑ Fertigung
- ☐ Vertrieb
- ☐ Service

Kategorie Schutzmaßnahme

- ☐ Strategische Maßnahme
- ☐ Produktbezogene Maßnahme
- ☑ Prozessbezogene Maßnahme
- ☑ Kennzeichnende Maßnahme
- ☑ IT-Maßnahme
- ☐ Rechtliche Maßnahme
- ☐ Kommunikationsmaßnahme

Anwendungsbeispiel

Das Unternehmen AJE Consulting unterstützt Firmen wie adidas oder Vredestein bei der Auswahl bedarfsgerechter Hard- und Software zur Überwachung der Inhouse-Logistik [Aje11a-ol], [Aje11b-ol].

© Anatoly Vartanov - Fotolia.com

Vorteile

- Erschwertes Einschleusen von Imitaten

Nachteile

- Erzeugnisse müssen mithilfe z. B. von RFID-Tags gekennzeichnet werden [Dor09]

Quellen / Experten

[Aje11a-ol]   AJE-CONSULTING: IT-Lösungen der AJE Consulting. Unter: http://www.aje.de/, 5. Juli 2011
[Aje11b-ol]   AJE-CONSULTING: Referenzen der AJE Consulting. Unter: http://www.aje.de/index.php/aje-consulting/referenzenm, 5. Juli 2011
[Dor09]   DORMANN, B.: Strategien und Anwendungsfelder technischer Schutzmaßnahmen zur Bekämpfung von (Produkt-)Piraterie. Diplomarbeit, Lehrstuhl für Technologie- und Innovationsmanagement, 2009

Schutz der Distributionslogistik

Kurzbeschreibung

Durch den Schutz der Distributionslogistik soll verhindert werden, dass Imitate in die Lieferkette zum Kunden eingeschleust werden. Hier wird das Augenmerk auf Logistikprozesse außerhalb des Unternehmens gelegt.

Anwendungen / Vorgehen

Durch permanentes „Tracking & Tracing" wird der Warenfluss dauerhaft von der Produktion bis zum Kunden überwacht. Vor allem durch Tracing ist eine Rückverfolgung eines Sendungsverlaufs möglich. Sind die Fahrtrouten z. B. von Lkws im Vorfeld festgelegt, kann beim Tracing der Fahrzeuge mittels GPS ein Alarm ausgegeben werden, wenn die Fahrtroute nicht eingehalten wird oder Ereignisse eintreten, die zuvor nicht im System gespeichert waren [Ibe11]. So kann auch festgestellt werden, an welcher Stelle der Distributionskette Imitate eingeschleust wurden [Fuc06].

Auch die Entsorgungslogistik muss überwacht werden, da hier Wissen über das Produkt zu den Produktpiraten dringen kann.

Als technische Mittel werden Produktkennzeichnungen wie Hologramme, Farbpigmentcodes und einmalige Identifikationsnummern genutzt, die sowohl dem Kunden als auch dem Hersteller die Möglichkeit bieten, das Original von einer Fälschung zu unterscheiden.

Unternehmensbereiche

- ☐ Produktplanung
- ☐ Entwicklung / Konstruktion
- ☐ Einkauf
- ☐ Arbeitsvorbereitung
- ☐ Fertigung
- ☑ Vertrieb
- ☐ Service

Kategorie Schutzmaßnahme

- ☐ Strategische Maßnahme
- ☐ Produktbezogene Maßnahme
- ☑ Prozessbezogene Maßnahme
- ☑ Kennzeichnende Maßnahme
- ☑ IT-Maßnahme
- ☐ Rechtliche Maßnahme
- ☐ Kommunikationsmaßnahme

Anwendungsbeispiele

Bei der Verfolgung von Frachtgütern im Transportwesen mithilfe der GPS-Methode wird der Standort bzw. Wegverlauf des Frachtguts mit einer Genauigkeit zwischen fünf und 20 Metern bestimmt [Wal04].

© Binkski - Fotolia.com

In der Ersatzteillogistik der Lufthansa Technik Logistik GmbH werden Kunden, Zulieferer und das Luftfahrtunternehmen in ein globales System integriert, um einen zuverlässigen Versorgungskreislauf sicherzustellen [Eur11-ol].

© yang yu - Fotolia.com

Vorteile

- Verfolgung einzelner Verpackungen möglich

Nachteile

- Gesamte Distribution muss überwachbar sein, um durchgängigen Schutz zu erreichen

Quellen / Experten

[Eur11-ol] EURO-LOG: Lufthansa Technik Logistik GmbH. Unter: http://www.eurolog.com/de/loesungswelt/distribution/allgemein, 2011
[Fuc06] FUCHS, H. J. (Hrsg.): Piraten, Fälscher und Kopierer – Strategien und Instrumente zum Schutz geistigen Eigentums in der Volksrepublik China. Verlag Dr. Th. Gabler, Wiesbaden, 2006
[Ibe11] IBEY SYSTEMHAUS: Manipulationsgeschützte Transportverfolgung und wartungsfreie Langzeitortung. 10. Chemnitzer Technologieforum, 2011
[Wal04] WALDENMEIER, S.: Tracking und Tracing. Funkschau 10-11/2004, A.B.O. Verlagsservice, Heilbronn, 2004

„Intelligente" Verpackungen

Kurzbeschreibung

„Intelligente" Verpackungen sind durch die Integration von Informations- und Schutzfunktionen in Produktverpackungen charakterisiert. Mit ihnen lässt sich oftmals nicht nur die Echtheit der Produkte verifizieren und ein Markenartikel verfolgen, sondern sie können auch zur Erhöhung des Kundennutzens beitragen.

© Panthermedia.net

Anwendungen / Vorgehen

In der Pharmaindustrie werden z. B. für Tablettenverpackungen leistungsfähige, sehr dünne und beständige RFID-Tags verwendet. Die finnische Firma Rafsec entwickelt und produziert RFID-Tags, die wie Aufkleber auf die Verpackungen aufgebracht oder in das Papier oder die Folie integriert werden. Durch diese Tags kann nicht nur das Original vom Imitat unterschieden werden, sondern können auch Bedingungen innerhalb der Logistikkette wie Temperatur, Feuchte oder Chemikalieneinwirkungen etc. nachgewiesen werden. Die intelligente Verpackung kennzeichnet somit die Individualität jedes Produkts. Die Prüfung der meist unsichtbar angebrachten RFID-Tags erfolgt maschinell.

Unternehmensbereiche

- ☐ Produktplanung
- ☐ Entwicklung / Konstruktion
- ☐ Einkauf
- ☐ Arbeitsvorbereitung
- ☐ Fertigung
- ☑ Vertrieb
- ☐ Service

Kategorie Schutzmaßnahme

- ☐ Strategische Maßnahme
- ☐ Produktbezogene Maßnahme
- ☑ Prozessbezogene Maßnahme
- ☑ Kennzeichnende Maßnahme
- ☐ IT-Maßnahme
- ☐ Rechtliche Maßnahme
- ☐ Kommunikationsmaßnahme

Anwendungsbeispiel

Der österreichische Kaffeehändler Julius Meinl stellt Gastronomiebetrieben das Kaffeesystem „Julius Meinl 1862 Premium" zur Verfügung. Ein Etikett mit einem integrierten RFID-Chip an der Unterseite des Kaffeebohnenbehälters soll sicherstellen, dass nur Meinl-Kaffee verwendet wird. Ein RFID-Chip speichert die Seriennummer des Behälters und das Füllgewicht. Der versiegelte Behälter wird im Gastronomiebetrieb geöffnet und auf das Meinl-Mahlsystem aufgesetzt. Der RFID-Chip des Etiketts identifiziert den Originalbehälter und gibt 200 Tassen frei. Nach exakt 200 Mahlungen stellt die Mühle ihren Betrieb ein und ist so lange blockiert, bis der leere Bohnenbehälter durch einen neuen, gefüllten Originalbehälter ersetzt wird [RFI11-ol].

© pmphoto - Fotolia.com

Vorteile

- Zusatznutzen für logistische und qualitätsbezogene Problemstellungen

Nachteile

- Kosten für die Installation der Kennzeichnungen an allen Verpackungen

Quellen / Experten

[RFI11-ol]   RFID IM BLICK: Echte, edle Bohnen identifiziert. Unter: http://www.rfid-im-blick.de/201107121171/echte-edle-bohnen-identifiziert.html, 29. September 2011

Sichere Sammlung und Entsorgung von Ausschussware

Kurzbeschreibung

Bei der sicheren Sammlung und Entsorgung von Ausschussware wird der Entwendung und der nicht autorisierten Weiterverarbeitung von Ausschussware aus der Produktion vorgebeugt.

© typomaniac - Fotolia.com

Anwendungen / Vorgehen

Durch die sichere Sammlung und Entsorgung von Ausschussware soll verhindert werden, dass die Ausschussware unrechtmäßig verkauft und als Grundlage für das Reengineering des Originalproduktes verwendet wird. Bei der Entsorgung von Ausschussware ist zu beachten, dass die Funktionalität und die Gestalt des Bauteils so weit zerstört werden, dass ein Reengineering unmöglich wird. Weiterhin gilt es zu bedenken, dass ein Imitator anhand der Ausschussware erkennen könnte, welchen Fehler er selbst unterlassen muss, um Ausschussware zu vermeiden. Wird die Entsorgung durch externe Partner durchgeführt, ist sicherzustellen, dass die Ausschussware verschrottet und nicht an Imitatoren weitergegeben wird.

Unternehmensbereiche

- ☐ Produktplanung
- ☐ Entwicklung / Konstruktion
- ☐ Einkauf
- ☐ Arbeitsvorbereitung
- ☒ Fertigung
- ☒ Vertrieb
- ☒ Service

Kategorie Schutzmaßnahme

- ☐ Strategische Maßnahme
- ☒ Produktbezogene Maßnahme
- ☒ Prozessbezogene Maßnahme
- ☐ Kennzeichnende Maßnahme
- ☐ IT-Maßnahme
- ☐ Rechtliche Maßnahme
- ☐ Kommunikationsmaßnahme

Anwendungsbeispiel

Die Wirtgen GmbH bietet anstelle des Austausches des gebrauchten Meißelhaltersystems nur den Austausch kompletter Fräswalzen inklusive Meißelhaltersysteme an. So wird der Gebrauch des Original-Wirtgen-Meißelhaltersystems sichergestellt. Die Entsorgungslogistik verschlissener Meißel und Meißelhaltersysteme kann durch den Einsatz eines Pfandsystems realisiert werden [AAA+10].

© iStockphoto.com

Vorteile

- Geringere Gefahr des Reengineerings

Nachteile

- Logistischer Mehraufwand

Quellen / Experten

[AAA+10]   ABELE, E.; ALBERS, A.; AURICH, J.; GÜNTHNER, A. (Hrsg.): Wirksamer Schutz gegen Produktpiraterie im Unternehmen – Piraterierisiken erkennen und Schutzmaßnahmen umsetzen. VDMA Verlag, Frankfurt, 2010

■ A1.4 Kennzeichnende Schutzmaßnahmen

2-D/3-D-Barcodes

Kurzbeschreibung

Der 2-D- und 3-D-Barcode ist eine Weiterentwicklung des eindimensionalen Strichcodes. Er benötigt weniger Platz, bietet ein großes Speichervolumen und ist unempfindlich gegenüber Verschmutzungen oder geknicktem Papier.

© Tim – Fotolia.com

Anwendungen / Vorgehen

Der 2-D-Barcode ist ein sichtbares Individualitätskennzeichen. Er wird durch eine Anordnung von Punkten, Quadraten oder Strichen auf einer meist rechtwinkligen Fläche erstellt und kann mit einem einfachen Barcodescanner oder auch einem Mobiltelefon mit Kamera aus wenigen Zentimetern Entfernung geprüft werden. Je nach Code lassen sich einmalig Ziffern oder ASCII-Zeichen speichern. Der DataMatrix-Code, als einer der bekanntesten 2-D-Barcodes, speichert bis zu 3.116 Ziffern oder 2.335 ASCII-Zeichen. Durch die Hinzunahme von Farben kann eine dritte Dimension erzeugt werden, wodurch die Datendichte weiter erhöht werden kann [Fus10]. Um Kostbarkeiten wie Schmuck, Juwelen und Gemälde sicher zu identifizieren, wird auch ein räumlich dreidimensionaler Barcode, der eine besondere Robustheit aufweist, verwendet. Der Barcode wird im Fertigungsprozess direkt am Objekt angebracht. Der Scanner liest die Informationen aus, indem er die Höhe der Barcodestriche ermittelt. Dabei wird ein Lichtstrahl auf den Barcode geworfen und von diesem reflektiert. Aus der Dauer dieser Reflexion zum Scanner kann die Höhe der Barcodestriche errechnet werden [Bar11-ol].

Unternehmensbereiche

- ☐ Produktplanung
- ☐ Entwicklung / Konstruktion
- ☐ Einkauf
- ☐ Arbeitsvorbereitung
- ☐ Fertigung
- ☒ Vertrieb
- ☐ Service

Kategorie Schutzmaßnahme

- ☐ Strategische Maßnahme
- ☐ Produktbezogene Maßnahme
- ☐ Prozessbezogene Maßnahme
- ☒ Kennzeichnende Maßnahme
- ☐ IT-Maßnahme
- ☐ Rechtliche Maßnahme
- ☐ Kommunikationsmaßnahme

Anwendungsbeispiele

In Frankreich müssen seit 2011 alle Arzneimittel mit einem 2-D-Barcode ausgestattet sein. Dieser soll die systematisierte Rückverfolgbarkeit der Produkte sicherstellen [Hea10-ol].

© monropic - Fotolia.com

Das dänische Unternehmen Danfoss überwacht seine Logistikkette mit 3-D-Barcodes [GB10].

© Scanrail - Fotolia.com

Vorteile

- Kostengünstige Erstellung [Dor09]
- Je nach erforderlicher Strichcodedichte keine speziellen, hochauflösenden Drucker notwendig, daraus resultieren geringe Kosten [Mei11]
- Ermöglicht Verknüpfung zwischen Material- und Informationsfluss [Mei11]

Nachteile

- Nur aus kurzer Entfernung lesbar
- Geringe Fälschungssicherheit [Dor09]

Quellen / Experten

[Bar11-ol]   Barcodes Inc: 2-D/3-D-Barcodes, 2011
[Dor09]   Dormann, B., 2009
[Fus10]   Fussan, C. (Hrsg.), 2010
[GB10]   Gassmann, O.; Beckenbauer, A., 2010

[Hea10-ol]   Healthcare: Frankreich Vorreiter in der Artzneimittelkennzeichnung, 2010
[Mei11]   Meiwald, T., 2011

Clusterfolie

Kurzbeschreibung

Clusterfolien ermöglichen durch einen Farbkippeffekt eine Originalitätskennzeichnung auf Produkten oder Verpackungen.

Anwendungen / Vorgehen

Nanotechnikmerkmale auf einer Clusterschicht des Trägermaterials (z. B. Folie, metallische Oberflächen) erzeugen durch Kippen spezielle Farb-effekte [Gün10]. Die Clusterschicht wird auf eine hochglänzende Folie aufgedampft oder mithilfe des Sputter-Verfahrens aufgebracht. „Sputter-Beschichtung", auch Kathodenzerstäubung genannt, bedeutet das Abtra-gen von Material von einem Feststoff durch energetisches Ionenbombar-dement, um mit dem abgestäubten Material ein Substrat zu beschichten [Pla09-ol]. Die Originalität des Produktes oder der Verpackung kann vom Kunden visuell geprüft werden. Ein Speichern von Informationen auf der Folie ist nicht möglich.

Unternehmensbereiche

- ☐ Produktplanung
- ☐ Entwicklung / Konstruktion
- ☐ Einkauf
- ☐ Arbeitsvorbereitung
- ☐ Fertigung
- ☑ Vertrieb
- ☐ Service

Kategorie Schutzmaßnahme

- ☐ Strategische Maßnahme
- ☐ Produktbezogene Maßnahme
- ☐ Prozessbezogene Maßnahme
- ☑ Kennzeichnende Maßnahme
- ☐ IT-Maßnahme
- ☐ Rechtliche Maßnahme
- ☐ Kommunikationsmaßnahme

Anwendungsbeispiel

Original-Fahrzeugersatzteile wie Lenkräder werden mit einer Clusterfolie der Firma Schreiner ProSecure fälschungssicher gekennzeichnet.

© Schreiner ProSecure

Vorteile

- Hoher Wiedererkennungswert beim Verbraucher
- Ohne Lesegerät prüfbar
- Hohe Kopiersicherheit

Nachteile

- Mechanische Zerstörung möglich
- Kein Speichern von Informationen möglich

Quellen / Experten

[Gün10]   GÜNTHNER, W. A. (Hrsg.): Leitfaden zum Schutz vor Produktpiraterie durch Bauteilkennzeichnung. Technische Universität München, 2010

[Pla09-ol] PLASMA.DE: Beschichten mittels Sputterverfahren. Unter: http://www.plasma.de/de/plasma_wissenswertes/plasma_sys-tem_7.html, 24. Oktober 2011

Echtfarbenelemente

Kurzbeschreibung

Echtfarbenelemente (oder Kopierschutzfarben) nutzen Partikel mit hoher Leuchtkraft, die außerhalb der gebräuchlichen Farbwerte liegen. Ein solcher Druck ist mit handelsüblichen Kopierern nicht reproduzierbar.

© Thomas Jans... - Fotolia.com

Anwendungen / Vorgehen

Die Kennzeichnung mit Echtfarbenelementen kann auf allen bedruckbaren Materialien angewendet werden. Die Farbpartikel zeichnen sich durch eine Leuchtkraft aus, die außerhalb der typischen RGB/CMYK-Farbwerte liegt. Eine Reproduktion von Drucken, die Echtfarbenelemente enthalten, ist mit handelsüblichen Kopierern und Druckern nicht möglich, da diese nicht über dieses Farbspektrum verfügen.
Echtfarbenelemente sind sichtbare Kennzeichnungen und können durch das menschliche Auge geprüft werden.

Unternehmensbereiche

- ☐ Produktplanung
- ☐ Entwicklung / Konstruktion
- ☐ Einkauf
- ☐ Arbeitsvorbereitung
- ☐ Fertigung
- ☑ Vertrieb
- ☐ Service

Kategorie Schutzmaßnahme

- ☐ Strategische Maßnahme
- ☐ Produktbezogene Maßnahme
- ☐ Prozessbezogene Maßnahme
- ☑ Kennzeichnende Maßnahme
- ☐ IT-Maßnahme
- ☐ Rechtliche Maßnahme
- ☐ Kommunikationsmaßnahme

Anwendungsbeispiel

Die hochwertigen Modellautos der Firma Bugatti werden mithilfe von Hologrammen der Firma Hologram Company Rako GmbH versehen. Die Hologramme enthalten Echtfarbenelemente [Vis11-ol].

© Klaus Rademaker - Fotolia.com

Vorteile

- Leichte Überprüfung der Echtheit

Nachteile

- Mit entsprechenden Geräten ist eine Fälschung möglich

Quellen / Experten

[Vis11-ol]   VISAVIS: Hologramme – Gegen Etikettenschwindel. Unter: http://www.visavis.de/modules.php?name=News&file=article& sid=19607, 1. Dezember 2011

EpiCode

Kurzbeschreibung

Der EpiCode ist der „Fingerabdruck" eines als Identifikationsmarke verwendeten Matrixcodes (2-D-Code), z. B. DataMatrix oder DataGrid. Dabei wird die Tatsache genutzt, dass die eingesetzte Markierungstechnik (Digitaldruck, Lasergravur) und die Oberflächenrauigkeit des Materials (Papier, Kunststoff, Metall) individuelle Muster hervorbringen.

Anwendungen / Vorgehen

Die stochastischen Muster entstehen bei der Herstellung von Matrixcodes mit allen üblichen Druck-, Gravier- und Prägeverfahren. Der daraus extrahierte EpiCode ist nicht reproduzierbar, da dieser durch natürliche Markierungsartefakte wie z. B. Prozessstörungen oder Farbannahmestörungen entsteht. Die Authentifizierung des markierten Produkts erfolgt mit kommerziellen Handlesegeräten, ist aber auch mit einem handelsüblichen Scanner möglich. Das Prüfergebnis (Original/Fälschung) entsteht nach Abgleich mit dem in einer Datenbank hinterlegten EpiCode.

Der EpiCode ist robust gegenüber Bildaufnahmestörungen oder Umwelteinflüssen wie Verschmutzung und Abnutzung, weil betroffene Bereiche des 2-D-Codes bei der Decodierung erkannt und aus der Prüfung herausgenommen werden können [Epy11-ol], [Opu11-ol].

Der EpiCode ist besonders für Produktmarkierungen mit kleinen Abmessungen geeignet, die in der DIN-Norm 66401 „UIM – Unverwechselbare Identifikationsmarke" beschrieben sind.

Unternehmensbereiche

- ☐ Produktplanung
- ☐ Entwicklung / Konstruktion
- ☐ Einkauf
- ☐ Arbeitsvorbereitung
- ☑ Fertigung
- ☑ Vertrieb
- ☑ Service

Kategorie Schutzmaßnahme

- ☐ Strategische Maßnahme
- ☐ Produktbezogene Maßnahme
- ☐ Prozessbezogene Maßnahme
- ☑ Kennzeichnende Maßnahme
- ☐ IT-Maßnahme
- ☐ Rechtliche Maßnahme
- ☐ Kommunikationsmaßnahme

Anwendungsbeispiele

Ein führendes Pharmaunternehmen prüft mit einer Variante des EpiCodes die Loszugehörigkeit von Medikamentenverpackungen. So kann sichergestellt werden, dass die Verpackung zu dem bestellten Los der Vertragsdruckerei gehört [Epy11-ol].

© Epyxs.com

Ein führender Offsetdruckmaschinenhersteller verwendet EpiCode in einer Produktionsanlage zur Herstellung von hochsicheren Etiketten und Verpackungen [Epy11-ol].

© iStockphoto.com

Vorteile

- Sehr hohe Sicherheit, da nicht reproduzierbar [Epy11-ol], [Opu11-ol]
- Robust gegenüber Umwelteinflüssen

Nachteile

- Spezielle Software zur Prüfung notwendig

Quellen / Experten

[Epy11-ol]   Epyxs: Anwendungsbeispiel von ClusterCode.
Unter: http://www.epyxs.com/cms/servlet/Query?node=297&language=1, 24. Oktober 2011

[Opu11-ol]   O-PUR: Produktkennzeichnung und Identifikation mit Matrixcodes.
Unter: http://www.opur-secure.de/cms/servlet/Query?node=43668&language=1, 7. Juli 2011

Guillochendruck

Kurzbeschreibung

Guillochen sind feine, zum Teil komplexe Muster aus ununterbrochenen, verschlungenen und nach geometrischen Gesetzmäßigkeiten aufgebauten Linien.

Diese speziellen Linienmuster sind durch Grauabstufungen charakterisiert, die zur Identifikation von Produkten dienen.

© Svetlana Ivanova - Fotolia.com

Anwendungen / Vorgehen

Der Guillochendruck basiert auf fein gedruckten Strukturen. Diese können runde oder oval geschlossene, parallel verlaufende, miteinander verschlungene Linienfelder sein. Diese ornamentartigen, asymmetrischen Streifen werden drucktechnisch erzeugt. Im Bild oben rechts in diesem Steckbrief bestehen die feinen Strukturen aus einer Überlagerung von Sinuskurven verschiedener Phasen. Diese Originalitätskennzeichen können optisch mit einer Lupe geprüft werden.

Unternehmensbereiche

☐ Produktplanung
☐ Entwicklung / Konstruktion
☐ Einkauf
☐ Arbeitsvorbereitung
☐ Fertigung
☑ Vertrieb
☐ Service

Kategorie Schutzmaßnahme

☐ Strategische Maßnahme
☐ Produktbezogene Maßnahme
☐ Prozessbezogene Maßnahme
☑ Kennzeichnende Maßnahme
☐ IT-Maßnahme
☐ Rechtliche Maßnahme
☐ Kommunikationsmaßnahme

Anwendungsbeispiele

Das Kopieren von DM-Scheinen wurde durch die Verwendung des Guillochendrucks erschwert [Gün10].

© Michael Siller - Fotolia.com

Wertpapiere werden mit Guillochen versehen [Gün10].

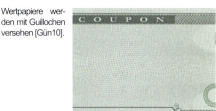

© bourger - Fotolia.com

Vorteile

• Mit herkömmlichen Druckern oder Scannern nicht reproduzierbar

Nachteile

• Genaue Prüfung notwendig, um Kopien zu erkennen

Quellen / Experten

[Gün10]   GÜNTHNER, W. A. (Hrsg.): Leitfaden zum Schutz vor Produktpiraterie durch Bauteilkennzeichnung. Technische Universität München, 2010

Hologramm

Kurzbeschreibung

Hologramme sind nicht reproduzierbare, mittels Lasertechnik hergestellte fotografische Aufnahmen, die ein dreidimensionales Abbild des Ursprungs-gegenstandes wiedergeben.

Anwendungen / Vorgehen

Hologramme sind fotografische Aufnahmen, die sichtbare Merkmale beinhalten. Durch den Einsatz von Mikroskopie oder Beleuchtung mit farblich gleichartigem Licht kann das Merkmal entschlüsselt und so die Originalität des Produktes nachgewiesen werden. Je nach Lichteinfall kann sich die Erscheinung des Bildes für den Betrachter ändern.

Aufgrund individueller Nanostrukturen in Sicherheitshologrammen ist deren exaktes Reproduzieren nahezu ausgeschlossen. Dennoch ist eine genaue Prüfung wichtig, da Fälscher täuschend ähnliche Kopien der Hologramme erzeugen können, die ein Kunde kaum von den Originalen unterscheiden kann.

Bei der Kunststoffverarbeitung besteht die Möglichkeit, das Hologrammnegativ in die verwendete Kunststoffspritzgussform einzufügen und dadurch das Hologramm ins Bauteil zu integrieren [AKL11]. Dem Fraunhofer-Institut für Chemische Technologie gelingt es mittels einer Sprengprägung, Hologramme direkt auf Stahl aufzubringen. Bei der richtigen Dosierung reproduziert der Sprengstoff die Hologrammvorlage genauer als jedes herkömmliche Verfahren [Wel09-ol].

Unternehmensbereiche

- ☐ Produktplanung
- ☐ Entwicklung / Konstruktion
- ☐ Einkauf
- ☐ Arbeitsvorbereitung
- ☐ Fertigung
- ☑ Vertrieb
- ☐ Service

Kategorie Schutzmaßnahme

- ☐ Strategische Maßnahme
- ☐ Produktbezogene Maßnahme
- ☐ Prozessbezogene Maßnahme
- ☑ Kennzeichnende Maßnahme
- ☐ IT-Maßnahme
- ☐ Rechtliche Maßnahme
- ☐ Kommunikationsmaßnahme

Anwendungsbeispiele

Die Firma Bosch nutzt zum Schutz von Ersatz- und Zubehörteilen ein Sicherheitsetikett mit KeySecure-Code der Firma Schreiner ProSecure. Das Sicherheitsetikett enthält unter anderem einen fälschungs-sicheren Hologrammstreifen und eine 15-stellige Buchstaben-Zahlen-Kombination, die die internetbasierte Überprüfung der Originalität ermöglicht [Sch12-ol].

© Schreiner ProSecure

Seit 2004 versieht Nokia seine Mobiltelefonakkus mit einem Hologramm. Zudem können die Kunden die Echtheit der Akkus anhand einer Seriennummer auf dem Hologramm im Internet selbst verifizieren [Nok11-ol].

© Igor Tarasov - Fotolia.com

Vorteile

- Werden vom Kunden als Gütesiegel interpretiert [WG07]
- Für viele Produkte anwendbar

Nachteile

- Eventuell mechanisch zerstörbar
- Nicht für sehr günstige Produkte rentabel [WG07]

Quellen / Experten

[AKL11]   ABELE, E.; KUSKE, P.; LANG, H.: Schutz vor Produktpiraterie. Springer-Verlag, Berlin, 2011

[Dor09]   DORMANN, B.: Strategien und Anwendungsfelder technischer Schutzmaßnahmen zur Bekämpfung v. (Produkt-) Piraterie, 2009

[Nok11-ol]   NOKIA: Akkus mit Hologramm. Unter: www.nokia.de/A41768950, 8. Juni 2011

[Sch12-ol]   SCHREINER PROSECURE: Sicher unterwegs, mit Originalteilen von Bosch. Unter: http://www.schreiner-prosecure.com/index.php?id=2139&L=0, 9. März 2012

[Wel09-ol]   WELT.DE: Hologramm als Echtheits-Siegel in Stahl gesprengt. Unter: http://www.welt.de/wissenschaft/innovationen/article3974657/Hologramm-als-Echtheits-Siegel-in-Stahl-gesprengt.html, 22. Juni 2009

[WG07]   VON WELSER, M.; GONZALES, A.: Marken- und Produktpiraterie, Wiley-VCH Verlag, Weinheim, 2007

Intagliodruck / Stichtiefdruck

Kurzbeschreibung

Der Intagliodruck wird auch Stichtiefdruck genannt. Durch spezielle Druck-techniken wird ein fühlbares Oberflächenmuster erzeugt.

Anwendungen / Vorgehen

Der Intagliodruck erfolgt auf Papier als Trägermaterial und kann Verpa-ckungen kennzeichnen oder als Etikett auf ein Produkt aufgebracht wer-den [Gün10]. Dabei übertragen die Farbauftragswalzen eine pastenartige Druckfarbe auf den Druckzylinder. Anschließend wird die überschüssige Farbe mittels einer gegenläufigen Papierbahn vom Druckzylinder gewischt. Die in den Vertiefungen des Druckzylinders verbliebene Farbe wird mit sehr hohem Druck direkt auf das Papier übertragen [Fus10]. Dieses sichtbare Originalitätskennzeichen kann sowohl optisch als auch haptisch geprüft werden. Die ausgeprägten Konturen des Intagliodrucks sind bei seitlichem Lichteinfall auf die bedruckte Fläche (Streiflicht) auch mit bloßem Auge sichtbar.

Unternehmensbereiche

- ☐ Produktplanung
- ☐ Entwicklung / Konstruktion
- ☐ Einkauf
- ☐ Arbeitsvorbereitung
- ☐ Fertigung
- ☑ Vertrieb
- ☐ Service

Kategorie Schutzmaßnahme

- ☐ Strategische Maßnahme
- ☐ Produktbezogene Maßnahme
- ☐ Prozessbezogene Maßnahme
- ☑ Kennzeichnende Maßnahme
- ☐ IT-Maßnahme
- ☐ Rechtliche Maßnahme
- ☐ Kommunikationsmaßnahme

Anwendungsbeispiele

Durch die Verwendung der Intagliodrucktechnik fühlen sich die Schrift, das Haupt-motiv und die Wertzahlen auf der Vorderseite von Euro-Banknoten erhaben oder merklich dicker an [Ecb11-ol].

© Franz Pfluegl - Fotolia.com

Im neuen Personalausweis und im elektronischen Rei-sepass sind unter anderem die Legendentexte und die Umrandung des Passbildes dank der Stichtiefdruck-technik fühlbar [Bun11-ol].

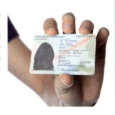

© Thomas Melcher - Fotolia.com

Vorteile

- Spezielle Drucktechnik notwendig [Gün10]
- Erhöht die wahrgenommene Qualität des Produktes (haptisch und optisch)

Nachteile

- Echtheitsprüfung für Laien schwierig [Gün10]
- Papier als Trägermaterial erforderlich
- Teure Druckmaschinen notwendig

Quellen / Experten

[Bun11-ol] BUNDESDRUCKEREI: Neuer Personalausweis – Elektronischer Reisepass. Unter: http://www.bundesdruckerei.de/de/kunden/kun-den_government/ govcrnm_persPass/persPass_sichmVorl.html, 1. Juni 2011

[Ecb11-ol] ECB: Fühlen. Unter: http://www.ecb.europa.eu/euro/banknotes/ security/feel/html/index.de.html, 1. Juni 2011

[Fus10] FUSSAN, C. (Hrsg.): Maßnahmen gegen Produktpiraterie und Industriespionage. Gabler, Wiesbaden, 2010

[Gün10] GÜNTHNER, W. A. (Hrsg.): Leitfaden zum Schutz vor Produktpiraterie durch Bauteilkennzeichnung. Technische Universität München, 2010

Mikrotext

Kurzbeschreibung

Mikrotext ist ein Sicherheitsmerkmal, das mikroskopisch kleine Zeichen, Wörter oder ganze Sätze verwendet. Durch diese fein gedruckten, nicht kopierbaren Strukturen kann ein Originalprodukt von einer Fälschung unterschieden werden [Gra06].

Anwendungen / Vorgehen

Diese Kennzeichnung wird als Ergänzung zu anderen Sicherheitsmerkmalen genutzt. Durch Vergrößerungseinrichtungen wie eine Lupe wird der Mikrotext sichtbar [WG07]. Fälschungen können durch das Fehlen des Mikrotextes erkannt werden.
Zum Erzeugen des Mikrotextes werden Offset-Druckmaschinen verwendet. Als Trägermaterialien sind alle bedruckbaren Materialien geeignet [Dor09].
Eine spezielle Ausprägung des Mikrotextes ist der Nanotext. Die Schriftgröße dabei kann kleiner als 75 μm sein [Gra06].

Unternehmensbereiche

- ☐ Produktplanung
- ☐ Entwicklung / Konstruktion
- ☐ Einkauf
- ☐ Arbeitsvorbereitung
- ☐ Fertigung
- ☑ Vertrieb
- ☐ Service

Kategorie Schutzmaßnahme

- ☐ Strategische Maßnahme
- ☐ Produktbezogene Maßnahme
- ☐ Prozessbezogene Maßnahme
- ☑ Kennzeichnende Maßnahme
- ☐ IT-Maßnahme
- ☐ Rechtliche Maßnahme
- ☐ Kommunikationsmaßnahme

Anwendungsbeispiele

Die Bewegungsstrukturen auf dem Lichtbild des Personalausweises, die je nach Betrachtungswinkel unterschiedliche Darstellungen zeigen, bestehen aus einem geschwungenen Makroschriftband mit dem Text „Bundesrepublik Deutschland". Dieses Band besteht aus mehreren, parallel verlaufenden Mikroschriftreihen mit dem gleichen Text [Bun11-ol].

© Thomas Melcher - Fotolia.com

Links unten auf der Vorderseite der Euro-Geldscheine ist auf dem Muster eine Mikroschrift gedruckt, die mit einer Lupe zu erkennen ist [BuB11-ol].

© iStockphoto.com

Vorteile

- Geringer Herstellungsaufwand [WG07]
- Einfache Geräte (Lupe etc.) zur Überprüfung genügen [WG07]
- Preisgünstig [WG07]

Nachteile

- Einfach zu kopieren, wenn Mikrotext nicht in Verbindung mit anderen Sicherheitsmerkmalen eingesetzt wird

Quellen / Experten

[Bub11-ol] BUNDESBANK: Falschgelderkennung, 18. Juli 2011
[Bun11-ol] BUNDESDRUCKEREI: Neuer Personalausweis – Elektronischer Reisepass, 1. Juni 2011
[Dor09] DORMANN, B., 2009
[Gra06] GRATZL, C., 2006
[WG07] VON WELSER, M.; GONZALES, A., 2007

Rauschmustercodierung

Kurzbeschreibung

Bei einem Rauschmuster werden digital programmierte Sicherheitsalgorithmen als Bild generiert. Das dadurch entstehende verschlüsselte Muster wird anschließend per Druck oder Laser als schwarz-weißer Bereich auf dem Produkt erzeugt.

Anwendungen / Vorgehen

Die Verwendung eines zufälligen, nicht reproduzierbaren Rauschmusters erlaubt durch Scannen und Abgleich mit einer Datenbank den Echtheitsnachweis von Produkten und Verpackungen.

Die Sicherheitslösung „BitSecure" der Firma Schreiner ProSecure nutzt ein hoch aufgelöstes Zufallsmuster, dessen Feinheiten nicht mit bloßem Auge sichtbar sind. Das sogenannte BitSecure-Pattern kann in bestehende Kennzeichnungsverfahren integriert werden. Darin lassen sich variable Informationen wie Seriennummern, KeySecure-Codes oder Referenzierungen zu Auftragsnummern speichern. Dieses Rauschmuster wird in einer sicheren Datenbank hinterlegt [Sch12-ol].

Unternehmensbereiche

- ☐ Produktplanung
- ☐ Entwicklung / Konstruktion
- ☐ Einkauf
- ☐ Arbeitsvorbereitung
- ☐ Fertigung
- ☒ Vertrieb
- ☐ Service

Kategorie Schutzmaßnahme

- ☐ Strategische Maßnahme
- ☐ Produktbezogene Maßnahme
- ☐ Prozessbezogene Maßnahme
- ☒ Kennzeichnende Maßnahme
- ☐ IT-Maßnahme
- ☐ Rechtliche Maßnahme
- ☐ Kommunikationsmaßnahme

Anwendungsbeispiel

Bei dem digitalen Sicherheitsmerkmal „BitSecure" der Schreiner Group werden Rauschmuster genutzt. Aus einer Datenbank wird der individuelle Strukturverlauf für das Rauschmuster abgerufen. Die für das Auge nicht sichtbaren erzeugten Strukturen können nur in Verbindung mit erheblichen Qualitätsverlusten reproduziert werden [Sch09-ol].

© Schreiner ProSecure

Vorteile

- Inkludierung eines Elektronischen Produkt-Codes (EPC) zur eineindeutigen Identifizierung möglich
- Track-and-Trace-kompatibel

Nachteile

- Häufig spezielle Prüfgeräte notwendig

Quellen / Experten

[Sch09-ol] SCHREINER GROUP: Digitale Kopierschutzlösung MediaSignTM Brand von der Thomson-Gruppe übernommen. Unter: http://www.schreiner-group.de/unternehmen/presse/schreiner-prosecure/digitale-kopierschutzloesung-mediasigntm-brand-von-der-thomson-gruppe-uebernommen, 12. August 2011

[Sch12-ol] SCHREINER GROUP: Echtheitsnachweis mit System. Unter: http://www.schreiner-bitsecure.com/0/systemintegration, 9. März 2012

RFID

Kurzbeschreibung

RFID (radio-frequency-identification) ist eine Technologie, die einen Datenaustausch ermöglicht. Der Datenaustausch findet statt zwischen einem Datenträger, dem sogenannten Transponder, und einer Lese-/Schreibeinrichtung, dem Scanner [FD06]. RFID dient zur Kennzeichnung und Rückverfolgung physischer Objekte.

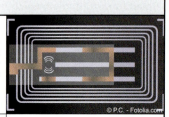

Anwendungen / Vorgehen

RFID-Systeme bestehen aus zwei technischen Komponenten: dem Transponder und dem Lesegerät. Der Transponder oder RFID-Tag ist am Produkt angebracht und kann gespeicherte Daten an ein Lesegerät senden. Wird vom Lesegerät ein Signal ausgesendet, senden alle Transponder in Reichweite daraufhin ihre gespeicherten Daten an das Lesegerät zurück. Aktive Transponder haben eine eigene Stromversorgung, passive nicht. Das Auslesen ist auch ohne Sichtkontakt durch Gewebe, Plastik und andere Materialien bei Reichweiten bis zu 30 Metern möglich.

Derzeit werden RFIDs häufig für elektronische Artikelnummern verwendet, die produktindividuelle Daten beinhalten. Dabei erhält jedes Produkt sein eigenes Kennzeichen und kann über die gesamte Logistikkette verfolgt werden. Die Transponder können aufgrund ihrer äußerst geringen Größe (moderne Transponder haben Größe von 0,05 mm x 0,05 mm x 5 μm) in viele Waren integriert werden [Hei07-ol]. RFID-Tags werden kontinuierlich weiterentwickelt. Beispielsweise bietet die Firma Schreiner LogiData RFID-Tags an, die für Temperaturen bis zu 220 °C geeignet sind [Sch11-ol]. RFIDs müssen jedoch vor unberechtigtem Zugriff geschützt werden.

Unternehmensbereiche

- ☐ Produktplanung
- ☐ Entwicklung / Konstruktion
- ☐ Einkauf
- ☐ Arbeitsvorbereitung
- ☐ Fertigung
- ☑ Vertrieb
- ☐ Service

Kategorie Schutzmaßnahme

- ☐ Strategische Maßnahme
- ☐ Produktbezogene Maßnahme
- ☐ Prozessbezogene Maßnahme
- ☑ Kennzeichnende Maßnahme
- ☑ IT-Maßnahme
- ☐ Rechtliche Maßnahme
- ☐ Kommunikationsmaßnahme

Anwendungsbeispiele

Die Eintrittskarten bei der Fußballweltmeisterschaft 2006 in Deutschland enthielten einen RFID-Tag. Vor Ticketausgabe wurden in dem Tag Daten des Ticketinhabers gespeichert. Durch Authentifizierung am Stadioneingang wurde der Zugang erteilt oder verweigert [ULD11-ol].

© Jürgen Fälchle - Fotolia.com

Das Bekleidungsunternehmen Gerry Weber International AG verwendet als Warensicherungskomponente einen RFID-Chip. Der Chip wird in ein textiles Pflegeetikett an der Innenseite des Bekleidungsstücks integriert und enthält keine personalisierten Daten [Sic11-ol].

© fotomann - Fotolia.com

Vorteile

- Kein direkter Kontakt mit dem Lesegerät notwendig
- Eineindeutige Identifizierung des Produktes
- Flexible Datenhandhabung auf dem Transponder

Nachteile

- Manipulationsfähigkeit an den Schnittstellen des RFID-Systems (Transponder – Lesegerät)
- Metallische Umgebungen erschweren die Datenauslesung
- (Noch) keine Prüfung für den Endverbraucher möglich [SS11]

Quellen / Experten

[FD06]   FRANKE, W.; DANGELMAIER, W. (Hrsg.), 2006
[Hei07-ol]   HEISE ONLINE: Hitachi treibt Miniaturisierung von RFID-Tags voran, 17. August 2011
[Sch11-ol]   SCHREINER GROUP: (rfid)-HighTemp Label – Wenn es heiß wird. 12. August 2011

[Sic11-ol]   SICHERHEIT.INFO: RFID als Warensicherung, 2011
[SS11]   STEPHAN, M.; SCHNEIDER, M. (Hrsg), 2011
[ULD11-ol]   UNABHÄNGIGES LANDESZENTRUM FÜR DATENSCHUTZ SCHLESWIG-HOLSTEIN: RFID-Chips, 2011

Schutz von RFID-Kennzeichnung

Kurzbeschreibung

Der Schutz von RFID-Kennzeichnung fokussiert den Schutz der leicht angreifbaren RFID-Transponder. Mithilfe verschiedener Identifizierungsmerkmale zwischen Transponder und Lesegerät soll bereits vor Datenübertragung eine sichere Datenübertragungsebene geschaffen werden.

© openwater - Fotolia.com

Anwendungen / Vorgehen

Um zu verhindern, dass unberechtigt Informationen aus der Kommunikation zwischen Transponder und Lesegerät entnommen werden, kann eine Authentifizierung der Lesegeräte eingerichtet werden. Erst wenn sich die RFID-Lesegeräte authentifiziert haben, können sie die Informationen lesen, die sie vom Transponder erhalten haben. Eine andere Möglichkeit ist, dass die Etiketten (am Produkt, inklusive RFID) die Informationen direkt an einen Leser adressieren. Dadurch können fremde Lesegeräte die Informationen nicht auswerten. Zum Schutz der Informationsdatenbanken existiert ein Ansatz, bei dem Daten beim Kunden nicht mehr gespeichert werden, sondern nur kurzzeitig zur Verfügung stehen (z. B. von der Firma SAP). Da das Auslesen von RFID-Transpondern sehr einfach ist, müssen Informationen auf dem Transponder in verschlüsselter Form vorliegen. Verhindert wird ein Auslesen der Daten ebenfalls, indem schädliche Signale durch Schutzhüllen abgeblockt werden.

Unternehmensbereiche

- ☐ Produktplanung
- ☐ Entwicklung / Konstruktion
- ☐ Einkauf
- ☐ Arbeitsvorbereitung
- ☐ Fertigung
- ☑ Vertrieb
- ☐ Service

Kategorie Schutzmaßnahme

- ☐ Strategische Maßnahme
- ☐ Produktbezogene Maßnahme
- ☐ Prozessbezogene Maßnahme
- ☑ Kennzeichnende Maßnahme
- ☑ IT-Maßnahme
- ☐ Rechtliche Maßnahme
- ☐ Kommunikationsmaßnahme

Anwendungsbeispiele

Durch das von IBM entwickelte Verfahren „Clipped Tags" ist der Bereich der Lesbarkeit des Transponders aufgrund einer gekürzten Antenne bis auf wenige Zentimeter regulierbar. Das Auslesen der auf dem RFID-Transponder befindlichen Daten ist somit nur

© Ideeah Studio - Fotolia

auf einen bestimmten Bereich beschränkt. Dadurch wird ein erhöhter Schutz (Datenschutz) vor dem Auslesen der Daten durch unbefugte Dritte gewährleistet [Por06-ol].

Die Viadis GmbH vertreibt RFID-Schutzhüllen, wodurch elektromagnetische Wellen abgeblockt und Daten (beispielsweise vom Reisepass) nicht von Unbefugten ausgelesen werden [Via11-ol]. Diese Schutzhüllen werden vom Schweizer Bundesamt für Kommunikation (BAKOM) empfohlen [Bak08-ol].

© Heinz Nixdorf Institut

Vorteile

- Möglichkeit der Einrichtung einer Passwortabfrage vor Auslesen der Daten über Kommunikationsprotokolle

Nachteile

- Doppelte Kosten durch: erstens Einsatz des RFID und zweitens Schutz der RFID-Maßnahme

Quellen / Experten

[Bak08-ol]   BUNDESAMT FÜR KOMMUNIKATION BAKOM: Gemessene Passleser. Unter: http://www.epiguard.ch/shop/ProdukteDetails/Messbericht_Bakom.pdf, 4. Oktober 2011

[Por06-ol]   PORTAL-21 ONLINEVERLAG: IBM lizenziert die Clipped-Tag-Technologie an Marnlen RFID. Unter: http://www.e-mobility-21.de/nc/related-e-auto-news/artikel/12594-ibm-lizenziert-die-clipped-tag-technologie-an-marnlen-rfid/187/, 12. August 2011

[Via11-ol]   VIADIA (Hrsg.): RFID Shielding Produkte. Unter: http://www.pointprotect.de/, 12. August 2011

Sicherheitsanstanzung

Kurzbeschreibung

Bei der Sicherheitsanstanzung wird mithilfe einer Stanze ein Abdruck in die Materialoberfläche gepresst.

© Franck Boston - Fotolia.com

Anwendungen / Vorgehen

Durch spezielle Werkzeuge werden Produktverpackungen produziert, die ein offenes Sicherheitsmerkmal in Form einer Sicherheitsanstanzung mit sich führen. Diese Anstanzung wird während der Produktion meist unter geringem Aufwand in Form eines überflüssigen Kartons oder eines Etiketts eingebracht. Was im Anschluss für den Kunden den Anschein eines Produktionsfehlers macht, dient dem Originalhersteller als Echtheitsnachweis. Sobald dieses Echtheitsmerkmal von Nachahmern entdeckt wird, ist es leicht zu kopieren. Aus diesem Grund ist die Schutzleistung dieser Schutzmaßnahme als gering einzustufen.

Unternehmensbereiche

- ☐ Produktplanung
- ☐ Entwicklung / Konstruktion
- ☐ Einkauf
- ☐ Arbeitsvorbereitung
- ☐ Fertigung
- ☑ Vertrieb
- ☐ Service

Kategorie Schutzmaßnahme

- ☐ Strategische Maßnahme
- ☐ Produktbezogene Maßnahme
- ☐ Prozessbezogene Maßnahme
- ☑ Kennzeichnende Maßnahme
- ☐ IT-Maßnahme
- ☐ Rechtliche Maßnahme
- ☐ Kommunikationsmaßnahme

Anwendungsbeispiel

Die KAMA GmbH entwickelt Stanz-/Prägeautomaten, mit denen Hologramme auf Verpackungsmaterialien als Sicherheitsmerkmal gestanzt werden können [Kam07-ol]. Die Waissraum-Veredelungsmanufaktur verwendet das Prägesystem ProCut 53 der KAMA GmbH, um beispielsweise Heißfolienprägungen auf Kartons zu fertigen. Es werden verschiedenste Farbnuancen auf den Folien erzeugt, um Einzigartigkeit und Produktschutz zu gewährleisten [Wai11-ol].

© PhotographyByMK - Fotolia.com

Vorteile

- Das Merkmal ist nach der Anstanzung nicht auf ein anderes Produkt übertragbar
- Schnelle (optische) Prüfung möglich

Nachteile

- Leicht kopierbares Merkmal

Quellen / Experten

[Kam07-ol] KAMA: KAMA Stanze prägt Hologramm. Unter: http://www.kama.info/presseportal.php?show=solo&id=14, 12. August 2011
[Wai11-ol] WAISSRAUM: Der Stanzautomat KAMA ProCut 53. Unter: http://www.waissraum.de/technik.html, 4. Oktober 2011

Sicherheitsetikett und Siegel

Kurzbeschreibung

Sicherheitsetiketten und Siegel sind Aufkleber bzw. Klebstreifen, die am Verpackungsmaterial eines Produktes angebracht werden.

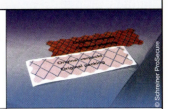

Anwendungen / Vorgehen

Um ein Produkt vor Diebstahl und Manipulation zu schützen, wird an dessen Verpackung ein Erstöffnungs- und Manipulationsschutz befestigt. Sicherheitsetiketten und Siegel werden so an Stellen platziert, dass sie bei erstmaliger Öffnung durch Zerreißen irreversibel zerstört werden. Aufwendigere Techniken hinterlassen beim Entfernen zudem Rückstände wie Farbspuren oder ein Gitternetz auf dem Produkt. Gitternetze oder Siegel mit individuellen Rautenmustern zeigen ein Überkleben deutlich an. Starke Permanentkleber sorgen für optimale Haftbarkeit auch auf schwer beklebbaren Untergründen. Nur durch eine Zerstörung der Schutzmaßnahme bzw. der Zerstörung der Verpackung ist die Verwendung des Produktes möglich.

Unternehmensbereiche

- ☐ Produktplanung
- ☐ Entwicklung / Konstruktion
- ☐ Einkauf
- ☐ Arbeitsvorbereitung
- ☐ Fertigung
- ☑ Vertrieb
- ☐ Service

Kategorie Schutzmaßnahme

- ☐ Strategische Maßnahme
- ☐ Produktbezogene Maßnahme
- ☐ Prozessbezogene Maßnahme
- ☑ Kennzeichnende Maßnahme
- ☐ IT-Maßnahme
- ☐ Rechtliche Maßnahme
- ☐ Kommunikationsmaßnahme

Anwendungsbeispiel

Das Unternehmen Schreiner ProSecure hat ein Verpackungssiegel entwickelt, das bei Öffnung der Verpackung zerstört wird [Sps11-ol]. Die Firma KARL STORZ verwendet den Nachweis zur Originalitätsgarantie ihrer Endoskopiekoffer [Vis11-ol].

© Schreiner ProSecure

Vorteile

- Erhöht die wahrgenommene Qualität für den Kunden
- Kein Einfluss auf den Produktionsprozess des Produktes
- Manipulationen sind leicht erkennbar [SS11]

Nachteile

- Kein direkter Schutz am Produkt

Quellen / Experten

[Gmx11-ol]   GMX: E-Mail-Siegel, 12. August 2011
[Vis11-ol]   VISAVIS: Öffnungsnachweis für Endoskopiekoffer, 4. Oktober 2011
[Sps11-ol]   SCHREINER PROSECURE: Damit Verpacktes verpackt bleibt, 12. August 2011
[SS11]   STEPHAN, M.; SCHNEIDER, M. (Hrsg): Marken- und Produktpiraterie, Düsseldorf, 2011

Sicherheitspapier

Kurzbeschreibung

Sicherheitspapiere weisen Eigenschaften auf, die die Nachahmung der auf ihnen gedruckten Dokumente erschweren. Sie stellen ein Hindernis für illegale Kopiervorgänge dar, indem sie die Authentizität des Dokumentes sichern.

© Sergey Ilin - Fotolia.com

Anwendungen / Vorgehen

Papier kann in einem Fertigungsverfahren so bearbeitet werden, dass mehrstufige Wasserzeichen und/oder Sicherheitsfäden integriert werden. Zusätzlich werden bei Sicherheitspapieren Farben verwendet, die ausschließlich unter Infrarotlicht sichtbar sind oder auch 3-D-Effekte beinhalten. Das Einbringen der Sicherheitsmerkmale ist sowohl in sichtbarer als auch in unsichtbarer Form möglich. Sicherheitspapiere erfüllen die unterschiedlichen Ansprüche an die papierphysikalischen Eigenschaften und beschränken die Anwendungsmöglichkeiten nicht, d.h., sie bleiben trotzdem bedruckbar und beschreibbar.

Unternehmensbereiche

- ☐ Produktplanung
- ☐ Entwicklung / Konstruktion
- ☐ Einkauf
- ☐ Arbeitsvorbereitung
- ☐ Fertigung
- ☑ Vertrieb
- ☐ Service

Kategorie Schutzmaßnahme

- ☐ Strategische Maßnahme
- ☐ Produktbezogene Maßnahme
- ☐ Prozessbezogene Maßnahme
- ☑ Kennzeichnende Maßnahme
- ☐ IT-Maßnahme
- ☐ Rechtliche Maßnahme
- ☐ Kommunikationsmaßnahme

Anwendungsbeispiele

Das bayerische Landesjustizprüfungsamt verwendet ein von der Bundesdruckerei hergestelltes Sicherheitspapier für seine Examenszeugnisse [Jus11-ol].

© Wißmann Design - Fotolia.com

Die Kassenärztliche Vereinigung Bayern gibt ihren Arztpraxen die Möglichkeit, die Verordnung einer Krankenbeförderung selbst auf rosafarbenem DIN-A5-Sicherheitspapier zu erstellen [Tax11-ol].

© Klaus Eppele - Fotolia.com

Vorteile

- Nur mit hohem technischem Aufwand kopierbar
- Teilweise doppelter Sicherheitsschutz durch blaues Muster (Hintergrund) und gelbe Prüfnummer (Vordergrund)

Nachteile

- Für unsichtbare Sicherheitsmerkmale zusätzliches Prüfgerät notwendig

Quellen / Experten

[Jus11-ol] JUSTIZ IN BAYERN: Sicherheitsmerkmale der Originalexamenszeugnisse. Unter: http://www.justiz.bayern.de/pruefungsamt/staatspruefung/zeugnis/, 12. August 2011

[Tax11-ol] TAXI MÜNCHEN: Verordnung einer Krankenbeförderung (VEK). Unter: http://www.taxi-muenchen.com/taxigewerbe/informationen/faqgewerbe.html, 5. Oktober 2011

Sicherheitsstreifen

Kurzbeschreibung

Ein Sicherheitsstreifen besteht aus einem metallischen Faden, der eine individuell fortlaufende Beschriftung beinhaltet. Dieser Echtheitsnachweis wird bei der Produktion in das Produkt oder dessen Verpackung integriert.

Anwendungen / Vorgehen

Sicherheitsstreifen können sowohl eine sichtbare als auch eine unsichtbare Schutzkomponente darstellen. Mit einer Breite von bis zu 5 mm werden die Streifen während der Papierherstellung in die Papiermasse eingebracht. Eingearbeitet in Papier ist der Sicherheitsstreifen als sichtbares Sicherheitsmerkmal mit Strukturen, Nanotexten und Effekten bestückt. Die Prüfung der sichtbaren Variante kann mit dem bloßen Auge vorgenommen werden.
Der unsichtbare Sicherheitsstreifen wird mit maschineller Hilfe überprüft. Dabei wird der mit dem Sicherheitsstreifen versehene Bereich beispielsweise unter Schwarzlicht ausgeleuchtet und die Sicherheitsmerkmale werden so sichtbar. Der unsichtbare Sicherheitsstreifen bietet einen höheren Sicherheitsstatus als der sichtbare, seine Prüfung ist jedoch mit einem erhöhten Aufwand verbunden.

Unternehmensbereiche

- ☐ Produktplanung
- ☐ Entwicklung / Konstruktion
- ☐ Einkauf
- ☐ Arbeitsvorbereitung
- ☐ Fertigung
- ☑ Vertrieb
- ☐ Service

Kategorie Schutzmaßnahme

- ☐ Strategische Maßnahme
- ☐ Produktbezogene Maßnahme
- ☐ Prozessbezogene Maßnahme
- ☑ Kennzeichnende Maßnahme
- ☐ IT-Maßnahme
- ☐ Rechtliche Maßnahme
- ☐ Kommunikationsmaßnahme

Anwendungsbeispiele

Die Hartmann GmbH stellt Spezialetiketten her, in denen ein Sicherheitsfaden integriert ist. Diese Etiketten werden zur Identifikation der Originalität bei Kosmetik- und Pharmapräparaten verwendet [Har11-ol].

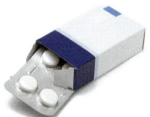

© Radu Razvan - Fotolia.com

Die Augentropfen Dorzolamid des Unternehmens Hexal werden in einer Flasche vertrieben, die mit einem Sicherheitsstreifen am Flaschenhals geschützt ist. Dieser Streifen wird bei Erstbenutzung der Tropfen zerstört [Dia11-ol].

© rare - Fotolia.com

Vorteile

- Sehr schwer kopierbar
- Berührungslose Prüfung möglich

Nachteile

- Eingeschränkter Schutz, da offenes Sicherheitsmerkmal beim sichtbaren Sicherheitsstreifen

Quellen / Experten

[Dia11-ol]   DIAGNOSIA: Dorzolamid + Timolol Arcana 20 mg/ml + 5 mg/ml Augentropfen. Unter: http://www.diagnosia.com/de/medikament/dorzolamid-timolol-arcana-20-mgml-5-mgml-augentropfen, 12. August 2011
[Har11-ol]   HARTMANN ETIKETTEN: Spezialprodukte – Selbstklebeprodukte für Sicherheitsanwendungen. Unter: http://www.hartmann-etiketten.de/download/Spezialprod.pdf, 12. August 2011

Siebdruck und Prägen

Kurzbeschreibung

Beim Siebdruck und Prägen entsteht ein fühlbarer Schriftzug, der durch einfaches Kopieren nicht erzeugt werden kann.

© ausdruck23 - Fotolia.com

Anwendungen / Vorgehen

Der Siebdruck ist ein Druckverfahren, bei dem das Druckbild entsteht, indem die Farbe mit der sogenannten Rakel durch die durchlässigen Maschen eines Siebes auf den darunter befindlichen Druckstoff gepresst wird. Die Rakel besteht beim Siebdruck aus einem quadratischen Körper, der mit einem Stahlband zur Stabilität durchzogen ist. Durch die Variation der Farbtiefe an unterschiedlichen Stellen des Druckbereiches entstehen verschieden dicke Farbschichten. Dadurch kann das Verfahren sowohl bei flachen Körpern wie Papier und Folien als auch runden Körpern wie Flaschen zur Kennzeichnung angewendet werden.

Das Prägen ist ein Druckverfahren, bei dem zunächst das Negativ (negatives Druckbild) auf eine Druckplatte aufgebracht wird. Per Tiefdruckverfahren wird das Muster in das Arbeitsmaterial gedruckt. Das Relief beim Prägen kann ein- oder mehrfarbig gestaltet werden.

Unternehmensbereiche

- ☐ Produktplanung
- ☐ Entwicklung / Konstruktion
- ☐ Einkauf
- ☐ Arbeitsvorbereitung
- ☐ Fertigung
- ☑ Vertrieb
- ☐ Service

Kategorie Schutzmaßnahme

- ☐ Strategische Maßnahme
- ☐ Produktbezogene Maßnahme
- ☐ Prozessbezogene Maßnahme
- ☑ Kennzeichnende Maßnahme
- ☐ IT-Maßnahme
- ☐ Rechtliche Maßnahme
- ☐ Kommunikationsmaßnahme

Anwendungsbeispiel

An der Verpackung der Schnupfendragees Sinupret des Pharmaherstellers Bionorica befindet sich eine dreidimensionale optisch variable Prägung. Durch Kippen der Verpackung wird das aufgedruckte Relief sichtbar [Pfl11-ol].

© Marc Dietrich - Fotolia.com

Vorteile

- Keine Übertragung auf andere Produkte möglich
- Robust gegenüber mechanischer und chemischer Beanspruchung

Nachteile

- Nur grobe Strukturen/Raster verwendbar

Quellen / Experten

[Pfl11-ol]   PFLÜGGE, S.: Grün, sicher, bequem – Die Verpackungstrends 2011. Unter: http://www.4-c.at/stories/artikel/Interpack_2011/Gruen_sicher_bequem_Die_Verpackungstrends_2011/aid/5208/p/2?analytics_from=pages, 12. August 2011

Spezialtinte

Kurzbeschreibung

Spezialtinte besteht aus Flüssigkristallen, die reagieren, wenn versucht wird, gedruckte Angaben zu ändern oder zu löschen. Beim Schutz mit Spezialtinte reagieren geschützte Produkte oder Verpackungen bei Manipulationsversuchen chemisch.

© artcalin - Fotolia.com

Anwendungen / Vorgehen

Auf eine Verpackung oder ein Produkt wird ein sichtbares oder unsichtbares Merkmal der Spezialtinte aufgebracht. Sie besteht aus Flüssigkristallen und bestimmten Zugaben, die das Fließverhalten und andere Eigenschaften beeinflussen. Versuche von Änderungen auf der Oberfläche können so mithilfe von Hilfsmitteln aufgedeckt werden. Der Nachweis der Originalität erfolgt mittels spezieller Hilfsmittel (z. B. UV-Licht). Einige Tinten sind so empfindlich, dass sie schon bei einem Wechsel des Umfelds reagieren. Diese Reaktion ist dann nur mit speziellem Werkzeug nachweisbar [Fuc06]. Spezialtinte dient auch als ergänzendes Kennzeichnungsmerkmal. Beispielsweise kann der Hersteller von Glasflaschen eine diskrete Kennzeichnung am Unterboden der Flasche vornehmen. Der Getränkehersteller wiederum führt eine weitere Kennzeichnung am Flaschenhals durch. Spezialtinte ist des Weiteren kombinierbar in Verbindung mit einem Sicherheitssiegel (außerhalb des Produktes) und weiteren Schutzmaßnahmen (Sicherheitsstreifen, RFID etc.).

Unternehmensbereiche

- ☐ Produktplanung
- ☐ Entwicklung / Konstruktion
- ☐ Einkauf
- ☐ Arbeitsvorbereitung
- ☐ Fertigung
- ☑ Vertrieb
- ☐ Service

Kategorie Schutzmaßnahme

- ☐ Strategische Maßnahme
- ☐ Produktbezogene Maßnahme
- ☐ Prozessbezogene Maßnahme
- ☑ Kennzeichnende Maßnahme
- ☐ IT-Maßnahme
- ☐ Rechtliche Maßnahme
- ☐ Kommunikationsmaßnahme

Anwendungsbeispiele

Bei dem Verfahren INFA-CIO des Unternehmens Giesecke & Devrient wird eine Spezialtinte verwendet, die nur unter UV-Licht sichtbar ist. Eingesetzt wurde diese Tinte u. a. bei dem Druck von Fotos auf 600.000 neuen Reisepässen und 400.000 neuen Führerscheinen für den Kosovo [Dev08-ol].

© Gunnar Assmy - Fotolia.com

Die dokumentenechte Sicherheitstinte im Komdruck IDP (Ink-Dokument-Printer) ermöglicht es, Dokumente unter anderem durch biometrisch bedruckte Daten zu personalisieren [Kom11-ol]. Eingesetzt wird die Tinte bei unterschiedlichen Behörden, z. B. bei der Gemeinde Geisingen [Gei10-ol].

© Felix Pergande - Fotolia.com

Vorteile

- Markierung des Bauteils im Inneren möglich
- Verzehr der Tinte ist häufig ungefährlich (geeignet für Pharmaindustrie)
- Bei proprietären Kennzeichnungen, die nicht vom Produkt getrennt werden können, sehr hohe Schutzwirkung [Mei11]

Nachteile

- Für Kleinteile (Elektrotechnik) ungeeignet, da Platzmangel

Quellen / Experten

[Dev08-ol] GIESECKE & DEVRIENT, 4. OKTOBER 2011
[Fuc06] FUCHS, H. J. (Hrsg.), 2006
[Gei10-ol] STADT GEISINGEN, 2011
[Kom11-ol] KOMDRUCK, 2011
[Mei11] MEIWALD, T., 2011

Chemische Marker

Kurzbeschreibung

Durch Beimischung von chemischen Markierungsstoffen in ein Produkt kann dieses später identifiziert werden. Ein Kopieren dieser Markierungen ist äußerst aufwendig, da der chemische Code nur anhand der Rezeptur und der Prozessparameter reproduziert werden kann.

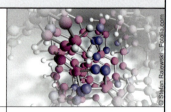

Anwendungen / Vorgehen

Für die chemische Markierung werden Markierungsstoffe eingesetzt, die insbesondere als keramische Partikel in flüssigem, festem oder pulverförmigem Zustand Materialien wie Papierfaserbrei, Metallen, Lacken, Glas oder Kunststoff beigemischt werden. Die Integration der Markierung erfolgt also im Herstellungsprozess. Der Nachweis dieser Markierungsstoffe ist mit Röntgen-Fluoreszenz-Spektroskopen möglich, da sie eine Konzentration von weniger als fünf Teilen pro einer Million Teile haben. Jedes der Teilchen enthält die gesamte Information des Markers. So lassen sich firmenspezifische Daten als „chemische Information" verschlüsseln, welche die Individualität des Produktes beweisen können.

Um einen günstigen Schnelltest zu ermöglichen, kann zusätzlich ein Upconversion-Marker mit dem chemischen Markierungsstoff vermischt werden. Dieser erzeugt bei Beleuchtung mit einem IR-Laser eine sichtbare Lumineszenz und ist dadurch leicht nachweisbar.

Unternehmensbereiche

- ☐ Produktplanung
- ☐ Entwicklung / Konstruktion
- ☐ Einkauf
- ☐ Arbeitsvorbereitung
- ☑ Fertigung
- ☑ Vertrieb
- ☐ Service

Kategorie Schutzmaßnahme

- ☐ Strategische Maßnahme
- ☑ Produktbezogene Maßnahme
- ☐ Prozessbezogene Maßnahme
- ☑ Kennzeichnende Maßnahme
- ☐ IT-Maßnahme
- ☐ Rechtliche Maßnahme
- ☐ Kommunikationsmaßnahme

Anwendungsbeispiele

Der Marker der Fa. Polysecure ist in der Masse verankert und kann durch mechanische Belastungen der Oberfläche nicht beschädigt werden. Er kann zum Kennzeichnen von Bremsbelägen genutzt werden, deren Oberflächen mechanisch und thermisch extrem beansprucht werden. Weiterhin kann er in Turbinenschaufeln eingebracht werden, bei denen technisch bedingt keinerlei Modifikationen der Oberfläche akzeptiert werden können [Pol11-ol].

© Polysecure.eu

Die chemischen Marker der Firma Polysecure sind temperaturstabil bis 2.000 °C. Sie werden in Elektrosteckern eingesetzt und können auch nach einem Brand und in der Asche noch nachgewiesen werden. Wurde z.B. ein Hausbrand durch den Kurzschluss eines Elektrosteckers, der ein minderwertiges Imitat war, ausgelöst, kann ein in Verdacht stehender Originalhersteller auch nach dem Brand noch nachweisen, dass es sich nicht um einen Originalstecker aus seinem Hause handelte [Pol11-ol].

© Polysecure.eu

Vorteile

- Nur mit spezieller Lesetechnologie erkennbar
- Nicht mechanisch zerstörbar
- Beeinflusst die Oberfläche der markierten Produkte nicht [Pol11-ol]

Nachteile

- Nachweis erfordert ein mobiles Röntgen-Fluoreszenz-Spektrometer als Prüfgerät

Quellen / Experten

[Pol11-ol]   POLYSECURE: Anwendung. Unter: http://www.polysecure.eu/deutsch/anwendung/widerstandsfaehigkeit.html, 29. September 2011

Digitale Wasserzeichen

Kurzbeschreibung

Digitale Wasserzeichen sind nicht sichtbare Markierungen von Daten wie z.B. Bilder, Videos und Audiomaterial. Mit ihrer Hilfe kann die Authentizität von Datenmaterial nachgewiesen werden.

Anwendungen / Vorgehen

Digitale Wasserzeichen werden auf Verpackungen und Etiketten unsichtbar angebracht. Die Informationen entstehen durch einen auf die Daten angewandten Algorithmus, der die Datei gezielt verändert. Dieses Vorgehen basiert auf kryptografischen und steganografischen Techniken. Diese Wasserzeichen können beliebige verschlüsselte Informationen wie etwa Daten vom Eigentümer oder Empfänger tragen. Weiterhin können gedruckte, personenbezogene Daten z.B. in ein Ausweisbild integriert werden, wodurch eine Manipulation des Bildes oder Textes erkannt werden kann. Die Wasserzeichen lassen sich beliebig kopieren, die Informationen des Erstnutzers bleiben jedoch erhalten, da das Wasserzeichen untrennbar mit den schützenswerten Daten verbunden ist.

Digitale Wasserzeichen können mit einem einfachen Scanner, einer Webcam oder einer Digitalkamera mit entsprechender Software verifiziert werden.

Unternehmensbereiche

- ☐ Produktplanung
- ☐ Entwicklung / Konstruktion
- ☐ Einkauf
- ☐ Arbeitsvorbereitung
- ☐ Fertigung
- ☑ Vertrieb
- ☐ Service

Kategorie Schutzmaßnahme

- ☐ Strategische Maßnahme
- ☐ Produktbezogene Maßnahme
- ☐ Prozessbezogene Maßnahme
- ☑ Kennzeichnende Maßnahme
- ☐ IT-Maßnahme
- ☐ Rechtliche Maßnahme
- ☐ Kommunikationsmaßnahme

Anwendungsbeispiele

Durch digitale Wasserzeichen werden in einer digitalen Fotografie Hinweise auf den Fotografen oder die Bildagentur versteckt eingebracht [Fra11-ol]. Dies wird z.B. von der Bilddatenbank „Educational Pictures" verwendet [Edu11-ol].

© Scott Maxwell - Fotolia.com

„Video-on-demand-Downloads" lassen sich für verschiedene Kunden unterscheiden. Im Falle einer unrechtmäßigen Weitergabe des Videos, z.B. über ein Peer-to-Peer-Netzwerk wie Napster, lässt sich stets der ursprüngliche Kunde feststellen [Fra11-ol].

© tavi - Fotolia.com

Vorteile

- Beständigkeit der Markierung auch bei Formatumwandlung
- Eingebettete Informationen robust gegenüber Manipulation

Nachteile

- Signifikante Veränderung der Daten hat Beschädigung oder Zerstörung des Wasserzeichens zur Folge [Mei11]

Quellen / Experten

[Edu11-ol] EDUCATIONAL PICTURES: Allgemeine Nutzungs- und Geschäftsbedingungen. Unter: http://www.pixelasm.com/a/mp_ep/agb_de.htm, 29. September 2011

[Fra11-ol] FRAUNHOFER SIT: Schutz des Urheberrechts – Kopien verfolgen. Unter: http://watermarking.sit.fraunhofer.de/Anwendungen/Schutzziele/Urheberschutz/index.jsp, 1. Juni 2011

[Mei10] MEIMANN, V.: Ein Beitrag zum ganzheitlichen Know-how-Schutz von virtuellen Produktmodellen in Produktentwicklungsnetzwerken. Dissertation, Ruhr-Universität Bochum, Fakultät für Maschinenbau, 2010

DNA-Kennzeichnung

Kurzbeschreibung

Die langen Molekülketten der DNA erlauben Milliarden mögliche Kombinationen. Zum Einsatz als Sicherheitstechnologie werden diese synthetisch erzeugt. Mit den künstlich erzeugten DNA-Stücken lassen sich nach dem Schlüssel-Schloss-Prinzip Fälschungen erkennen.

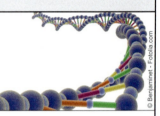
© Benjaminet - Fotolia.com

Anwendungen / Vorgehen

Die Doppelstränge von künstlich erzeugter DNA werden getrennt und dann wird jeweils ein Stück auf Oberflächen von Verpackungen unsichtbar aufgetragen oder in Aufkleber eingefügt. Das Gegenstück wird in der Tinte eines Spezialstifts festgehalten. Auf der Suche nach Fälschungen wird der Spezialstift über das DNA-Etikett geführt. Nur bei Übereinstimmung, also bei Ergänzung der gegenüberliegenden Basen, leuchtet das System auf und die Ware kann von einem Scanner als echt identifiziert werden. Dieser Test erfolgt innerhalb weniger Sekunden nach dem Schlüssel-Schloss-Prinzip.

In den DNA-Strängen können auch Informationen digital gespeichert werden. Bei diesem als DNA-Computing bezeichneten Verfahren werden DNA-Nachrichten wie bei einem Computer als Folge von Nullen und Einsen codiert. Den organischen Basen der DNA werden dazu Zahlen zugeordnet [Fuc06].

Unternehmensbereiche

- ☐ Produktplanung
- ☐ Entwicklung / Konstruktion
- ☐ Einkauf
- ☐ Arbeitsvorbereitung
- ☐ Fertigung
- ☑ Vertrieb
- ☐ Service

Kategorie Schutzmaßnahme

- ☐ Strategische Maßnahme
- ☐ Produktbezogene Maßnahme
- ☐ Prozessbezogene Maßnahme
- ☑ Kennzeichnende Maßnahme
- ☐ IT-Maßnahme
- ☐ Rechtliche Maßnahme
- ☐ Kommunikationsmaßnahme

Anwendungsbeispiele

Das Logistikunternehmen Movianto nutzt DNA-Kennzeichnung zur Markierung von Medikamentenverpackungen [BS08].

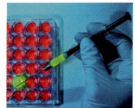
© Sirer - Fotolia.com

Das Pharmaunternehmen Bristol-Myers Squibb versieht seine Medikamentenverpackungen mit DNA-gekennzeichneten Etiketten, um den Weg jedes Medikamentes verfolgen zu können [Fuc06].

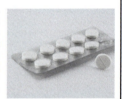
© Schlierner - Fotolia.com

Vorteile

- Hohe Fälschungssicherheit durch hohe Anzahl an Kombinationsmöglichkeiten
- Hohe Codierungskapazität

Nachteile

- Aufwendiges Verfahren [Dor09]
- Passender Prüfstift für jeden Code zur Authentifizierung notwendig

Quellen / Experten

[BS08]   BOCKHORNI, F.; SCHUBERTH, S.: Genetischer Fingerabdruck für Medikamente. LABO, S. 36-39, Oktober 2008
[Dor09] DORMANN, B.: Strategien und Anwendungsfelder technischer Schutzmaßnahmen zur Bekämpfung von (Produkt-)Piraterie. Diplomarbeit. Philipps-Universität Marburg, 2009
[Fuc06] FUCHS, H. J. (Hrsg.): Piraten, Fälscher und Kopierer – Strategien und Instrumente zum Schutz geistigen Eigentums in der Volksrepublik China. Verlag Dr. Th. Gabler, Wiesbaden, 2006

Farbcode

Kurzbeschreibung

Der Farbcode wird durch das Sandwichverfahren (Übereinanderlegen verschiedener Farbschichten) erstellt. Die unterschiedlichen Kombinationen der Schichten ermöglichen die Darstellung von mehr als 4,35 Milliarden Basisfarbcodes. Jeder Farbcode wird dabei nur einem einzigen Anwender zugeordnet.

Anwendungen / Vorgehen

8 bis 90 μm kleine, äußerst widerstandsfähige Partikel aus Melamin-Alkyd-Polymeren bilden die Basis des unsichtbaren Mikrofarbcode-Systems. Die von der 3S Simons Security Systems GmbH entwickelten Mikrofarbcodes für den rechtssicheren Plagiatschutz werden direkt auf das Produkt, auf Primär- und Sekundärverpackungen, Etiketten und Verschlussmarken aufgebracht. Die Codes können mit handelsüblichen Mikroskopen identifiziert werden. Dadurch kann ein Nachweis über die Identität des Produktes erbracht werden. Die Mikrofarbcodes sind international vor Gericht als Beweismittel anerkannt. So können unter anderem ungerechtfertigte Produkthaftungsforderungen oder Schadensersatzansprüche abgewiesen werden.

Unternehmensbereiche

- ☐ Produktplanung
- ☑ Entwicklung / Konstruktion
- ☐ Einkauf
- ☐ Arbeitsvorbereitung
- ☐ Fertigung
- ☑ Vertrieb
- ☐ Service

Kategorie Schutzmaßnahme

- ☐ Strategische Maßnahme
- ☑ Produktbezogene Maßnahme
- ☐ Prozessbezogene Maßnahme
- ☑ Kennzeichnende Maßnahme
- ☐ IT-Maßnahme
- ☐ Rechtliche Maßnahme
- ☐ Kommunikationsmaßnahme

Anwendungsbeispiele

Die INGUN Prüfmittelbau GmbH kennzeichnet die Kunststoffschachteln zur Verpackung ihrer gefederten Kontaktstifte mit speziell von 3S hergestellten und mit SECUTAG® versehenen Sicherheitsetiketten. Zusätzlich schützen die spezielle Form und das besondere Material der Verschlussmarken vor unerlaubtem Nachdruck und Manipulation [3S11-ol].

© 3S Simons Security Systems

Die European Pallet Association (EPAL) verwendet ein Sicherheitssystem für ihre Gitterboxen. Das EPAL-Prüfsiegel besteht aus einem Spezialetikett und enthält einen SECUTAG®-Microcode zum Schutz vor Fälschungen [3S11-ol].

© 3S Simons Security Systems

Vorteile

- Hohe Kopiersicherheit bei gleichzeitig geringen Kosten [Dor09]
- Sehr widerstandsfähig
- Für viele Produkte und Materialien nutzbar

Quellen / Experten

[3S11-ol]   3S GMBH: Secutag Referenzen. Unter: http://www.secutag.com/secutag/secutag_referenzen.php, 9. Februar 2012

[Dor09]   DORMANN, B.: Strategien und Anwendungsfelder technischer Schutzmaßnahmen zur Bekämpfung von (Produkt-) Piraterie. Diplomarbeit, Lehrstuhl für Technologie- und Innovationsmanagement, Philipps-Universität Marburg, 2009

Isotope Kennzeichnung

Kurzbeschreibung

Isotope sind unterschiedlich schwere Varianten eines Elements, deren Zusammensetzung von Region zu Region variiert. So ist eine absichtliche Markierung mit einem Mix an verschiedenen Isotopen möglich. Mithilfe einer Analyse kann die Zusammensetzung der Isotope einer Probe ermittelt und einer Region zugeordnet werden [Fuc06].

© Reinhard Marscha - Fotolia.com

Anwendungen / Vorgehen

Atome im Grundwasser einer Region unterscheiden sich unverwechselbar von den Grundwasseratomen anderer Regionen. Sie werden von Umweltfaktoren wie Klima und Topografie beeinflusst. Pflanzen, die das Wasser aufnehmen, nehmen gleichzeitig die Atome mit auf. Diese Isotope können über die Nahrungskette bis zu Rindern, Honig, Eiern etc. nachverfolgt und identifiziert werden, sodass deren Herkunft bestimmt werden kann [Fuc06]. So entsteht für ein Produkt ein verdeckter, schwer zu imitierender, isotopischer Fingerabdruck der Herkunft [IVA11-ol].

Für einen Originalitätsnachweis kann ein Produkt absichtlich mit Isotopen markiert werden. Der Originalitätsnachweis erfolgt durch die Bestimmung des Mengenverhältnisses der Atome. Die Untersuchung dauert jedoch mehrere Tage [Fuc06].

Unternehmensbereiche

- ☐ Produktplanung
- ☑ Entwicklung / Konstruktion
- ☐ Einkauf
- ☐ Arbeitsvorbereitung
- ☐ Fertigung
- ☐ Vertrieb
- ☐ Service

Kategorie Schutzmaßnahme

- ☐ Strategische Maßnahme
- ☑ Produktbezogene Maßnahme
- ☐ Prozessbezogene Maßnahme
- ☑ Kennzeichnende Maßnahme
- ☐ IT-Maßnahme
- ☐ Rechtliche Maßnahme
- ☐ Kommunikationsmaßnahme

Anwendungsbeispiele

Pistazien werden hauptsächlich aus der USA, dem Iran und der Türkei importiert. Für Pistazien aus den USA können aufgrund der besseren Qualität (geringerer Schimmelpilzbefall etc.) höhere Preise erzielt werden. Aus diesem Grund werden iranische Pistazien umetikettiert und als teurere, amerikanische Pistazien verkauft. Um dem entgegenzuwirken, wird zur Feststellung der Herkunftsregion der Pistazien ein isotopischer Fingerabdruck genutzt [Hei06].

© victoria p. - Fotolia.com

Vorteile

- Vorbeugen von Produktpiraterie durch Lizenzierung

Nachteile

- Wirkt nicht bei Verkauf von Produkten, die aus illegaler Überproduktion durch lizenzierte Unternehmen stammen

Quellen / Experten

[Fuc06]   FUCHS, H. J. (Hrsg.): Piraten, Fälscher und Kopierer – Strategien und Instrumente zum Schutz geistigen Eigentums in der Volksrepublik China. Verlag Dr. Th. Gabler, Wiesbaden, 2006

[Hei06]   HEIER, A.: Nachweis der geografischen Herkunft von Pistazien anhand der Stabilisotopenverhältnisse. Bundesinstitut für Risikobewertung, Berlin, 2006

[IVA11-ol] INDUSTRIEVERBAND AGRAR: Schwere Isotope verraten Herkunft von Waren. Unter http://www.iva.de/profil-online/umwelt-verbraucher/schwere-isotope-verraten-herkunft-von-waren, 8. Juli 2011

Infrarot- / Ultraviolett-Farbpigmente

Kurzbeschreibung

IR-/UV-Farbpigmente sind verdeckte Merkmale, die bei Anregung mit IR-/UV-Licht Licht einer bestimmten Wellenlänge emittieren. Sie können für einen Originalitätsnachweis verwendet werden [WG07].

Anwendungen / Vorgehen

Auf Verpackungen und Etiketten werden IR- oder UV-Farben aufgebracht. Durch Anregung mit IR- bzw. UV-Licht durch Hilfsmittel wie Schwarzlicht wird Licht einer bestimmten Wellenlänge emittiert und dieses Licht mit einem speziellen Lesegerät detektiert. Dabei wird der physikalische Effekt der Luminiszenz genutzt.

Durch dieses verdeckte Sicherheitsmerkmal kann die Originalität nachgewiesen werden. In den Farbpigmenten können jedoch keine weiteren Informationen gespeichert werden [Gün10].

Unternehmensbereiche

- ☐ Produktplanung
- ☐ Entwicklung / Konstruktion
- ☐ Einkauf
- ☐ Arbeitsvorbereitung
- ☐ Fertigung
- ☑ Vertrieb
- ☐ Service

Kategorie Schutzmaßnahme

- ☐ Strategische Maßnahme
- ☐ Produktbezogene Maßnahme
- ☐ Prozessbezogene Maßnahme
- ☑ Kennzeichnende Maßnahme
- ☐ IT-Maßnahme
- ☐ Rechtliche Maßnahme
- ☐ Kommunikationsmaßnahme

Anwendungsbeispiele

Die Euro-Banknoten besitzen eine UV-Kennzeichnung sowie eine Infrarotkennzeichnung. Bei der Prüfung mit UV-Licht verändert sich die Farbe der Europaflagge von Blau zu Gelblich Grün. Bei der Prüfung mit IR-Licht bleibt nur ein Drittel der Motive auf der Banknote erkennbar [Bub11-ol].

© Pixelwolf2 - Fotolia.com

Auf den Verschluss von (Milch-)Behältern der Molkerei Gropper wird durch einen Ink-Jet-Drucker mit für das Auge unsichtbarer UV-Tinte eine Codierung zur Kennzeichnung des Behälterinhalts aufgedruckt [Kro11-ol].

© Steve Lovegrove - Fotolia.com

Vorteile

- Einfache Prüfung [WG07]
- Verdecktes Merkmal [WG07]

Nachteile

- Eventuell maschinell entfernbar [WG07]

Quellen / Experten

[Bub11-ol] BUNDESBANK: Falschgelderkennung. Unter: http://www.bundesbank.de/bargeld/bargeld_falschgeld_5euro.php, 18. Juli 2011

[Gün10] GÜNTHNER, W. A. (Hrsg.): Leitfaden zum Schutz vor Produktpiraterie durch Bauteilkennzeichnung. Technische Universität München, 2010

[Kro11-ol] KRONES AG: Die Inspektionsmaschine sichert Perfektion. Unter: http://www.krones.cn/de/branchen/460.htm, 12. Oktober 2011

[WG07] VON WELSER, M.; GONZALES, A.: Marken- und Produktpiraterie, Wiley-VCH Verlag, Weinheim, 2007

Materialmarker mit charakteristischer Fluoreszenz

Kurzbeschreibung

Materialmarker mit charakteristischer Fluoreszenz emittieren unter Anregung mit IR- bis UV-Licht eine charakteristische Fluoreszenz.

Anwendungen / Vorgehen

Die Materialmarker können homogen in Materialien gemischt werden. Dann können die charakteristischen Parameter der Fluoreszenz an jeder Stelle mit einem speziellen optischen Detektor überprüft werden. Die optischen Eigenschaften können automatisiert ausgelesen werden. So kann effizient eine große Zahl von Produkten überprüft werden. Die Messung dauert ein bis fünf Sekunden.

Alternativ können die Materialmarker auch in ein Spezialpolymer aufgelöst und punktuell in eine Bohrung im Produkt eingespritzt werden.

Unternehmensbereiche

- ☐ Produktplanung
- ☐ Entwicklung / Konstruktion
- ☐ Einkauf
- ☐ Arbeitsvorbereitung
- ☑ Fertigung
- ☑ Vertrieb
- ☐ Service

Kategorie Schutzmaßnahme

- ☐ Strategische Maßnahme
- ☐ Produktbezogene Maßnahme
- ☐ Prozessbezogene Maßnahme
- ☑ Kennzeichnende Maßnahme
- ☐ IT-Maßnahme
- ☐ Rechtliche Maßnahme
- ☐ Kommunikationsmaßnahme

Anwendungsbeispiele

Die Materialmarker können in ein Polymer-Masterbatch extrudiert und so Kunststoffen zudosiert werden, die dann zu Spritzgussteilen verarbeitet werden. Insbesondere bei kleinen Spritzgussteilen, an denen keine Etiketten angebracht werden können, sind Materialmarker eine gute Markierungslösung.

© Polysecure.eu

Die fokussiert als „Markertropfen" eingebrachten Materialmarker können insbesondere bei Metallteilen eingesetzt werden. Zum Beispiel können funktionsrelevante Maschinenteile markiert und ihr Vorhandensein in einer Maschine kann überprüft werden. Dem Bediener kann gemeldet werden, ob Originalteile eingesetzt wurden oder nicht.

© Polysecure.eu

Vorteile

- Von den messbaren Eigenschaften kann nicht auf die spezifischen Materialmarker geschlossen werden, sie sind daher praktisch nicht kopier- und fälschbar
- Die Detektoren sind leicht, mobil und günstig, dadurch ist die breite Überprüfung im Feld und Markt möglich

Quellen / Experten

[Pol12-ol] Polysecure: Technologie. Unter: http://www.polysecure.eu/deutsch/technologie/marker.html, 14. März 2012

Nanobiotech-Kennzeichnung

Kurzbeschreibung

Aus der Kombination von Nanotechnik (vom Einzelatom bis zu Systemen mit etwa 100 Nanometern Größe) und Biotechnik (Nutzen von Enzymen, Zellen etc.) lassen sich Substanzen herstellen, die als Sicherungselemente eingesetzt werden können [Fuc06].

Anwendungen / Vorgehen

Der biologische Farbstoff Bakteriorhodopsin (BR) ändert unter intensiver Lichtbestrahlung seine Farbe von Lila ins Gelbe. Wird die Lichtquelle entfernt, nimmt er wieder seinen Ausgangsfarbton an. Wird ein mit BR beschichtetes Dokument belichtet, ändern die Elemente sofort ihre Farbe. Nachdem das Biomolekül chemisch verändert wurde, wird es als Nanopartikel verpackt, damit es als optisches Sicherungselement eingesetzt werden kann. Eine Kopie ohne BR-Beschichtung wird als Fälschung erkannt, weil sie bei Belichtung die Farbe nicht ändert [Fuc06].

Unternehmensbereiche

- ☐ Produktplanung
- ☐ Entwicklung / Konstruktion
- ☐ Einkauf
- ☐ Arbeitsvorbereitung
- ☐ Fertigung
- ☒ Vertrieb
- ☐ Service

Kategorie Schutzmaßnahme

- ☐ Strategische Maßnahme
- ☐ Produktbezogene Maßnahme
- ☐ Prozessbezogene Maßnahme
- ☒ Kennzeichnende Maßnahme
- ☐ IT-Maßnahme
- ☐ Rechtliche Maßnahme
- ☐ Kommunikationsmaßnahme

Anwendungsbeispiele

Zum Schutz von Ersatzteilen setzt die STIHL AG Bioetiketten der Firma Herma ein. Eine optisch zunächst nicht sichtbare Markierung befindet sich auf dem Etikett der Umverpackung. Wird die Oberfläche des Etiketts mit einer speziellen Testflüssigkeit beträufelt, so erscheint der Originalitätsbeweis. Dadurch kann der Originalitätsnachweis an jedem Ort erfolgen [Fuc06].

© Aktion Plagiarius e. V.

Vorteile

- Preisgünstig [Fuc06]
- Identifikationsschriftzug abwaschbar [Fuc06]
- Hohe Wiederholbarkeit in der Herstellung [Fuc06]

Quellen / Experten

[Fuc06]   Fuchs, H. J. (Hrsg.): Piraten, Fälscher und Kopierer – Strategien und Instrumente zum Schutz geistigen Eigentums in der Volksrepublik China. Verlag Dr. Th. Gabler, Wiesbaden, 2006

Oberflächenauthentifizierung

Kurzbeschreibung

Oberflächenauthentifizierung sind die visuelle Erfassung der Oberfläche eines Bauteils mittels bildgebender Verfahren und der anschließende Abgleich der Aufnahme mit hinterlegten Daten. Dies ermöglicht eine eindeutige Erkennung von Unikaten [Dor09].

Anwendungen / Vorgehen

Bei der Oberflächenauthentifizierung wird die Einzigartigkeit einer Oberflächenstruktur an einem bekannten Ort des Bauteils genutzt. Zur Erstellung einer kontrastreichen Abbildung kommen Laserscanner oder Spezialkameras zum Einsatz. Abhängig vom Material werden zusätzlich Filter zur Unterdrückung von Lichtreflexionen (Metall, Glas oder Keramik) oder Seitenbeleuchtung zur Hervorhebung von Oberflächendetails (Kunststoff, Papier) verwendet. Dabei entsteht ein mikroskopisches Bild der nicht reproduzierbaren stochastischen Oberflächenstruktur.

Die Aufnahme der Oberfläche wird anschließend in einer Datenbank hinterlegt. Am Prüfort wird ein Abgleich der Oberfläche mit in einer Datenbank hinterlegten Aufnahmen durchgeführt. So kann die Originalität eines Bauteils exakt überprüft werden [Inn11-ol].

Hierbei handelt es sich um eine nicht sichtbare Originalitätskennzeichnung, da an dem Bauteil nichts angebracht worden ist und keine Veränderung der Oberfläche stattgefunden hat.

Unternehmensbereiche

☐ Produktplanung
☐ Entwicklung / Konstruktion
☐ Einkauf
☐ Arbeitsvorbereitung
☐ Fertigung
☑ Vertrieb
☐ Service

Kategorie Schutzmaßnahme

☐ Strategische Maßnahme
☐ Produktbezogene Maßnahme
☐ Prozessbezogene Maßnahme
☑ Kennzeichnende Maßnahme
☐ IT-Maßnahme
☐ Rechtliche Maßnahme
☐ Kommunikationsmaßnahme

Anwendungsbeispiel

Die Firma Ingenia Technology verwendet das Verfahren der Oberflächenauthentifizierung zur Überprüfung der Originalität von Erzeugnissen aus Papier, Kunststoff, Metall oder Pappe [Ass11-ol]. Ähnliche Technologien werden von Bayer Technology Services [Inn11-ol] und SIGNOPTIC eingesetzt.

Das Bild links zeigt Fasern in Papiergewebe, das Bild rechts Kristalle in einer Metalllegierung.

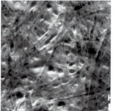 

© Epyxs GmbH

© H+W Härte- und Werkstofftechnik GmbH

Vorteile

- Unikatkennzeichnung, ohne an Objekten etwas anbringen zu müssen [Dor09]
- Feine Strukturen der Oberflächen sind nicht zu fälschen [Dor09]

Nachteile

- Der Abgleich muss über eine Datenbank erfolgen, auf die Lieferant und Empfänger Zugriff haben

Quellen / Experten

[Ass11-ol] Assa Abloy Future Lab: Schutz vor Dokumentfälschungen. Unter: http://www.assaabloyfuturelab.com/de/site/Future-Lab/Neu-heiten/News/2009/News/Schutz-vor-Dokumentfalschungen2, 21. Juni 2011

[Dor09] Dormann, B.: Strategien und Anwendungsfelder technischer Schutzmaßnahmen zur Bekämpfung von (Produkt-)Piraterie. Diplomarbeit, Lehrstuhl für Technologie- und Innovationsmanagement, Philipps-Universität Marburg, 2009

[Inn11-ol] Innovations-Report: Neuartige Identifikationstechnik ProteXXion ermöglicht Fälschungssicherheit. Unter: http://www.innovations-report.de/html/berichte/informationstechnologie/bericht-71635.html, 8. Juni 2011

Röntgenfluoreszenz

Kurzbeschreibung

Die Röntgenfluoreszenz ist die elementspezifische Emission von Materialien, die zuvor durch die Bestrahlung mit hochenergetischer Strahlung angeregt wurden [Alf11-ol]. Dieser Effekt wird zur zerstörungsfreien Untersuchung von Stoffen genutzt. Er ermöglicht aber auch einen Echtheitsnachweis durch Identifizierung und Konzentrationsbestimmung von Elementen sowie deren Zusammensetzungen.

© JustContributor - Fotolia.com

Anwendungen / Vorgehen

In Produkte aus Metall, Keramik, Glas und Baustoff etc. werden Markierungselemente wie z.B. Lanthanoide, Yttrium, Zink oder Molybdän integriert. Mittels Röntgenstrahlen wird die Probe zur Eigenstrahlung angeregt. Die von der Probe ausgehende Fluoreszenzstrahlung kann bezüglich ihrer Zusammensetzung (Stoffeigenschaften) und der Konzentration der Inhaltsstoffe (Stoffmenge) untersucht werden. Nach Messung der charakteristischen Wellenlängen ist ein Original von einem Imitat unterscheidbar. Bei diesem Verfahren wird das Bauteil nicht beschädigt, da die Identität des Produktes durch Elektronenanregung im Kern ermittelt werden kann. Dieses verdeckte Merkmal im Inneren des Bauteils bietet einen hohen Sicherheitseffekt.

Unternehmensbereiche

- ☐ Produktplanung
- ☑ Entwicklung / Konstruktion
- ☐ Einkauf
- ☐ Arbeitsvorbereitung
- ☑ Fertigung
- ☐ Vertrieb
- ☐ Service

Kategorie Schutzmaßnahme

- ☐ Strategische Maßnahme
- ☐ Produktbezogene Maßnahme
- ☐ Prozessbezogene Maßnahme
- ☑ Kennzeichnende Maßnahme
- ☐ IT-Maßnahme
- ☐ Rechtliche Maßnahme
- ☐ Kommunikationsmaßnahme

Anwendungsbeispiele

Die HeidelbergCement AG prüft halbstündlich per Röntgenfluoreszenzanalyse die Zusammensetzung des Ausgangsstoffes zur Zementherstellung. Diese Analyseform dient der Qualitäts- und Prozesskontrolle [Hei10-ol].

© Stanislav Pepeliaev - Fotolia.com

Die Terrachem GmbH untersucht auf Grundlage der Restriction on Hazardous Substances (RoHS) die Stoffeigenschaften diverser Elektrogeräte (z.B. Haushaltsgeräte) mittels Röntgenfluoreszenz. Dadurch kann unter anderem die Schadstoffbelastung der Geräte exakt bestimmt werden [Ter11-ol].

Vorteile

- Verdeckte Kennzeichnung
- Zerstörungsfreie Prüfung der Stoffeigenschaften möglich

Nachteile

- Prüfung nur mit speziellen Geräten möglich

Quellen / Experten

[Alf11-ol] ALFELD, M.: Was verrät die Röntgenfluoreszenzanalyse, 10. Juni 2011
[Hei10-ol] HEIDELBERGCEMENT: Newsletter Technik, 12. August 2011
[Ter11-ol] TERRACHEM: RoHS-Analyse auf Konformität zu EU-Richtlinie, 12. August 2011

■ A1.5 Informationstechnische Schutzmaßnahmen

Biometrische Zugangskontrolle

Kurzbeschreibung

Biometrische Merkmale werden zur Authentifizierung und Zugangskontrolle eingesetzt. Mit biometrischen Zugangssystemen kann der Zugang von unberechtigten Dritten zu sensiblen Unternehmensbereichen unterbunden werden.

© Tyler Olson - Fotolia.com

Anwendungen / Vorgehen

Zu den biometrischen Merkmalen zählen der Fingerabdruck, die Stimme, die Struktur der Iris oder Retina, die Handgeometrie, das Tippverhalten auf Tastaturen, die Handschrift und die Dynamik des Ganges. Eine Person wird über ein biometrisches Merkmal oder eine Kombination von Merkmalen entweder vom System automatisch identifiziert oder kann sich selbst aktiv authentifizieren. Zur Authentifizierung müssen die biometrischen Daten zunächst als Referenzmuster in digitaler Form verschlüsselt abgespeichert werden, damit das Erfassungsgerät beim Kontakt mit dem System das aktuell aufgenommene Probemuster mit dem Referenzmuster vergleichen kann. Bei hinreichend hoher Ähnlichkeit wird z. B. der Zutritt freigegeben. Durch eine Kombination verschiedener biometrischer Merkmale kann ein hohes Maß an Sicherheit erreicht werden.

Unternehmensbereiche

- ■ Produktplanung
- ■ Entwicklung / Konstruktion
- ■ Einkauf
- ☐ Arbeitsvorbereitung
- ■ Fertigung
- ☐ Vertrieb
- ☐ Service

Kategorie Schutzmaßnahme

- ☐ Strategische Maßnahme
- ☐ Produktbezogene Maßnahme
- ■ Prozessbezogene Maßnahme
- ☐ Kennzeichnende Maßnahme
- ■ IT-Maßnahme
- ☐ Rechtliche Maßnahme
- ☐ Kommunikationsmaßnahme

Anwendungsbeispiele

Die Firma Byometrics ist auf die Iriserkennung spezialisiert. Die AOK in Bayreuth nutzt das System zum Schutz ihres Rechenzentrums [Han09-ol].

© lassedesignen - Fotolia.com

Die Firma Hiller-Logistik verwendet für die Räume der Geschäftsführung und der Disposition sowie für das Lager Fingerabdruck-Scanner [Han09-ol].

© lassedesignen - Fotolia.com

Vorteile

- Hohe Sicherheit bei Kombination biometrischer Merkmale
- Schnelle Authentifizierung
- Personengebundene Merkmale
- Nicht verlierbar
- Hohe Sicherheit durch Spezifität

Nachteile

- Besondere Technologie und Informationssysteme erforderlich [Fuc06]
- Installationsaufwand für neue und ausscheidende Mitarbeiter [Fus10]
- Akzeptanz der Mitarbeiter muss erzeugt werden [Mei11]

Quellen / Experten

[Fuc06]   FUCHS, H. J. (Hrsg.): Piraten, Fälscher und Kopierer. Verlag Dr. Th. Gabler, Wiesbaden, 2006
[Fus10]   FUSSAN, C. (Hrsg.): Maßnahmen gegen Produktpiraterie und Industriespionage. Gabler, Wiesbaden, 2010
[Han09-ol] HANDELSBLATT: Fingerabdruck-Scanner lassen den Biometriemarkt wachsen, 11. August 2011
[Mei11]   MEIWALD, T.: Konzepte zum Schutz vor Produktpiraterie und unerwünschtem Know-how-Abfluss. Diss., TU München, 2011

Rollenbasierte Zugangskontrollen installieren

Kurzbeschreibung

Bei rollenbasierten Zugangskontrollen werden Zugangsberechtigungen (zu IT-Systemen) nicht an Personen gebunden, sondern an Rollen. Diesen Rollen können dann Personen und Gruppen zugeordnet werden.

© André Reichardt - Fotolia.com

Anwendungen / Vorgehen

Bei rollenbasierten Zugangskontrollen wird ein Benutzer oder eine Benutzergruppe einer Rolle zugewiesen. Somit ist nicht die Identität des Benutzers für die Zugangskontrolle entscheidend, sondern die Rolle, die der Benutzer innehat. Einer Rolle wird z. B. von einem Administrator eine Berechtigung gewährt, die anschließend von einer zugeordneten Person wahrgenommen werden kann. Rollen werden administrativ in einem Zugangskontrollsystem angelegt und gepflegt. In der Regel liegt eine Rollenhierarchie vor, bei der höherrangige Rollen auch die Attribute der darunterliegenden Rollen besitzen [BSI10].

Unternehmensbereiche

- ☑ Produktplanung
- ☑ Entwicklung / Konstruktion
- ☑ Einkauf
- ☑ Arbeitsvorbereitung
- ☑ Fertigung
- ☐ Vertrieb
- ☐ Service

Kategorie Schutzmaßnahme

- ☐ Strategische Maßnahme
- ☐ Produktbezogene Maßnahme
- ☐ Prozessbezogene Maßnahme
- ☐ Kennzeichnende Maßnahme
- ☑ IT-Maßnahme
- ☐ Rechtliche Maßnahme
- ☐ Kommunikationsmaßnahme

Anwendungsbeispiele

Die Zugriffsmöglichkeiten zu einer Gesamtkonstruktion (z. B. Maschinensystem) werden der technischen Leitung eingeräumt, während der Maschinenführer lediglich Leserechte für einzelne Fertigungsunterlagen erhält.

© Kaarsten - Fotolia.com

Der SharePoint Server von Microsoft beinhaltet rollenbasierte Zugriffskontrollen. Durch diese Schutzmaßnahme werden Informationsobjekte vor unbefugtem Zugriff geschützt. Die Berechtigungen werden einer Person oder einer Gruppe zugeteilt. Untergeordnete Informationsobjekte können Berechtigungen erben [Min11].

© Sashkin - Fotolia.com

Vorteile

- Relativ einfache Benutzerverwaltung
- Hierarchische Ebenenstruktur möglich
- Vereinfachte Zugriffsverwaltung (vgl. „Zugang zu IT-Systemen schützen") [Mei11]

Quellen / Experten

[BSI10] BUNDESAMT FÜR SICHERHEIT IN DER INFORMATIONSTECHNIK (BSI): Ergänzende und alternative Techniken zu Trusted Computing. Bochum, 2010

[Mei11] MEIWALD, T.: Konzepte zum Schutz vor Produktpiraterie und unerwünschtem Know-how-Abfluss. Dissertation, Fakultät für Maschinenwesen, Technische Universität München, München, 2011

[Min11] AUTORENTEAM DER MINDBUSINESS GMBH: Microsoft SharePoint 2010 für Anwender - Das Handbuch. O'Reilly Verlag, Köln, 2011

Dokumente verschlüsseln

Kurzbeschreibung

Einige Dokumente, die ein Unternehmen verlassen, beinhalten wertvolle Informationen. Eine Verschlüsselung dieser Dokumente verhindert die Einsicht unbefugter Personen.

Anwendungen / Vorgehen

Der Autor eines Dokuments oder ein zentraler Administrator entscheidet, ob ein Dokument geschützt werden soll und wer Zugriffsberechtigungen zu dem Dokument erhält. Dabei kann auch unterschieden werden, in welchem Umfang verschiedene Personen das Dokument nutzen können. Zum Beispiel können definierte Nutzer die Dokumente nicht drucken, kopieren oder weiterleiten [Kic07]. Für diese Nutzungsbeschränkung ist jedoch zusätzliche Software notwendig. Einfache Passwortverschlüsselungen sind auch schon mit den üblichen Büroprogrammen z. B. von Microsoft möglich. Eine Passwortverschlüsselung schränkt die Flexibilität in der personenübergreifenden Bearbeitung der geschützten Dokumente jedoch ein.

Unternehmensbereiche

- ☐ Produktplanung
- ☑ Entwicklung / Konstruktion
- ☐ Einkauf
- ☐ Arbeitsvorbereitung
- ☐ Fertigung
- ☑ Vertrieb
- ☐ Service

Kategorie Schutzmaßnahme

- ☐ Strategische Maßnahme
- ☐ Produktbezogene Maßnahme
- ☐ Prozessbezogene Maßnahme
- ☐ Kennzeichnende Maßnahme
- ☑ IT-Maßnahme
- ☐ Rechtliche Maßnahme
- ☐ Kommunikationsmaßnahme

Anwendungsbeispiele

Adobe bietet mit dem Live-Cycle Policy Server die Option, Interaktionsmöglichkeiten (speichern, drucken, löschen etc.) und Zugriffsmöglichkeiten für Dokumente auf einzelne Personen oder Personengruppen einzuschränken [Kic07].

© iStockphoto.de

Microsoft-Word-Dokumente können aufwandsarm mit einem Passwort verschlüsselt werden.

© Slavyana Georgieva - Fotolia.com
© Rauer - Fotolia.com

Vorteile

- Kein Zugang zu den verschlüsselten Dateien bei Verlust oder Diebstahl von Datenträgern
- Geringer Aufwand zur Einrichtung der Verschlüsselung

Nachteile

- Aufwand bei gewollter Weitergabe von Dokumenten an Dritte
- Akzeptanz bei den Mitarbeitern muss meist erst erzeugt werden, sonst keine konsequente Nutzung [Mei11]
- „Richtige" Auswahl von Verschlüsselungsalgorithmen

Quellen / Experten

[Kic07]   KICK, A.: Intelligente Dokumente – Keine Chance für Know-how-Piraten. The Realtime Company, Nürnberg, 2007
[Mei11]   MEIWALD, T.: Konzepte zum Schutz vor Produktpiraterie und unerwünschtem Know-how-Abfluss. Dissertation, Fakultät für Maschinenwesen, Technische Universität München, München, 2011

Informationen aus CAD-Modellen entfernen

Kurzbeschreibung

Bei Angebotsabgabe oder sonstiger Weitergabe von CAD-Modellen werden schützenswerte Informationen des modellierten Produktes aus dem Modell entfernt oder das Modell wird verfremdet.

© by-studio - Fotolia.com

Anwendungen / Vorgehen

Im ersten Schritt ist zu prüfen, welche Daten aus dem CAD-Modell entfernt werden sollen. Die weiterzugebenden CAD-Daten werden gezielt „verdummt". Beispielsweise werden nicht erforderliche Zeichnungsinformationen wie Parametrik, Formeln, Namen etc. verfälscht, entfernt oder nur Pixeldaten bzw. die Geometrie weitergegeben. Auch das Entfernen der Konstruktionshistorie und eine Skalierung des Modells sind möglich. So wird sichergestellt, dass Empfänger lediglich Daten erhalten, die sie wirklich benötigen.

Eine triviale Form der Informationsreduktion ist die Konvertierung der CAD-Datei in ein neutrales Format (STEP, IGES, JT etc.), wodurch allerdings das Weiterarbeiten mit diesen Daten erschwert wird. Viele kommerzielle CAx-Systeme haben mittlerweile spezielle Funktionalitäten zum Know-how-Schutz integriert, die eine bessere Verwertbarkeit der informationsreduzierten Modelle ermöglichen [NPS10].

Unternehmensbereiche

- ☑ Produktplanung
- ☑ Entwicklung / Konstruktion
- ☐ Einkauf
- ☐ Arbeitsvorbereitung
- ☑ Fertigung
- ☑ Vertrieb
- ☐ Service

Kategorie Schutzmaßnahme

- ☐ Strategische Maßnahme
- ☐ Produktbezogene Maßnahme
- ☐ Prozessbezogene Maßnahme
- ☐ Kennzeichnende Maßnahme
- ☑ IT-Maßnahme
- ☐ Rechtliche Maßnahme
- ☐ Kommunikationsmaßnahme

Anwendungsbeispiele

Der Softwarehersteller Core-Technologie hat ein Modul zur einfachen Erzeugung einer Hüllgeometrie entwickelt. Die Hüllgeometrie ist eine exakte Nachbildung der Originalflächen. Das „Innenleben" wird unkenntlich gemacht [PLM09-ol].

© AKS - Fotolia.com

Das im CAx-System Pro/Engineer integrierte Modul „Shrinkwrap" bietet Funktionen zur Vereinfachung geometrischer Modelle. Dabei können die inneren Details eines Modells vollständig entfernt und die Datenmenge kann stark reduziert werden [Mei10].

© Stefan Rajewski - Fotolia.com

Vorteile

- Verkleinerung des Datenvolumens [PLM09-ol]
- Es werden (idealerweise) nur für den Empfänger relevante Daten weitergegeben

Nachteile

- Eventuell Probleme in Folgeprozessen wegen mangelnder Datenqualität der CAD-Modelle [PLM09-ol]
- Partner können keine innovativen Lösungsansätze einbringen

Quellen / Experten

[Mei10]   MEIMANN, V.: Ein Beitrag zum ganzheitlichen Know-how-Schutz von virtuellen Produktmodellen in Produktentwicklungsnetzwerken. Dissertation, Ruhr-Universität Bochum, Fakultät für Maschinenbau, 2010

[NPS10]   NASS, A.; PETERMANN, M.; SCHENKL, S.: Vermeidung von ungewollten Transfers von Know-how in CAD-Modellen. CiDaD-Working Paper Series 1 (2010), S. 2, 2010

[PLM09-ol]   PLM IT: Know-how-Schutz durch Hüllgeometrie. Unter: http://www.plm-it-business.de/Artikel_dId_442840_.htm, 15. Juni 2011

Sichere Kommunikationsverbindungen (sicherer Informationsfluss)

Kurzbeschreibung

Ziel der sicheren Kommunikationsverbindung ist es, Kommunikationswege so aufzubauen, dass unbefugte Dritte keine Möglichkeit haben, die Inhalte abzugreifen.

Anwendungen / Vorgehen

Es existieren mehrere Verfahren zum Aufbau sicherer Kommunikationsverbindungen. Bei der Verschlüsselung wird ein Klartext (die Information) mithilfe eines Verschlüsselungsverfahrens in einen Geheimtext umgewandelt. Ein Verfahren ist die Verschlüsselung von E-Mails mithilfe eines Zusatzprogramms. Dabei werden kryptografische Verfahren verwendet, um Informationen zu transformieren und so eine E-Mail mitlesesicher zu machen. Ein anderes Verfahren ist die Steganografie. Steganografie ist die Wissenschaft der verborgenen Speicherung oder Übermittlung. Dabei werden die Informationen verborgen, sodass sie als solche in der Mitteilung (dem Träger) nicht zu erkennen sind. Man tarnt geheime Informationen, während der Träger der Information (Medium bzw. Trägerdatei) keine weitere Funktion haben muss, jedoch haben kann.

Unternehmensbereiche

- ☑ Produktplanung
- ☑ Entwicklung / Konstruktion
- ☑ Einkauf
- ☑ Arbeitsvorbereitung
- ☑ Fertigung
- ☑ Vertrieb
- ☐ Service

Kategorie Schutzmaßnahme

- ☐ Strategische Maßnahme
- ☐ Produktbezogene Maßnahme
- ☐ Prozessbezogene Maßnahme
- ☐ Kennzeichnende Maßnahme
- ☑ IT-Maßnahme
- ☐ Rechtliche Maßnahme
- ☐ Kommunikationsmaßnahme

Anwendungsbeispiel

Die Firma mirabyte bietet das Produkt FrontFace an, mit dem der interne Informationsfluss einer Firma, wie z. B. ein interner E-Mail-Dienst, abgewickelt werden kann. Zudem werden die IT-Systeme und die IT-Infrastruktur geschützt, indem z. B. Server überwacht werden. Anwender dieses Programms sind z. B. die Unternehmen BASF, Eastern Airways, Intel und Vedes [Mir11a-ol].

Vorteile

- „Unsichtbare" Schutzmaßnahme

Nachteile

- Kompatibilitätsprobleme unterschiedlicher Programme
- Mangelnde Sensibilität führt zum Umgehen von definierten Schutzmechanismen
- Kommunikation mit Externen kann erschwert werden

Quellen / Experten

[Mir11a-ol] MIRABYTE: Business Messenger. Unter: http://www.mirabyte.com/de/produkte/business-messenger/, 5. Juli 2011

Gegenseitige Authentifizierung von Komponenten

Kurzbeschreibung

Bei der gegenseitigen Authentifizierung wird eine Austauschkomponente von einer Steuerungseinheit einer Anlage/Maschine auf ihre Originalität überprüft.

© Paul Fleet - Fotolia.com

Anwendungen / Vorgehen

Beim Einbau eines Ersatzteils in eine Anlage/Maschine wird das Bauteil durch die Maschinensteuerung authentifiziert, indem sie von der Austauschkomponente zuvor definierte Daten abfragt (z. B. über RFID-Chips). Nur wenn die Komponente über die geforderten Daten verfügt, wird sie von der Anlage für ihre Funktion zugelassen. Damit wird seitens des Originalherstellers angestrebt, dass durch den Kunden Originalteile verwendet werden. Bei Verwendung von Originalteilen werden dem Kunden beispielsweise verlängerte Garantiezeiträume oder bestimmte Verfügbarkeiten der Maschine zugesichert. Erweist sich bei der Authentifizierung ein Ersatzteil als Fälschung, erhält der Benutzer eine Meldung darüber, die quittiert werden muss. Somit entsteht eine Absicherung gegen Schadensansprüche durch Versagen von Anlagen aufgrund gefälschter Ersatzteile. Eine Abschaltung der Maschine bei Verwendung von Nichtoriginalteilen ist nach deutschem Recht nicht zulässig. Die gegenseitige Authentifizierung von Komponenten erfolgt entweder durch in der Komponente eingebettete Steuerungssoftware oder durch Sensoren, die Austauschkomponenten ohne eigene Steuerungs- oder Produktsoftware erkennen.

Unternehmensbereiche

- ☐ Produktplanung
- ☑ Entwicklung / Konstruktion
- ☐ Einkauf
- ☐ Arbeitsvorbereitung
- ☐ Fertigung
- ☐ Vertrieb
- ☑ Service

Kategorie Schutzmaßnahme

- ☐ Strategische Maßnahme
- ☑ Produktbezogene Maßnahme
- ☑ Prozessbezogene Maßnahme
- ☐ Kennzeichnende Maßnahme
- ☐ IT-Maßnahme
- ☐ Rechtliche Maßnahme
- ☐ Kommunikationsmaßnahme

Anwendungsbeispiel

Im Projekt ProOriginal wurde ein Fräsbearbeitungszentrum vom Typ DMC 65 H duoBLOCK® der Firma Deckel Maho Gildemeister (DMG) mit Komponenten von Festo ausgestattet. Die Authentifizierung der Komponenten läuft nach deren Einbau automatisiert ab. Dabei erkennt die Steuerungseinheit der Werkzeugmaschine die zuvor digital gekennzeichneten Komponenten selbstständig und prüft diese auf Echtheit. Mit einem Feldbus werden bestimmte Produktdaten an die Steuerungseinheit der Maschine übertragen und die Komponenten authentisiert. Das Ergebnis dieser Authentizitätsprüfung wird am Ausgabebildschirm angezeigt. Wird eine Komponente als Nichtoriginal erkannt, gibt die Maschine eine Warnung auf dem Bildschirm aus [AKL11].

© DECKEL MAHO Pfronten GmbH

Vorteile

- Gefälschte Ersatzteile werden erkannt
- Absicherung vor Schadensfällen durch gefälschte Ersatzteile [Mei11]

Nachteile

- Evtl. zusätzliche Schnittstelle erforderlich [AAA+10]
- Wahlfreiheit bei Ersatzteilwahl beim Kunden wird eingeschränkt [Mei11]
- Bei lizenzierten Bauteilen schwer einzusetzen [Mei11]
- Nur mit sehr hohem Aufwand nachträglich einzusetzen [Mei11]

Quellen / Experten

[AAA+10] ABELE, E.; ALBERS, A.; AURICH, J.; GÜNTHNER, A. (Hrsg.): Wirksamer Schutz gegen Produktpiraterie im Unternehmen, 2010
[AKL11]   ABELE, E.; KUSKE, P.; LANG, H.: Schutz vor Produktpiraterie. Springer-Verlag, Berlin, 2011
[Mei11]   MEIWALD, T.: Konzepte zum Schutz vor Produktpiraterie und unerwünschtem Know-how-Abfluss. Diss., TU München, 2011

Produktaktivierung

Kurzbeschreibung

Bei der Produktaktivierung wird durch Abfrage eines Aktivierungs-Codes ein Produkt oder eine Anlage aktiviert und kann erst anschließend betrieben werden. Dabei wird der eingegebene Code an einen Server übertragen und dort auf Gültigkeit überprüft.

Anwendungen / Vorgehen

Durch die Produktaktivierung wird dem berechtigten Nutzer eines Produktes die Nutzung oder die Nutzung des Funktionsumfanges eines Produktes ermöglicht [AKL11]. Durch eine Gültigkeitsdauer kann der Zugriff auf das Produkt oder bestimmte Funktionen zeitlich begrenzt werden. Dabei wird vor der Nutzung des Produktes überprüft, ob eine gültige Lizenz vorhanden ist. Eine Produktaktivierung kann auch zur Verhinderung unberechtigter Vervielfältigung beitragen. Dazu wird z. B. eine festgelegte Anzahl an Aktivierungscodes vergeben.

Eine Software-Personifizierung des Produktes in der Registrierung erlaubt eine gewisse Nachverfolgbarkeit, inwieweit es sich bei dem Produkt um ein rechtmäßig erworbenes handelt [Mei11].

In der Vergangenheit wurde nach der Eingabe des Aktivierungs-Codes auf eine Überprüfung durch einen Server verzichtet. Der Aktivierungs-Code konnte so mehrfach eingegeben und somit der Schutzmechanismus umgangen werden. Heutzutage erfolgen Produktaktivierungen zunehmend durch Serverabfragen.

Unternehmensbereiche

- ☐ Produktplanung
- ☐ Entwicklung / Konstruktion
- ☐ Einkauf
- ☐ Arbeitsvorbereitung
- ☐ Fertigung
- ☐ Vertrieb
- ☐ Service

Kategorie Schutzmaßnahme

- ☐ Strategische Maßnahme
- ☐ Produktbezogene Maßnahme
- ☐ Prozessbezogene Maßnahme
- ☐ Kennzeichnende Maßnahme
- ☑ IT-Maßnahme
- ☐ Rechtliche Maßnahme
- ☐ Kommunikationsmaßnahme

Anwendungsbeispiel

Windows 7 kann die ersten 120 Tage ohne Produktaktivierung genutzt werden. Anschließend muss die Aktivierung erfolgen, um das Betriebssystem weiter nutzen zu können [Mag09-ol]. Wird die Aktivierung zu häufig durchgeführt, so muss eine telefonische Aktivierung erfolgen.

© Nikolai Sorokin - Fotolia.com

Vorteile

- Erhöhen der Kundenbindung
- Produktaktivierungen im Softwarebereich sind schwer zu umgehen

Nachteile

- Produktaktivierung mit personenbezogenen Daten schmälert die Akzeptanz
- Je nach Umsetzung muss vor der Nutzung eines Produkts eine Datenverbindung bestehen

Quellen / Experten

[AKL11]   ABELE, E.; KUSKE, P.; LANG, H.: Schutz vor Produktpiraterie – Ein Handbuch für den Maschinen- und Anlagenbau, Springer-Verlag, Berlin, 2011

[Mag09-ol] MAGNUS: Völlig legal – Windows 7 läuft 120 Tage ohne Aktivierung, 22. Juni 2011

[Mei11]   MEIWALD, T.: Konzepte zum Schutz vor Produktpiraterie und unerwünschtem Know-how-Abfluss, Diss., TU München, 2011

Auslagerung von sicherheitsrelevanten Rechenoperationen

Kurzbeschreibung

Bei der Auslagerung von sicherheitsrelevanten Rechenoperationen wird die Software nur in einer geschützten Umgebung ausgeführt. Auf diese Weise wird verhindert, dass Softwarepiraten Zugang zu der Software und den entsprechenden Daten erhalten.

© Sebastian Kaulitzki - Fotolia.com

Anwendungen / Vorgehen

Die Software wird so gestaltet, dass sie isoliert und unabhängig von anderer Software arbeitet. Sie wird auf einem System ausgeführt, das vertrauenswürdig ist. Der Kunde ist mit seinem Teil der Software nur in der Lage, die Eingangsinformationen zu erzeugen. Die Berechnungen werden auf einem geschützten Server des Herstellers ausgeführt und die Ergebnisse wiederum an den Kunden zurückgesendet. Ein Beispiel ist z. B. das Server Based Computing (SBC). Hier führt der Server die Berechnungen in einer sicheren Umgebung aus. Der Zugriff findet mittels Thin Clients statt [Bit10-ol].

Aktuell in der Diskussion ist, Rechenoperationen und Daten in eine Cloud-Lösung auszulagern. Voraussetzung hierfür sind sichere Kommunikationswege sowie die Klärung rechtlicher Fragen in Deutschland, da bei dieser Lösung nicht gewährleistet wird, an welchem Standort die Daten gespeichert werden.

Unternehmensbereiche

- ☑ Produktplanung
- ☑ Entwicklung / Konstruktion
- ☑ Einkauf
- ☑ Arbeitsvorbereitung
- ☑ Fertigung
- ☑ Vertrieb
- ☑ Service

Kategorie Schutzmaßnahme

- ☐ Strategische Maßnahme
- ☐ Produktbezogene Maßnahme
- ☐ Prozessbezogene Maßnahme
- ☐ Kennzeichnende Maßnahme
- ☑ IT-Maßnahme
- ☐ Rechtliche Maßnahme
- ☐ Kommunikationsmaßnahme

Anwendungsbeispiel

Das Institut für Hochbau und Bauphysik der TU Graz hat mithilfe von IGEL Thin Clients eine AutoCAD-Umgebung als Server Based Computing Variante entwickelt. Das konnte durch stetige Verbesserung der Grafikleistung der Thin Clients sowie durch verbesserte Server-Leistung erreicht werden. Dabei sind sowohl die Daten als auch die Berechnungen auf dem Server ausgelagert [Ige08-ol].

© Sashkin - Fotolia.com

Vorteile

- Bieten häufig einen kostengünstigen Schutz [Itp11-ol].
- Verminderung von redundanten Daten
- Wartungsaufwand wird reduziert [Ige08-ol]

Nachteile

- Die Lösungen sind bisher nur für PC-Plattformen verfügbar [Itp11-ol].
- Sichere und schnelle Kommunikationsinfrastruktur muss vorhanden sein
- Bestimmte Anwendungen erfordern hohe Rechenleistung des Servers

Quellen / Experten

[Bit10-ol]   BITKOM: Thin Client & Server Based Computing, 21. März 2012
[Ige08-ol]   IGEL TECHNOLOGY: Pionierarbeit: CAD mit IGEL Thin Clients, 21. März 2012
[Itp11-ol]   IT-PRODUCTION: Innovationen gegen Imitate, 22. Juni 2011

Schutz von eingebetteter Software

Kurzbeschreibung

Bei dem Schutz von eingebetteter Software geht es um ein durchgängiges Schutzsystem für Software in einer Maschine, digitale Produktionsdaten und Maschinendaten. Durch den stetigen Anstieg des Einsatzes von Maschinen mit hohem Softwareanteil und den Anstieg der Digitalisierung der Produktion steigt auch die Bedeutung der Absicherung der kompletten Entwurfs- und Fertigungsketten.

Anwendungen / Vorgehen

Immer höhere Anteile von Produktinnovationen hängen heutzutage unmittelbar mit Software und Elektronik zusammen. Dies macht einen Schutz dieser Software unumgänglich. Die zunehmende Digitalisierung führt zusätzlich zu einem erhöhten Volumen an digitalen Produktions- und Maschinendaten, die auch geschützt werden müssen.

Zum Schutz von Objekten mit eingebetteter Software können Lizenzinformationen und Schlüssel in einer verschlüsselten und digital signierten Lizenzdatei gespeichert werden. Diese Datei verhindert, dass der enthaltene Schlüssel missbräuchlich genutzt werden kann. Die Lizenzdatei kann genau an ein Rechensystem gebunden sein. Somit kann die Software nur so lange auf dem System genutzt werden, solange nichts an dem System verändert wird, z. B. durch den Austausch der Hardware.

Unternehmensbereiche

- ☐ Produktplanung
- ☑ Entwicklung / Konstruktion
- ☐ Einkauf
- ☐ Arbeitsvorbereitung
- ☑ Fertigung
- ☐ Vertrieb
- ☐ Service

Kategorie Schutzmaßnahme

- ☐ Strategische Maßnahme
- ☐ Produktbezogene Maßnahme
- ☐ Prozessbezogene Maßnahme
- ☐ Kennzeichnende Maßnahme
- ☑ IT-Maßnahme
- ☐ Rechtliche Maßnahme
- ☐ Kommunikationsmaßnahme

Anwendungsbeispiel

Die Firma WIBU-SYSTEMS AG hat das CodeMeter-System entwickelt, das einen hardwarebasierten Schutz von Embedded Software bietet [Itp11-ol]. CodeMeter schützt die Stickmuster- und Produktionsdaten der Firma ZSK Stickmaschinen von der Erstellung im CAD-System bis zur Maschine gegen unerlaubtes Kopieren. Der Schutz der Steuerungssoftware der Maschinen durch Codeverschlüsselung erschwert auch den Nachbau der Maschine selbst – da die Steuerungssoftware nicht auf eine andere Steuerung kopiert werden kann bzw. diese dort nicht funktioniert [Win12].

© WIBU-SYSTEMS AG

Vorteile

- Kombiniertes Schutzverfahren mithilfe mehrerer Programme möglich
- Der Aufwand zur Erstellung von Imitaten ist für den Imitator schwer abschätzbar
- Keine unkontrollierte Weitergabe von Software-Kopien möglich [Mei11]

Nachteile

- Aktualisierungen der Software erfordern Zeitaufwand
- Gegebenenfalls fehlende Akzeptanz beim Kunden [Mei11]

Quellen / Experten

[Itp11-ol]   IT-PRODUCTION: Innovationen gegen Imitate. Unter: http://www.it-production.com/index.php?seite=einzel_artikel_ansicht&id=39360, 22. Juni 2011

[Mei11]   MEIWALD, T.: Konzepte zum Schutz vor Produktpiraterie und unerwünschtem Know-how-Abfluss, Diss., TU München, 2011

[Win12]   WINZENRIED, O.: Einsatz des CodeMeter in Stickmaschinen. In: Gausemeier, J.; Glatz, R.; Lindemann, U. (Hrsg.): Präventiver Produktschutz – Leitfaden und Anwendungsbeispiele, Carl Hanser Verlag, München, 2012

■ A1.6 Rechtliche Schutzmaßnahmen

Schutzrechtsstrategie entwickeln

Kurzbeschreibung

Mithilfe einer Schutzrechtsstrategie wird geregelt, wie mit der Anmeldung und Kommerzialisierung von Schutzrechten umgegangen wird.

Anwendungen / Vorgehen

Vor der Anmeldung von Schutzrechten ist zunächst eine Schutzrechtsstrategie zu entwickeln, in der die Themen Geheimhaltung vs. Anmeldung, geografische Reichweite des Schutzes, Umfang der Anmeldungen, Weiterentwicklung der Innovationen sowie Lizenzpolitik adressiert sind [Lor12].
Dabei ist eine Grundsatzentscheidung zu treffen, ob eine Innovation oder auch Teile von ihr besser durch Geheimhaltung oder durch die Anmeldung von Schutzrechten geschützt werden können, denn mit einem Schutzrecht ist (von einigen wenigen Ausnahmen abgesehen) zwingend auch eine Veröffentlichung des Schutzgegenstands verbunden [Lor12], [Exi11-ol].
Eine häufig verwendete Strategie zielt darauf ab, einen möglichst umfangreichen Schutzrechtsbestand aufzubauen, um so eine möglichst breite Basis bei Lizenzgeschäften zu erlangen. Eine andere Funktion haben die sogenannten „Sperrpatente", die innerhalb eines Unternehmens trotz Anmeldung keine Verwendung finden und lediglich Konkurrenten den Eintritt in ein Marktsegment verwehren sollen.

Unternehmensbereiche

- ☐ Produktplanung
- ☐ Entwicklung / Konstruktion
- ☐ Einkauf
- ☐ Arbeitsvorbereitung
- ☐ Fertigung
- ☐ Vertrieb
- ☐ Service

Kategorie Schutzmaßnahme

- ☑ Strategische Maßnahme
- ☐ Produktbezogene Maßnahme
- ☐ Prozessbezogene Maßnahme
- ☐ Kennzeichnende Maßnahme
- ☐ IT-Maßnahme
- ☑ Rechtliche Maßnahme
- ☐ Kommunikationsmaßnahme

Anwendungsbeispiel

Mithilfe von Sperrpatenten verhindern viele Unternehmer, dass die Konkurrenz mit leicht variierten Herstellverfahren ein identisches Endprodukt herstellt. Zudem sind sie ein beliebtes Mittel, um bei langfristigen neuen Entwicklungen gegenüber den Mitbewerbern Zeit zu gewinnen.

© rcx - Fotolia.com

Vorteile

- Unternehmensweit einheitlicher Umgang mit Schutzrechten

Quellen / Experten

[Exi11-ol]   EXISTENZGRÜNDER: Geld für Ideen – High-Tech Gründerfonds und Patente. Unter: http://www.existenzgruender.de/imperia/md/content/pdf/podcast-pdfs/podcast_28_hightech.pdf, 21. Juni 2011
[Lor12]   LORENZEN, B.: Rechtliche Schutzmaßnahmen. In: Gausemeier, J.; Glatz, R.; Lindemann, U. (Hrsg.): Präventiver Produktschutz– Leitfaden und Anwendungsbeispiele. Carl Hanser Verlag, München, 2012

Patent anmelden

Kurzbeschreibung

Das Patent ist ein technisches Schutzrecht und dient dem Schutz technischer Erfindungen. Es berechtigt den Inhaber, Dritten die Benutzung der Erfindung zu untersagen.

ing the
– ORIGIN ME: from
dish', from Gk pat
patent /ˈpat(ə)nt,*
individual or bod
period, especially
– adj.

© Norman Chan - Fotolia.com

Anwendungen / Vorgehen

Das Patent kann mit einem durch den Staat erteilten Monopol auf die gewinnbringende Nutzung einer technischen Erfindung verglichen werden. Eine solche Erfindung kann ein Erzeugnis, eine Vorrichtung, ein Verfahren, eine Verwendung (Mittel) und eine Anordnung (z.B. eine elektrische Schaltung) sein. Erfindungen gelten als solche, wenn sie neu sind, über den Stand der Technik hinausgehen bzw. sich für einen Fachmann nicht in naheliegender Weise aus dem Stand der Technik ergeben und gewerblich anwendbar sind.

Das Patent wird in Deutschland vom Deutschen Patent- und Markenamt für maximal 20 Jahre erteilt (bei Zahlungen von laufenden Jahresgebühren) und kann nicht verlängert werden. Wird ein Schutz auch außerhalb Deutschlands angestrebt, müssen hierfür nicht unbedingt einzelne Anmeldungen in jedem Land eingereicht werden. Es kann z.B. der Weg eines Europäischen Patents nach dem Europäischen Patentübereinkommen (EPÜ) gewählt werden. Derzeit hat das EPÜ 38 Vertragsstaaten. Die Schutzvoraussetzungen sind identisch mit denen für ein deutsches Patent [Lor12].

Unternehmensbereiche

- ☐ Produktplanung
- ☐ Entwicklung / Konstruktion
- ☐ Einkauf
- ☐ Arbeitsvorbereitung
- ☐ Fertigung
- ☐ Vertrieb
- ☐ Service

Kategorie Schutzmaßnahme

- ☐ Strategische Maßnahme
- ☐ Produktbezogene Maßnahme
- ☐ Prozessbezogene Maßnahme
- ☐ Kennzeichnende Maßnahme
- ☐ IT-Maßnahme
- ☑ Rechtliche Maßnahme
- ☐ Kommunikationsmaßnahme

Anwendungsbeispiele

Das Unternehmen Pfizer lies durch ein britisches Gericht die Nachahmung des Medikaments Lipitor untersagen. Ein Medikament der Firma Ranbaxy verstieß gegen das Lipitor-Patent [Dyn09-ol].

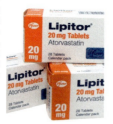

© iStockphoto.com

Die Bosch-Gruppe nutzt sehr stark Patente, um Forschungsarbeiten zu schützen. Nachahmer haben somit keine Möglichkeit, die aufwendigen und teuren Forschungsarbeiten anderer Hersteller legal zu nutzen [Bos11-ol], [Han06a-ol].

© Alexander Raths - Fotolia.com

Vorteile

- Rechtlicher Schutz eigener Erfindungen
- Exklusivrecht, eigene Erfindung zu vermarkten

Nachteile

- Steigende laufende Kosten des Patents [Mei11]
- Veröffentlichung technischer Detailinformationen
- Zusatzaufwand beim Patentmanagement

Quellen / Experten

[Bos11-ol]   ROBERT BOSCH GMBH: Patente, 10. März 2011
[Dyn09-ol]   DYNAMIC PATENTS: USPTO Reissues Patent for Pfizer's Leading Drug, 10. März 2011
[Han06a-ol] HANDELSBLATT: Das sind Deutschlands kreativste Unternehmen, 10. März 2011
[Lor12]   LORENZEN, B.: Rechtliche Schutzmaßnahmen. In: Gausemeier, J.; Glatz, R.; Lindemann, U. (Hrsg.): Präventiver Produktschutz – Leitfaden und Anwendungsbeispiele. Carl Hanser Verlag, München, 2012
[Mei11]   MEIWALD, T.: Konzepte zum Schutz vor Produktpiraterie und unerwünschtem Know-how-Abfluss, Diss., TU München, 2011

Gebrauchsmuster anmelden

Kurzbeschreibung

Das Gebrauchsmuster ist ein gewerbliches Schutzrecht für technische Erfindungen, das zum schnellen Schutz von Erfindungen dient.

© Marco Rüllkötter - Fotolia.com

Anwendungen / Vorgehen

Das Gebrauchsmuster wird in Deutschland vom Deutschen Patent- und Markenamt (DPMA) für zehn Jahre erteilt und kann nicht verlängert werden. Als Gebrauchsmuster können nur solche technischen Erfindungen geschützt werden, die neu sind und auf einem erfinderischen Schritt beruhen. Voraussetzung für das sogenannte „kleine Patent" ist, dass die neue Lösung technischer Probleme auch gewerblich anwendbar ist. Zu beachten ist hierbei, dass Verfahren (technisch, chemisch, biologisch) nicht als Gebrauchsmuster angemeldet werden können [Lor12].
Wie beim Geschmacksmuster wird bei der Anmeldung eines Gebrauchsmusters nicht das Vorliegen der materiellen Schutzvoraussetzungen geprüft [Lor12].

Unternehmensbereiche

- ☐ Produktplanung
- ☐ Entwicklung / Konstruktion
- ☐ Einkauf
- ☐ Arbeitsvorbereitung
- ☐ Fertigung
- ☐ Vertrieb
- ☐ Service

Kategorie Schutzmaßnahme

- ☐ Strategische Maßnahme
- ☐ Produktbezogene Maßnahme
- ☐ Prozessbezogene Maßnahme
- ☐ Kennzeichnende Maßnahme
- ☐ IT-Maßnahme
- ☑ Rechtliche Maßnahme
- ☐ Kommunikationsmaßnahme

Anwendungsbeispiel

Gebrauchsmuster sind besonders für weniger komplizierte Erfindungen geeignet. Die geringen Kosten machen es auch für kleine Unternehmen interessant. Ein Beispiel ist der Kaffeefilter von Melitta Benz aus dem Jahr 1908 [B2B11-ol].

© RRF - Fotolia.com

Vorteile

- Exklusivrecht auf die Nutzung des geschützten Produktes
- Schnelles Eintragungsverfahren
- Günstiger als ein Patent

Nachteile

- Schutzdauer von maximal zehn Jahren

Quellen / Experten

[B2B11-ol] B2B-DEUTSCHLAND: Gebrauchsmuster – schneller und preiswerter Schutz für kleine Erfindungen. Unter: http://www.b2b-deutschland.de/berlin/recht_steuern/schutzrechte3/index.php, 15. Juni 2011
[Lor12] LORENZEN, B.: Rechtliche Schutzmaßnahmen. In: Gausemeier, J.; Glatz, R.; Lindemann, U. (Hrsg.): Präventiver Produktschutz – Leitfaden und Anwendungsbeispiele, 2012

Geschmacksmuster anmelden

Kurzbeschreibung

Ein Geschmacksmuster bezweckt den Schutz der äußeren Formgebung, des Designs, eines zwei- oder dreidimensionalen Erzeugnisses. Das Geschmacksmuster gibt seinem Inhaber das Recht, Dritten dessen Benutzung zu verbieten. Dies gilt insbesondere für die Herstellung und den Vertrieb von Erzeugnissen, die keinen anderen Gesamteindruck erwecken (§ 38 GeschmMG) [Lor12].

© Svetlana Chistyakova - Fotolia.com

Anwendungen / Vorgehen

In den Schutzbereich des Geschmacksmusters fallen alle ästhetischen Farb- und Formgestaltungen industrieller oder handwerklicher Gegenstände, die neu und eigenartig sind.

Das Geschmacksmuster wird in Deutschland vom Deutschen Patent- und Markenamt für maximal 25 Jahre erteilt (bei Zahlung von laufenden Aufrechterhaltungsgebühren) und kann nicht verlängert werden. Es kann aber auch ein einheitliches Schutzrecht für alle Mitgliedsstaaten der EU über das Gemeinschaftsgeschmacksmuster auf Grundlage der Verordnung EG Nr. 6/2002 erlangt werden. Ein Geschmacksmuster kann entweder als nicht registriertes Recht mit Nachahmungsschutz für drei Jahre oder durch Anmeldung beim Harmonisierungsamt für maximal 25 Jahre erlangt werden. Wie beim Gebrauchsmuster wird nicht das Vorliegen der materiellen Schutzvoraussetzungen geprüft [Lor12].

Unternehmensbereiche

- ☐ Produktplanung
- ☐ Entwicklung / Konstruktion
- ☐ Einkauf
- ☐ Arbeitsvorbereitung
- ☐ Fertigung
- ☐ Vertrieb
- ☐ Service

Kategorie Schutzmaßnahme

- ☐ Strategische Maßnahme
- ☐ Produktbezogene Maßnahme
- ☐ Prozessbezogene Maßnahme
- ☐ Kennzeichnende Maßnahme
- ☐ IT-Maßnahme
- ☒ Rechtliche Maßnahme
- ☐ Kommunikationsmaßnahme

Anwendungsbeispiele

Der Mobiltelefonhersteller Nokia klagte im Jahr 2004 den französischen Konkurrenten Sagem wegen einer Verletzung des Designs für das Telefon Nokia 6220 an. Dem Telefon liegt ein Geschmacksmuster zugrunde, das unter anderem in Deutschland eingetragen ist [Itr06-ol].

© Night-Worker - Fotolia.com

Die Firma STIHL hat in den USA die für ihre Kettensägen typische Farbkombination Orange-Hellgrau rechtlich schützen lassen. Sie dient als Erkennungsmerkmal für STIHL-Kettensägen [GB10].

© iStockphoto.com

Vorteile

- Schutz von Erscheinungsformen ohne technische Neuheiten
- Exklusivrecht auf Erscheinungsformen über 25 Jahre
- Auch für einfache Gestaltungen anwendbar

Nachteile

- Kosten für die Erteilung und Aufrechterhaltung des Schutzrechts

Quellen / Experten

[GB10]   GASSMANN, O.; BECKENBAUER, A.: Mit den Waffen der Wissensgesellschaft gegen illegale Imitatoren. Innovation Management NR. 7, 09/2010 S. 98-105

[Itr06-ol]   IT-RECHT KANZLEI MÜNCHEN: Objekt der Designbegierde – Handymodelle und das Geschmacksmuster. Unter: http://www.it-recht-kanzlei.de/Urteil/3394/OLG_Hamburg/5_U_13505/Objekt_der_Designbegierde_Handymodelle_und_das_Geschmacksmuster.html, 22. März 2012

[Lor12]   LORENZEN, B.: Rechtliche Schutzmaßnahmen. In: Gausemeier, J.; Glatz, R.; Lindemann, U. (Hrsg.): Präventiver Produktschutz – Leitfaden und Anwendungsbeispiele. Carl Hanser Verlag, München, 2012

Kennzeichenrechte anmelden

Kurzbeschreibung

Kennzeichenrechte bestehen an Marken, Namen, Unternehmensbezeichnungen, geografischen Herkunftsbezeichnungen, Werktiteln und können z. B. auch über eine Domainnutzung entstehen [Lor12].

Anwendungen / Vorgehen

Das wichtigste Kennzeichenrecht ist die Marke. Als Marke können Zeichen geschützt werden, die geeignet sind, Waren und Dienstleistungen eines Unternehmens von denen eines anderen Unternehmens zu unterscheiden (§ 3 MarkenG bzw. AA4 GMVO). Das Markenrecht ermöglicht, dass Dritten untersagt werden kann, identische oder bei Verwechslungsgefahr ähnliche Zeichen für identische bzw. ähnliche Waren und Dienstleistungen zu benutzen [Lor12]. Für die Eintragung einer deutschen Marke in das beim Deutschen Patent- und Markenamt (DPMA) oder einer Gemeinschaftsmarke in das beim Harmonisierungsamt für den Binnenmarkt (HABM) geführte amtliche Markenregister sind eine Anmeldung sowie die Einzahlung der Anmeldegebühren erforderlich.

Eine Markenanmeldung muss ein nach festgelegten Klassen geordnetes Verzeichnis der Waren und Dienstleistungen enthalten, für die Markenschutz in Anspruch genommen wird.

Die Registrierung einer Marke gilt zunächst für einen Zeitraum von zehn Jahren, lässt sich in der Regel beliebig oft erneuern und kann unbegrenzt lange aufrechterhalten werden [GM07].

Unternehmensbereiche

- ☐ Produktplanung
- ☐ Entwicklung / Konstruktion
- ☐ Einkauf
- ☐ Arbeitsvorbereitung
- ☐ Fertigung
- ☐ Vertrieb
- ☐ Service

Kategorie Schutzmaßnahme

- ☐ Strategische Maßnahme
- ☐ Produktbezogene Maßnahme
- ☐ Prozessbezogene Maßnahme
- ☐ Kennzeichnende Maßnahme
- ☐ IT-Maßnahme
- ☑ Rechtliche Maßnahme
- ☐ Kommunikationsmaßnahme

Anwendungsbeispiel

Die Firma P4M gehört zu den führenden Internet-Monitoring-Firmen und arbeitet unter anderem für namhafte Hersteller wie Lacoste, Nikon und Schering. Auch betreut die Firma Markenschutzprogramme von Auktionsplattformen, von denen das bekannteste VeRI/VeRO von eBay ist. Hierfür muss der Markeninhaber eine Erklärung hinterlegen und bestätigen, der Rechteinhaber einer Marke zu sein. Dadurch wird der Markeninhaber berechtigt, Verletzungen von Markenrechten an eBay zu melden, diese alsdann entfernen zu lassen sowie die Personaldaten des Anbieters zur Verfolgung zu bekommen [Fuc06].

© Anette Linnea Rasmus - Fotolia.com

Vorteile

- Öffentlichkeit und Produktpiraten werden auf bestehende Schutzrechte hingewiesen [Mei11]

Quellen / Experten

[Fuc06]   FUCHS, H. J. (Hrsg): Piraten, Fälscher und Kopierer – Strategien und Instrumente zum Schutz geistigen Eigentums in der Volksrepublik China, Betriebswirtschaftlicher Verlag Dr. Th. Gabler, Wiesbaden, 2006

[GM07]   GIEFERS, H.-W.; MAY, W.: Markenschutz. Haufe, Freiburg im Breisgau, 2003

[Lor12]   LORENZEN, B.: Rechtliche Schutzmaßnahmen. In: Gausemeier, J.; Glatz, R.; Lindemann, U. (Hrsg.): Präventiver Produktschutz – Leitfaden und Anwendungsbeispiele. Carl Hanser Verlag, München, 2012

[Mei11]   MEIWALD, T.: Konzepte zum Schutz vor Produktpiraterie und unerwünschtem Know-how-Abfluss. Dissertation, Fakultät für Maschinenwesen, Technische Universität München, München, 2011

Urheberrecht

Kurzbeschreibung

Urheberrechte schützen schöpferische, künstlerische und literarische Werke wie z.B. Texte, Bilder, Filme, Klänge, Computerprogramme oder technische Dokumente und Zeichnungen. Urheberrechte schützen die Form oder den Ausdruck einer Sache, nicht jedoch eine Idee, ein Verfahren oder einen Algorithmus [Fis08].

© Anette Linnea Rasmus - Fotolia.com

Anwendungen / Vorgehen

Das Urheberrecht bedarf keiner Anmeldung. Es entsteht automatisch im Moment der geistigen Schöpfung durch eine natürliche Person. Nur natürliche Personen, also keine Unternehmen, können Inhaber von Urheberrechten sein. Daher kann ein Urheberrecht auch außer im Erbfall nicht übertragen werden, an ihm können nur Nutzungsrechte eingeräumt werden [Lor12]. Dritte dürfen ohne Zustimmung des Urhebers dessen Werk nicht nutzen. Häufig schützt man hiermit kulturelle oder wissenschaftliche Schöpfungen, aber insbesondere auch gewerblich anwendbare Leistungen wie Computerprogramme, Bedienungsanleitungen, Pläne, Skizzen und grundsätzlich auch ästhetische Formgestaltungen von technischen Gütern oder Gegenständen.
Der Urheberrechtsschutz endet 70 Jahre nach dem Tod des Urhebers.

Unternehmensbereiche

☐ Produktplanung
☐ Entwicklung / Konstruktion
☐ Einkauf
☐ Arbeitsvorbereitung
☐ Fertigung
☐ Vertrieb
☐ Service

Kategorie Schutzmaßnahme

☐ Strategische Maßnahme
☐ Produktbezogene Maßnahme
☐ Prozessbezogene Maßnahme
☐ Kennzeichnende Maßnahme
☐ IT-Maßnahme
☑ Rechtliche Maßnahme
☐ Kommunikationsmaßnahme

Anwendungsbeispiel

Das Fotoportal Fotolia.de schützt seine Urheberrechte durch digitale Wasserzeichen [Fot11-ol].

© iStockphoto.com

Vorteile

- Keine zusätzlichen Kosten
- Keine Formvorschrift vorhanden
- Einhaltung kontrollierbar

Quellen / Experten

[Fis08]   Fischer, J.: Medienrecht und Medienmärkte. Springer Verlag, Berlin, Heidelberg, 2008
[Fot11-ol] Fotolia: Schutz der bei der Anmeldung gemachten Daten. Unter: http://de.fotolia.com/Info/Security, 12. August 2011
[Lor12]   Lorenzen, B.: Rechtliche Schutzmaßnahmen. In: Gausemeier, J.; Glatz, R.; Lindemann, U. (Hrsg.): Präventiver Produktschutz – Leitfaden und Anwendungsbeispiele. Carl Hanser Verlag, München, 2012

Schutzrechte verwerten

Kurzbeschreibung

Bei der Verwertung von Schutzrechten räumt ein Rechteinhaber einem Dritten ein Recht ein, den unter das Schutzrecht fallenden Gegenstand zu nutzen [Lor12].

Anwendungen / Vorgehen

Wichtiges Instrument für die Verwertung von Schutzrechten sind Lizenzverträge. Lizenzverträge beinhalten eine Beschreibung des Lizenzgegenstandes, die Bestimmung des freigegebenen Marktsegments, die Laufzeit, das Entgelt und eventuell Vertragsstrafen [GB07], [HGF02]. Gründe für das Abschließen von Lizenzverträgen können z.B. sein, dass ein Rechteinhaber ein Produkt durch Dritte fertigen oder vertreiben lassen möchte. Die Ausgestaltungsmöglichkeiten für Lizenzverträge reichen von sehr eng gefassten Verträgen bis zu weitreichenden Übertragungen. So können beispielsweise Dritten bestimmte Vertriebsgebiete exklusiv überlassen werden. Bei der Ausgestaltung von Lizenzverträgen sollte allerdings bedacht werden, dass mit der Erteilung von Lizenzen ein Know-how-Transfer stattfinden kann [Lor12].

Die Verwertung von Schutzrechten kann auch durch einen sogenannten Patentlizenztausch erfolgen. Dabei räumen sich mehrere Unternehmen gegenseitig einen Zugriff auf das jeweilige Patentportfolio ein. Dies erfolgt vor allem in Marktsegmenten mit einer hohen Innovationsintensität und einem hohen Schutzrechtsaufkommen.

Unternehmensbereiche

- ☐ Produktplanung
- ☐ Entwicklung / Konstruktion
- ☐ Einkauf
- ☐ Arbeitsvorbereitung
- ☐ Fertigung
- ☐ Vertrieb
- ☐ Service

Kategorie Schutzmaßnahme

- ☐ Strategische Maßnahme
- ☐ Produktbezogene Maßnahme
- ☐ Prozessbezogene Maßnahme
- ☐ Kennzeichnende Maßnahme
- ☐ IT-Maßnahme
- ☑ Rechtliche Maßnahme
- ☐ Kommunikationsmaßnahme

Anwendungsbeispiele

Zwischen den Firmen SanDisk und Samsung besteht ein Patentlizenztauschvertrag, welcher Rechte für die Patente der beiden Parteien beinhaltet, die bestimmte Speicherzellen und -systeme abdecken [Bus09-ol].

© fotogestoeber - Fotolia.com

Toshiba und LG haben einen Patenttausch vereinbart. Somit ist eine engere Kooperation bei der Laufwerkstechnologie möglich. Beide Unternehmen können sich bei Techniken für optische Medien, optische Laufwerke, Player oder Recorder bedienen [Pcw06-ol].

© MAK - Fotolia.com

Vorteile

- Erweiterte Möglichkeiten zum Zugriff auf Erfindungen Dritter durch Patentlizenztausch
- Steigerung des ROIs in eine Neuentwicklung

Nachteile

- Know-how-Transfer an Lizenznehmer
- Alleinstellung bezüglich der Erfindung, Gestaltung oder Ähnlichem wird aufgegeben [Mei11]

Quellen / Experten

[Bus09-ol] BUSINESSWIRE: SanDisk und Samsung verlängern Patentlizenztausch- und Flash-Lieferverträge, 15. Juni 2011
[GB07]   GASSMANN, O.; BARDER, M.A., 2007
[HGF02]   HUBMANN, H.; GÖTTING, H.; FORKEL, H., 2002
[Lor12]   LORENZEN, B., 2012
[Mei11]   MEIWALD, T., 2011
[Pcw06-ol] PCWELT: Toshiba und LG vereinbaren Patent-Tausch, 15. Juni 2011

Grenzbeschlagnahme

Kurzbeschreibung

Die Grenzbeschlagnahme ist eine Möglichkeit zur Durchsetzung von Schutzrechten. Dabei werden Produkte aus dem Ausland durch den Zoll aufgehalten, die im Verdacht stehen, Schutzrechte in Deutschland bzw. der EU zu verletzen [Lor12].

Anwendungen / Vorgehen

Je nach Konstellation kommen ein nationales oder ein Gemeinschaftsverfahren nach der europäischen Produktpiraterieverordnung (VO EG Nr. 1383/2003-Piraterie VO) jeweils zumeist auf Antrag des Rechteinhabers in Betracht. Gründe für den Antrag können die Verletzung von Marken, Geschmacksmustern, Urheberrechten, Patenten, Ursprungsbezeichnungen, geografischen Herkunftsangaben und Sortenschutzrechten sein. Der Antrag sollte möglichst viele Informationen zur Identifikation der Ware enthalten (Aussehen, Erkennungsmerkmale, vom Originalhersteller genutzte Spediteure und Handelsrouten). Formblätter zu diesem Antrag sind in der Durchführungsverordnung (Piraterie-DVO) zu finden.

Greift der Zoll verdächtige Ware auf, beschlagnahmt er sie und informiert den Rechteinhaber. Die Parteien haben dann eine gewisse Frist (die nach der Art der Ware bzw. des Verfahrens variiert), entweder die Ware freizugeben, weil sie keine Schutzrechte verletzt, der Vernichtung zuzustimmen oder im Streitfall eine gerichtliche Entscheidung vorzulegen, die die Verwahrung der beschlagnahmten Waren oder eine Verfügungsbeschränkung anordnet [Lor12].

Unternehmensbereiche

- ☐ Produktplanung
- ☐ Entwicklung / Konstruktion
- ☐ Einkauf
- ☐ Arbeitsvorbereitung
- ☐ Fertigung
- ☐ Vertrieb
- ☐ Service

Kategorie Schutzmaßnahme

- ☐ Strategische Maßnahme
- ☐ Produktbezogene Maßnahme
- ☐ Prozessbezogene Maßnahme
- ☐ Kennzeichnende Maßnahme
- ☐ IT-Maßnahme
- ☑ Rechtliche Maßnahme
- ☐ Kommunikationsmaßnahme

Anwendungsbeispiele

Der Elektronikkonzern Philips bietet Zollmitarbeitern Schulungen zur leichteren Unterscheidung des Originalprodukts von der Imitation an. Einer der Gründe dafür ist, dass die Qualität der Fälschungen stetig gestiegen ist und diese immer schwerer von Originalen zu unterscheiden sind [GB10].

© endostock - Fotolia.com

Die Firma SKF führte mit der tschechischen Polizei eine Razzia durch und konfiszierte bei einem nicht autorisierten Händler über 30 Tonnen gefälschter SKF-Lager. Weiterhin wurden gefälschte Produkte anderer Wälzlagerhersteller sichergestellt [SKF09-ol].

© Vic Spanner - Fotolia.com

Vorteile

- Große Mengen von Kopien können aus dem Verkehr gezogen werden
- Vertriebswege der Produktpiraten können offengelegt werden
- Hohe Medienwirksamkeit
- Kurzfristig anwendbar
- Störung der Warenlogistik von Imitatoren [Mei11]

Nachteile

- Muss im Nachgang gerichtlich bestätigt werden
- Es muss im Vorfeld bekannt sein, dass Pirateriewäre eintrifft
- Gewisser Verlust wird von professionellen Piraten mit einkalkuliert [Mei11]

Quellen / Experten

[GB10]   Gassmann, O.; Beckenbauer, A., 2010
[Lor12] Lorenzen, B., 2012

[Mei11]   Meiwald, T., 2011
[SKF09-ol] SKF Group: Gefälschte SKF Lager in der Tschechischen Republik beschlagnahmt, 29. September 2011

Unterstützung durch Verfassungsschutz

Kurzbeschreibung

Die Aufgaben des Verfassungsschutzes liegen in der Beobachtung und Analyse extremistischer Bestrebungen sowie der Abwehr von Spionagetätigkeiten anderer Staaten [LFV11-ol]. Der Verfassungsschutz kann zur Aufdeckung und Abwehr von Spionagetätigkeiten gegen Unternehmen eingeschaltet werden und den Unternehmen beratend zur Seite stehen.

Anwendungen / Vorgehen

Die Verfassungsschutzämter der Länder haben den Auftrag, Spionagetätigkeiten fremder Staaten zu beobachten. Vor allem in den Bereichen der Wirtschaftsspionage und des Wirtschaftsschutzes dienen die Verfassungsschutzämter als Analyse- und Beratungsstellen. Besteht der Verdacht einer Spionage, kann das zuständige Landesamt vom betroffenen Unternehmen eingeschaltet werden. Es unterstützt das Unternehmen z. B. durch die Aufklärung über die nachrichtendienstliche Methodik fremder Dienste oder über die zunehmenden Gefahren der E-Mail-basierten elektronischen Angriffe per Internet und gibt Handlungsempfehlungen für den Schutz des Unternehmens. Des Weiteren werden Sensibilisierungsvorträge z. B. für die Gefahren des Social Engineering angeboten [Ver11-ol].

Unternehmensbereiche

- ☐ Produktplanung
- ☐ Entwicklung / Konstruktion
- ☐ Einkauf
- ☐ Arbeitsvorbereitung
- ☐ Fertigung
- ☐ Vertrieb
- ☐ Service

Kategorie Schutzmaßnahme

- ☐ Strategische Maßnahme
- ☐ Produktbezogene Maßnahme
- ☐ Prozessbezogene Maßnahme
- ☐ Kennzeichnende Maßnahme
- ☐ IT-Maßnahme
- ☑ Rechtliche Maßnahme
- ☐ Kommunikationsmaßnahme

Anwendungsbeispiel

Unternehmen können mithilfe eines Online-Tests der Abteilung für Verfassungsschutz des NRW-Innenministeriums die eigene Bedrohung für Wirtschaftsspionage einstufen lassen [Sic09-ol].

Vorteile

- Verfassungsschutzämter unterliegen im Gegensatz zur Polizei nicht dem Legalitätsprinzip und müssen somit nicht zwangsläufig Anzeige erstatten, sobald ihnen eine Straftat bekannt wird [Mei11]

Nachteile

- Sobald kein ausländischer Staat involviert ist, endet die Zuständigkeit der Ämter [Mei11]

Quellen / Experten

[LFV11-ol] LANDESAMT FÜR VERFASSUNGSSCHUTZ BREMEN: Der Verfassungsschutz – eine gemeinsame Aufgabe von Bund und Ländern. Unter: http://www.verfassungsschutzgegenrechtsextremismus.de/de/aufgaben-des-verfassungsschutzes.html, 17. November 2011

[Mei11] MEIWALD, T.: Konzepte zum Schutz vor Produktpiraterie und unerwünschtem Know-how-Abfluss. Dissertation, TUM, 2011

[Sic09-ol] SICHERHEIT.INFO: Der Industriespionage vorbeugen. Unter: http://www.sicherheit.info/si/cms.nsf/si.ArticlesByDocID/2103199?Open, 21. Juli 2011

[Ver11-ol] BUNDESAMT FÜR VERFASSUNGSSCHUTZ: Wirtschaftsspionage – Bedrohungspotenzial für die Unternehmen. Unter: http://www.verfassungsschutz.de/de/arbeitsfelder/af_spionageabwehr_und_geheimschutz/af_wirtschaftsschutz/, 9. August 2011

■ A1.7 Kommunikative Schutzmaßnahmen

Kommunikationsstrategien anwenden

Kurzbeschreibung

Kommunikationsstrategien sind ein langfristig orientiertes Marketinginstrument, um eine aus unternehmerischer Sicht optimale Wahrnehmung eines Produktes oder einer Marke bei einer Zielgruppe zu erreichen [WAB+07].

Anwendungen / Vorgehen

Das Bayerische Landesamt für Verfassungsschutz schätzt, dass 80 % der Spionageversuche „offen" erfolgen, z. B. indem Imitatoren Angebote oder Muster anfordern, ohne ein Interesse an einem Geschäftsabschluss zu haben. Die Imitatoren erhoffen sich, dadurch technische Details über ein Produkt zu erlangen, die freiwillig vom Originalhersteller bereitgestellt werden [WAB+07].
Zur Bekanntmachung eines Produktes am Markt müssen Informationen über selbiges veröffentlicht werden. Um zu verhindern, dass relevante Details durch den Originalhersteller an Produktpiraten geliefert werden, muss bei der Entwicklung der Kommunikationsstrategie für ein neues Produkt ein angemessener Kompromiss zwischen der Wichtigkeit der Information für den Kunden und dem Risiko, schützenswerte Informationen preiszugeben, gefunden werden. Zur Prävention von Produktpiraterie kann eine Reduktion des Informationsmaterials z. B. in Angeboten oder auf der eigenen Homepage sinnvoll sein [WAB+07].

Unternehmensbereiche

- ☐ Produktplanung
- ☐ Entwicklung / Konstruktion
- ☐ Einkauf
- ☐ Arbeitsvorbereitung
- ☐ Fertigung
- ☑ Vertrieb
- ☐ Service

Kategorie Schutzmaßnahme

- ☐ Strategische Maßnahme
- ☐ Produktbezogene Maßnahme
- ☐ Prozessbezogene Maßnahme
- ☐ Kennzeichnende Maßnahme
- ☐ IT-Maßnahme
- ☐ Rechtliche Maßnahme
- ☑ Kommunikationsmaßnahme

Vorteile

- Produktpiraten erhalten erst spät Informationen über das Produkt [WAB+07]

Nachteile

- Interesse von Kunden wird bei zu geringer Informationstiefe über Produkt nicht hinreichend geweckt

Quellen / Experten

[WAB+07]   WILDEMANN, H.; ANN, C.; BROY, M.; GÜNTHNER, W.; LINDEMANN, U.: Plagiatschutz – Handlungsspielräume der produzierenden Industrie gegen Produktpiraterie. TCW, München, 2007

Kunden für Originale und Imitate sensibilisieren

Kurzbeschreibung

Die Unternehmenskommunikation kann genutzt werden, um Kunden auf Imitate der unternehmenseigenen Produkte hinzuweisen und die Vorteile des Kaufes von Originalprodukten herauszustellen [ICX10].

© Aktion Plagiarius e.V.

Anwendungen / Vorgehen

Eingangs muss ein Unternehmen entscheiden, ob es sich als ein von Imitaten betroffenes Unternehmen zu erkennen gibt und so im Prinzip Schwächen offenlegt [ICX10].

Bei Anwendung der Maßnahme sind auch Kunden, die Plagiate kaufen, aktiv zu adressieren. Dies soll nicht anklagend erfolgen, sondern mit dem Ziel geschehen, die Gründe für den Kauf von Plagiaten zu erfahren. Die Antworten auf Fragen, warum Imitate dem Originalprodukt vorgezogen werden, welche Erfahrungen die Kunden mit den Imitaten gemacht haben, woher diese stammen und zu welchem Preis sie erworben wurden, sind wertvolle Erkenntnisse für die Abstimmung der Abwehrstrategie [AKL11]. Gleichzeitig sind Kunden die Vorzüge von Originalprodukten zu vermitteln und die Nachteile imitierter Waren für Konsumenten wie mangelnde Qualität und Haltbarkeit und die Gefahr von Gesundheitsschäden zu verdeutlichen.

Unternehmensbereiche

- [ ] Produktplanung
- [ ] Entwicklung / Konstruktion
- [ ] Einkauf
- [ ] Arbeitsvorbereitung
- [ ] Fertigung
- [x] Vertrieb
- [ ] Service

Kategorie Schutzmaßnahme

- [ ] Strategische Maßnahme
- [ ] Produktbezogene Maßnahme
- [ ] Prozessbezogene Maßnahme
- [ ] Kennzeichnende Maßnahme
- [ ] IT-Maßnahme
- [ ] Rechtliche Maßnahme
- [x] Kommunikationsmaßnahme

Anwendungsbeispiele

Das Unternehmen STIHL vermittelt den Kunden auch über Videos die Gefahr von Verletzungen durch Nutzung von Imitaten. Weiterhin werden Kunden darauf aufmerksam gemacht, dass Imitate in einigen Fällen nur unwesentlich günstiger als das Original angeboten werden, um die Originalität der Ware vorzutäuschen [STL11-ol].

© Aktion Plagiarius e. V.

Der Verband Deutscher Maschinen- und Anlagenbau e.V. (VDMA) wendet sich mit der Kampagne „Pro Original: Choose the Original – Choose Success" direkt an Industriekunden und verdeutlicht, dass es im Interesse des Käufers ist, Originalware zu kaufen [VDMA11-ol].

© VDMA e. V.

Vorteile

- Erhöhte Kundenbindung [ICX10]
- Unterstützung bei der Pirateriebekämpfung durch Kunden [ICX10]

Nachteile

- Bekenntnis, Opfer von Produktpiraterie geworden zu sein [ICX10]
- Gefahr, dass eigene Marke dauerhaft mit Produktpiraterie in Verbindung gebracht wird

Quellen / Experten

[AKL11] ABELE, E.; KUSKE, P.; LANG, H.: Schutz vor Produktpiraterie. Springer Verlag, Berlin, 2011

[ICX10] ICON-X: Präventiv statt Reaktiv – Schutz vor Produktpiraterie. IHK Detmold, 25. März 2010

[STL11-ol] STIHL: STIHL warnt vor Fälschungen. Unter: http://www.stihl.de/marken-und-produktpiraterie.aspx, 18. Juli 2011

[VDMA11-ol] VDMA: VDMA-Kampagne Pro Original. Unter: http://www.vdma.org, 4. Juli 2011

Lobbyarbeit

Kurzbeschreibung

Lobbyarbeit ist die Vertretung von Interessen einer Gruppe von Personen oder Unternehmen bei einem politischen Entscheidungsträger.

© Phoenixpix - Fotolia.com

Anwendungen / Vorgehen

Durch Lobbyarbeit von Verbänden können die Interessen des eigenen Unternehmens die gewünschte Aufmerksamkeit nicht nur in der Öffentlichkeit, sondern auch bei politischen Entscheidungsträgern erhalten. So können Kräfte gebündelt und der Kampf gegen Produktpiraterie kann verstärkt werden [ICX10].

Im Kampf gegen Piraterie nehmen die Branchenverbände der Industrieunternehmen eine wichtige Rolle ein: Fast drei Viertel (73 %) der Befragten einer Studie bewerten die Lobbyarbeit für schärfere Gesetzgebung als wichtigen Beitrag von Verbänden. Aber nur 21 % nutzen Lobbyarbeit als Maßnahme gegen Produktpiraterie [KuP10].

Unternehmensbereiche

- ☐ Produktplanung
- ☐ Entwicklung / Konstruktion
- ☐ Einkauf
- ☐ Arbeitsvorbereitung
- ☐ Fertigung
- ☐ Vertrieb
- ☐ Service

Kategorie Schutzmaßnahme

- ☐ Strategische Maßnahme
- ☐ Produktbezogene Maßnahme
- ☐ Prozessbezogene Maßnahme
- ☐ Kennzeichnende Maßnahme
- ☐ IT-Maßnahme
- ☐ Rechtliche Maßnahme
- ☑ Kommunikationsmaßnahme

Anwendungsbeispiele

Der Aktionskreis gegen Produkt- und Markenpiraterie e. V. (APM) ist eine Initiative des Deutschen Industrie- und Handelskammertages (DIHK), des Bundesverbandes der Deutschen Industrie (BDI) und des Markenverbandes. Im APM engagieren sich unter anderem adidas, BASF und Daimler für ein Umfeld, in dem sich erfinderische Tätigkeit entfalten und auf einen effektiven Schutz bauen kann [APM11-ol].

APM
AKTIONSKREIS
DEUTSCHE WIRTSCHAFT
GEGEN PRODUKT- UND
MARKENPIRATERIE E.V.
REACT GERMANY

© markenpiraterie-apm.de

Stellungnahmen von Verbänden finden bei gesetzvorbereitenden Institutionen eher Gehör als einzelne Unternehmen.
Zum Beispiel leitet das Bundesjustizministerium Gesetzesentwürfe mit der Bitte zur Stellungnahme an Verbände. Diese verfügen aufgrund ihrer täglichen Befassung mit den Bedürfnissen ihrer Mitglieder über detailliertere Kenntnisse der zu regelnden Materie [WG07].

© koya79 - Fotolia.com

Vorteile

- Gemeinschaftlicher Kampf gegen Produktpiraten [ICX10]
- Höhere Chance, eine schärfere Gesetzgebung im Kampf gegen Produktpiraterie zu erreichen [ICX10]

Nachteile

- Mindestmaß an Engagement notwendig [ICX10]

Quellen / Experten

[APM11-ol]   AKTIONSKREIS GEGEN PRODUKT- UND MARKENPIRATERIE: Aufgaben / Ziele. Unter: http://www.markenpiraterie-apm.de/82-0-Aufgaben- -Ziele.html, 22. Juni 2011

[ICX10]   ICON-X: Präventiv statt Reaktiv – Schutz vor Produktpiraterie. IHK Detmold, 25. März 2010

[KuP10]   KARG UND PETERSEN NEXT STEP COMMINICATION: Ergebnisbericht zur Studie Piraterie-Bekämpfung als Wettbewerbsfaktor, 2010

[WG07]   VON WELSER, M.; GONZALES, A.: Marken- und Produktpiraterie, 2007

Attraktive Gestaltung von Verkaufsräumen

Kurzbeschreibung

Durch Alleinstellungsmerkmale im Handel können sich Originalhersteller von Imitatoren absetzen. Eine Möglichkeit ist, den Kaufvorgang durch attraktive Verkaufsräume so zu gestalten, dass der Kunde ihn als eine wertsteigernde Leistung wahrnimmt.

Anwendungen / Vorgehen

Eine attraktive Gestaltung von Verkaufsräumen unterstützt Originalhersteller, Alleinstellungsmerkmale im Handel zu erlangen.

Attraktive Verkaufsräume und Internetauftritte sowie eine fachkundige Beratung beim Kauf können den Kunden zum Erwerb von Originalprodukten motivieren. So wird dem Kunden über eine positive Verkaufsatmosphäre ein bestimmtes Produktimage vermittelt. Dabei kann gezielt die Wahrnehmung von Qualität, Zuverlässigkeit oder Exklusivität beeinflusst werden.

Produktpiraten hingegen sind oft gezwungen, ihre Artikel über unauffällige Kanäle wie z. B. im Straßenverkauf anzubieten. Allerdings ist es in der Vergangenheit bereits zu Imitationen von ganzen Verkaufsräumen gekommen [GBB08].

Unternehmensbereiche

- ☐ Produktplanung
- ☐ Entwicklung / Konstruktion
- ☐ Einkauf
- ☐ Arbeitsvorbereitung
- ☐ Fertigung
- ☒ Vertrieb
- ☐ Service

Kategorie Schutzmaßnahme

- ☒ Strategische Maßnahme
- ☐ Produktbezogene Maßnahme
- ☐ Prozessbezogene Maßnahme
- ☐ Kennzeichnende Maßnahme
- ☐ IT-Maßnahme
- ☐ Rechtliche Maßnahme
- ☒ Kommunikationsmaßnahme

Anwendungsbeispiele

Die Firma Apple bietet ihren Kunden in den Apple Stores ein besonderes Gefühl der Exklusivität ihrer Produkte.

© pixelio.de

Der Internetauftritt des Armbanduhrenherstellers Tudor lässt auf den ersten Blick die Wertigkeit der angebotenen Produkte erahnen.

© Onkelchen - Fotolia.com

Vorteile

- Aufgewertete Kundenwahrnehmung von Produkteigenschaften [WG07]

Nachteile

- Spricht nicht alle Kunden an
- Imitation der Verkaufsräume möglich [GBB08]

Quellen / Experten

[GBB08]   GASSMANN, O.; BECKENBAUER, A; BADER, M.: Massnahmen gegen Produktpiraterie am Beispiel Chinas. Innovation Management, Nr. 2, März 2008, S. 84 - 87

[WG07]   VON WELSER, M.; GONZALES, A.: Marken- und Produktpiraterie. Wiley-VCH Verlag, Weinheim, 2007

Messebesuche durchführen

Kurzbeschreibung

Messeveranstaltungen sind auch für Imitatoren wichtige Ereignisse, um geschäftliche Kontakte zu knüpfen. Ein schnelles Unterbinden des Messe-auftritts eines Imitators soll seinen Markteinstieg verhindern und Erfolg und Image des Originalherstellers schützen.

Anwendungen / Vorgehen

Um auf Messen schnell rechtlich gegen Imitatoren vorgehen zu können, müssen Schutzrechte wie Patente, Geschmacksmuster etc. tatsächlich bestehen, also in der Regel angemeldet sein. Beim Aufbau oder am ersten Tag der Messe sollte nach Schutzrechtsverletzungen gesucht werden. Sind solche auf der Messe vertreten, sollten möglichst umfangreiche Beweise unbemerkt gesichert werden (Kontaktdaten, Proben, Fotos, Zeugen etc.). Eine günstige außergerichtliche Sofortmaßnahme ist die Abmahnung. Sie hat zum Ziel, vom Verletzer binnen kurzer Zeit eine strafbewehrte Unterlassungserklärung zu erhalten. Alternativ oder bei Erfolglosigkeit kann in einem gerichtlichen Eilverfahren bei ausreichender Beweislage eine einstweilige Verfügung erlangt werden, mit der die Rechtsverletzung gerichtlich unterbunden wird. Ohne vorherige Abmahnung trägt diese Maßnahme aber ein höheres Kostenrisiko.

Schließlich können auch auf Messen durch den Zoll Grenzbeschlagnahmen durchgeführt werden.

Unternehmensbereiche

- ☐ Produktplanung
- ☐ Entwicklung / Konstruktion
- ☐ Einkauf
- ☐ Arbeitsvorbereitung
- ☐ Fertigung
- ☑ Vertrieb
- ☐ Service

Kategorie Schutzmaßnahme

- ☐ Strategische Maßnahme
- ☐ Produktbezogene Maßnahme
- ☐ Prozessbezogene Maßnahme
- ☐ Kennzeichnende Maßnahme
- ☐ IT-Maßnahme
- ☑ Rechtliche Maßnahme
- ☑ Kommunikationsmaßnahme

Anwendungsbeispiele

Bei der Messe Outdoor 2011 sind Geschmacksmusterfälschungen von Schuhen eines bekannten Sportartikelherstellers vom Zoll sichergestellt worden [Sch11b-ol].

© MP2 - Fotolia.com

Auf der Hannover Messe 2011 erwirkte der Druckluftsystemhersteller BOGE eine einstweilige Verfügung gegen einen indischen Aussteller, welcher Ersatzteile für BOGE-Produkte unter den Originalnamen angeboten hat [Bog11-ol]

© juri semjonow - Fotolia.com

Vorteile

- Unmittelbarer Zugang zu Imitatoren
- Schnelle Wirkung der Maßnahme möglich
- Erhöhte Kenntnis des eigenen Marktes
- Hohe Medienwirksamkeit

Nachteile

- Eventuell müssen die Kosten eines Gerichtsverfahrens getragen werden

Quellen / Experten

[Bog11-ol] BOGE: Schneller Erfolg gegen dreiste Fälscher. Unter: www.boge.de/artikel/Pressetexte/detail003592.jsp?msf=100,300,200, 15. August 2011

[Sch11b-ol] SCHWÄBISCHE.DE: Häfler Zoll findet bei der Messe Outdoor vier Produktfälschungen. Unter: http://www.schwaebische.de/region/bodensee/ friedrichshafen/stadtnachrichten-friedrichshafen_artikel,-Haefler-Zoll-findet-bei-der-Messe-Outdoor-vier-Produktfaelschungen-_arid,5107044.html, 15. August 2011

A2 Kurzdarstellung der Verbundprojekte

Im Rahmen der durch den Projektträger Forschungszentrum Karlsruhe (PTKA) betreuten Forschungsoffensive „Innovationen gegen Produktpiraterie" des BUNDESMINISTERIUMS FÜR BILDUNG UND FORSCHUNG (BMBF) wurden in zehn Verbundprojekten (Tabelle A2-1) und der Kommunikations- und Kooperationsplattform

Tabelle A2-1 Zuordnung der Verbundprojekte zu adressierten Lösungsfeldern

Lösungsfelder

Verbundprojekte	Gestaltung von Produkten	Gestaltung von Prozessen	Kennzeichnungstechnologien / Authentifizierung	IT-Systemarchitektur / Datenmodelle	Juristische Schutzmaßnahmen	Standardisierung	Abschätzung des Produktpiraterierisikos	Entwicklung von Schutzkonzepten	Wirtschaftliche Bewertung von Schutzmaßnahmen
Conlmit						●	●		
PiratPro	●	●	●	●		●	●	●	
PROTACTIVE	●	●	●		●		●		
Pro-Protect	●			●		●	●		
EZ-Pharm	●	●	●	●		●	●	●	
MobilAuthent	●	●	●	●				●	
O-PUR		●	●	●		●			
KoPiKomp				●			●	●	
KoPira	●	●					●	●	●
ProAuthent	●	●	●	●	●		●	●	
ProOriginal	●	●	●	●	●	●	●	●	

ConImit schlagkräftige Lösungen entwickelt, um Imitationen von Maschinen, Dienstleistungen und Ersatzteilen zu bekämpfen. Diese umfassen technische, organisatorische und juristische Schutzmaßnahmen vor Produktpiraterie und Vorgehensmodelle, Methoden und Softwarewerkzeuge, mit denen die spezifische Gefährdungssituation eines Unternehmens erfasst und eine optimale Strategie zum präventiven Produktschutz erstellt werden kann. Die Lösungen haben sich im Einsatz bei den Industriepartnern bewährt und weisen ein hohes Anwendungspotential in der Investitionsgüterindustrie auf.

Die zehn Verbundprojekte und die entwickelten Lösungen werden im Folgenden dargestellt. Anhand von Beispielen zeigen die Projekte, welche Lösungen bei einer Gefährdung durch Produktpiraterie den meisten Nutzen versprechen. Eine Orientierung über die bearbeiteten Themen gibt Tabelle A2-1.

■ A2.1 PiratPro – Gestaltung von Piraterie-robusten Produkten und Prozessen

Gestaltung von
Piraterierobusten Produkten und Prozessen

Kontakt

Dipl.-Wirt.-Ing. O. Kleine
Fraunhofer-Institut für System- und
Innovationsforschung ISI
Breslauer Straße 48
76139 Karlsruhe
E-Mail: Oliver.Kleine@isi.fraunhofer.de
www.piratpro.de

Projektpartner

- LIMO Lissotschenko Mikrooptik GmbH
  Dortmund
- m-u-t AG
  Wedel
- Fraunhofer-Institut für Sichere Informationstechnologie SIT
  Darmstadt
- Fraunhofer-Institut für System- und Innovationsforschung ISI
  Karlsruhe
- Sartorius AG
  Göttingen
- Mahr GmbH
  Göttingen
- INFICON GmbH
  Köln

Handlungsbedarf

Die Bedrohung durch Produktpiraterie ist ein Thema von aktueller Bedeutung für die deutsche (Investitionsgüter-)Industrie. Als Ursache für diese Entwicklung werden vielfältige Treiber identifiziert. Auf der einen Seite haben vor allem die zunehmende Vernetzung der Weltwirtschaft, der technologische Fortschritt sowie staatlich forcierte Technologieaufhol- und Standardisierungsprogramme der Schwellenländer wie China zu einer grundlegenden, piratageförderenden Veränderung der Rahmenbedingungen des Wettbewerbs geführt. Auf der anderen Seite hat sich gleichzeitig die Art des Wettbewerbs durch die steigende Leistungsfähigkeit und Entschlossenheit der Produktpiraten erheblich gewandelt.

Die Beherrschung des Phänomens Produktpiraterie wird daher zunehmend zu einem strategischen Wettbewerbsfaktor. Trotzdem reagieren die meisten Unternehmen erst im Falle eines konkreten Angriffs und versuchen dann häufig, diesem Problem mit Standardmethoden zu begegnen, anstatt situationsspezifisch zu agieren.

Lösung

Vor diesem Hintergrund erwachsen folgende Anforderungen an einen ganzheitlichen, integrativen sowie effektiven Produktschutz und damit auch an das strategische Management des Produktschutzes:

1. Ein ganzheitlicher Schutz bedingt nicht nur den adäquaten Einsatz juristischer, technologischer oder organisatorischer Abwehr- und Begrenzungsmaßnahmen, sondern er muss auch entsprechend dem Produktlebenszyklus und den relevanten Wertschöpfungsprozessen erfolgen.

2. Ein integrativer Schutz wird erst durch Managementmethoden und -instrumente erreicht, die diese Maßnahmen koordinieren.

3. Ein effektiver Schutz wird gerade dadurch erreicht, dass die „richtigen" Dinge getan werden. Das sind Maßnahmen und Konzepte, die im jeweiligen Einzelfall den höchsten Schutz versprechen.

Deshalb wurde im Forschungsvorhaben „Gestaltung von Piraterierobusten Produkten und Prozessen (PiratPro)" die Lösungsmatrix (Bild A2-1 auf S. 284) entwickelt. Je nach individueller Problemlage der Produktpiraterie im Unternehmen wählen die Unternehmen aus der Matrix die für sie passende Kombination aus den Lösungsansätzen 1 bis 6 aus.

Strategischer Ansatz

Das Vorgehensmodell ist deswegen als strategischer Ansatz geeignet,

- weil hier der Produktschutz zum einen auf Basis eines ganzheitlichen, piraterierobusten Systems von produkt- und prozessgestalterischen Maßnahmen – insbesondere im Bereich der Produktentwicklung, der Produktion und auf Dienstleistungsprozessebene – erreicht werden kann (Anforderung 1),

- weil es zum anderen vor dem Hintergrund der mittlerweile üppig vorhandenen Schutztechnologien nicht das Ziel verfolgt, „neue" Schutztechnologien zu entwickeln, sondern darauf abzielt, praktikable „neue" Wege aufzuzeigen, bestehende Schutzmaßnahmen intelligent in die Produktentwicklung bzw. -gestaltung zu integrieren (Anforderung 2),

- und weil es letztlich geeignete Analyseinstrumente bereitstellt, die diesen Auswahlprozess entsprechend koordinieren und die richtigen Anforderungen formulieren (Anforderung 3).

Nutzen

Entsprechend der Zielsetzung des Projekts konnte in PiratPro ein integratives und praxiserprobtes Konzept für einen ganzheitlichen, Produkte und Prozesse umfassenden Schutz vor Produktpiraterie entwickelt werden. Über jegliche Theorie hinaus ist jedoch eine der wichtigsten in diesem Projekt gemachten Erfahrungen die folgende: Ohne ein profundes Verständnis für die Problematik der Produktpiraterie im Unternehmen lassen sich die richtigen Maßnahmen weder finden noch wirksam umsetzen! Erfolge hängen deshalb vor allem auch davon ab, inwieweit die Mitarbeiter für das Thema Produktpiraterie sensibilisiert sind. Gelingt es einem Unternehmen, bei seinen Mitarbeitern ein Bewusstsein für die Bedeutung dieser Problematik zu schaffen, ist bereits ein großer Schritt getan. Gleichwohl sollte die Bekämpfung der Produktpiraterie mit Augenmaß erfolgen. Überzogene Maßnahmen können mitunter sehr teuer werden und damit mehr Schaden als Nutzen anrichten.

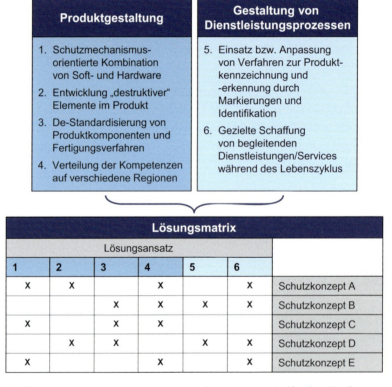

Bild A2-1 Lösungsmatrix der Maßnahmen gegen Produktpiraterie (Quelle: PiratPro)

Die Verlagerung von Kernkompetenzen aus Kostengründen erhöht die Gefahr der Piraterie. Beim Einsatz von Maßnahmen gegen Produktpiraterie sollten Unternehmen außerdem konsequent mögliche Synergien berücksichtigen. So sollte bei der

Entwicklung neuer Produkte von Anfang an die Patentsituation eine wichtige Rolle spielen. Es sollte immer geprüft werden, ob das neue Produkt auch aus einer rechtlichen Perspektive ausreichend gegen Piraterie geschützt ist.

Die Partner im Projekt PiratPro haben das PiratPro-Geschäftsmodell (Bild A2-2) entwickelt, um die Lösungen aus dem Projekt anderen Unternehmen und wissenschaftlichen Instituten zugänglich zu machen. Unterteilt in die Aufgabenfelder „Strategische Beratung", „Technische Beratung" und Unterstützung in der Gestaltung der Produkte bieten die PiratPro-Partner ihre Lösungskompetenz Dritten an.

Bild A2-2 PiratPro-Geschäftsmodell (Quelle: PiratPro)

■ A2.2 PROTACTIVE – Präventives Schutzkonzept für Investitionsgüter durch einen ganzheitlichen Ansatz aus Organisation, Technologie und Wissensmanagement

Projektpartner

- Dr. Wüpping Consulting GmbH
  Bochum
- Lehrstuhl für Produktionssysteme; Ruhr-Universität Bochum
  Bochum
- Lehrstuhl für Wirtschaftsinformatik und Electronic Government; Universität Potsdam
  Potsdam
- Terex Demag GmbH
  Zweibrücken
- HYDAC INTERNATIONAL GmbH
  Sulzbach
- NETZSCH Mohnopumpen GmbH
  Waldkraiburg
- Gummiwerk KRAIBURG GmbH & Co. KG
  Waldkraiburg
- HIRO LIFT Hillenkötter + Ronsieck GmbH
  Bielefeld
- contech electronic GmbH & Co. KG
  Leopoldshöhe

Kontakt

Dipl.-Ing. C. Siebel
Lehrstuhl für Produktionssysteme
Ruhr-Universität Bochum
Universitätsstraße 150
44780 Bochum
E-Mail: Siebel@lps.rub.de
www.protactive.de

Handlungsbedarf

Die produzierende Industrie greift heutzutage auf verschiedene Möglichkeiten zur Bekämpfung von Produktpiraterie zurück. Wichtige Instrumente sind beispielsweise Produktkennzeichnungen und Herstellernachweise, um Produkte eindeutig der eigenen Produktion zuzuordnen und juristische Maßnahmen bei Patentverletzungen und bei fälschlich zugewiesenen Produkthaftungen einzuleiten. Kennzeichnungen wie Hologramme, RFID oder Mikroschriften können bei der Klärung helfen, ob es sich um ein Plagiat handelt, die Erzeugung dieses aber nicht verhindern.

Die aufgeführten Maßnahmen können vereinzelt zum Erfolg führen, sind aber zumeist kurzsichtig und beziehen sich nur auf das eigene Unternehmen. Des Weiteren dienen sie lediglich zur Erkennung von Fälschungen und Plagiaten und bekämpfen nicht die eigentliche Ursache.

Die vorhandenen Schutzkonzepte sind häufig rechtlicher oder kennzeichnender Art. Auf den Product Life Cycle bezogen wirken diese etablierten Maßnahmen verhältnismäßig spät und lassen die großen Potentiale einer frühen Schutzimplementierung aus. Solche Konzepte haben daher den Nachteil, dass ein Schaden sowohl beim Anbieter als auch beim Kunden zu diesem Zeitpunkt bereits entstanden und das Know-how des kopierten Produktes bereits abgeflossen ist.

Lösung

Das Ziel des präventiven Produktschutzes ist es, den Kostenaufwand für Produktpiraten derartig zu erhöhen, dass Gewinne für Piraten kaum noch zu erzielen sind. Der wirtschaftliche Nutzen einer solchen Betrachtungsweise ist in Bild A2-3 dargestellt. Unter der Annahme, dass der Einsatzzeitpunkt von Produktpiraterie frühestens am Anfang der Wachstumsphase liegt, wird dieser durch Kontrolle der Wissensflüsse über die Wertschöpfungskette zukünftig auf der Life-Cycle-Achse deutlich nach rechts verschoben, d. h., die Know-how-Beschaffung gestaltet sich für den Piraten schwieriger als zuvor. Wenn es potentiellen Produktpiraten dennoch gelingt, das notwendige Know-how mit gesteigertem Zeit- und Kostenaufwand zu akquirieren, so erschweren organisatorische und technologische Maßnahmen die Herstellung einer annähernd gleichwertigen, funktionsfähigen und marktreifen Kopie.

Bild A2-3 Wirtschaftlicher Nutzen eines frühzeitigen Produktpiraterieschutzes (Quelle: PROTACTIVE)

Konzept einer ganzheitlichen Schutzstrategie

Bild A2-4 zeigt den ganzheitlichen Lösungsansatz des Projekts PROTACTIVE. Auf dem Fundament, bestehend aus Hersteller (OEM) und Zulieferer, setzen drei Säulen auf: 1) Aufbau- und Ablauforganisation, 2) Technologieschutz und 3) Wissensflussmanagement. Innerhalb dieser Säulen werden modular aufgebaute Lösungskonzepte erarbeitet, die unabhängig voneinander im Unternehmensnetzwerk implementiert werden können. Die maximale Schutzwirkung wird jedoch erst durch die Verzahnung der drei Säulen erreicht.

Bild A2-4 Präventives Schutzkonzept des Projektes PROTACTIVE (Quelle: PROTACTIVE)

Organisatorisches Schutzkonzept

Aus organisatorischer Sicht werden erschwerende Bedingungen hinsichtlich eines Know-how-Abflusses über die unternehmensübergreifende Produktentstehungsprozesskette geschaffen. Dieses Ziel wird unter anderem durch eine Optimierung der Aufbau- und Ablaufstruktur und durch eine Geschäftsprozessoptimierung erreicht.

Technologieschutz

Ziel dieser Säule ist die Identifikation technologischer Einflussgrößen und Stellhebel, um nachgeahmte bzw. gefährdete Produkte in Zukunft kopiersicherer zu gestalten. Hierzu werden schrittweise die schützenswerten Komponenten, d. h. die tatsächlich funktional relevanten Module, Baugruppen und Bauteile der Produkte aus Know-how-Sicht identifiziert und hin zu einem kopiersicheren Kern weiterentwickelt.

Wissensflussmanagement

Ziel dieser Säule ist die Identifikation, Bewertung und Gestaltung von Schnittstellen innerhalb der Wertschöpfungsnetzwerke, an denen kritische Informationen und Wissen preisgegeben werden. Diese Schnittstellen werden mittels eines Modellierungsverfahrens beschrieben, um das Risiko systematisch zu ermitteln. Auf der Basis der Analyse werden gezielt Präventionsmaßnahmen zur Verhinderung ungewollten Know-how-Abflusses vorgeschlagen.

Nutzen

Vor dem Hintergrund zunehmender Globalisierung, einer damit verbundenen immer größeren Vernetzung von Kooperationspartnern aus der Investitionsgüterindustrie und der steigenden Pirateriegefährdung stellt das Schutzkonzept von PRO-TACTIVE einen Ansatz zur Vermeidung von Know-how-Diebstählen jedweder Art dar. Die überwiegend eingesetzten Maßnahmen zur Identifikation der Originalprodukte reichen längst nicht aus, um die Produkt- und Markenpiraterie zu verhindern. Der beschriebene Ansatz greift daher bereits in der frühen Entwicklungsphase eines Produktes an und kombiniert zielgerichtet Maßnahmen aus der Organisation, des Technologieschutzes und des Wissensflussmanagements zu einem präventiven ganzheitlichen aktiven Ansatz, um die eigenen Produkte kopiersicherer zu gestalten. Unternehmen, die sich ganzheitlich schützen, bekämpfen die Ursachen der Produktpiraterie und minimieren ihren durch Piraterie entstehenden Umsatzverlust.

■ A2.3 Pro-Protect – Produktpiraterie verhindern mit Softwareschutz

Kontakt

Dipl.-Ing. O. Winzenried

WIBU-SYSTEMS AG

Rüppurrer Str. 52–54
76137 Karlsruhe

E-Mail: Oliver.Winzenried@wibu.com

www.pro-protect.de

Projektpartner

- WIBU-SYSTEMS AG
  Karlsruhe

- GiS – Gesellschaft für Informatik und Steuerungstechnik mbH
  Lenningen

- FZI Forschungszentrum Informatik
  Karlsruhe

- ZSK Stickmaschinen GmbH
  Krefeld

- HOMAG Holzbearbeitungssysteme GmbH
  Schopfloch

Handlungsbedarf

Der Softwareanteil an Innovationen im Maschinen- und Anlagenbau nimmt stetig zu. Software stellt bereits heute einen erheblichen Wirtschaftsfaktor dar. So geht man im Automotive-Bereich z. B. davon aus, dass heute 90 % aller Innovationen von Elektronik und Software getrieben sind und der auf Software basierende Wertschöpfungsanteil in den nächsten Jahren auf 40 % steigen wird. Ein wirkungsvoller Schutz dieser Software ist folglich die Voraussetzung für den Schutz von Produktinnovationen. Gleichzeitig steigt mit zunehmender Digitalisierung der Produktion die Bedeutung des Schutzes von digitalen Produktionsdaten. Daher wächst der

Schutzbedarf grundsätzlich in Richtung der Absicherung kompletter Entwurfs- und Fertigungsketten wie beispielsweise der textilen Produktionskette.

Um der zunehmenden Produktpiraterie im Maschinen- und Anlagenbau effektiv entgegenwirken zu können (Bild A2-5), müssen daher auch Software, digitale Produktionsdaten und Maschinendaten wirkungsvoll geschützt werden.

Lösung

Im Projekt Pro-Protect wurde daher ein durchgängiges Schutzsystem für Software (z. B. Maschinensteuerungsprogramme), digitale Produktionsdaten und Maschinendaten entwickelt, das die gesamte digitale Wertschöpfungskette umfasst und den spezifischen Anforderungen und technischen Randbedingungen der Automatisierungsbranche genügt. Dazu konnte auf die Vorarbeiten des Projektpartners WIBU-SYSTEMS aus Karlsruhe, einem weltweit führenden Anbieter von Schutzlösungen für Software, Dokumente, Zugriff und Medien, zurückgegriffen werden.

Im Rahmen des Projekts wurden die Hardware- und Softwarekomponenten des bestehenden patentierten „CodeMeter"-Digital-Rights-Management- (DRM) und Lizenzmanagementsystems für die speziellen Anforderungen aus dem Maschinenbau weiterentwickelt.

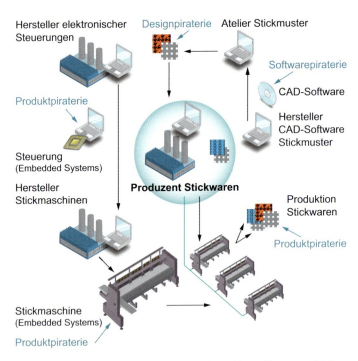

Bild A2-5 Angriffsszenario durch Produktpiraterie bei der Herstellung von Stickmaschinen und bei der Produktion von Textilien (Quelle: ZSK STICKMASCHINEN GmbH, Krefeld)

Industrietaugliche Schutzhardware

Die CodeMeter-Schutztechnologie wurde auf neue (Embedded) Betriebssysteme und neue Schnittstellen wie z. B. SD-, CF- und MicroSD-Karte erweitert (Bild A2-6), um den industriellen Anforderungen in der Automatisierung gerecht zu werden. Diese umfassen unter anderem einen erweiterten Temperaturbereich, erhöhte Störfestigkeit und eine hohe Zuverlässigkeit beim Laden von Programmen sowie beim Lesen und Schreiben von Daten. Durch die Kombination des Schutzsystems mit einem Speicher können diese Karten in nahezu allen Embedded-Systemen und Industrie-PCs nachgerüstet werden, indem die reine Speicherkarte gegen sie ausgetauscht wird.

Bild A2-6 CodeMeter-Schutzhardware als CompactFlash-, SD- und MicroSD-Karte
(Quelle: WIBU-SYSTEMS AG)

Softwarebasiertes Lizenzmanagement

Neben hardwareunterstütztem Softwareschutz bietet WIBU-SYSTEMS auch das softwarebasierte Lizenzmanagementsystem „CodeMeterAct" an. Dabei werden Lizenzinformationen und Schlüssel in einer verschlüsselten und digital signierten CodeMeterAct-Lizenzdatei gespeichert. Die digitale Signatur verhindert die Manipulation. Die Verschlüsselung verhindert, dass in der Datei enthaltene Schlüssel zum Entschlüsseln geschützter Software oder Dokumente unberechtigt genutzt werden können. Die CodeMeterAct-Lizenzdatei kann an einen PC gebunden sein, d. h., bei der sogenannten Aktivierung wird ein „Fingerabdruck" des PCs gebildet, und dieser geht in die Verschlüsselung der Lizenzdatei und den Freischaltcode für die Lizenz ein. Die Lizenzdatei kann dann nur auf diesem PC entschlüsselt und verwendet werden. Und dies auch nur so lange, wie sich der Fingerabdruck – z. B. durch Austausch der Hardware – nicht bzw. nur innerhalb der zugelassenen Toleranzen ändert.

Nutzen

Durch das entwickelte Schutzsystem können Innovationen, Know-how und geistiges Eigentum von Maschinenherstellern, das z. B. in aufwendigen Maschinensteuerungsprogrammen, in Maschinenunterlagen und digitalen Produktionsdaten steckt, wirkungsvoll gegen Software-, Produkt- und Designpiraterie geschützt werden.

Im Umgang mit digitalen Produktionsdaten wurde sichergestellt, dass die zwischen den beteiligten Akteuren ausgetauschten Daten (z. B. Stickmusterdaten in der Textilindustrie) stets verschlüsselt und somit geschützt sind und nur autorisierte Personen Zugriff auf diese Daten haben. Darüber hinaus wird durch das entwickelte Schutzsystem sichergestellt, dass bei der Abarbeitung der Aufträge nur genau die Stückzahl produziert wird, die im entsprechenden Produktionsauftrag verankert ist. Damit wird die Erzeugung von Plagiaten wirkungsvoll verhindert.

Konstruktions- und Service-Know-how einer Maschine, das in Form einer digitalen „Maschinenakte" auf der Maschine gespeichert wird, ist entscheidendes Firmenkapital. Der Verlust oder die Manipulation dieses Wissens bedeuten ein hohes Unternehmensrisiko. Daher war der Schutz dieser Daten zwingend. Im Rahmen des Projekts wurde ein Konzept für eine in die Serviceprozesse integrierte, abgesicherte Maschinenakte aufgebaut. Auf diese Weise kann eine Effizienzsteigerung im Kundendienst und Service bei gleichzeitigem Know-how-Schutz und rechtssicherer Dokumentation des Service (Dokumentenschutz, Zugriffskontrolle) erreicht werden.

Die in Pro-Protect erarbeiteten Lösungen wurden mit dem ersten Platz beim Sicherheitspreis Baden-Württemberg 2011 ausgezeichnet.

■ A2.4 EZ-Pharm – Anwendung elektronischer Echtheitszertifikate an Verpackungen entlang der Pharmaversorgungskette

	Projektpartner
	• ASEM Präzisions-Automaten GmbH Dresden
	• Gesellschaft für Standardprozesse im Gesundheitswesen mbH Hannover
Kontakt	• ITA – Institut für Transport- und Automatisierungstechnik; Leibniz Universität Hannover Hannover
Dipl.-Wirt.-Ing. B. Eilert	
Institut für Integrierte Produktion Hannover gemeinnützige GmbH	• IPH – Institut für Integrierte Produktion Hannover gemeinnützige GmbH Hannover
Hollerithallee 6 30419 Hannover	• Koenig & Bauer AG Werk Radebeul
E-Mail: Eilert@iph-hannover.de	• Richard Bretschneider GmbH Braunschweig
www.ez-pharm.de	

Handlungsbedarf

Die Europäische Kommission hat festgestellt, dass zunehmend gefälschte Medikamente auf den Markt kommen, die Gefahren für den Verbraucher bergen. Haben die europäischen Zollbehörden 2006 noch knapp drei Millionen Packungen illegaler Medikamente beschlagnahmt, so haben sich 2007 schon über vier Millionen Medikamente als Fälschungen erwiesen. Die Weltgesundheitsorganisation geht davon aus, dass weltweit 10 % der Handelsware gefälscht sind. Für Konsumenten ist der Unterschied zwischen Original und Plagiat kaum zu erkennen. Selbst Experten gelingt dieses nur unter großem Aufwand.

Als Reaktion hat das Bundesministerium für Bildung und Forschung das Verbundprojekt „EZ-Pharm" gefördert. Gegenstand des Projekts EZ-Pharm war die Entwicklung und prototypische Umsetzung eines Konzepts, das die Verbreitung von pharmazeutischen Plagiaten unterbindet.

Lösung

Ziel von EZ-Pharm war die Sicherung der Pharmaversorgungskette gegen die Einschleusung von Plagiaten durch Anwendung von elektronisch gesicherten Faltschachteln (Bild A2-7). Das Vorhaben setzte sich aus den beiden Forschungsschwerpunkten „Gesicherte Prozesskette zum Schutz vor Plagiaten" und „Herstellung einer elektronisch gesicherten Verpackung" zusammen.

Der Spielraum zur Produktgestaltung in der Pharmaindustrie ist speziell bei gepressten Tabletten und abgefüllten Flüssigkeiten sehr gering. Daher werden die

Verpackungen pharmazeutischer Produkte mithilfe eines elektronischen Sicherheitszertifikats auf Basis von RFID identifiziert und ihre Echtheit wird verifiziert. Auf der Ebene der Einzelverpackungen wurde die vollständige Pharmaversorgungskette inklusive aller Vertriebs- und Transportwege, d. h. vom Hersteller über den Großhandel sowie über Krankenhäuser, Apotheken und Ärzte bis hin zum Patienten betrachtet. Durch diesen interdisziplinären Ansatz konnte ein Beitrag zur Erhöhung der Medikamentensicherheit und damit zur Verringerung von Gesundheitsschäden sowie zur Reduktion kostenintensiver Rückrufaktionen gegeben werden.

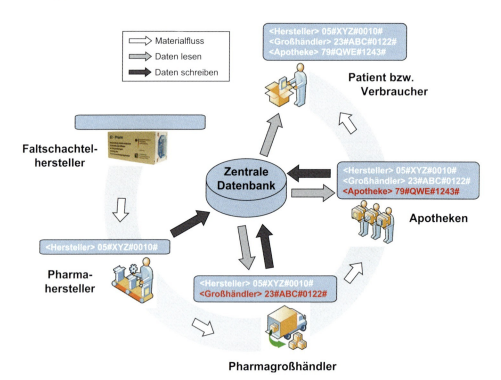

Bild A2-7 Echtheitsüberprüfung in der Pharmaversorgungskette (Quelle: EZ-Pharm)

Gesicherte Prozesskette

Der Lösungsansatz zur Erstellung einer gesicherten Prozesskette basiert auf der Verknüpfung der drei Elemente: 1) Prozessmodell, 2) Datenverarbeitungsinfrastruktur und 3) Datenmodell. Die Feststellung der Produktoriginalität von Arzneimitteln erfolgt dabei auf Basis einer Datenverarbeitungsinfrastruktur an definierten Messpunkten entlang der realen Versorgungskette. An diesen Messpunkten werden Produktdaten systematisch und individuell erfasst bzw. verarbeitet und so die Herkunft und der Weg für jedes einzelne Objekt lückenlos dokumentiert.

Elektronisch gesicherte Verpackung

Die elektronisch gesicherte Verpackung ist Voraussetzung für die Entwicklung einer vor Produktpiraterie geschützten Prozesskette. Sie ist als Element der Datenverarbeitungsinfrastruktur zu sehen. Die Kennzeichnung der Einzelverpackungen wird hier durch die Integration von RFID-Transpondern in die Verpackungen durch drucktechnische Herstellung einer Antennenstruktur und Aufbringen von vormontierten Chips (sogenannten Straps) während der Verpackungsherstellung erreicht (Bild A2-8).

Bild A2-8 Aufbau zur Faltschachtelbestückung mit RFID-Chips
(Quelle: ASEM PRÄZISIONS-AUTOMATEN GmbH)

Nutzen

Zur Darstellung der Praxistauglichkeit wurde das entwickelte Schutzkonzept am Beispiel der Pharmabranche in der realen Prozesskette erprobt. Die konzipierten Messpunkte wurden mithilfe einer prototypischen Erfassungsstation im Prozess umgesetzt, und die zentrale Infrastruktur wurde in Form einer Software implementiert. Am Beispiel eines echten Produktes durchlief die elektronisch gesicherte Verpackung einzelne Stationen der Lieferkette, sodass darauf aufbauend eine Aussage zur Wirksamkeit des Schutzkonzepts getroffen werden konnte. Im Rahmen des Projekts konnte gezeigt werden, dass die drucktechnische Integration von RFID-Antennen in Faltschachteln möglich ist und auf dieser Basis ein Schutzkonzept für die Pharmabranche umgesetzt werden kann.

Übertragbarkeit auf andere Branchen

Nicht nur Medikamente lassen sich durch das entwickelte Konzept wirksam schützen. Die Anwendung ist prinzipiell für alle Faltschachtelverpackungen z. B. auch in der Kosmetik- oder Konsumgüterindustrie realisierbar. Weiterhin ist grundsätzlich eine Übertragbarkeit auf weitere Produktarten gegeben, unabhängig von der Verpackungsart. Eine Voraussetzung hierfür ist die Individualisierung der Produkte mithilfe einer entsprechend angepassten Technologie. Denkbar ist beispielsweise eine Integration von RFID-Transpondern in Bauteile oder Komponenten während des Herstellprozesses. Auf diese Weise lassen sich Ersatzteillieferungen vom Originalhersteller über den Handel bis zum Endkunden vor der Einschleusung von Fälschungen schützen.

■ A2.5 MobilAuthent – Supply-Chain-übergreifende Services für die fälschungssichere Produktauthentifizierung und -verfolgung

MobilAuthent

Kontakt

Dipl.-Ing. D. Kunert

novero GmbH

Parsevalstr. 7a
40468 Düsseldorf

E-Mail: Dirk.Kunert@novero.com

Prof. Dr.-Ing. M. Abramovici
Dipl.-Inform. M. Flohr

Ruhr-Universität Bochum
Lehrstuhl für Maschinenbauinformatik (ITM)

Universitätsstr. 150
44801 Bochum

E-Mail: Michael.Abramovici@itm.rub.de
E-Mail: Matthias.Flohr@itm.rub.de

www.mobilauthent.de

Projektpartner
- DTE Automation GmbH
  Enger
- novero GmbH
  Düsseldorf
- Lehrstuhl für Maschinenbauinformatik; Ruhr-Universität Bochum
  Bochum
- escrypt GmbH
  Bochum
- Presstec – Pressentechnologie GmbH
  Kehl
- ZEITLAUF GmbH Antriebstechnik & Co. KG
  Lauf

Handlungsbedarf

Zum Schutz vor Produktpiraterie wird im Projekt MobilAuthent eine Lösung in Form von RFID-basierten Services entwickelt und prototypisch realisiert. Mit dieser Lösung können Produkte einfach und effektiv auf ihre Authentizität überprüft werden. Hierdurch sollen die Anwender in die Lage versetzt werden, Originalprodukte und -komponenten eindeutig und sicher von Plagiaten zu unterscheiden. Wichtige Ziele hierbei sind eine breite Anwendbarkeit und eine Durchgängigkeit der Lösung über alle beteiligten Akteure in der Supply Chain und im weiteren Produktlebenszyklus. Um eine ortsunabhängige Nutzung auch ohne zusätzliche IT-Infrastrukturen zu ermöglichen, werden neben einer stationären Anwendung insbesondere auch mobile Einsatzszenarien angestrebt. Ein weiterer Schwerpunkt liegt auf dem Sicherheitsaspekt. Die Lösung soll einen für das zu schützende Produkt hinreichend hohen Schutz gegen Fälschungen bieten, der Angriffe mit realistischem bzw. vertretbarem Aufwand verhindert. Um einen breiten und wirtschaftlichen Einsatz zu ermöglichen, wird die Lösung so gestaltet, dass sie eine flexible Anpassung an verschiedene produkt- und unternehmensspezifische Anforderungen erlaubt.

Lösung

Die MobilAuthent-Lösung besteht aus vier Bausteinen: 1) Produktkennzeichnung, 2) Produktauthentifizierung, 3) Produktverfolgung sowie 4) Verwalten und Bereitstellen produktindividueller Daten. Im Rahmen der Produktkennzeichnung werden RFID-Transponderlösungen sowie geeignete fälschungssichere Anbringungsmethoden für verschiedene Produktwerkstoffe, insbesondere auch für das metallische Umfeld, entwickelt und eingesetzt. Die Anbringungsmethoden sollen ein Umetikettieren von Tags, d. h. das Ablösen vom Originalprodukt und Aufbringen auf ein anderes Produkt verhindern oder zumindest zuverlässig erkennen lassen. Hierbei werden insbesondere RFID-Krypto-Tags betrachtet, die ein unerlaubtes Auslesen der Daten und somit ein Klonen des Transponders verhindern und darüber hinaus über geeignete kryptografische Funktionen für die Produktauthentifizierung verfügen. Dieser Baustein umfasst die Echtheitsüberprüfung der Produkte bzw. Komponenten mittels offener und anerkannt sicherer kryptografischer Verfahren. Hierzu wird zwischen RFID-Krypto-Tag und dem MobilAuthent-Server ein kryptografisches Authentifizierungsprotokoll verwendet, mit dem sich beide Seiten gegenseitig authentifizieren. Im Rahmen der Produktverfolgung kann einerseits eine logistische Verfolgung der Produkte/Komponenten in der Supply Chain sowie andererseits eine Erfassung und Dokumentation der Verbauungsbeziehungen zwischen den Produktkomponenten und den übergeordneten Produkten erfolgen. Somit kann sowohl der Weg der einzelnen Produkte und Komponenten auf Plausibilität geprüft als auch ein Soll-Ist-Vergleich der individuellen Produktkonfiguration vorgenommen werden. Darüber hinaus bietet der MobilAuthent-Service Funktionalitäten zum Verwalten und Bereitstellen produktindividueller Daten, die es dem Anwender ermöglichen, produktindividuelle Daten zu hinterlegen, welche unter Sicherstellung von Datenauthentizität und Neutralität anderen Akteuren zur Verfügung gestellt werden und gegebenenfalls im Rahmen einer zusätzlichen anwenderseitigen Überprüfung herangezogen werden können.

Systemaufbau

Das im Rahmen des Projekts realisierte Authentifizierungssystem umfasst neben den erforderlichen Hardwarekomponenten (RFID-Tags, stationäre bzw. mobile Geräte für das Auslesen der RFID-Tags und den Servicezugriff) die server- und clientseitigen Softwarekomponenten (Bild A2-9): Die bei einer Produktüberprüfung vom Servicenutzer gestellten Anfragen werden durch die Entscheidungskomponente des Servers bearbeitet. Diese Komponente stellt je nach Anwendungsfall weitere Produktdaten zur Verfügung. Das Management der zur kryptografischen Authentifizierung erforderlichen Schlüssel wird serverseitig durch die Schlüsselverwaltungskomponente realisiert. Die Schlüssel werden hierbei auf besonders gesicherte Weise gespeichert und können auch – falls erforderlich – individuell gesperrt werden.

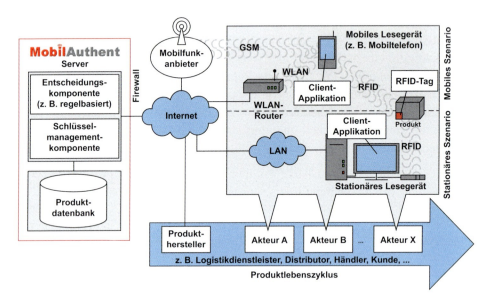

Bild A2-9 IT-Systemarchitektur der MobilAuthent-Lösung (Quelle: MobilAuthent)

In der Produktdatenbank werden die von den Unternehmen festgelegten Produktdaten in Bezug zum individuellen Produktexemplar vorgehalten. Die Nutzer interagieren mit dem Server bei manuellen Zugriffen über eine Client-Applikation, die auf den mobilen Geräten bzw. auf dem mit dem Reader verbundenen PC ausgeführt wird (Bild A2-10).

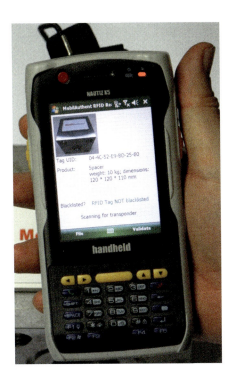

Bild A2-10 Die MobilAuthent-Lösung sieht neben der Nutzung stationärer RFID-Lesegeräte insbesondere auch den Einsatz mobiler Endgeräte vor (Quelle: MobilAuthent)

Nutzen

Mittels der entwickelten Lösung können Originalprodukte und -komponenten durchgängig, ortsunabhängig und sicher auf ihre Echtheit überprüft werden. Um unterschiedlichen produkt- und unternehmensspezifischen Anforderungen Rechnung zu tragen, lassen sich die Bausteine flexibel anpassen, konfigurieren und zu einer integrierten Gesamtlösung kombinieren. Durch ein stufenbasiertes Sicherheitsmodell lassen sich das Niveau an Fälschungssicherheit und die damit verbundenen Kosten für den Anwender skalierbar gestalten. Die hierdurch erreichte Flexibilität soll eine breite Akzeptanz der MobilAuthent-Lösung sicherstellen und es betroffenen und gefährdeten Unternehmen ermöglichen, Produktpiraterie wirksam zu bekämpfen.

▪ A2.6 O-PUR – Originäres Produktsicherungs- und Rückverfolgungskonzept

Kontakt

Dipl.-Ing. S. Bonev, MSc.

Leiter Forschung und Entwicklung
Epyxs GmbH

Richard-Wagner-Str. 29
68165 Mannheim

E-Mail: s.bonev@epyxs.com

www.opur-secure.de; www.epyxs.com

Projektpartner

- EINS GmbH
  Karlsruhe
- Epyxs GmbH
  Mannheim
- Fraunhofer-Institut für Physikalische Messtechnik IPM
  Freiburg
- Hochschule Mannheim
  Mannheim
- manroland AG
  Offenbach
- Pepperl+Fuchs GmbH
  Mannheim

Handlungsbedarf

Ist auch drin, was draufsteht? Produktpiraterie wird erst dann erfolgreich einge-dämmt werden können, wenn der Verkauf von Plagiaten kein lukratives Geschäft mehr darstellt oder durch den Einsatz verlässlicher Schutzmaßnahmen nicht mehr gelingt. Aber wie können Verbraucher, Behörden oder Vertriebsstellen Originale bzw. gefälschte Elektroartikel, Kleidungsstücke oder die Gesundheit gefährdende Spielzeuge und Medikamente zuverlässig erkennen? Wie lassen sich Massenpro-dukte zu akzeptablen Kosten schützen? Bisher nutzen Hersteller die vielfältigen Veredelungsvarianten im Druck, um ihre Verpackungen über optische und hapti-sche Reize möglichst einzigartig zu gestalten. Prägungen, Farben und Lacke helfen dem Verbraucher, das Original von Fälschungen zu unterscheiden. Mit O-PUR (Ori-ginäres Produktsicherungs- und Rückverfolgungskonzept) kommt ein Element hinzu, das Produktpiraten das Fälschen immens erschwert.

Lösung

Jeder Druck ist einmalig! Die Oberflächenstruktur jedes Papiers ist einzigartig, und dadurch wird auch jeder Druck zu einem Unikat. Es genügt, diese Individuali-tät in Form des sogenannten EpiCodes zu erfassen und zu speichern, z. B. in einer Datenbank oder einem aufgedruckten Matrixcode. Das Verbundprojekt O-PUR ba-siert auf dem Lösungsansatz der Markierung des Produktes oder der Verpackung mit einem proprietären Matrixcode (DataGrid), standardisierten DataMatrix-Code oder Quick-Response-Code (QR-Code) (Bild A2-11). In diesen Codes werden Pro-dukt- und Herstellerdaten verschlüsselt gespeichert.

Die Sicherheitsmarkierungen werden über eine Kamera oder einen Scanner doku-mentiert. Sind die „Fingerabdrücke" erfasst, codiert und deren Daten auf zentralen Servern gespeichert, lässt sich jede Verpackung einer erfassten Charge über ihren Code identifizieren und ihre Herkunft und Prüfhistorie zurückverfolgen.

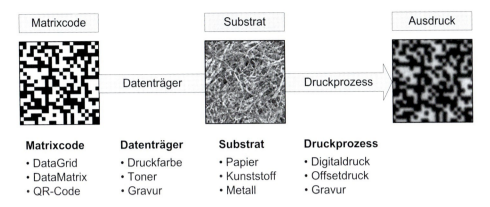

Matrixcode	Datenträger	Substrat	Druckprozess
• DataGrid	• Druckfarbe	• Papier	• Digitaldruck
• DataMatrix	• Toner	• Kunststoff	• Offsetdruck
• QR-Code	• Gravur	• Metall	• Gravur

Bild A2-11 Druck eines Matrixcodes und die Auswirkung der stochastischen physikalischen Interaktion zwischen Substrat und Datenträger beim Druckprozess (Quelle: Hochschule Mannheim)

Fälschungserkennung aufgrund der Individualität des Herstellungsprozesses

Mit O-PUR konnten folgende Aspekte erstmals nachgewiesen werden:

- Die großtechnische Herstellung von fälschungsgeschützten Markierungen im Bogen- und Rollenoffsetdruck, im Digitaldruck und als Direktmarkierung auf Produkten aus unterschiedlichen Materialien (Papier, Kunststoff, Metall) ist möglich (Bild A2-12). Neben den Investitionen für die Module zur Erfassung des Fingerabdrucks entstehen nur vernachlässigbare variable Kosten je Markierung.

- Die Herstellung der Markierung bei voller Produktionsleistung und ohne Eingriff in existierende Produktionsmaschinen, durch die Verwendung des Fingerabdrucks der im Offsetdruck verwendeten Druckplatte oder auch durch mikroskopische, pseudozufällige Strukturen als Authentifizierungsmerkmal ist ebenfalls realisierbar. Die Prüfung kann dabei mit eingeschränktem bzw. ohne Datenbankzugriff erfolgen.

- Durch die Kombination mit standardisierten DataMatrix- oder QR-Codes in Verbindung mit der entwickelten Internettechnologie ist eine Integration in existierende Track-&-Trace- und Warenwirtschaftssysteme denkbar.

Für die Prüfung können industrielle Lesegeräte, handelsübliche Flachbettscanner oder auch modifizierte Mobiltelefone genutzt werden. Integrierte Digitalkameras sind bei den aktuellen Geräten Standard. Auf diesem Weg lässt sich die Kamerafunktion in Kombination mit einer speziellen Software leicht für die Zwecke von O-PUR verwenden: Der Kunde macht eine Bildaufnahme des Codes, die Daten werden per Internet mit den registrierten „Fingerabdrücken" abgeglichen und der Kunde erhält die Bestätigung „Original" oder eine Warnung „Stop".

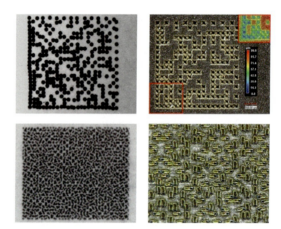

Bild A2-12 DataMatrix Code gedruckt im Continuous-Flow-Inkjet-Druckverfahren (oben links),
Lasergravur von DataMatrix-Code auf IC-Gehäuse (oben rechts), DataGrid-Code
im Offsetdruck (unten links) und Lasergravur von DataGrid-Code auf Instrumenten-
stahl (unten rechts) (Quelle: EPYXS GmbH)

Nutzen

In einem idealen Produktsicherungskonzept greifen alle Stufen der Wertschöp-
fungs- und Nutzungskette ineinander: vom Produktdesign und den Schutzrechten
über den Herstellprozess – mit dem Aufbringen der Identifikations- und Authenti-
sierungsmerkmale – bis hin zur Prüfung in der Logistikkette während der Distribution oder beim Endverbraucher. Das Gesamtsystem zeichnet sich vielfältig aus:

- Robustheit gegen interne und externe Angriffe,
- günstiges Kosten-Nutzen-Verhältnis,
- Verwendbarkeit von konventionellen Markierungstechniken/Prüfgeräten.

A2.7 KoPiKomp – Konzept zum Piraterieschutz für Komponenten von Investitionsgütern

Kontakt

Dipl.-Wirt.-Ing. Ch. Bohr
Dipl.-Wirt.-Ing. J.-N. Kranz

Technische Universität Kaiserslautern
Lehrstuhl für Fertigungstechnik und
Betriebsorganisation (FBK)

Postfach 3049
67653 Kaiserslautern

E-Mail: Bohr@cpk.uni-kl.de
E-Mail: Kranz@cpk.uni-kl.de

www.kopikomp.de

Projektpartner

- enbiz engineering and business solutions GmbH
  Kaiserslautern
- Lehrstuhl für Fertigungstechnik und Betriebsorganisation
  (FBK); Technische Universität Kaiserslautern
  Kaiserslautern
- Wirtgen GmbH
  Windhagen
- CLAAS Service and Parts GmbH
  Harsewinkel
- BRAUN Maschinenbau GmbH
  Burrweiler
- Putzmeister Concrete Pumps GmbH
  (assoziierter Partner)
  Aichtal

Handlungsbedarf

Der Ersatzteilmarkt innerhalb der Land- und Baumaschinenbranche ist von hoher Intransparenz geprägt. Weltweite heterogene Märkte sowie die Vielzahl an Ersatzteilen, Kunden, Händlern und Wettbewerbern erschweren Originalherstellern eine transparente Einschätzung der Pirateriegefährdung eigener Ersatzteile. Diese fehlende Informationsbasis sowie das mangelnde Wissen über eine gezielte Auswahl an geeigneten Schutzmaßnahmen führen bis heute dazu, dass Produktpiraten oftmals ungehindert Ersatzteile nachahmen und sich bis hin zu ernsthaften Konkurrenten weiterentwickeln können. Neben diesen externen Treibern wird Produktpiraterie jedoch häufig ebenso durch unternehmensinterne Widerstände begünstigt. Hierbei spielt der unterschiedliche Sensibilisierungsgrad in entscheidenden Schlüsselpositionen innerhalb eines Unternehmens eine wesentliche Rolle.

Lösung

Im Rahmen des Forschungsverbundprojektes KoPiKomp – Konzept zum Piraterieschutz für Komponenten von Investitionsgütern – wurde die Anwendungssoftware KoPilot mit den Modulen „Piraterie-Risiko-Analyse" und „Schutzmaßnahmen-Profile" entwickelt, die es Originalherstellern ermöglicht, die aufgezeigten Lücken zu schließen (Bild A2-13).

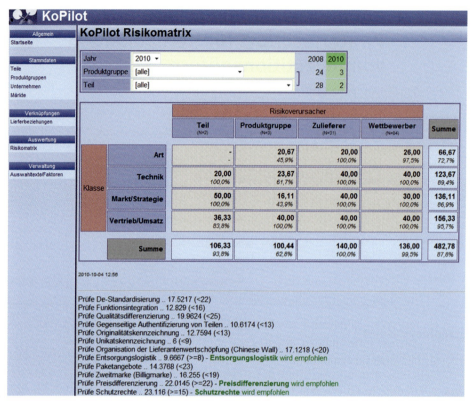

Bild A2-13 KoPilot-Risikomatrix mit integrierter Ableitung von Schutzmaßnahmen
(Quelle: KoPiKomp)

Die Piraterie-Risiko-Analyse

Die Piraterie-Risiko-Analyse basiert auf einer umfangreichen Sammlung verschiedener Risikomerkmale, die im Rahmen des Forschungsprojektes identifiziert werden konnten. Folgende Fragestellungen standen dabei im Mittelpunkt:

▪ Welche charakteristischen Merkmale von Ersatzteilen, Produktgruppen, Zulieferern und Wettbewerbern deuten auf eine Pirateriegefährdung hin?

▪ Wie lassen sich deren Merkmalsausprägungen definieren, um die Höhe der Pirateriegefährdung und somit die Attraktivität eines Ersatzteiles für Produktpiraten eindeutig beschreiben zu können?

Neben der Zuordnung der einzelnen Risikomerkmale zu den Risikoverursachern Teil (Teilenummer), Produktgruppe, Zulieferer und Wettbewerber wurden die Risikomerkmale ebenso in die Risikoklassen Art, Technik, Markt/Strategie sowie Vertrieb/Umsatz eingeteilt. Die resultierende Matrix wird als sogenannte Piraterie-Risiko-Matrix bezeichnet. Innerhalb der Piraterie-Risiko-Matrix sind alle Risikomerkmale in die einzelnen Matrixfelder eingruppiert. Hierdurch ist sowohl eine Gesamtbeurteilung eines Ersatzteils möglich als auch eine spezifische Analyse einzelner Risikoverursacher bzw. -klassen dieses Ersatzteils. Die Matrixdarstellung erlaubt eine transparente Piraterieanalyse einzelner Ersatzteile und deckt die konkreten Ursachen der Pirateriegefährdung auf.

Die Schutzmaßnahmen-Profile

Die Basis der Schutzmaßnahmen-Profile bildet ein Schutzmaßnahmen-Katalog, in dem verschiedene technische, organisatorische, marktbezogene sowie juristische Schutzmaßnahmen dargestellt sind. Die betrachteten Maßnahmen sind speziell für den Piraterieschutz für Ersatzteile von Bau- und Landmaschinen konzipiert. Jede im Katalog enthaltene Maßnahme wird durch ein spezifisches Schutzmaßnahmen-Profil charakterisiert. Die Erstellung der Profile erfolgte mithilfe der identifizierten Risikomerkmale. Hierbei wurden folgende zentrale Fragestellungen verfolgt:

- Welche der identifizierten Risikomerkmale sind für die jeweilige Schutzmaßnahme relevant?
- Welche Wertebereiche innerhalb der Ausprägungen der relevanten Risikomerkmale sind maßgeblich für die Empfehlung der konkreten Schutzmaßnahme?

Durch diese Vorgehensweise wurde, parallel zu der Durchführung der Piraterie-Risiko-Analyse, eine nahezu automatisierte Schutzmaßnahmen-Empfehlung für einzelne Ersatzteile ermöglicht.

Nutzen

Die aufgezeigten Ergebnisse konnten in die entwickelte Anwendungssoftware Ko-Pilot integriert werden. Die Nutzung dieser Software erfolgt im Unternehmen durch die im Vorfeld identifizierten Schlüsselpositionen: technische Entwicklung, Einkauf und Aftersales. So greift beispielsweise der technische Entwickler bei der Neuentwicklung eines Ersatzteils auf das Analyseergebnis eines sich bereits am Markt befindlichen Ersatzteils als Referenzteil zurück und kann die ihm vorgeschlagenen technischen Schutzmaßnahmen schon in der Konstruktionsphase berücksichtigen. Neben den Schutzmaßnahmen, die an den technischen Entwickler adressiert sind, werden Schutzmaßnahmen für den Einkauf und das Aftersales empfohlen, wodurch eine kombinierte Schutzwirkung und eine abteilungsübergreifende Sensibilisierung innerhalb eines betrachteten Unternehmens erreicht werden.

Die Anwendungssoftware KoPilot steht als kostenlose Demoversion auf der Projekt-Homepage (www.kopikomp.de) zur Verfügung. Hierin sind beispielhaft Ersatzteile mit fiktiven Merkmalsausprägungen angelegt. Des Weiteren ist es möglich, für eigene Ersatzteile eine Piraterie-Risiko-Analyse sowie eine Schutzmaßnahmen-Ableitung durchzuführen.

Das KoPiKomp-Team freut sich, Sie über die Möglichkeiten einer individuellen Anpassung an Ihr Unternehmen sowie über die Möglichkeiten einer Zusammenarbeit zu informieren.

■ A2.8 KoPira – Piraterierisiken, Strategien, Maßnahmen

KontraPiraterie

Kontakt

Gruppenleiter Entwicklungsmethodik und
Entwicklungsmanagement

IPEK – Institut für Produktentwicklung am
Karlsruher Institut für Technologie (KIT)

Kaiserstraße 12
76131 Karlsruhe

E-Mail: sekretariat@ipek.uka.de

www.kopira.de

Projektpartner

- tech-solute GmbH & Co. KG
  Karlsruhe
- IMSTec GmbH
  Klein-Winternheim
- IPEK – Institut für Produktentwicklung am Karlsruher Institut
  für Technologie
  Karlsruhe
- IPRI – International Performance Research Institute gGmbH
  Stuttgart
- Kjellberg Finsterwalde Plasma und Maschinen GmbH
  Finsterwalde
- KÖRA-PACKMAT Maschinenbau GmbH
  Villingendorf

Handlungsbedarf

Nicht allein die Innovationsfähigkeit von Unternehmen entscheidet über deren Erfolg, sondern auch die Fähigkeit, Innovationen am Markt umzusetzen. Um dies zu sichern, ist auch der Umgang mit Schutzkonzepten vor Produktpiraterie ein wichtiger Bestandteil des Produktentstehungsprozesses.

Das Angebot an Schutzlösungen ist vielfältig. Die wachsende Bedrohung durch Produktpiraterie hat Raum geschaffen für einen eigenen Markt. So kommen ständig neue Lösungen hinzu. Wie aber wählen Unternehmen die geeigneten Lösungen aus?

Erschwerend kommt hinzu, dass jeder Schutzmechanismus unweigerlich zu Mehrkosten führt. Welchen Mehrwert liefert der Schutz für den Originalhersteller und wie hoch sind die Kosten, die er dafür in Kauf nehmen muss? Wie kann ein Unternehmen abklären, ob und in welchem Umfang es sich gegen Produktpiraterie schützen muss und wie kann es die richtigen Schutzmaßnahmen identifizieren?

Lösung

Diesen Fragen stellte sich das Konsortium des Verbundprojektes KoPira und entwickelte dabei insbesondere für KMU ein Methodenbündel, um Innovationen auch langfristig auf dem globalen Markt effizient zu schützen und dabei die Wirtschaftlichkeit von Schutzmaßnahmen zu betrachten. Das Methodenbündel (Bild A2-14) bietet Möglichkeiten zur

- systematischen Analyse der Piraterierisiken und Auswahl präventiver Schutzmaßnahmen,
- schnellen Bedarfsanalyse,
- Kosten-Nutzen-Bewertung von Schutzmaßnahmen und
- strategischen Verankerung für den nachhaltigen Schutz vor Produktpiraterie im Unternehmen.

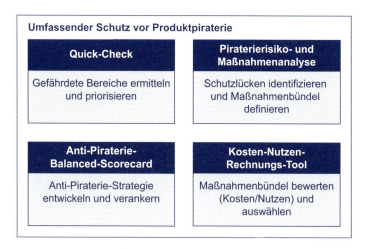

Bild A2-14 Die Elemente des KoPira-Instrumentariums (Quelle: KoPira)

Die Piraterierisiko- und Maßnahmenanalyse (PRMA)

Die Herausforderungen bestehen darin, dass Maßnahmen zum Produktschutz lange vor Eintreten des potentiellen Schadensfalles ausgewählt werden. Um einen Schadensfall abzuwenden, muss zuerst verstanden werden, welche Produkteigenschaften das Piraterierisiko maßgeblich beeinflussen und welche Maßnahmen diese Risiken verringern. Basierend auf der Failure Mode and Effects Analysis (FMEA) wurde dazu die Piraterierisiko- und Maßnahmenanalyse (PRMA) entwickelt.

Quick-Check zur schnellen Bedarfsanalyse

Zur Aufwandsminimierung wurde ein Quick-Check entwickelt. Über einen Fragebogen werden typische Risikobereiche, die zu Know-how-Abfluss und damit zu Produktpiraterie führen können, schnell und effizient abgefragt, bewertet und priorisiert. Damit können zeitnah besonders gefährdete Bereiche angegangen werden oder kann auch einfach der grundsätzliche Bedarf für eine detaillierte Analyse abgeklärt werden.

Kosten-Nutzen-Rechnungs-Tool zur wirtschaftlichen Bewertung von Schutzmaßnahmen

Zur Auswahl und Umsetzung von Schutzmaßnahmen ist auch eine wirtschaftliche Kosten-Nutzen-Bewertung von großer Bedeutung, da davon ausgegangen werden muss, dass Kunden nicht bereit sind, die Mehrkosten für einen integrierten Produktschutz zu tragen. Im Rahmen von KoPira wurde deshalb ein Softwaretool zur systematischen Kosten-Nutzen-Bewertung entwickelt.

Anti-Piraterie-Balanced-Scorecard

Mit dem Instrument der Balanced Scorecard wurde ein Controlling-Instrument entwickelt, das langfristig den effizienten Einsatz von Schutzmaßnahmen im Unternehmen steuert.

Nutzen

Das KoPira-Instrumentarium wurde im Rahmen des Projektes bereits mehrfach erprobt. Nun stehen Ihnen die entwickelten Werkzeuge und die Expertise der Entwickler im Rahmen eines Dienstleistungsangebotes zur Verfügung.

Erfahrene FMEA-Moderatoren führen mit Ihren Mitarbeitern die komplette PRMA durch. Ihre Vorteile:

▪ verständliche Arbeitsgrundlage für Produktentwicklungsteams,
▪ nachvollziehbar erstelltes Schutzkonzept für individuelle Produkte sowie
▪ Arbeit in interdisziplinären Teams zur Entwicklung von marktgängigen und individuellen Schutzmaßnahmen (z. B. Konstruktionsdetails).

Sie sind unsicher, ob sich die Schutzlösungen auch wirtschaftlich lohnen? Profitieren Sie im Anschluss an die PRMA von der Kosten-Nutzen-Bewertung:

▪ Bewertung auf Basis verschiedener Bedrohungsszenarien,
▪ Kalkulation der Rentabilität verschiedener Schutzmaßnahmen,
▪ übersichtliche Ergebnisdokumentation als Entscheidungsgrundlage.

Sie wissen noch gar nicht, ob Sie überhaupt gegen Produktpiraterie aktiv werden müssen? Eine systematische Bedarfsanalyse vorab klärt mit geringem Aufwand, welche Bereiche Ihres Unternehmens bereits gut aufgestellt sind und wo noch Schutzbedarf besteht.

Sie wollen nicht nur einmalig, produktbezogen aktiv werden, sondern das Thema Produktschutz langfristig im Unternehmen verankern? Erstellen Sie im Rahmen eines Beratungsprojektes eine Anti-Piraterie-Strategie auf Basis des Balanced-Scorecard-Ansatzes!

■ A2.9 ProAuthent – Integrierter Produktpiraterieschutz durch Kennzeichnung und Authentifizierung von kritischen Bauteilen im Maschinen- und Anlagenbau

Projektpartner

- Schreiner Group GmbH & Co. KG
  Oberschleißheim
- Infoman AG
  Stuttgart
- Lehrstuhl für Betriebswirtschaft, Unternehmensführung, Logistik und Produktion; TU München
  München
- Lehrstuhl für Fördertechnik Materialfluss Logistik;
  TU München
  München
- Lehrstuhl für Wirtschaftsrecht und Geistiges Eigentum;
  TU München
  München
- Homag Holzbearbeitungssysteme GmbH
  Schopfloch
- MULTIVAC Sepp Haggenmüller GmbH & Co. KG
  Wolfertschwenden
- VOLLMER WERKE Maschinenfabrik GmbH
  Biberach/Riss
- Müller Martini GmbH
  Ostfildern-Kemnat

Kontakt

Dipl.-Ing. U. Doll

Homag Holzbearbeitungssysteme GmbH

Homagstraße 3–5
72296 Schopfloch

E-Mail: Ulrich.Doll@homag.de

www.proauthent.de

Handlungsbedarf

Im deutschen Maschinen- und Anlagenbau entstehen jedes Jahr Milliardenschäden aufgrund von Produktpiraterie. Diesem Problem gilt es aktiv zu begegnen. Derzeit fehlen vielen Unternehmen jedoch geeignete Ansätze, um ihre Ersatzteile und Komponenten effektiv vor Fälschern und Produktpiraten zu schützen. Ganzheitliche Konzepte, die einen umfassenden Schutz vor gefälschten Produkten auf Grundlage durchgängiger Schutzstrategien und technischer Schutzmethoden bieten, sind in der Industrie bisher nicht vorhanden. Ein ganzheitliches Schutzkonzept muss die Wertschöpfungskette bis zum Kunden einbeziehen und über den gesamten Produktlebenszyklus reichen. Diese Lücke wird nun durch die Entwicklung eines umfassenden und in Produkte und Prozesse integrierten Schutzsystems für Komponenten und Ersatzteile im Maschinen- und Anlagenbau auf Basis geeigneter Kennzeichnungs- und Authentifizierungstechnologien geschlossen.

Lösung

Ziel des Forschungsprojektes ProAuthent ist ein Schutz vor Produktpiraterie für Unternehmen und ihre Kunden, der in Produkte und Prozesse integriert ist. Dazu sind fälschungssichere Authentifizierungsmechanismen notwendig, die eine Prüfung der Echtheit von Produkten und Komponenten entlang der Wertschöpfungs- und Logistikkette und beim Einsatz in Maschinen und Anlagen während der gesamten Produktlebensdauer erlauben.

Auswahl passender Kennzeichnungstechnologien

Für die schützenswerten Bauteile und Komponenten einer Maschine wird die jeweils am besten geeignete Kennzeichnungs- und Authentifizierungstechnologie bestimmt (Bild A2-15). Diese ergibt sich einerseits aus technischen Anforderungen aufgrund der Produkteigenschaften, den Einsatzbedingungen in der Maschine bzw. den gewünschten Prüfmöglichkeiten, andererseits aus betriebswirtschaftlichen Gesichtspunkten wie Kosten für Kennzeichen und Infrastruktur bzw. der möglichen Investitionssumme. Das gewählte Echtheitsmerkmal muss anschließend manipulationssicher am Produkt angebracht werden, sodass eine Übertragung auf andere Produkte unmöglich ist. Im Forschungsprojekt ist ein Leitfaden entstanden, der Unternehmen bei der strukturierten Auswahl einer geeigneten Echtheitsmarkierung für ihre Bauteile unterstützt. Dieser wird kostenfrei über die Projekt-Homepage (www.proauthent.de) bezogen werden können.

Bild A2-15 Auswahl von Sicherheitsmerkmalen für Bauteile und Komponenten
(Quelle: SCHREINER GROUP; LEHRSTUHL FML, TU MÜNCHEN)

IT-System zur dokumentierten Authentifizierung

Zum Schutz der Maschine wird ein neues Bauteil beim Einbau und vor der Inbetriebnahme authentifiziert, d. h. auf Echtheit überprüft (Bild A2-16). Dadurch wird

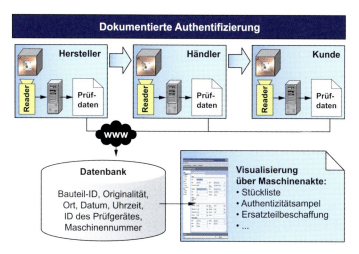

Bild A2-16 IT-System zur dokumentierten Authentifizierung markierter Produkte
(Quelle: LEHRSTUHL FML, TU MÜNCHEN)

die bewusste oder unbewusste Inbetriebnahme von gefälschten Komponenten mit ihren schädlichen Folgen für die Maschinen und Anlagen sowie für die betroffenen Kunden und Hersteller verhindert. Zur Absicherung der gesamten Supply Chain können an allen relevanten Stellen Identifikations- und Prüfpunkte errichtet werden, an denen eine Authentifizierung der Produkte stattfindet. Dies ermöglicht den durchgängigen Schutz der Wertschöpfungskette und verhindert das Eindringen von Pirateriewaren.

Zusätzliche Funktionalität

An jedem Prüf- und Identifikationspunkt entstehen Prüfdatensätze, welche die Verwendung von Originalbauteilen nachweisen. Durch die Übertragung dieser Prüfdatensätze in eine zentrale Datenbank kann die Sicherheit des Gesamtsystems erhöht werden. Neben Tracking & Tracing ergeben sich weitreichende Möglichkeiten, Zusatznutzen für Kunden und Hersteller umzusetzen. Im Projekt wird beispielsweise eine Maschinenakte mit Angaben zu den in einer Maschine eingebauten Komponenten realisiert. Auch kann die Historie von Bauteilen festgestellt werden, was insbesondere bei Komponenten wie Werkzeugen oder Bearbeitungsaggregaten von größtem Interesse ist, um auf Basis der Standzeit den optimalen Auswechselzeitpunkt anzuzeigen.

Nutzen

Durch das im Forschungsprojekt ProAuthent entwickelte und juristisch geprüfte Schutzsystem ist es möglich, sowohl einzelne Maschinen und Anlagen vor gefälschten Produkten zu schützen als auch im gesamten Wertschöpfungsnetzwerk Produktpiraterie einzudämmen.

Schützenswerte Bauteile werden auf Basis der erarbeiteten Kriterien zielgerichtet und sicher bestimmt. Die Auswahl der passenden Kennzeichnungs- und Authentifizierungstechnologie erfolgt durch eine neue, validierte Methode, welche sowohl technische Anforderungen als auch wirtschaftliche Größen berücksichtigt. So können die jeweiligen Bauteile und Komponenten für die gesamte Lebensdauer als Originale kenntlich gemacht werden.

Die Partner des Forschungskonsortiums haben im Projekt vielfältige Erfahrungen zum grundlegenden Aufbau eines derartigen Schutzkonzepts, zu individuellen Speziallösungen für einzelne Kennzeichnungstechnologien und deren datentechnischer Integration sowie zur Verwendung der gewonnenen Daten mit dem Ziel der Generierung weiterer Funktionalitäten und Services gesammelt. Das gesamte System dient deshalb als Vorbild für weitere Realisierungen. Die zusätzlichen Funktionalitäten erweitern das Gesamtsystem zum Schutz vor Produktpiraterie sowohl für Hersteller als auch für Kunden und machen es mit neuen Dienstleistungen zusätzlich attraktiv.

Weitere Informationen zum Projekt entnehmen Sie bitte den zahlreichen Veröffentlichungen, die Sie auch unter www.proauthent.de finden.

■ A2.10 ProOriginal – Produkte ganzheitlich schützen, Originale weltweit verkaufen

Kontakt

Dipl.-Wirt.-Ing. Ph. Kuske

Institut für Produktionsmanagement
Technologie und Werkzeugmaschinen (PTW)
TU Darmstadt

Petersenstraße 30
64287 Darmstadt

E-Mail: Kuske@ptw.tu-darmstadt.de

www.camp.tu-darmstadt.de
www.prooriginal.de

Projektpartner

- Siemens AG
  Erlangen
- ProCom GmbH
  Aachen
- Institut für Produktionsmanagement, Technologie und Werkzeugmaschinen; TU Darmstadt
  Darmstadt
- Patentinformationszentrum Darmstadt
  Darmstadt
- Festo AG & Co. KG
  Esslingen-Berkheim
- DECKEL MAHO Pfronten GmbH
  Pfronten
- KASTO Maschinenbau GmbH & Co. KG
  Achern-Gamshurst
- Weiss Spindeltechnologie GmbH
  Schweinfurt

Handlungsbedarf

Erfolgreiche Bekämpfung von Produktpiraterie in der Werkzeugmaschinenbranche erfordert die Entwicklung und industrienahe Umsetzung eines vernetzten Produktschutzkonzeptes, das organisatorische, technische und juristische Maßnahmen zu einem auf die spezifische Risikosituation des Unternehmens abgestimmten Bündel schnürt (Bild A2-17). Die Zusammensetzung des Projektkonsortiums von ProOriginal stellt dabei sicher, dass die wesentlichen Partner der Wertschöpfungskette bei der Entwicklung eines solchen Schutzes integriert sind.

Lösung

Piraterierisiken erkennen – Abwehrstrategien

Für die Entwicklung einer präventiven Abwehrstrategie ist das Erkennen der spezifischen Risiken die wichtigste Voraussetzung. Um diese Risiken zu identifizieren, wurde ein softwarebasiertes Prozessmodell entwickelt, welches Unternehmen dabei unterstützt, ihre einzelnen Geschäftsprozesse auf Risiken des Know-how-Abflusses und deren Ursachen zu analysieren. Die Software ermöglicht dabei eine effiziente Steuerung des Prozesses und die Erweiterung der Wissensbasis und bietet mit hinterlegten Indikatoren gleichzeitig Gegenmaßnahmen zur Problembehebung an. So können Unternehmen auf einfache Weise die wichtigsten Risiken und Schutzlücken mit ihren Ursachen feststellen und Handlungsfelder für eine individuelle Abwehrstrategie ableiten.

Technischer Maßnahmenbereich

1. Nutzung des digitalen Fingerabdrucks der Werkzeugmaschine zur Echtheitsprüfung von Komponenten
2. Einsatz von konstruktiven Schutzmaßnahmen gegen Produktpiraterie

Organisatorischer Maßnahmenbereich

1. Risikoidentifizierung und Maßnahmenauswahl für die spezifische Risikosituation
2. Identifikation von Kunden-Nutzen-Potentialen von organisatorischen Schutzmaßnahmen

Juristischer Maßnahmenbereich

1. Erstellung eines anwendungs- und problemorientierten Handlungsleitfadens für Entscheidungsträger
2. Detaillierte Analyse der Schutzrechtssituation in ausgewählten Ländern
3. Best-Practice-Sammlung

Zielstellungen im Projekt

1. Etablierung eines vernetzten Produktschutzes mit Komponenten aus allen drei Maßnahmenbereichen
2. Entwicklung neuer Maßnahmen
3. Verankerung von wirksamen Know-how-Schutzstrategien im Unternehmen

Bild A2-17 Projektübersicht ProOriginal (Quelle: ProOriginal)

Schutzmaßnahmen optimal nutzen und kombinieren

Im nächsten Schritt erfolgt die Auswahl und Realisierung geeigneter Schutzmaßnahmen. Dazu werden zunächst die bereits existierenden Schutzmaßnahmen auf ihre Eignung überprüft. In der Software sind über 200 existierende Schutzmaßnahmen den einzelnen Prozessschritten zugeordnet und dokumentiert. Bereits bei der Risikoanalyse können somit Vorschläge zu möglichen Gegenmaßnahmen aufgezeigt werden. Die in ProOriginal umgesetzten und weiterentwickelten Maßnahmen richteten sich nach den jeweils bei den Industriepartnern identifizierten Risiken und umfassten beispielhaft den Schutz von Fertigungszeichnungen, De-Standardisierung von Komponenten oder die Verwendung von Hochleistungswerkstoffen.

Zusätzlich hilft ein Leitfaden bei der Flankierung der organisatorischen und technischen Schutzmaßnahmen mit einer schutzrechtlichen Strategie. Dieser Leitfaden enthält konkrete Handlungsanleitungen für die Anmeldung von Schutzrechten mit Schwerpunkt für die Länder Italien, China und Indien, zeigt Best-Practice-Beispiele auf und nennt geeignete Ansprechpartner.

Schutzlücken durch ganzheitliche Maßnahmenbündel schließen

Die verfügbaren Maßnahmen reichen häufig für einen wirksamen Schutz nicht aus, und eigene Lösungen sind zu entwickeln. Dabei sind die konstruktiven Gegebenheiten des zu schützenden Produktes zu berücksichtigen und sinnvoll zu nutzen. Auf Basis der im Projekt identifizierten Handlungsfelder wurde ein Konzept entwickelt und prototypisch umgesetzt, mit dem ein ganzheitlicher Schutz einer Werkzeugmaschine erreicht werden konnte. Bei der Prototypmaschine sind Schutzmaßnahmen auf jeder Systemebene implementiert worden (Bild A2-18), die zusätzlich wechselseitig wirken. Einzelne Komponenten der Maschine wurden durch adäquate Technologien speziell geschützt. Zusätzlich ist die innovativ angepasste Maschinensteuerung in der Lage, vorhandene Kommunikationsschnittstellen zu nutzen, um die aktuelle Maschinenkonfiguration zu ermitteln und mit dem Originalzustand zu vergleichen. Nicht originale Einbauteile werden damit automa-

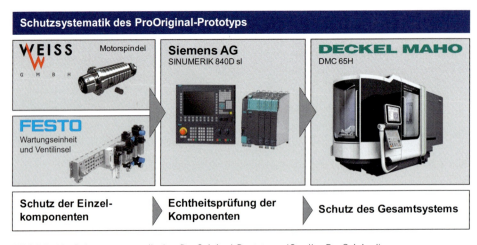

Bild A2-18 Schutzsystematik des ProOriginal-Prototyps (Quelle: ProOriginal)

tisch erkannt, in der Maschinenakte protokolliert und an der Steuerung visualisiert. Mit diesem ganzheitlichen Schutzkonzept wurde ein wirksamer Schutzschild gegen Produktpiraterie für die Gesamtmaschine aufgebaut und gleichzeitig sinnvoller Zusatznutzen für die Kunden geschaffen.

Nutzen

Interessierten Unternehmen wird die Möglichkeit geboten, von den Ergebnissen des Projekts ProOriginal zu profitieren. Dazu wurde an der TU Darmstadt das „Centrum für angewandte Methoden gegen Produktpiraterie" – CAMP (www.camp. tu-darmstadt.de) gegründet, das zukünftig gemeinsam vom PTW und der Festo AG & Co. KG betrieben wird. CAMP ist das Kompetenzzentrum für innovativen Produktschutz. Es bündelt die Kompetenzen der Partner in den Bereichen der technischen und organisatorischen Schutzmaßnahmen, der Risikobewertung sowie der gewerblichen Schutzrechte und wird die Forschung im Bereich Know-how-Schutz für den Maschinenbau weiterbetreiben. Der Anspruch der exzellenten Forschung gemeinsam mit Partnern der Industrie ist dabei Grundlage des Erfolgs. Über maßgeschneiderte Schulungsmodule möchte CAMP die Unternehmen zur Umsetzung eines erfolgreichen Know-how-Schutzes befähigen. Die vier Aktivitätsfelder Forschung und Entwicklung, Beratung, Schulung und Networking machen CAMP zum idealen Ansprechpartner für Unternehmen, die sich dem Risiko Produktpiraterie ausgesetzt sehen und aktives Risikomanagement betreiben möchten.

Die Ergebnisse werden darüber hinaus in einem Managementleitfaden mit detaillierten Hinweisen zum Aufbau eines Kopierschutzes, möglichen Gegenmaßnahmen und einem ausführlichen Best-Practice-Beispiel zum erfolgreichen Know-how-Schutz bei der Festo AG & Co. KG veröffentlicht. Dieser erschien im Springer-Verlag im Jahr 2011.

A3 Leitfragen zur Bestimmung des Gefährdungspotentials

■ A3.1 Fragen an alle Unternehmensbereiche

1) Bitte schildern Sie kurz Ihren Aufgabenbereich und Ihren persönlichen Werdegang.

2) Wie würden Sie Ihren Bereich in einem Vergleich mit anderen Unternehmen/ Wettbewerbern einordnen?

3) Was kann Ihr Bereich besonders gut, wo sind Schwächen?

4) In welcher Form ist Ihr Unternehmen von Produktpiraterie aktuell betroffen (Bedrohung, Produktnachahmung, Know-how-Abfluss, Produkthaftung, Markenerosion)?

5) Kennen Sie mögliche Angriffspunkte für Produktpiraterie in Ihrem Bereich?

6) Welche Maßnahmen wendet Ihr Unternehmen aktuell gegen Produktpiraterie an?

7) Sind Ihnen Imitate/Imitatoren bekannt?

8) Was sind die Freiheitsgrade in Ihrem Bereich? (Was könnte man ändern, was nicht?)

■ A3.2 Fragen an Entwicklung und Konstruktion

1) Entstehen Ihre Produkte in einem formalisierten, dokumentierten Produktentstehungsprozess?

2) Wie lang ist üblicherweise die Time-to-Market?

3) Was sind die Kernkompetenzen Ihres Unternehmens (produktseitig/prozessseitig)?

4) Sind diese Kernkompetenzen im Unternehmen klar formuliert und dokumentiert?

5) Was sind die wichtigsten Anforderungen Ihrer Kunden an Ihre Produkte?

6) Welche Länge hat ein Lebenszyklus Ihres Produktes?

7) Wie oft müssen Ersatzteile eingesetzt werden?

8) Wie ist die Funktionsweise des Produktes/der Baugruppe?

9) Welche Kostenstruktur besitzt das Produkt (A-, B-, C-Kosten)?

10) Wo sind Unterschiede/Überschneidungen zu Mitbewerbern/Nachahmern?

11) Warum kaufen Kunden Ihr Produkt/das des Imitators?

12) Wie komplex schätzen Sie Ihre Produkte im Vergleich zu Wettbewerbsprodukten ein?

13) Wie hoch ist die Fertigungstiefe in Ihrem Unternehmen/Bereich?

14) Welche Rolle spielen Zulieferer (Tier-1 bis Tier-3)?

15) Welche Dokumente/CAD-Modelle erhalten Zulieferer?

16) Wer hat Zugang zu den CAD-Modellen (intern/extern)?

    a) Zulieferer?

    b) Zertifizierungsstellen/Zulassungsstellen (z. B. CE, CCC, IMO)?

    c) Kunden?

17) Welche Rolle spielen Zulassungsverfahren (z. B. CE-Kennzeichnung, TÜV)?

18) Wo überschneiden sich schützenswertes Kern-Know-how und Zertifizierungsunterlagen?/Welche Zertifizierungsunterlagen enthalten schützenswertes Kern-Know-how?

19) Welche Berührpunkte haben Sie bei der Konstruktion der Produkte mit Fertigung/Montage?

20) Haben vorhandene/geplante Fertigungskompetenzen/-technologien in Ihrem Unternehmen Einflüsse auf die Produktgestaltung in der Konstruktion? Wenn ja, welche?

21) Werden Produkte/Technologien an andere Unternehmen lizenziert?

22) Falls lizenziert wird, welche Dokumente/CAD-Modelle etc. erhalten Lizenznehmer?

23) Sehen Sie Möglichkeiten, wie die Konstruktion für einen Nachahmungsschutz für Ihre Produkte sorgen kann?

24) Gibt es Leitkunden, mit denen gemeinsame Entwicklungen durchgeführt werden?

■ A3.3 Fragen an Fertigung

1) Welchen Fertigungsprozess/welche Fertigungsschritte benötigt das Produkt?

2) Wären in bestimmten Bereichen alternative Fertigungsverfahren denkbar?

  a) Würden die Alternativen einen größeren Kundennutzen bieten?

  b) Würden die Alternativen einen hohen Kostenvorteil bieten?

  c) Könnte dadurch ein größerer Schutz gegen Nachahmungen erreicht werden?

3) Wie hoch ist Ihre Fertigungstiefe?

4) Welche Fertigungsverfahren werden eingesetzt?

5) Welche Fertigungsschritte sind die kritischen bei dem betrachteten Produkt bzw. der betrachteten Baugruppe (bezüglich Zeit, Beherrschung, Qualität)?

6) Welche sind die kritischen Parameter (in jedem Fertigungsschritt)?

7) Wo bestehen am ehesten Qualitätsprobleme beim betrachteten Produkt (Produktbereich)?

8) Welche Fertigungsschritte, die kundenrelevante Produkteigenschaften erzeugen, könnte man derart ausreizen, dass andere Unternehmen diese nur schwer nachahmen könnten?

9) Könnten durch den Einsatz alternativer Fertigungsverfahren neuer Kundennutzen und/oder signifikante Kosteneinsparungen erzielt werden?

10) Zu welchen Kosten kann das Produkt gefertigt werden?

11) Werden Zulieferer in die Fertigung miteinbezogen? Wenn ja, welche?

12) Wie ist die geografische Lage Ihrer Zulieferer?

13) Gibt es Tier-1-/Tier-2-Zulieferer, auf die Ihr Unternehmen unbedingt angewiesen ist?

14) Welche Teile übernehmen Zulieferer/welche nicht (Kriterien bei Make-or-Buy-Entscheidungen)?

15) Beliefern Zulieferer auch Wettbewerber?

16) Welche Investitionen sind für die Fertigung/Produktqualität geplant?

17) Wo stellt Ihr Unternehmen fertigungstechnisch den Benchmark?/Was sind die Kernkompetenzen in der Fertigung?

18) Wo sehen Sie Möglichkeiten, durch entsprechenden Einsatz Ihrer Fertigungskompetenzen einen Schutz gegen Nachahmungen zu erreichen?/Durch welche Mechanismen würde dieser Schutz zustande kommen?

19) Was sind die Freiheitsgrade in Ihrem Bereich? (Was könnte man ändern, was nicht?)

■ A3.4 Fragen an Produktplanung/Marketing/ Controlling/Vertrieb

1) Wie groß ist Ihr Unternehmen?

2) In welcher Branche ist Ihr Unternehmen/Bereich tätig?

3) Wie würden Sie Ihre Position am Markt für Ihre wichtigsten Produkte einschätzen (Marktführer [Umsatz], Technologieführer, Qualitätsführer, Nischenführer Luxus, anderer Nischenführer)?

4) Wie viele gleichwertige Anbieter gibt es in Ihrem Marktsegment?

5) Welches Geschäftsmodell verfolgen Sie bei Ihren wichtigsten Produkten?

6) Welche Leistung bietet Ihr Unternehmen am Markt an (z. B. Verkauf von Hardware, Dienstleistungsanteile, Finanzierungsmodelle)?

7) Wann bezahlt Ihr Kunde (z. B. im Voraus, nach Erhalt der Ware, nach Weiterverkauf der Ware)?

8) Kann Ihr Kunde Vertragsstrafen oder Verdienstausfälle bei Versagen von Ersatzteilen geltend machen?

9) Wer sind Ihre (typischen) Kunden?/Gruppierungen möglich?

10) Was sind die Hauptkundenanforderungen, wer stellt die Kundenanforderungen?

11) Wer ist Nutzer Ihres Produktes?

12) Wer entscheidet über den Kauf Ihres Produktes?

13) Wurde Ihr Produkt ursprünglich/speziell für den Markt/die Märkte entwickelt, in denen es jetzt hauptsächlich verkauft wird?

14) Was sind Ihre Kernkompetenzen (produktseitig/prozessseitig/Dienstleistungen)?

15) In welchen Märkten verkaufen Sie Ihr(e) Produkt(e)?

16) Welche Umsatzanteile besitzen diese Märkte?

17) Wie entwickelten sich Ihre Märkte in der Vergangenheit und wie werden sie sich in der Zukunft entwickeln?

18) Sind alternative Märkte für den Einsatz Ihrer Kernkompetenzen denkbar und welche wären dies?

19) Warum kaufen Kunden Ihre Produkte statt der Wettbewerberprodukte, bzw. warum kaufen Kunden Wettbewerberprodukte/Imitate?

20) Warum kaufen Kunden Ihre Ersatzteile bzw. Ersatzteile der Wettbewerber/Imitatoren?

21) Wer sind Ihre Hauptwettbewerber/Imitatoren?/In welchen Ländern sind sie ansässig?

22) Auf welchen Märkten ist Ihr Unternehmen von Produktpiraterie aktuell betroffen?/Ist Ihr Unternehmen von Produktpiraterie bedroht?

23) Welche Bedeutung besitzt der chinesische Markt für Ihr Unternehmen/für Ihre Branche?

24) Leiden Sie unter Wettbewerbshemmnissen durch das (chinesische) Steuersystem?

25) Welchen Einfluss hat das Marketing auf die Produktentwicklung?

26) Welche Kostenstruktur besitzt das Produkt/der Produktbereich (z.B. Anteil Fixkosten und variabler Kosten)?

27) Welcher Preis ist für das Produkt realisierbar?

28) Wie hoch sind Ihre Margen?

29) Wie hoch schätzen Sie die Umsatzverluste (in Prozent) durch Produktpiraterie für Ihr Unternehmen/Ihren Bereich in diesem Jahr?

30) Wie tritt Ihr Unternehmen an Kunden heran (Verkauf, Lizenz etc.)?

31) Welchen Marktzugang besitzen Imitatoren/Wettbewerber?

32) Wie treten Imitatoren an Kunden heran?

33) Welche Rolle spielt der eigene Service?

34) Bieten Imitatoren/Wettbewerber (vergleichbaren) Service an?

35) Wie lange brauchen Imitatoren/Wettbewerber, um ein vergleichbares Produkt auf den Markt zu bringen?

■ A3.5 Fragen an Logistik

1) Wie lang ist der Lebenszyklus des betrachteten Produktes?

2) Welche Wege legt das Produkt im Laufe seiner Entstehung und Nutzung zurück?

3) Wer interagiert während der Entstehung/Nutzung mit dem Produkt (Logistikpartner, Zulieferer, Zwischenhändler, Kunden, Service)?

4) An welchen Stellen in der Wertschöpfungskette existieren Ansatzpunkte für Wissensabfluss zu Externen?

■ A3.6 Fragen an Einkauf

1) Können Sie bei Ihrem Zulieferer Vertragsstrafen oder Verdienstausfälle bei Versagen von Teilen geltend machen?

2) Wann bezahlen Sie Ihren Zulieferer (z.B. im Voraus, nach Erhalt der Ware, nach Weiterverkauf der Ware)?

3) Wer sind Ihre Zulieferer?

4) Nach welchen Kriterien werden Zulieferer bewertet/ausgewählt?

5) Welche Rolle spielt ein gutes Vertrauensverhältnis zu Ihren Zulieferern?

6) Welche Rolle spielt die räumliche Nähe von Zulieferern?

7) Welche Rolle spielt der Know-how-Gehalt eines Bauteils bei der Auswahl eines Zulieferers?

8) Lassen sich Ihre Zulieferer gruppieren (z.B. nach Produkten, Intensität der Zusammenarbeit)?

9) Welche Zulieferer besitzen den größten Umsatzanteil?

10) Gibt es Tier-1-/Tier-2-Zulieferer, auf die Ihr Unternehmen unbedingt angewiesen ist?

11) Welche Teile übernehmen Zulieferer/welche nicht (Kriterien bei Make-or-Buy-Entscheidungen)?

12) Beliefern Zulieferer auch Wettbewerber?

■ A3.7 Fragen an Service

1) Welche Art Service bietet Ihr Unternehmen an (z.B. Telefonhotline, Vor-Ort-Service, Entwicklungskooperationen)?

2) Welche Rolle spielt der eigene Service?

3) Bieten Imitatoren/Wettbewerber (vergleichbaren) Service an?

4) Welches Geschäftsmodell verfolgen Sie bei Ihren wichtigsten Produkten?

5) Welche Leistung bietet Ihr Unternehmen am Markt an (z.B. Verkauf von Hardware, Dienstleistungsanteile, Finanzierungsmodelle)?

6) Wann bezahlt Ihr Kunde (z.B. im Voraus, nach Erhalt der Ware, nach Weiterverkauf der Ware)?

7) Kann Ihr Kunde Vertragsstrafen oder Verdienstausfälle bei Versagen von Ersatzteilen (Original/Kopie) geltend machen?

8) Wurde Ihr Unternehmen bereits mit unberechtigten Haftungsfällen durch gefälschte Produkte/Ersatzteile konfrontiert, die beim Kunden Schäden, z.B. in Form von Verdienstausfällen, Material- oder Personenschäden, verursachten?

9) Wer sind Ihre (typischen) Kunden? (Gruppierungen möglich.)

10) Was sind die Hauptkundenanforderungen?

11) Was sind Ihre Kernkompetenzen (produktseitig/prozessseitig/Dienstleistungen)?

12) Warum kaufen Kunden Ihre statt der Wettbewerberprodukte bzw. Wettbewerberprodukte/Imitate?

13) Warum kaufen Kunden Ihre Ersatzteile bzw. Ersatzteile der Wettbewerber/Imitatoren?

14) Wer sind die Hauptwettbewerber/Imitatoren?

15) In welchen Ländern sind Ihre Hauptwettbewerber ansässig?

16) Auf welchen Märkten ist Ihr Unternehmen von Produktpiraterie aktuell betroffen?/Ist Ihr Unternehmen von Produktpiraterie bedroht?

17) Wie treten Nachahmer an Kunden heran?

18) Welche Bedeutung besitzt der chinesische Markt für Ihr Unternehmen/für Ihre Branche?

■ A3.8 Fragen an Patentwesen/ (gewerblichen) Rechtsschutz

1) Wie viele Schutzrechte hält Ihr Unternehmen zurzeit (z. B. Patente, Marken)?

2) Über welches Patentportfolio verfügt Ihr Unternehmen?

3) Wie viele neue Patente befinden sich aktuell im Anmelde-/Erteilungsprozess?

4) Wird eine spezielle Patentstrategie verfolgt?

5) Was wird patentiert, was wird nicht patentiert?

6) Werden Sperrpatente angestrebt?

7) Wie ist der übliche Prozess bei einer Patentierung?

8) Werden Technologien/Produkte/Patente lizenziert?

9) Bestehen Kreuzlizenzen, Patentabhängigkeiten zu Patentinhabern außerhalb des Unternehmens?

10) Wie wird mit Lizenzverstößen umgegangen, falls solche auftreten?

11) Wir stark ist die „Patentstellung" des eigenen Unternehmens?

12) Gibt es Wettbewerber mit einer sehr starken Patentstellung?

13) Sind Sie der Meinung, dass der gewerbliche Rechtsschutz aktuell effektiv und effizient funktioniert?

14) Was sind Ihre Erfahrungen mit Schutzrechtsverletzungen im Ausland?

Glossar

factory-overrun

Als factory-overrun wird die unberechtigte Herstellung zusätzlicher Originalware durch die Überschreitung des vom Lizenzgeber genehmigten Produktionsvolumens bezeichnet [Fuc06]. Factory-overrun wird auch als Überproduktion bezeichnet.

Fälschung

Fälschungen unterstellen einem eigenen Produkt unrechtmäßigerweise die Urheberschaft eines anderen. Dadurch werden nicht technische gewerbliche Schutzrechte Dritter verletzt, wie beispielsweise Marken oder Geschmacksmuster [Bro98]. Das äußere Erscheinungsbild wird dabei so detailgetreu nachgebaut, dass ein Imitat vom Original nicht mehr zu unterscheiden ist.

Imitat

Das Wort Imitat steht für Produkte, deren Eigenschaften teilweise oder vollständig nachgeahmt werden. Imitate sind durch drei wesentliche Eigenschaften gekennzeichnet: Sie treten zeitlich nach dem Original auf, bieten dem Kunden die gleiche Anwendungsfunktionalität wie das Original und verwenden gleiche oder zumindest sehr ähnliche Technologien wie das Original. Illegale Imitationen basieren auf der unrechtmäßigen Anwendung von fremdem (Technologie-)Know-how, für das der Originalhersteller gültige Schutzrechte besitzt [nach Nee07]. Imitate lassen sich nicht immer exakt einer Erscheinungsform zuordnen. Ein nachgebautes Fahrzeug ist beispielsweise zugleich ein Plagiat (Kopie der technischen Funktionen) und eine Fälschung (Design- und Markenverletzung) [Mei10]. Diese Kombination bezeichnen die Herausgeber als Produktpiraterie.

Imitator

Ein Imitator ist ein Produzent von Imitaten. Zu seinen Tätigkeiten zählen das Erlangen der zur Imitation notwendigen Informationen, die Entwicklung, die Produktion und der Vertrieb von Imitaten.

Im Kontext der Produktpiraterie werden die Begriffe Produktpirat und Nachahmer synonym zu Imitator verwendet.

Know-how

Mit dem Know-how eines Unternehmens werden Wissen oder Fähigkeiten bezeichnet, die es dazu befähigen, seine Marktleistung anzubieten [Lin99]. Imitate basieren in der Regel auf zu Unrecht erworbenem Know-how eines Originalherstellers. Zu den wesentlichen Stellen, an denen schützenswertes Know-how das Unternehmen verlassen kann, gehören Beschaffung, Fertigung, Vertrieb, Fachmessen, Lizenzen, Patente und Kooperationen [Mei11].

Markenpiraterie

Markenpiraterie fokussiert primär auf Fälschungen. Ursprünglich wurden alle Formen von Imitaten unter dem Begriff Markenpiraterie zusammengefasst. Dies war für die Zeit korrekt, zu der überwiegend Markenartikel aus der Konsumgüterindustrie imitiert wurden, wie z. B. Bekleidung oder Uhren. Inzwischen sind auch Hightech-Konsumgüter und komplexe Investitionsgüter wie Maschinen und Anlagen betroffen.

Nachahmer/Nachahmung

Siehe Imitator/Imitat.

Plagiat

Plagiate unterstellen fremdem geistigem Eigentum die eigene Urheberschaft und verletzen ausschließlich technische gewerbliche Schutzrechte Dritter, wie beispielsweise Patente oder Gebrauchsmuster [Bro98]. Erscheinungsformen sind sklavische Kopie und Konzeptkopie. Während eine sklavische Kopie die technische Funktionsweise eines Originalproduktes bis ins kleinste Detail nachahmt, werden bei einer Konzeptkopie nur die wesentlichen technischen Eigenschaften übernommen.

Produktlebenszyklus

Der Produktlebenszyklus erstreckt sich von der ersten Geschäftsidee bis zur Rücknahme oder Entsorgung des Produktes. Der Begriff Produkt kann neben Sachleistungen auch Dienstleistungen im Sinne von hybriden Leistungsbündeln einschließen. Produktschutzmaßnahmen müssen den gesamten Produktlebenszyklus umfassen.

Produktpirat

Siehe Imitator.

Produktpiraterie

Produktpiraterie ist eine Kombination aus Plagiat und Fälschung. Produktpiraten bedienen sich also fremden geistigen Eigentums, unterstellen diesem die eigene geistige Urheberschaft und platzieren diese unter Verwendung geschützter Firmen- und Produktnamen oder Logos am Markt [Fuc06], [Nee07].

Raubkopie

Als Raubkopie wird das Vervielfältigen eines Programms oder von Teilen davon bezeichnet, ohne dass eine lizenzrechtliche Genehmigung (Lizenzrecht) des Urhebers vorliegt. Da Programme als „Werk" im Sinne des Urheberrechts angesehen werden, ist das Anfertigen einer Raubkopie gegen den Willen des Urhebers gesetzeswidrig [Bro12-ol].

Reverse Engineering (auch: Reengineering)

Reverse Engineering bezeichnet den Vorgang, aus einem bestehenden, fertigen System oder einem meist industriell gefertigten Produkt durch Untersuchung der Strukturen, Zustände und Verhaltensweisen die Konstruktionselemente zu extrahieren. Aus dem fertigen Objekt wird wieder ein Bauplan erstellt, der als Grundlage für Nachahmungen dient [Blu06], [WW07].

Schutzkonzeption

Eine Schutzkonzeption ist ein konsistentes, zusammenwirkendes Bündel von einzelnen Schutzmaßnahmen. Sie verfolgt das Ziel der Schaffung eines umfassenden, ganzheitlichen Schutzes vor Produktpiraterie.

Schutzmaßnahme

Eine Schutzmaßnahme ist eine einzelne (unabhängige) Maßnahme zum Schutz vor Produktpiraterie. Schutzmaßnahmen können strategisch, produkt- und prozessbezogen, kennzeichnend, informationstechnisch, rechtlich und kommunikativ sein.

Schutzrechte

Bei den gewerblichen Schutzrechten werden solche unterschieden, die sich auf die Technik beziehen (vor allem Patent und Gebrauchsmuster), die auf die ästhetische Gestaltung bzw. schöpferische Leistung zielen (Geschmacksmuster und Urheberrecht), und solche, die die Kennzeichnung betreffen (vor allem Marken) [Lor12].

Social Engineering

Social Engineering ist die zwischenmenschliche Beeinflussung mit dem Ziel, unberechtigt Informationen zu erlangen. Beim Social Engineering werden Personen z.B. in zunächst unverfängliche Gespräche verwickelt, bei denen im Laufe der Unterhaltung sensible Informationen ausgetauscht werden.

Vertragsverstoß

Vertragsverstöße verletzen in der Regel keine gültigen gewerblichen Schutzrechte. Sie setzen sich über Lizenzvereinbarungen hinweg, die mit dem Originalhersteller getroffen wurden. Wesentliche Erscheinungsformen sind factory-overrun/Überproduktion und Graumarktprodukte.

Wirtschaftsspionage

Wirtschaftsspionage ist eine von staatlicher Seite gelenkte oder gestützte und von Nachrichtendiensten fremder Staaten ausgehende Ausforschung von Wirtschaftsunternehmen [BfV08].

■ Literatur zum Glossar

[BfV08]   BUNDESAMT FÜR VERFASSUNGSSCHUTZ FÜR DIE VERFASSUNGSSCHUTZBEHÖRDEN IN BUND UND LÄNDERN: Wirtschaftsspionage. Risiko für Ihr Unternehmen. Vereinigte Verlagsanstalten, Düsseldorf, 2008

[Blu06]   BLUME, A.: Produkt- und Markenpiraterie in der VR China – Eine politisch-ökonomische Analyse. Universität Trier, Trier, 2006

[Bro12-ol] BROCKHAUS ENZYKLOPÄDIE ONLINE: Raubkopie. Unter: http://www.brockhaus-enzyklopaedie.de/be21_article.php, 27. März 2012

[Bro98]   F. A. BROCKHAUS VERLAG (Hrsg.): Fälschung. Brockhaus Enzyklopädie in 24 Bänden, Mannheim, 19. Auflage, 1998

[Fuc06]   FUCHS, H. J. (Hrsg.): Piraten, Fälscher und Kopierer – Strategien und Instrumente zum Schutz geistigen Eigentums in der Volksrepublik China. Betriebswirtschaftlicher Verlag Dr. Th. Gabler, Wiesbaden, 2006

[Lin99]   LINDEMANN, U.: Methodische Entwicklung technischer Produkte – Methoden flexibel und situationsgerecht anwenden. 2. Auflage, Springer-Verlag, Berlin, Heidelberg, 2007

[Lor12]   LORENZEN, B.: Rechtliche Schutzmaßnahmen. In: Gausemeier, J.; Glatz, R.; Lindemann, U.: Präventiver Produktschutz – Leitfaden und Anwendungsbeispiele. Carl Hanser Verlag, München, 2012

[Mei10]   MEIMANN, V.: Ein Beitrag zum ganzheitlichen Know-how-Schutz von virtuellen Produktmodellen in Produktentwicklungsnetzwerken. Dissertation, Ruhr-Universität Bochum, Shaker Verlag, Aachen, 2010

[Mei11]   MEIWALD, T.: Konzepte zum Schutz vor Produktpiraterie und unerwünschtem Know-how-Abfluss. Dissertation, Fakultät für Maschinenwesen, Technische Universität München, München, 2011

[Nee07]   NEEMANN, C. W.: Methodik zum Schutz gegen Produktimitationen. Dissertation, Rheinisch-Westfälische Technische Hochschule Aachen, Shaker Verlag, Aachen, 2007

[WW07]   WINKLER, I.; WANG, X.: Made in China – Marken und Produktpiraterie – Strategien der Fälscher & Abwehrstrategien für Unternehmen. IKO – Verlag für interkulturelle Kommunikation, Frankfurt am Main, 2007

Über die Autoren

 **Wolfgang Bauer** studierte Maschinenwesen mit den Fachrichtungen Systematische Produktentwicklung und Leichtbau- und Funktionsstrukturen an der Technischen Universität München. Aktuell ist er am Lehrstuhl für Produktentwicklung, TU München, als wissenschaftlicher Mitarbeiter tätig. Neben der Produktpiraterie liegen seine Forschungsschwerpunkte in den Bereichen der Bewertbarkeit von Systemarchitekturen hinsichtlich Prozesseffizienz. Weiterhin bearbeitet er die Themenstellung der zyklengerechten Gestaltung von Modul- und Plattformstrategien.

 Die Dipl.-Produktgestalterin (FH) und Wertanalytikerin **Susan Bremer** studierte in Dresden an der HTW Hochschule für Technik und Wirtschaft und ist seit 2003 geschäftsführende Gesellschafterin bei KUPFER.ROT Die Wertgestalter für die Industrie. Mit ihrer zusätzlichen Qualifikation zum zertifizierten Value Manager VDI hat Frau Bremer den Schwerpunkt ihres Unternehmens auf die Wertverbesserung von Produkten und Entstehungsprozessen im Investitionsgüterbereich gelegt. Seit 2004 ist Frau Bremer aktives Mitglied im VDI und leitet im Dresdner Bezirksverein den Arbeitskreis Produkt- und Prozessgestaltung, in dessen Rahmen die „Produktentwicklergespräche" im „Produktentwicklerforum" initiiert werden. Zudem ist Frau Bremer seit 2006 Mitglied im Vorstand des Dresdener VDI-Bezirksvereins.

Prof. Dr.-Ing. Jürgen Gausemeier ist Professor für Produkt-entstehung am Heinz Nixdorf Institut der Universität Pader-born. Er promovierte am Institut für Werkzeugmaschinen und Fertigungstechnik der TU Berlin bei Prof. Spur. In seiner zwölfjährigen Industrietätigkeit war Dr. Gausemeier Ent-wicklungschef für CAD/CAM-Systeme und zuletzt Leiter des Produktbereiches Prozessleitsysteme bei einem namhaf-ten Schweizer Unternehmen. Über die Universitätsgrenzen hinaus engagiert er sich unter anderem als Mitglied des Vor-stands und Geschäftsführer der WiGeP – Wissenschaftliche Gesellschaft für Pro-duktentwicklung. Ferner ist er Initiator und Aufsichtsratsvorsitzender des Beratungsunternehmens UNITY AG. Herr Gausemeier ist Mitglied des Präsidiums von acatech – Deutsche Akademie der Technikwissenschaften. 2009 wurde er in den Wissenschaftsrat berufen.

Rainer Glatz studierte Informatik an der Universität Karls-ruhe und begann seine berufliche Karriere 1987 im VDMA. Seit 1990 leitet er die Abteilung Informatik. Im Jahr 1999 gründete er den VDMA-Fachverband Software, ein Jahr spä-ter den Fachverband Elektrische Automation und im Jahr 2010 die VDMA-Arbeitsgemeinschaft Produkt- und Know-how-Schutz, die er geschäftsführend leitet.

Dr. Tim Karg ist Geschäftsführer der Karg und Petersen Agentur für Kommunikation GmbH in Tübingen. Mit einem speziellen APC-Team hat er sich unter anderem auf die Be-kämpfung von Produkt- und Markenpiraterie spezialisiert. APC steht für „Anti-Piracy Communications" und fasst das gesamte Portfolio an Kommunikationsdienstleistungen zu-sammen, mit dem Karg und Petersen nationale und interna-tionale Kunden verschiedenster Branchen in ihrem Kampf gegen illegale Wettbewerber unterstützt.

Martin Kokoschka studierte Wirtschaftsingenieurwesen mit der Fachrichtung Innovations- und Entwicklungsmanagement an der Universität Paderborn. Seit 2007 ist er wissenschaftlicher Mitarbeiter am Heinz Nixdorf Institut der Universität Paderborn. Seine Tätigkeitsschwerpunkte liegen in der strategischen Planung und im Innovationsmanagement. In diesem Zusammenhang beschäftigt er sich intensiv mit Fragestellungen des präventiven Schutzes von Unternehmen vor Produktpiraterie. Herr Kokoschka unterstützt Herrn Prof. Gausemeier bei der Wahrnehmung seiner Aufgaben als Präsidiumsmitglied von acatech – Deutsche Akademie der Technikwissenschaften.

Oliver Köster studierte an der Universität Paderborn Wirtschaftsingenieurwesen mit Schwerpunkt Maschinenbau. Seit 2007 war er wissenschaftlicher Mitarbeiter am Heinz Nixdorf Institut der Universität Paderborn mit Tätigkeitsschwerpunkten im Team Strategische Planung und Innovationsmanagement am Lehrstuhl für Produktentstehung von Prof. Gausemeier. Zu seinen Aufgaben gehörte unter anderem die Leitung des BMBF-Projektes „ConImit – Contra Imitatio", das sich mit Methoden des technologischen Schutzes vor Produktpiraterie beschäftigte. Er war ferner Geschäftsführer der SPP GmbH, die das Fachportal für Strategie- und Innovationswissen „innovations-wissen.de" betreibt. Seit Anfang 2012 ist er als Vorstandsassistent bei der Weidmüller GmbH & Co. KG tätig, einem der weltweit führenden Hersteller von elektrischer Verbindungstechnik und Elektronik.

Prof. Dr.-Ing. Udo Lindemann promovierte 1979 bei Prof. Ehrlenspiel am Lehrstuhl für Konstruktionstechnik der Technischen Universität München. Nach seiner Promotion war er viele Jahre in der Industrie tätig. Seit 1995 ist er Ordinarius für Produktentwicklung der Technischen Universität München, aktuell zusätzlich Vorsitzender des akademischen Senats. Prof. Lindemanns Forschungsgebiet ist der Bereich der systematischen Produktentwicklung. Das schließt weite Bereiche des Systems Engineering sowie diverse Schnittstellen zu anderen Disziplinen ein. Daneben engagiert er sich in der Design Society als Past President, in der acatech – Deutsche Akademie der Technikwissenschaften, als Herausgeber sowie im Editorial Board diverser namhafter Fachzeitschriften und in Program Committees internationaler Konferenzen.

Dr. Birte Lorenzen studierte Politik- und Rechtswissenschaften an den Universitäten Marburg, UC Hastings (San Francisco) und Hamburg. Nach dem ersten Staatsexamen war sie von 1997 bis 2000 wissenschaftliche Mitarbeiterin am Max-Planck-Institut für ausländisches und internationales Privatrecht, ab 1999 auch Rechtsreferendarin in Hamburg, mit Station unter anderem bei der Europäischen Kommission in Brüssel. 2002 legte sie in Hamburg das zweite juristische Staatsexamen ab, wurde als Rechtsanwältin zugelassen und mit einer Arbeit zum „Designschutz im europäischen und internationalen Recht" promoviert. Nachdem sie zunächst von 2002 bis 2004 in der strategischen Unternehmensberatung bei McKinsey & Company tätig war, konzentriert sie sich seither auf die Rechtsberatung, seit 2008 bei der Corinius LLP. Schwerpunkte ihrer Tätigkeit sind die Beratung im Schutz von Innovationen, deren Vermarktung inklusive der Gestaltung der dazugehörigen Verträge und die außergerichtliche und gerichtliche Durchsetzung der entsprechenden Schutzrechte.

Dr.-Ing. Thomas Meiwald studierte Maschinenwesen mit den Fachrichtungen systematische Produktentwicklung und Fahrzeugtechnik an der TU München. Im Rahmen seiner Promotion am Lehrstuhl für Produktentwicklung der TU München beschäftigte er sich schwerpunktmäßig mit der Erstellung von Konzepten zum Schutz vor Produktpiraterie. Seit September 2010 ist er im Competence Center ProSecure der Schreiner Group tätig und verantwortet dort den Bereich Produkt- und Prozessentwicklung.

Dr.-Ing. Markus Petermann ist in der Patent- und Rechtsanwaltskanzlei Wallinger Ricker Schlotter Tostmann tätig und durchläuft hier die Ausbildung zum deutschen und europäischen Patentanwalt. Zuvor arbeitete er an der Technischen Universität München im Fachgebiet Produktentwicklung, wo er zum Thema Schutz von Technologiewissen in der Investitionsgüterindustrie promovierte. Dabei blickt er auf eine Ausbildung als Maschinenbauingenieur an der Technischen Universität München, der École Centrale de Lyon in Frankreich und der University of Western Australia in Perth zurück.

Markus Placzek studierte Wirtschaftsinformatik mit der Fachrichtung Operations Research und Entscheidungsunterstützungssysteme an den Universitäten Paderborn und Stockholm. Im August 2009 wurde er in das studentische Förderprogramm der Firma Microsoft aufgenommen. Seit 2011 ist er wissenschaftlicher Mitarbeiter am Heinz Nixdorf Institut der Universität Paderborn. Seine Tätigkeitsschwerpunkte liegen im Team Strategische Planung und Innovationsmanagement am Lehrstuhl für Produktentstehung von Prof. Gausemeier. Dabei beschäftigt er sich mit dem Einsatz von IT in die frühen Phasen des Produktentstehungsprozesses mechatronischer Systeme. Ferner unterstützt Herr Placzek Herrn Prof. Gausemeier bei der Wahrnehmung seiner Aufgaben im Wissenschaftsrat der Bundesregierung.

Oliver Pritzel ist Geschäftsführer der Firma ATI Aquaristik. Nach dem Abitur 1989 war er als Finanz- und Wirtschaftsberater tätig. 2001 wurde die Firma ATI Aquaristik gegründet mit dem Ziel, neue Technologien in der Aquaristik zu etablieren. Der Schwerpunkt seiner Tätigkeit liegt in der Entwicklung und Optimierung technischer Produkte, insbesondere im Bereich der Licht- und Strömungstechnik.

Sebastian Schenkl studierte Maschinenbau und Management mit den Fachrichtungen Systematische Produktentwicklung sowie Leichtbau und Funktionsstrukturen an der Technischen Universität München und der Chalmers University of Technology (Göteborg). Seine Diplomarbeit wurde mit dem Studienpreis der Gesellschaft für Systems Engineering e. V. (GfSE) prämiert. Seit 2009 arbeitet Herr Schenkl als wissenschaftlicher Mitarbeiter am Lehrstuhl für Produktentwicklung der Technischen Universität München und beschäftigt sich dort schwerpunktmäßig mit dem Schutz vor Produktpiraterie sowie der Entscheidungsfindung im Rahmen der Planung von Produkt-Service-Systemen.

Alexandra Schulz ist Inhaberin der Beratung ICon-X, die seit 2009 Unternehmen in der Optimierung von Produkten und Prozessen im Lebenszyklus und im Schutz vor Produktimitation unterstützt. Frau Schulz studierte Maschinenbau an den Universitäten in Hannover und Glasgow. Später hat sie ihren MBA an der Universität Maastricht absolviert. Sie war anschließend über 15 Jahre in internationalen Firmen der Konsumgüter- und Verpackungsindustrie sowie im Maschinenbau in verantwortlicher Position in Supply Chain Management und Entwicklung tätig. Spezielles Interesse gilt der Exzellenz der Produktentwicklung und der Integration von Know-how-Schutz in Prozesse, hier auch zu wirtschaftlichen Fragestellungen. ICon-X ist Mitglied der AG Protect-Ing des VDMA; hier leitet Frau Schulz den Arbeitskreis Marketing. Zudem hat Frau Schulz Lehraufträge an der Hochschule Ostwestfalen-Lippe (OWL) in Operations Research sowie an der Business School OWL für Controlling.

Oliver Winzenried schloss 1987 sein Studium an der Universität Karlsruhe als Diplom-Ingenieur der Elektrotechnik ab. Er war zunächst selbständig mit eigenem Ingenieurbüro für Elektronik-Entwicklung sowie Hardware- und Microcontroller-Anwendungen der Bereiche Unterhaltungselektronik, Automotive und in der Industrie-Elektronik. 1989 gründete er mit Marcellus Buchheit WIBU-SYSTEMS. Er ist heute Vorstand der WIBU-SYSTEMS AG. Langjährige Erfahrungen in der Entwicklung, mit internationalen Kooperationen und Auslandsaktivitäten gewährleisten ein gewinnorientiertes, dauerhaftes Wachstum des Unternehmens. Die Mitarbeit in internationalen Projekten im F&E-Bereich sowie in Standardisierungsgremien runden das Profil ab. Oliver Winzenried ist Vorstand der Arbeitsgemeinschaft Produkt- und Know-how-Schutz, Protect-Ing, im VDMA, im Hauptvorstand des BITKOM e.V. sowie im Vorstand des Fördervereins Forschungszentrum Informatik (FZI) in Karlsruhe.

Steffen Zimmermann Dipl.-Wirt.-Inf. (FH), ist seit 2000 im VDMA und dort Referent für Produktpiraterie, Know-how-Schutz und IT-Security. Von 2003 bis 2009 war er der IT-Sicherheitsbeauftragte des VDMA. Seit 2010 betreut er die VDMA-Arbeitsgemeinschaft Produkt- und Know-how-Schutz. 2012 wurde er zum betrieblichen Datenschutzbeauftragten des VDMA und seiner Gliederungen benannt.

Index

3-Zyklen-Modell 48

A

Abmahnung 93
Absatzmarktverlust 25, 26
Absatzregion 47
Aktivierungscode 64
Angebotserstellung 97
Anti-Counterfeiting-
  Prozess 114
Antriebssystem 146
Application Engineering 11
Arbeitsablaufplanung 58
Arbeitsmittelplanung 58
Arbeitsstättenplanung 60
Ausschlusskriterium 128
Authentifizierung 183
– gegenseitige 57, 82

B

Bedarfsanalyse 1, 41, 109,
  123
Bedrohungssituation,
  zukünftige 127, 138, 152,
  164
Befehlsgerätesystem 160
Berechtigungsanfrage 93
Betrachtungsgegenstand
  124, 134, 146, 161
Betreibermodell 47
Beweislast 22
Black-Box-Bauweise 56

C

CAD-Modell 29
China 28, 29, 113, 114, 177
ConImit 1, 35, 191
Controlling 113

D

De-Standardisierung 55
Direct Manufacturing 58
Distribution 62

E

Einflussfaktor 126
Einstweilige Verfügung
  93
Eintrittswahrscheinlichkeit
  164, 184
Enforcement-Richtlinie
  92
Engineering
– Application 11
– Reverse 17, 327
– Social 17, 19, 327
Entsorgung 64
EpiCode 72
Ersatzteil 27
Europäisches Patent-
  übereinkommen (EPÜ)
  89
Explosionsschutz 158
EZ-Pharm 34

F

factory-overrun 4, 9, 10,
  325
Fälschung 3, 325
– Marken- 3
– sklavische 3, 9, 10
Farbelement 70
Fertigung 62
Firmenübernahme 19, 20
First-to-Market 11
Follow-the-Leader 11
Forensik 75
Funktionsintegration 53

G

Gebrauchsmuster 87, 89
Gefährdung, Piraterie-
  109
Gefährdungspotential 126
Geschäftsführung 125
Geschäftsplanung 47
Geschmacksmuster 87, 90
– Gemeinschafts- 90
Gewichtungsfaktor 181
Graumarktprodukt 4
Grenzbeschlagnahme 92

H

Hacking 17, 18
Handlungsempfehlung 156
Hologramm 70

I

Imageverlust 25
Imitat 3, 325
Imitator 325
Implementierungsgrad 153
Indien 29
Informationssicherheits-
  Managementsystem
  (ISMS) 85
Informationstechnik (IT) 77
Innovationen gegen
  Produktpiraterie 1, 33
Interview
– Analyse 149
– Leitfaden 126
Investitionsgüterindustrie
  32
Italien 177
IT-Grundschutz-Katalog
  83

K

Kampagne
– Aufklärungs- 97
– Verbands- 98
Kapitalerfordernis 15
Kennzeichen
– Identitäts- 72
– Individualitäts- 72
– Originalitäts- 72
Kennzeichenrecht 90
Kennzeichnung 32, 87,
  183, 185
– sichtbare 69
– unsichtbare 70
Kernkompetenz 45
Knock-off-Produkt 3, 9,
  10
Know-how 16, 51, 152,
  326
Know-how-Abfluss 17, 27
– aktiver 17
– passiver 17, 19

Know-how-Verlust 25
Kombinationsmatrix 119
Kommunikationsverbin-
  dung 79
Komponente 27, 53, 55
Konsistenz 119, 129
Kopie
– Konzept- 3
– Raub- 327
– sklavische 3, 9, 10
KoPiKomp 35, 180
KoPira 35, 186
Kosten
– Entwicklungs- 8, 10
– Logistik- 9
– Marketing- 9
– Material- 9, 10
– Produktions- 9, 10
– Prozess- 24
– Vertriebs- 9
– Wechsel- 15
Kosten-Nutzen-Bewertung
  186
Kostenvorteil
– größenunabhängiger
  15, 16

L

Leistungsbündel, hybrides
  47, 53
Lizenz 91
– Vertrag 91

M

Madrider Marken-
  abkommen 90
Marke 90
– Gemeinschafts- 90
Markenpiraterie 5, 326
Markteintrittsbarriere 15
Marktpositionierung,
  strategische 11
Me-too 11

Me-too-Produkt 4
MobilAuthent 34

N

Nutzung 64

O

O-PUR 34
Originalhersteller 20, 21
Outsourcing 19, 20

P

Packmaschine 132
Patent 23, 87, 89
Patent Corporation Treaty
  (PCT) 89
Piraterierisiko- und Maß-
  nahmenanalyse (PRMA)
  186
PiratPro 33
Plagiat 3, 326
Preisverfall 25
ProAuthent 35, 183
Produktaktivierung 80
Produktdifferenzierung 15
Produktentstehung 41
Produktentstehungs-
  prozess 32
Produktentwicklung 42
Produkthaftung 22
Produkthaftungsgesetz 22
Produktionslogistik 60
Produktionssystement-
  wicklung 42, 57
Produktlebenszyklus 41,
  326
Produktpiraterie 5, 326
– direkte Folgen von 22
– Folgen von 20
– indirekte Folgen von 25
Produktplanung,
  strategische 42

Produktqualität 5
Produktschutz-Roadmap
  130, 142, 157, 169
Produktvariante 54
ProOriginal 35, 188
Pro-Protect 33
PROTACTIVE 33

R

Reklamation 22, 29
Reverse Engineering 17,
  327
RFID 32, 70
Risiko
– Entdeckungs- 14
– Merkmal 180
– Strafverfolgungs- 13
Rücknahme 64

S

Sanktion, strafrechtliche
  94
Schutzkonzeption 32, 41,
  109, 112, 141, 155, 327
Schutzlücke 127, 186
Schutzmaßnahme 22, 41,
  109, 187, 327
– informationstechnische
  43, 77
– kennzeichnende 43, 69
– kommunikative 43, 96
– präventive 23, 114
– produktbezogene 43, 52
– prozessbezogene 43, 57

– reaktive 23, 114
– rechtliche 30, 43, 87
– strategische 43, 44, 47
Schutzrecht 23, 87, 327
– außergerichtliche
  Durchsetzung 93
– gerichtliche Durch-
  setzung 93
– technisches 89
– Verwertung 91
Selbstzerstörungs-
  mechanismus 56
Sensibilisierung 132, 175
Sicherheitsniveau 69, 71
Sichtbarkeit 69
Skalenertrag 15
Social Engineering 17, 19,
  327
Speicherbarkeit 69, 72
Spionage 17, 18
– Wirtschafts- 328
Stoßrichtung 128, 153
Strategie 44
– Fertigungs- 49
– Geschäfts- 44, 45
– Know-how-Schutz- 51
– Personalentwicklungs-
  50
– Preis- 10
– Produkt- 47
– Schutzrechts- 51, 89
– Sub- 44, 46
– Unternehmens- 44, 45
– Vertriebs- 49
Strategische Produkt-
  planung 42

T

Täuschungsgrad 5
Teamzusammensetzung
  125, 175
Tracking & Tracing 62

U

Überproduktion 4
Urheberrecht 87, 90

V

Verfügung, einstweilige
  93
Verifikation 69, 74
Verschlüsselung 79
Vertragsverstoß 4, 327
Vertriebskanal 15, 16
Vertriebssystem, selek-
  tives 50
Volkswirtschaft 20, 21
Vorgehensmodell,
  generisches 111

W

Wirkungsanalyse 129
Wirkungsnetz 166
Wirtschaftlichkeit 119, 185
Wirtschaftlichkeits-
  bewertung 33

Z

Zoll 13, 92